PROF. DR. H. D. BETZ
329 WEST SEVENTH STREET
CLAREMONT, CAL. 91711, U.S.A.
PHONE: (714) 624-2275

Martin Lehmann
Synoptische Quellenanalyse
und die Frage nach dem historischen Jesus

Martin Lehmann

Synoptische Quellenanalyse

und die Frage nach dem historischen Jesus

Kriterien der Jesusforschung untersucht in Auseinandersetzung
mit Emanuel Hirschs Frühgeschichte des Evangeliums

Walter de Gruyter & Co.
Berlin 1970

Beiheft zur Zeitschrift für die neutestamentliche Wissenschaft
und die Kunde der älteren Kirche

Herausgegeben von Walther Eltester
Beiheft 38

©
1970
by Walter de Gruyter & Co., Berlin 30, Genthiner Straße 13
Alle Rechte des Nachdrucks, der photomechanischen Wiedergabe,
der Übersetzung, der Herstellung von Mikrofilmen und Photokopien,
auch auszugsweise, vorbehalten.
Printed in Germany
Satz und Druck: Paul Funk, Berlin 30
Archiv-Nr. 3825701

Meinem Vater

Vorwort

Die vorliegende Untersuchung wurde im Dezember 1967 als Dissertation an der Kirchlichen Hochschule Berlin eingereicht und im Mai 1968 vom Kollegium der Hochschule angenommen. Sie ging leicht überarbeitet in den Druck. An einem etwas abseits gebliebenen Forschungsbeitrag expliziert sie im Blick auf ein Zentralthema der neutestamentlichen Forschung das methodische Problem. Dabei versucht sie, für die erörterten Fragenkomplexe aus der Synoptikerforschung über die spezielle Auseinandersetzung hinaus selbständige Lösungen zu finden, möchte also den methodisch-exemplarischen Charakter mit konkreten einzelanalytischen Stellungnahmen verbinden. Zur Auseinandersetzung mit E. Hirsch ist hier nur noch anzumerken, daß sein während des Druckes dieser Arbeit beim selben Verlag erschienenes Büchlein, »Betrachtungen zu Wort und Geschichte Jesu«, die aus der »Frühgeschichte des Evangeliums« gezogenen Schlüsse und Urteile als richtig bestätigt.

Ihre Entstehung verdankt die Arbeit einer Anregung von Herrn Prof. D. Dr. Günther Harder, der eine Auseinandersetzung mit dem Werk Hirschs empfahl. Ihm bin ich für die Anteilnahme, mit der er meinen Entwicklungsgang begleitet hat, und speziell für die mannigfache Förderung, die er meiner Arbeit bis hin zur Ermöglichung der Drucklegung hat zuteil werden lassen, von Herzen dankbar. Wieviel ich Herrn Prof. D. Ernst Fuchs seit den Berliner Semestern und Herrn Prof. D. Günther Bornkamm verdanke, der sich meiner während meiner Heidelberger Studiensemester in liebenswürdigster Weise angenommen hat, wird die Arbeit vielleicht selbst erkennen lassen. Herr Prof. Dr. Ulrich Wilckens hat als Korreferent durch kritische Rückfragen die Akribie der Darstellung erheblich gefördert.

Herrn Prof. D. Walther Eltester und dem Verlag Walter de Gruyter bin ich sehr dankbar für die Aufnahme in die »Beihefte zur Zeitschrift für die neutestamentliche Wissenschaft«. Der Landeskirchlichen Stiftung für evangelische Theologen, begr. von H. L. Strack, danke ich für den auf Fürsprache ihres Vorsitzenden, Prof. Harder, gewährten beträchtlichen Druckkostenzuschuß. Mein Kollege von der alttestamentlichen Disziplin, Herr Dr. Ludwig Schmidt, hat freundlicherweise die Schlußkorrektur mitgelesen. Zur größten Dankesschuld bekenne ich mich durch die Widmung.

Berlin, im Advent 1969   Martin Lehmann

Inhaltsübersicht

Erster Teil: Darstellung

	Seiten
Kapitel I. Einführung	3—18
1. Das Programm der Formgeschichte im Blick auf die Frage nach dem historischen Jesus	3—7
2. Die theologische Relevanz historischer Jesusforschung bei Emanuel Hirsch	7—10
3. Literarkritik als Methode der Jesusforschung bei Hirsch	10—15
4. Der methodische Weg der Untersuchung	16—18
Kapitel II. Die evangelischen Quellenschriften und das Werden der synoptischen Evangelien bei Hirsch	19—32
1. Die Markusquellen und deren Redaktion	19—24
2. Das Evangelium Q und seine Überlieferungsstadien	24—27
3. Vom lukanischen Sondergut zu Lukas	27—29
4. Vom matthäischen Sondergut zu Matthäus	29—32
Kapitel III. Die Wunder Jesu in Hirschs Literaranalyse (Zum Verfahren der »Frühgeschichte«)	33—54
1. Die auffallende Eliminierung der Wunderberichte der Sekundärquellen aus der historischen Fragestellung	33—35
2. Die Wundergeschichten aus Mk. I	35—46
a) Begebenheiten aus Mk. I, die erst durch Mk. II zu Wundergeschichten um- oder ausgestaltet wurden	36—38
1. Mc 1 40—45	37
2. Mc 11 1—6	37
3. Mc 11 12—14	37
4. Mc 5 1—20	37—38
5. Mc 7 24—30	38
b) Begebenheiten, die keine Wunder waren, gleichwohl von Mk I als solche berichtet wurden	39—44
1. Mc 5 21—24. 35—43 mit methodischer Kritik	39—41
2. Mc 8 1—10 und die Auseinandersetzung darüber mit E. Haenchen	41—44
3. Mc 4 35—42	44
c) Jesus als Wunderarzt nach Mk I	44—46
3. Grundsätzliche methodische Kritik	46—51
4. E. Haenchens Auseinandersetzung mit Hirsch über die Perikope Mc 1 40—45	51—54

Zweiter Teil: Analysen

	Seiten
Kapitel IV. Das Gleichniskapitel Mc 4 1—34	56—90
1. Die szenischen Angaben des Kapitels	57—61
a) Quellenscheidung bei Hirsch	57—58
b) Kritik	58—61
1. Theologische Bedeutung geographischer Begriffe	58
2. Lc 5 1—3 als Kombination von Mc 1 16—20 mit Mc 3 9 und 4 1	59
3. Spuren der »Seeideologie« des Lukas in der Bearbeitung des Markusstoffs vor Lc 5 1—11	60—61
4. Konsequenzen für Hirschs Quellenscheidung	61
2. Zur Bestimmung der Quelle Mk I im Gleichniskapitel	61—81
a) Zur Methode der vorgenommenen Quellenscheidung	61—63
b) Das Gleichnis von der selbstwachsenden Saat	63—68
c) Die Parabel vom Unkraut unter dem Weizen	68—73
d) Vergleich von Mc 4 26—29 und Mt 13 24—30	73—74
e) Der traditionsgeschichtliche Ort des Saatgleichnisses im Markustext	74—77
1. Mattläus ersetzt es durch 13 24—30	74—76
2. Sein Platz im Gleichniskapitel des Markus als Argument gegen spätere Interpolation	76—77
f) Das Gleichnis vom Senfkorn	77—81
3. Zur Bestimmung der Quelle Mk II im Gleichniskapitel	81—85
a) Zur Methode der Quellenzuweisung	81—82
b) Die Parabel vom Säemann	82—85
4. Der traditionsgeschichtliche Ort der Verse Mc 4 10—13 und 4 33—34	85—88
5. Ergebnis	88—89
Kapitel V. Die Gefahr des Reichtums, Mc 10 17—31	90—102
1. Die Perikope bei Hirsch	90—92
a) Einzelbeobachtungen zu 10 17—27	90
b) Ergebnis der Beobachtungen	90—91
c) Quellenscheidung	91
d) Mc 10 28—31	92
2. Kritik	92—102
a) Einzelkritik zu V. 19—22	92—96
b) Zu V. 23—27	96—101
c) Zu Mc 10 28—31	101—102
d) Ergebnis im Blick auf H.s Hypothese	102
Kapitel VI. Die Verleugnung des Petrus samt ihrer Vorhersage durch Jesus, Mc 14 par Lc 22	103—112
1. Vorbemerkung	103
2. Traditionsgeschichtliche Analyse der Vorhersage der Verleugnung in Lc 22 31—34	103—106

3. Die Verleugnung nach Markus als Vorlage für Lc 22 54b—62	106—112
4. Ergebnis	112
Schluß: Der Ertrag der Analysen für die Fragestellung der Untersuchung . .	112—113

Dritter Teil: Kriterien

Kapitel VII. Authentisches Jesusgut in der Quelle Q (nach Hirschs Analyse)	117—137
1. Das Verhältnis von Q zu Mk I nach Hirsch	117—121
a) Grundsätzliche Abhängigkeit und Zweitrangigkeit	117—119
b) Eigenständige Überlieferung	119—121
2. Das authentische Jesusgut aus Q bei Hirsch	121—131
a) Die als authentisch gekennzeichneten Stellen	121—123
b) Anhang: Seligpreisungen und Vater Unser	124
c) Zur Gewinnung des Jesusbildes aus Q herangezogene Stoffe, die nicht als authentisch gekennzeichnet werden	124—129
d) Hirschs Echtheitskriterien	129—131
3. Die Frage eines literarkritischen Zugangs zu Jesus im Blick auf Q	131—137
a) Q wird als Sekundärquelle rekonstruiert	132—133
b) Die Echtheitsbestimmung erfolgt außerhalb der Literaranalyse nach vorlaufenden Kriterien	133—137
Kapitel VIII. Geschichtliche Erinnerung und authentische Jesusüberlieferung in den Sondergütern des Matthäus und Lukas (nach Hirschs Analyse)	138—162
1. Grundsätzliches	138—140
2. Geschichtliche Erinnerung: Situationen, Namen, Begebenheiten aus Jesu Wirksamkeit	140—152
a) Lc 8 1—3	140
b) Lc 19 1—10	140—141
c) Lc 10 38—42	141—143
d) Lc 9 51—56	143—145
e) Lc 7 36—50	145—146
f) Lc 13 31—33 und Lc 22 35—38	146—152
1. Lc 13 31—33	146—148
2. Lc 22 35—38	148—152
3. Authentische Jesusworte und die Echtheitskriterien	153—159
a) Mt 20 1—16	153
b) Teile der Bergpredigt	153
c) Lc 10 29—37	153
d) Lc 18 9—14	154
e) Mt 21 28—32	154—155
f) Mt 13 44—46	155—156

	Seiten
g) Lc 15 11—32	156—157
h) Lc 12 13—21	157—159
4. Überblick über die bei H. gefundenen Kriterien	159—160
Exkurs: H. Riesenfeld und B. Gerhardsson	160—162

Kapitel IX. Kriterien der Jesusforschung … 163—205

1. Vorbemerkung	163
2. Erörterung der Kriterien	163—204
a) Die älteste Überlieferungsschicht	163—168
1. In der Literarkritik	163—166
2. In der Formgeschichte	166—168
b) Die allgemeine Verläßlichkeit der Überlieferung	168—174
c) Die spezifische Eigenart Jesu und die Unerfindbarkeit einzelner Züge des synoptischen Jesusbildes	174—178
d) Die Abgrenzung Jesu von seiner jüdischen Umwelt und von der Urgemeinde	178—186
1. Abgrenzung von der Urgemeinde	178—180
2. Abgrenzung vom zeitgenössischen Judentum	180—183
3. Doppelte Abgrenzung	183—186
e) Die Gleichnisse Jesu als Kriterium	186—189
f) Einzelindizien	189—195
1. »Abba«	189—191
2. »Amen«	191
3. »Ich aber sage euch«	191—193
4. Stilformen	193—195
g) Der Gesamtrahmen der Botschaft Jesu in seiner Kriterienfunktion	195—199
h) Jesu Vollmachtsanspruch	200—202
i) Einsatz beim Kerygma der Gemeinde	202—204
3. Schlußbemerkung	204—205
Literaturverzeichnis	206—211
Verzeichnis der Abkürzungen	212
Register	213—218

1. Teil

Darstellung

Kapitel I

Einführung

1. Das Programm der Formgeschichte im Blick auf die Frage nach dem historischen Jesus

Die Frage, wer Jesus wirklich war, hatte im 19. Jahrhundert zu der intensiven Bemühung um die historischen Quellen des Lebens Jesu geführt; denn um sie beantworten zu können, mußte man diejenigen Quellen finden, die zuverlässige Nachricht geben konnten. Man suchte zunächst ein einzelnes Evangelienbuch, und nachdem man sich erst an die mit dem Namen eines Jesusjüngers verbundenen Evangelien gehalten hatte, führte der Weg schließlich zur Anerkennung der Markuspriorität und zum Siegeszug der Zwei-Quellen-Theorie. Allerdings wurde bald die Unzulänglichkeit des Markusberichtes für eine historische Rekonstruktion des Lebens Jesu und der Motive seines Handelns empfunden. Historische und sachliche Kritik wurde notwendig, sowie Kombinationen verschiedenster Art, die freilich mit großer Zuversicht durchgeführt wurden und zu den unterschiedlichsten Ergebnissen führten. Bei der Lage der Quellen waren zwar die Nachrichten über Jesu Leben und Wesen nicht einfach aus ihnen abzulesen; andererseits war man jedoch grundsätzlich von der historischen Zuverlässigkeit des in den Primärquellen Markus und Q Berichteten überzeugt, und es bedurfte nur der angemessenen literarhistorischen Maßstäbe, um aus dem Vergleich der Stoffe das Ursprüngliche zu erheben, während historische Leitideen zur sachgemäßen Anordnung des Materials verhalfen. A. Schweitzer hat in seiner »Geschichte der Leben-Jesu-Forschung« glänzend dargestellt, wie auf diese Weise alle Vorstellungen der Moderne sich in Jesus wiederfinden konnten und wie er zum Repräsentanten der jeweiligen religiös-sittlichen Ideale des Autors wurde. Sein eigener Lösungsentwurf führte freilich auch nicht über die von ihm aufgezeigte Aporie hinaus, wenngleich er sich mit seiner Betonung der Bedeutung des Eschatologischen in der Verkündigung Jesu wenigstens im Rahmen der Vorstellungen aus Jesu Zeit und Umwelt bewegte.

Im Gegenzug konzentrierte die Formgeschichte ihr Interesse auf den Gang der urchristlichen Überlieferung im Stadium zwischen der Wirksamkeit Jesu und der schriftlichen Fixierung in den Evangelien. Eine Einflußnahme des christlichen Glaubens auf die Überlieferung von Jesus war schon vor ihr in Rechnung gestellt worden, und man hatte dementsprechend schon Prinzipien herausgestellt, die für eine Herauslösung des Historischen aus der tendenziösen Übermalung anzuwenden seien[1]. Die Formgeschichte ging darüber jedoch weit hinaus. Ihre Beobachtung, daß die Überlieferung aus kleinsten Einheiten bestand, führte sie dazu, sich an den Gesetzen der mündlichen Überlieferung schlechthin zu orientieren, und damit kam nunmehr der urchristlichen Gemeinde die zentrale Funktion im Überlieferungsgang zu. Nicht mehr einzelne Modifikationen des Traditionsstoffes zugunsten ihres Christusbildes wurden ihr zugetraut, sondern sie wurde als die Schöpferin und Tradentin des evangelischen Überlieferungsmaterials in der Form, in der es in die Evangelien Eingang fand, angesehen. Wenn man sich nun mit den synoptischen Stoffen befaßte, dann sprang man nicht mehr mit Hilfe historischer Axiome vom Evangelientext alsbald zurück auf die vermeintlichen historischen Fakten, die er mitteilte bzw. verschleierte. Man war an der historischen Rekonstruktion nicht mehr primär interessiert, sondern man fragte danach, in welcher Gestalt ein Traditionsstück dem Evangelisten vorgelegen hat; man suchte seine isolierte Form zu erkennen, um dann »aus der Form jener ältesten erreichbaren Tradition auf die bei ihrer Formung maßgebenden Interessen« der Gemeinde zu schließen[2]. »Der Formgeschichte geht es also wesentlich darum, die Wechselbeziehung zwischen Stil, Form und Gattung einerseits und dem urchristlichen Gemeindeleben andererseits zu erhellen«, sagt G. Iber[3]. Unter der Voraussetzung, daß die Gemeinde die in den Evangelien enthaltene Überlieferung geprägt hat, fragt sie nach den Gesetzen, die in diesem Formungsprozeß obwalten, und nach den dafür entscheidenden Interessen und Bedingungen innerhalb des Lebens der Gemeinde[4]. Das bedeutet nicht die Leugnung historischer Tatbestände, die hinter dieser Überlieferung stehen, nicht einmal von der Voraussetzung aus, daß die Gemeinde die Tradition, so wie sie vorliegt, geschaffen hat. M. Dibelius unterstreicht, daß in der Frage der historischen Sachverhalte hinter der Überlieferung die Formgeschichte »nicht das letzte Wort hat«, sondern daß die Sachkritik hinzutreten muß[5]. Allerdings impliziert für ihn die formgeschichtliche Methode die »Voraussetzung, daß am Anfang der Traditionsgeschichte nicht eine historisch referierende, sondern eine dem Glauben entstammende und auf Glaubenserweckung abzielende Überlieferung steht«. »Damit wird die Annahme bestritten, als habe es einmal in der Tradition ein rein geschichtliches Jesusbild gegeben.«[6]

---

[1] Dazu s. u. Kap. IX.

[2] Dibelius, ThR. 1929, S. 211.

[3] ThR. 1957/58, S. 308.

[4] Vgl. Dibelius, aaO. S. 209, Iber, aaO. S. 320.

[5] aaO. S. 214.

[6] aaO. S. 215.

Im faktischen Vollzug der formgeschichtlichen Arbeit zeigte sich gleichwohl eine weitgehende Beschränkung auf die im Bereich der Methode liegenden Zielsetzungen, wie denn auch Dibelius darauf drang, »die Reinheit der Fragestellung« zu erhalten, womit er sich bewußt von der Frage nach der geschichtlichen Wirklichkeit hinter der geformten Tradition abgrenzt[7]. Im Blick auf die Frage der historischen Überlieferungsgehalte selbst, die nicht unmittelbar in das Programm der formgeschichtlichen Arbeit gehört, ergibt sich aus ihr eine Bestimmung, wie sie Dibelius formuliert hat: »Von Geschichtlichkeit kann einmal nur in bedingtem Maß die Rede sein, da wir mit einiger Sicherheit lediglich bis zur Tradition der Gemeinde vordringen können und von da aus bestenfalls zur Erkenntnis des Formungsprozesses und seiner Bedingungen geführt werden. Urformen, die mit protokollarischer Genauigkeit das Faktum nüchtern und ungedeutet wiedergeben, sind uns unerkennbar; wahrscheinlich hat es sie nie gegeben, denn alle Formung für Gemeindezwecke war schon irgendwie interessiert ... Andererseits aber gewährt die geschilderte formgeschichtliche Erwägung auch Sicherheit gegenüber unbedingter Skepsis. Denn die Gemeindetradition, die wir auf formgeschichtlichem Wege erschließen, erweist sich relativ frei von den Fehlerquellen einer späteren Zeit«; sie erhielt ja auch ihre hauptsächliche Prägung in den Jahrzehnten, die noch in die Lebenszeit der Augenzeugen fielen[8].

Einen Verzicht auf die Bemühung um eine historische Erfassung Jesu hatte das nicht notwendig zur Folge, wie die drei Jesusdarstellungen der führenden Vertreter dieser Methode bezeugen, die sich freilich auf eine Eruierung der Verkündigung Jesu beschränken. Sie gehen gleichermaßen davon aus, daß eine biographische Darstellung des Wirkens Jesu durch die Quellenlage ein für allemal ausgeschlossen ist, und sie entwerfen zudem ihr Bild von der Verkündigung Jesu nach der rekonstruierten ältesten Überlieferungsschicht, die nach formgeschichtlichem Urteil immer noch Gemeindeüberlieferung ist. Dabei wird vorausgesetzt, daß diese älteste Schicht wegen der zeitlichen Nähe zu Jesus das geschichtliche Bild seines Wirkens am genauesten bewahrt habe und daß sich authentisches Jesusgut, besonders in der Form von ihm herstammender Sprüche und Gleichnisse, dort am wenigsten verfälscht erhalten habe. Auf eine Herausarbeitung von Kriterien dafür, wie man innerhalb der Gemeindeüberlieferung, die ja auch diese Schicht noch ist, ursprüngliches Jesusgut auffinden könnte, haben die Formgeschichtler verzichtet. Überhaupt lag der Schwerpunkt ihrer Arbeit eben nicht bei der Frage nach Jesus und der ursprünglichen Jesusüberlieferung. Ihr Interesse galt vielmehr so sehr der gestaltenden und tradierenden Gemeinde, den Gestaltungsformen und den Intentionen, daß sie sich von seiten derer, denen die »Heilstatsachen«, die historischen Sachverhalte hinter der Überlieferung, ent-

---

[7] aaO. S. 209.
[8] aaO. S. 213; Näheres dazu in Kap. IX (s. S. 166 ff.).

scheidend waren, dem Vorwurf des übertriebenen Skeptizismus aussetzten[9].

Wie hier faktisch mit einem Male der lange und breite Strom der Jesusforschung gestaut wurde und nur in schmalen Rinnsalen weiterfloß, so fand auch auf einem anderen Sektor eine Unterbrechung statt. Sie betrifft freilich nicht ein so zentrales Thema der vorausliegenden Forschung, sondern nur einen Teilaspekt aus der Synoptikerforschung. Sie ist aber umso auffälliger, als hier gerade erst ein paar Weichen für eine intensivere Erörterung gestellt worden waren. Es handelt sich um das mit W. Wredes Buch über das Messiasgeheimnis in den Evangelien angeschnittene Problem, wie weit die Evangelisten selbst als Endredaktoren ihren Stoff theologisch durchdrungen haben und in seine Gestaltung eingegriffen haben. Fasziniert von den Entdeckungen hinsichtlich der Überlieferungseinheiten selbst, die sich von ihren Rahmungen in den Evangelien abheben ließen, hat die Formgeschichte ihr Augenmerk auf die Traditionsstoffe und die Überlieferungsgesetze konzentriert, jedoch hinsichtlich der Evangelisten das Urteil gefällt, daß ihnen neben der sammlerischen Tätigkeit keine große selbständige Gestaltung zugetraut werden kann. Indessen hätte allein durch die Tatsache der Entstehung der Gattung des Evangeliums angesichts des nunmehr erkannten Perikopencharakters der Tradition die Frage nach Sammlungsprinzipien, Leitgedanken für die Anordnung und theologischen Motiven für die Gestaltung des Ganzen und seiner Teile nahegelegen. Auch hätten im weiteren Verfolg der von K. L. Schmidt durchgeführten Analyse des »Rahmens der Geschichte Jesu« gewisse Konturen der Evangelisten als gestaltender Individuen oder als Repräsentanten bestimmter theologischer Anschauungen der Gemeinden sichtbar werden können, die für die Rahmung und die Komposition überhaupt mitbestimmend waren.

Auch hierauf hat die Formgeschichte zunächst keinen großen Wert gelegt. Eine spezielle Wiederaufnahme der Thematik Wredes liegt in H. J. Ebelings Buch über das Messiasgeheimnis vor, sonst bietet noch der Schlußteil von R. Bultmanns »Geschichte der synoptischen Tradition« einige Beobachtungen und Erörterungen. Aber die Beschränkung auf die »anonyme« Periode zwischen den beiden Polen der Wirksamkeit Jesu einerseits und der schriftlichen Darstellung derselben in den Evangelien überwiegt in der Formgeschichte deutlich. Und es unterliegt ja auch keinem Zweifel, daß eine Erhellung dieser Überlieferungsperiode ihrerseits die entscheidende Vorarbeit für weitere Fragen nach beiden Seiten hin ist. Einmal wird die redaktionelle Tätigkeit der Evangelisten, besonders des ältesten, besser abzuheben sein, je differenzierter die Kenntnis der Verhältnisse der von ihm verarbeiteten Traditionsstoffe ist. Zum anderen wird die Kenntnis der Überlieferungsgesetze und der Formen und

---

[9] Vgl. die beiden zitierten Referate von Dibelius und Iber.

Gattungen vor manchem Fehlschluß im Blick auf die Historie Jesu bewahren. Gleichwohl bleibt das Erfordernis bestehen, auf dem Boden der formgeschichtlichen Methode und ihrer Ergebnisse sich auf Kriterien zu besinnen, mit deren Hilfe in der Überlieferung möglicherweise enthaltene historische Nachrichten und auf Jesus zurückgehende Äußerungen als solche erkannt werden könnten.

2. Die theologische Relevanz historischer Jesusforschung bei Emanuel Hirsch

In jenen Jahren der Vorherrschaft der Formgeschichte erschien R. Ottos Buch »Reich Gottes und Menschensohn« (1934), das »in latenter Auseinandersetzung mit der zeitgenössischen Jesusforschung der Neutestamentler, besonders R. Bultmanns«[10], stand und das samt seiner Resonanz deutlich machte, daß — um es mit W. G. Kümmels Worten zu sagen — »der Forschung das Problem einer sachgemäßen, d. h. der geschichtlichen Wirklichkeit entsprechenden u n d die Sachfrage beantwortenden Jesusdeutung erneut als Aufgabe gestellt war und daß dabei vor allem die Frage beantwortet werden mußte, in welcher geschichtlichen und sachlichen Beziehung die Person Jesu selbst zu seiner Verkündigung stand«[11].

Schon vorher, im Jahre 1926, hatte sich mit E. Hirsch ein anderer Nichtexeget zu diesem Komplex programmatisch geäußert. In seinen unter dem Titel »Jesus Christus der Herr« erschienenen Göttinger Vorlesungen formulierte er das Problem so: »Nur in ihrer inneren Einheit gesehen machen Jesu Wort und Geschichte ihn wirklich offenbar. Sein Wort allein macht kund, welchen Willen er in sein Tun und Leiden gelegt hat. Man kann sein Kreuz nur aus seinem Worte verstehen; nur mit ihm zusammen ist es eine die Gewissen bewegende Tat. Ohne sein Wort ist's nicht kenntlich als das Kreuz des Christus, wäre ein Unterschied von andern Gekreuzigten bloß in dichtender Willkür vorhanden. Hinwiederum seine Geschichte allein macht kund, wie er sich ganz in sein Wort hineingegeben hat, wie das ihm gegebene Wort sein Tun und Leiden von Grund auf gelenkt hat. Nur zusammen mit seiner Geschichte ist sein Wort kenntlich als Wort des Christus, als aus den Tiefen seines Sohnesverhältnisses zum Vater hervorbrechend, nur so schließt er uns also sein Herz auf.«[12]

Damit ist der historischen Forschung an den Evangelien die Aufgabe gestellt, das Kongruenzverhältnis von Botschaft, Verhalten und Geschick bei Jesus zu erfragen. Daß zu diesem Behuf das Interesse auf die Eruierung des authentischen Jesusgutes in der Überlieferung gerichtet sein muß, versteht sich solange von selbst, als man sich nicht mit dem von

---

[10] W. G. Kümmel, Das Neue Testament, S. 496.
[11] aaO. S. 500.
[12] aaO. S. 9.

der Formgeschichte praktizierten Standpunkt begnügen will, und das will Hirsch auf keinen Fall. Nun ist die so skizzierte Aufgabe jedoch kein neutrales und unengagiertes historisches Unternehmen, das lediglich auf größere Klarheit für die Erkenntnis der Gegebenheiten beim historischen Jesus abzielte. Vielmehr handelt es sich hierbei für H. um den Vollzug der eigentlichen Aufgabe der Christologie, denn »sie ist lösbar nur auf dem Grunde der geschichtlichen Wahrnehmung«, so sagt er[13]. Und weiter: »Denn der Glaube entzündet sich an dem Bilde Jesu Christi, das durch die evangelischen Berichte zu uns spricht. Das Bekenntnis zum Kyrios Christos ist leer, wenn wir bei ihm nicht in das bestimmte Antlitz eines Menschen schauen. Dies Angesicht nachzuzeichnen, die dem (!) Glauben rufenden Züge am Bilde des geschichtlichen Herrn in ernster, sich besinnender Beobachtung herauszuarbeiten, ist darum unsere erste Pflicht. Nur indem wir sie erfüllen, entgehn wir der Gefahr, daß unser Glauben und Erkennen sich abplage mit den Traumgespinsten unsers eignen Herzens.«

Die Konzentration auf die eigentliche theologische Aufgabe ist in der Intention deutlich. Sie tritt noch klarer hervor, wenn man die Ähnlichkeiten und Unterschiede einer entsprechenden Äußerung O. Holtzmanns aus dem Jahre 1901 vergleicht. Nach Holtzmann »wirkt Jesus durch die ganze Art seiner Persönlichkeit seit seinem Auftreten bis heute unfraglich in immer reicherer Weise fort: das innerste Wesen dieser Persönlichkeit in sich nachzubilden ist ungezählten Tausenden seit dem Kreuzestod auf Golgatha das höchste Lebensziel gewesen, und auch unsere Arbeit hat keinen höheren Zweck — (so reiht sich Holtzmann in diese Fortwirkung ein) —, als das Bild dieser Persönlichkeit in möglichst anschaulicher und klarer Weise geschichtlich treu darzustellen, in der Hoffnung, daß es als das höchste denkbare Lebensziel für alle Zeiten und Völker kund werde«[14].

Die christologische Relevanz der historischen Jesusforschung hatte zuvor auch A. v. Harnack gegen K. Barth ins Feld geführt. In der vierzehnten von seinen »fünfzehn Fragen an die Verächter der wissenschaftlichen Theologie unter den Theologen« aus dem Jahre 1923 betont er die Notwendigkeit für ein »kritisch-geschichtliches Studium«, damit man nicht »einen erträumten Christus für den wirklichen eintausche«, wenn anders »die Person Jesu Christi im Mittelpunkt des Evangeliums steht«[15]. In seinem offenen Brief an K. Barth, mit dem er auf dessen Antworten nochmals eingeht, unterstreicht er es zum gleichen Punkt noch einmal; er sieht anderenfalls die Gefahr einer »theologische(n) Diktatur, die das Geschichtliche unserer Religion auflöst und die Gewissen Anderer mit der eigenen Erfahrung zu foltern sucht«[16].

E. Hirsch hat sich um die Konsequenzen historisch-kritischer Arbeit für den Glauben der Kirche gemüht, und zum Teil dienen seine Äuße-

---

[13] Ebd.
[14] Leben Jesu, S. 387/88.
[15] Abgedruckt in K. Barth, Theologische Fragen und Antworten, S. 9. Sprach Harnack von einem erträumten Christus, so spricht Hirsch von Traumgespinsten.
[16] aaO. S. 17.

rungen zum Thema immer auch der Unterrichtung einer breiteren Öffentlichkeit über den Stand dieser Wissenschaft und ihre Konsequenzen, wie er sie sieht. So sagt er z. B. in der Vorrede zu seinem Buch »Die Auferstehungsgeschichten und der christliche Glaube«, in dem er sich bereits erheblich intensiver auf dem Gebiet der historischen Kritik des Neuen Testaments engagiert: »Es ist unter uns ein offenes Geheimnis, daß Theologie und Kirche eine Gestalt christlicher Lehre und Verkündigung pflegen, welche mit den geschichtlichen Einsichten eben der deutschen evangelischen Theologie in schlechter Übereinstimmung ist.«[17] Das eigentliche Movens ist bei H. systematisch-theologischer Natur, es ist die Forderung, daß sich die Christologie, wie auch das christusgläubige menschliche Herz, an der geschichtlichen Gestalt des Menschen Jesus zu orientieren hat, wenn sie nicht ihre Aufgabe verfehlen und in Spekulation oder Phantasie absinken will. »Nicht irgendeine Erdichtung mythenbildender religiöser Phantasie, sondern Jesus selbst so, wie er in Wahrheit gewesen ist, ist dem Christen die lebendige Rede Gottes zum eignen Herzen und Gewissen.«[18]

Historische Jesusforschung ist für H. gerade darum so wichtig, weil christlicher Glaube nicht Repristination der Vorstellungen Jesu sein kann, ganz zu schweigen davon, daß er sich etwa mit den in den neutestamentlichen Schriften auf wesentlich breiterem Raum begegnenden Vorstellungen der Urchristenheit identifizieren könnte. Aber allein schon um beide zu definieren, bedarf es der historisch-kritischen Forschung. Dabei kommt, auf Jesus selbst gesehen, »christlicher Glaube heute ... nicht um das Eingeständnis herum, daß er, und zwar in Beziehung auf so entscheidende Begriffe wie Gottesreich und Menschensohn, nicht ebenso denkt wie Jesus«[19]. Ein Glaube, der glaubt, was Jesus glaubte, ist also nicht intendiert, wenn kritische historische Wissenschaft als Konstituens der christologischen Besinnung gefordert wird. Was aber dann, wenn anders ihre Aufgabe darin besteht, das menschliche Angesicht des Kyrios Christos nachzuzeichnen, an dessen Bilde sich der Glaube entzündet? — Soll tatsächlich mit den Ergebnissen der historischen Forschung ernst gemacht werden, die eine Zeitgebundenheit gewisser Vorstellungen Jesu hat erkennen lassen — und das geschieht bei H. —, dann kann es in seinem Sinne nur darum gehen, im Gefolge Jesu zu glauben, w i e er glaubte. Deshalb wurde ja auch die Frage nach dem Verhältnis von Jesu Wort und Geschichte, von Botschaft, Verhalten und Geschick für H. bedeutsam. Die Züge, die solch ein dem Glauben Jesu entsprechender Christenglaube nach seiner Meinung hat, beschreibt er zusammenfassend so: »Glauben in wehrloser Subjektivität, auf eine schlechthin verborgne Ewigkeit schauen, keine irdische Stütze haben an einer Nachahmung von

---

[17] aaO. S. III.
[18] Ebd.
[19] aaO. S. 77.

Jesu Denkformation, Jesus als den Lebendigen ehren, der einem das Gottesverhältnis bestimmt, obwohl sein Tod in der Anfechtung am Kreuz das Letzte ist, das wir von ihm wissen: dies alles in eins zusammen genommen ist Glaube an das Evangelium auf eine Jesu menschlichem Sein gemäße Weise.«[20]

3. Literarkritik als Methode der Jesusforschung bei Hirsch

Die für ein wirkliches Erfassen der Gestalt und der Botschaft Jesu erforderliche wissenschaftliche Vorarbeit hatte die Forschung am Neuen Testament nach H.s Meinung noch nicht geleistet. F. C. Baur war gescheitert, H. J. Holtzmann war nicht zuende gekommen, andere Forscher hatten Einzelaspekte intuitiv erahnt, aber nicht mit einer durchschlagenden Quellenanalyse belegen können, und die zeitgenössische Formgeschichte bediente sich einer für dieses Vorhaben völlig ungeeigneten Methode, weil sie, statt auf die historische Individualität, auf das Gemeinsame, das Typische ihr Augenmerk richtete[21]. Es galt also, die von H. J. Holtzmann mit der Fixierung der Zwei-Quellen-Theorie begonnene Grundlegung fortzuführen und in einer darauf aufbauenden Quellenanalyse die Voraussetzungen dafür zu schaffen, daß aus der evangelischen Überlieferung fortan das Antlitz des geschichtlichen Menschen Jesus von Nazareth hervorleuchtete. H. unterzog sich also der Mühe, die synoptischen Evangelien selbständig zu analysieren »unter bewußtem Anschluß an die Methoden der klassischen deutschen synoptischen Forschung«[22]. In den zwei Büchern der »Frühgeschichte des Evangeliums« legte er 1940/41 das Ergebnis vor, das aus einer quellenkritischen Analyse, denn nur diese kam ja bei einem Anschluß an die klassische Synoptikerforschung in Frage, hervorgegangen war. Die Frühgeschichte ist eine vollständige Literaturgeschichte der synoptischen Evangelien, sie rekonstruiert die Vorlagen aller drei synoptischen Evangelien und beschreibt die Geschichte der Literaturgattung Evangelium in den ersten Jahrzehnten bis zum Entstehen des Matthäusevangeliums um das Jahr 80 n. Chr. Eine mit viel Scharfsinn durchgeführte und durch die staunenswerte Geschlossenheit auch im Ergebnis imponierende Leistung, die freilich auf einigen Prämissen basiert, von deren Haltbarkeit oder Unhaltbarkeit ihre Durchführbarkeit abhängt. Sie werden letztlich auch nirgendwo nachgewiesen, sondern sollen durch die Überzeugungskraft des Gesamtergebnisses bestätigt werden. Die wichtigsten unter ihnen sind die, daß Matthäus und Lukas zwei von einander verschiedene Markusevangelien benutzt haben, daß Lukas seine Vorlagen peinlichst getreu wiedergibt, daß alle erkennbaren Vorlagen der synoptischen Evangelien selber Evan-

---

[20] aaO. S. 86.
[21] Vgl. Frühgeschichte I, S. XVIII f., VIII—X.
[22] aaO. S. XVII.

geliengestalt hatten — beginnend mit dem Auftreten des Täufers und mit Passions- und Auferstehungsgeschichten endend — und daß diese Quellen in schriftlicher Form vorlagen.

Was auch immer im einzelnen zu den analytischen Entscheidungen und zu den Prämissen, die diese Arbeit geleitet haben, zu sagen sein mag, zuerst nötigt dieses Werk dem Leser seine Hochachtung ab, allein schon angesichts der geistigen Leistung der beständigen Zusammenschau der rekonstruierten vielschichtigen Quellenlage. Der Verfasser hat hier in einem ihm nicht eigenen Fachbereich eine Arbeit vorgelegt, die den Vertretern des Faches zahlreiche Anregungen beschert und für die Auseinandersetzung höchste Anforderungen abverlangt. Zudem ist eine so umfassende, ja vollständige und in sich stringente Lösung der synoptischen Frage mit ihren sämtlichen Einzelproblemen selten vorgelegt und seitdem auch nicht wieder in Angriff genommen worden. Und so steht vor der sich immer mehr in Spezialuntersuchungen von Einzelproblemen vertiefenden Forschung an den Evangelien die Mahnung, ja die vielleicht nicht mehr erfüllbare Forderung, der Forschungsgrundsätze des Autors: »Nur eine am Bestand der drei synoptischen Evangelien bis ins Einzelne und Kleine durchgeführte Gesamtlösung kann ein wesentlicher Beitrag zur synoptischen Frage sein. An dem Nachweis, daß es innerhalb ihrer für jeden Abschnitt, jede Geschichte, jede Frage eine glaubhafte und einfache Erklärung gebe, hat sich eine Gesamtlösung als richtig zu bewähren.« Und: »Sämtliche in der synoptischen Analyse angesetzten Vorgänge und Schriftwerke von der ersten evangelischen Erzählung bis hin zu unseren Evangelien müssen sich, und zwar in engem Zusammenhang mit der uns bekannten Geschichte der zwei bis drei ersten christlichen Generationen, zu einem in sich geschlossenen, historisch glaubhaften Prozesse der Evangelienbildung zusammenschließen lassen.«[23] Daß sich das alles in ein plausibles Beziehungsverhältnis zueinander und in ein Gesamtsystem der Frühgeschichte evangelischer Quellenschriften bringen läßt, heischt Anerkennung.

So weit verzweigt die Arbeitsgänge der beiden Bände auch sein mögen und so sehr sie ihrer äußeren Breite nach der Rekonstruktion der synoptischen Quellenschriften gewidmet sind, so darf man anderenteils nicht übersehen, daß H.s eigentliches Interesse bei der »Erhellung der Geschichte Jesu« liegt. Ihr dient letztlich das ganze große Unternehmen, auch wenn es für den Autor zweifellos wichtige Nebenergebnisse zeitigt. Die Quellenkritik, die er durchführt, steht aber im Dienste der Jesusforschung. Sie soll einmal herausarbeiten, was ursprünglicher Bericht ist, und sie soll kenntlich machen, was christliche — vor allem judenchristliche — Weiterung ist, indem sie die Primär- und Sekundärquellen in ihrem Umfang und Wortlaut wiederherstellt. Daß die Arbeit in diesem Dienste steht, geht aus dem Schlußteil des ersten Buches hervor, der die

---

[23] aaO. S. VIII, XII.

Folgerungen darstellt, die sich aus der Quellenanalyse des Markusevangeliums für die Geschichte Jesu ergeben. Zudem enthält der letzte Satz dieses Buches den betonten »Hinweis auf die Notwendigkeit, in einem weiteren Buche dieser synoptischen Studien die Überlieferungsgeschichte der beiden andern Evangelien so weit zu klären, als es zur Erhellung der Geschichte Jesu beitragen kann.«[24] Und das Geleitwort zum zweiten Band nimmt das Thema alsbald wieder auf, indem es feststellt, daß hinter der »Herausarbeitung der Vorlagen des Lukas und Matthäus ... wie im ersten (Buch) der Wille (steht), durch die Aufdeckung der Frühgeschichte des Evangeliums den Grund für die geschichtliche Erkenntnis Jesu schärfer und verläßlicher als bisher zu bestimmen«[25].

H. stellt seinen gesamten Entwurf bewußt der formgeschichtlichen Arbeit entgegen. In einer Rechtfertigung seines Verfahrens von 1942, aus der schon zwei Forschungsgrundsätze zitiert wurden, hat er diese Frontstellung noch einmal unterstrichen und begründet. Dort heißt es: »Der Geschichtsforscher hat mit unbeirrbarem zähen Willen auf die Erkenntnis des individuellen historischen Gehalts sich zu richten und alle Fragen nach dem Typischen, dem Allgemeinen lediglich als den Blick schärfende Hilfen in der Erkenntnis des Individuell-Historischen anzusehn. Das Sonderbare, Befremdende, aus dem Gesetz der Form und des Typus Herausfallende ist nicht von vornherein als störende Klitterung oder Vermengung aufzulösen, sondern vorerst daraufhin anzusehn, ob es nicht Träger und Ausdruck eigenartigen vergangenen Lebens von unwiederholbarer Prägung sei.«[26] Man wird das relative Recht solcher Bemerkungen nicht bestreiten können. Allerdings gewinnt auch die formgeschichtliche Forschung selbst aus der Erkenntnis der Gesetzmäßigkeiten in der Form- und Traditionsbildung eine Grundlage, von der aus ein zu erfragendes historisches Spezifikum leichter als solches greifbar wird. Gerade auf formgeschichtlichem Wege kann etwa vorhandene historische Individualität als solche erkennbar werden. Offenbar liegt also im Methodischen selbst gar nicht so sehr der Gegensatz, der H. so unversöhnlich von der formgeschichtlichen Forschung trennt und ihn zu ihrer völligen Ignorierung führt. Er dürfte vielmehr in der gesamten Grundausrichtung liegen, in dem bestimmenden Forschungsinteresse, in den Prämissen und darin, welche Ergebnisse man überhaupt erzielen zu können meint. Was H. eigentlich an der Formgeschichte ablehnt, ist ihr Eingeständnis, es bei dem Stoff der synoptischen Überlieferung generell mit von der Gemeinde geprägter Tradition zu tun zu haben, wodurch der Rückgriff auf den historischen Jesus quasi unmöglich, zumindest aber sehr erschwert ist und stets mit einer gewissen Fragwürdigkeit behaftet bleibt.

---

[24] I, 213.
[25] II, S. III.
[26] I, S. IX.

Seine ausdrückliche Kritik am Verfahren der Formgeschichte bestätigt das, wenn er sagt: »Die nivellierende Tendenz der alles nach dem Typus regelnden Betrachtung ist die Wurzel jener unsinnigen Erstreckung des historischen Zweifels, die es leugnet, daß uns die Evangelien historisch verläßliche Erkenntnis von Jesu Wort und Geschichte vermitteln können.«[27] Damit fügt sich H. in die Reihe derjenigen Kritiker der formgeschichtlichen Arbeit ein, deren Motive G. Iber so interpretiert hat: »Die Kritiker geben zwar zu, daß die Gemeinde bei der Konzeption der Überlieferung mitgewirkt habe; wogegen sie sich aber energisch wehren, ist die Annahme, daß die Gemeinde die schöpferische Potenz gewesen sei, die die Überlieferung hervorgebracht habe. Leitend war bei dieser Kritik die Absicht, zu einem positiven Vorurteil über ihre historische Glaubwürdigkeit zu kommen und die kritischen Konsequenzen, zu denen der skeptische Ansatz der Formgeschichte führen kann, von vornherein abzuschneiden.«[28] Entsprechend der historischen Grundvoraussetzung, daß der Ursprung der synoptischen Jesusüberlieferung in persönlicher Erinnerung liegt, hält es H. für möglich, auf literarkritischem Wege an den historischen Jesus heranzukommen. Er sieht sich so in die Lage versetzt, die historische Grundlage des christlichen Glaubens erarbeiten zu können und die ersten Stadien zu beobachten, die er durchlief, — die sich ihm freilich nur als eine folgerichtige Entfernung vom Ursprung darstellen. Dabei teilt er die Zuversicht auf die historische Suffizienz der Literarkritik mit H. J. Holtzmann und den älteren Vertretern der Zwei-Quellen-Theorie, als deren weithin unangefochtene Forschungsprämisse die Historizität des Markusstoffes galt[29]. H. differenziert nur noch, indem nun die frühere Rolle des Markusevangeliums von seinem Mk I übernommen wird, so daß nun mit dem innerhalb des Markusevangeliums zu rekonstruierenden E r l e b n i s b e r i c h t wiederum ein Garant für die Geschichte und das Bild Jesu vorhanden ist.

Im ganzen läßt sich hier eine Ausrichtung des Forschungsinteresses erkennen, wie F. C. Baur es einst als die eigentliche Fragestellung formuliert hat. Er fragte so: »Kann man überhaupt vom Wesen und Inhalt des Christentums reden, ohne zum Hauptgegenstand der Betrachtung vor allem d i e   P e r s o n   s e i n e s   S t i f t e r s zu machen und den eigentümlichen Charakter des Christentums eben darin zu erkennen, daß es alles, was es ist, einzig nur durch die Person seines Stifters ist, so daß es demnach sehr gleichgültig wäre, das Christentum seinem Wesen und Inhalt nach aus dem Gesichtspunkt seines weltgeschichtlichen Zusammenhangs aufzufassen, da ja seine ganze Bedeutung durch die Persönlichkeit seines Stifters so bedingt ist, daß die geschichtliche Betrachtung nur von ihr ausgehen kann?«[30]

---

[27] I, S. XXII.
[28] aaO. S. 320.
[29] Vgl. Holtzmann, Synoptiker, S. 7.
[30] Das Christentum und die Kirche, S. 22.

Dieser auf die historische Erkenntnis Jesu gerichteten Intention der Quellenanalyse und den dabei verfolgten methodischen Prinzipien ist die vorliegende Untersuchung gewidmet. Für sie ist die Beobachtung nicht ohne Interesse, daß die Quellenscheidung in den Evangelien, die dem Verfasser die Erkenntnis des geschichtlichen Jesus vermitteln soll, vom rein zeitlichen Ablauf her gesehen, tatsächlich als die nachträgliche kritisch-wissenschaftliche Fundierung eines bereits in den Vorlesungen von 1926 erkennbaren Jesusbildes erscheint. Erst wenn man dies bedenkt, versteht man die Entscheidung für die eingehaltene Methode völlig, sieht, warum andere methodische Wege als nicht zum Ziele führend abgelehnt werden mußten und warum selbst ein bei dem Verfasser so geschätzter Gewährsmann wie J. Wellhausen nur eklektische Verwendung findet. Nun wird auch erst deutlich, warum der Forscher die Texte an entscheidenden Stellen besser verstehen konnte, als sie sich selbst verstanden, ja selbst besser, als die alte und echte Überlieferung des Petrusberichtes es verstanden hatte.

Zu der durchgeführten Quellenscheidung ist jetzt nichts weiter zu sagen, sie wird im nächsten Kapitel der besseren Übersicht halber zusammengestellt. Dadurch werden fortwährende Hinweise im Verlauf der Untersuchung auf den Charakter der einzelnen Quellenschriften entbehrlich.

Zu der entscheidenden Quellenschrift Mk I, dem alten Erinnerungsbericht des Petrus, der die Kenntnis des Wirkens Jesu vermittelt und die für alle späteren Quellen vorbildliche und verbindliche Evangelienform geschaffen hat, soll nur noch ein Vergleich angestellt werden, der den spezifischen Charakter der hiermit vertretenen Position beleuchten kann. E. Meyer, der von H. zu den anerkannten Gewährsleuten gezählt wird, ist wie er überzeugt, daß der Grundstock der Jesusüberlieferung auf Petrus zurückgeht, denn — so stellt er fest — sie weiß nichts zu berichten, was vor »seinem Anschluß« an Jesus liegt[31]. Andererseits nimmt Meyer wiederum, obwohl er selbst die Existenz von Quellen wie der »Zwölferquelle« voraussetzt, eine der formgeschichtlichen Sicht weit nähere Position als der nach ihm schreibende H. ein. Meyer sagt zur Gestalt der Überlieferung: »Es kann nicht zweifelhaft sein, daß die Erzählungen von Jesu Aussprüchen und Wundertaten zunächst größtenteils isoliert und zeitlos überliefert waren, wenn auch gelegentlich die Verknüpfung mit einem bestimmten Vorfall, einem Ort oder einer Persönlichkeit, einen Anhalt für ihre Einfügung in seinen auf der einen Seite durch die Lehrtätigkeit in Galiläa, auf der anderen durch die Passion in Jerusalem begrenzten Lebensgang bieten mochte.«[32] Diese Sicht konnte bei H. nicht zum Zuge kommen, obwohl sie die Überlieferung in ihrem

---

[31] Ursprung I, S. 99.
[32] aaO. S. 102.

Grundbestand auf Petrus zurückführt, weil in diesem Fall die allein den Zugang zu Jesus gewährende Urschicht literarisch nicht mehr greifbar sein kann, da die Einzelüberlieferungen in der Gemeinde eine Überlieferungsgeschichte gehabt haben, ehe sie in den Evangelien oder ihren Quellen Aufnahme fanden; und das impliziert eo ipso Gestaltung und Veränderung der ursprünglichen Nachrichten durch die Tradenten.

In der Sicht des Charakters der Überlieferung mußte sich H. auch von J. Wellhausen trennen, der selbst einen Petrusbericht als Ursprung des Markusevangeliums bestreitet. Er führt aus: »Die Überlieferung, die er (sc. Markus) bucht, ist verhältnismäßig reich für Jerusalem, dagegen arm für Galiläa ... Dieser Unterschied ließe sich kaum begreifen, wenn er auf die Urjünger zurückginge. Die galiläischen Erzählungen sind auch innerlich meist nicht so beschaffen, daß sie auf diese zurückgeführt werden könnten. Soll etwa Petrus der Gewährsmann sein für die plötzliche Berufung der vier Menschenfischer? ... Und warum wird nicht Mehreres und nicht Zuverlässigeres über den Verkehr des Meisters mit seinen Jüngern berichtet? Es scheint vielmehr, daß die erzählende Überlieferung in Markus nicht vorzugsweise von den Vertrauten Jesu ausgegangen ist. Sie hat großenteils eine etwas derb volkstümliche Art, wie sie denn auch erst durch längeres Umlaufen in der Leute Mund zu der ungemacht drastischen Ausgestaltung gekommen sein wird, in der sie uns vorliegt.«[33]

Hätte H. hier Wellhausen folgen wollen, dann hätte er sich gleich an die Formgeschichte halten können. Der Grund, warum er es nicht tat, sondern die Prämisse schriftlicher Quellen zum Ausgang nahm, ist deutlich. Die Formgeschichte hat zwar nicht den Einfluß der Augenzeugen auf die Überlieferung bestritten, vielmehr gewinnt diese nach ihr durch die vorausgesetzte Gegenwart der Augenzeugen auch eine Glaubwürdigkeit, die freilich von M. Dibelius wiederholt eine »relative« genannt wird[34]. »Die Kritiker der Formgeschichte wollen aber mehr«, konstatiert G. Iber, »sofern sie in ihr (sc. der Augenzeugenschaft) die Gewähr für die absolute Glaubwürdigkeit der gesamten Tradition sehen ... Eine solche Voraussetzung widerspricht allerdings der kerygmatischen Intention der Überlieferung, die ja von der Formgeschichte nicht einfach postuliert, sondern analytisch nachgewiesen ist.«[35] Diese Kennzeichnung trifft auf H. insofern zu, als er wenigstens die auf Petrus zurückgehende Urschicht der Überlieferung im Prinzip für absolut glaubwürdig hält und für den Petrusbericht genau das historische oder das wertfrei erzählende Interesse, nicht aber das kerygmatische voraussetzt[36].

---

[33] Einleitung, S. 45.
[34] Vgl. Iber, aaO. S. 323; Belegstellen bei Dibelius, vgl. u. S. 167 f.
[35] Ebd.
[36] Vgl. I, 191: Es wird ohne Nebenabsicht erzählt, wie es war, »nichts beschönigt, nichts verklärt«.

4. Der methodische Weg der Untersuchung

Das Verfahren der Frühgeschichte wird im Verlauf der Untersuchung immer wieder Gegenstand der Reflexion sein. Eine zusammenfassende Darstellung anhand der Behandlung der synoptischen Wundergeschichten und eine grundsätzliche kritische Erwägung wird im dritten Kapitel der speziellen Auseinandersetzung durch Einzelanalysen vorangestellt. Hier genügt der Hinweis, daß durch die äußere Form des fortlaufenden Kommentars zu den Evangelientexten, bei dem von Anfang an das Gesamtsystem dem Leser vor die Augen tritt, in dessen reiche Bezüge er sich nur sehr allmählich hineinliest, die Überprüfung außerordentlich erschwert ist, da das Ganze stets in den Teilen zur Stelle ist und die Entscheidungen bestimmt, während andererseits die einzelnen Schritte auf einem langen — quasi induktiven — Wege zum Gesamtergebnis führen.

Angesichts dieser Methode der Darstellung erinnert sich der Leser dankbar der quellenkritischen Untersuchung von R. Thiel, »Drei Markusevangelien«[37], die in wünschenswerter Klarheit die einzelnen Schritte mit dem Leser nachvollzieht, die zum erzielten Ergebnis geführt haben: Ein erster Teil sammelt die Beobachtungen, notiert also Wiederholungen, Unstimmigkeiten und Einschübe. Im zweiten Teil wird der Gang der Analyse vorgeführt und genauer Einblick in ihre Versuche, ihre Mißerfolge und schließlichen Lösungen bis zur Entstehung der »Drei-Quellen-Theorie« gewährt; dieses Vorgehen wird einmal sogar als methodische Forderung ausgesprochen[38]. Der dritte Teil nennt die Rekonstruktionsprinzipien, und danach folgt erst die Rekonstruktion der griechischen Quellen und der Wortlaut der Quellen auf Deutsch.

Einen so freimütigen Einblick in das Werden der Quellenhypothese und ihre Prinzipien wie das Buch von R. Thiel gewährt die Frühgeschichte leider nicht, man hat sie am Vollzug der Einzelanalyse zu beobachten. Infolgedessen empfiehlt sich die exemplarische Auseinandersetzung, indem an einigen Stellen die Analyse nachvollzogen und auf ihre methodische Stimmigkeit, ihre Prämissen und ihre Haltbarkeit überprüft wird.

Wenn es in der folgenden Untersuchung um die Kriterien für die historische Jesusforschung geht und die von daher an die Frühgeschichte zu richtende Frage die ist, ob sie mit ihrer Literaranalyse einen methodischen Zugang zum historischen Jesus eröffnet hat, dann wird eine exemplarische Überprüfung der Quellenscheidung im Markusevangelium ohnehin erforderlich. Denn die Aufteilung des Markusevangeliums in die beiden Quellenstränge Mk I und II ist ja der entscheidende positive Beitrag zu der Frage nach dem historischen Jesus, weil Mk I den alten, untenden-

---

[37] Erschienen in der von H. mit herausgegebenen Reihe »Arbeiten zur Kirchengesch.«, 1938. Th. bezeugt jedoch, daß H. »ebenfalls bereits vor mir zu ähnlichen Ideen gekommen ist«, S. 74.
[38] aaO. S. 36 f.

ziösen Petrusbericht aus dem ersten Jahre nach dem Tode Jesu wiedergibt. Dieser Zugang zur Geschichte Jesu bedarf der Überprüfung.

Die Auseinandersetzung ist in den drei analytischen Kapiteln des zweiten Teiles enthalten, und sie bewegt sich bewußt im Bereich der von H. angewendeten Methode. Es wurde darauf verzichtet, von einer außerhalb ihrer liegenden Position aus, etwa der formgeschichtlichen, eine Kritik sozusagen eines *beatus possidens* einfach zu applizieren, wie das bei K. Grobels Kritik der literaranalytischen Entwürfe[39] nicht immer vermieden zu sein scheint. Zu leicht stellt sich dabei die Gefahr ein, daß die eigentlichen, den Entwurf bestimmenden Intentionen des Autors nicht recht ernstgenommen werden; und dann wird die Auseinandersetzung eine scheinbare, indem man Argumente entgegensetzt, die von der anderen, bewußt gewählten Position aus nicht als sachbezogen und darum auch nicht als stichhaltig anerkannt werden können. Die Überprüfung des mit der Frühgeschichte vorgelegten Entwurfs muß also immanent geschehen, und deswegen wird das Schwergewicht auf der methodischen Seite liegen. Angesichts der damaligen Lage sowohl, wie auch sachlich, kann dem Autor ohnehin das Recht für seine Fragen nach der Gestalt des Überlieferungsmaterials, aus dem der historische Jesus der Forschung entgegentreten könnte, nach dem Gehalt an »echter« Überlieferung innerhalb der synoptischen Evangelien, nach Sammlungen, Quellen oder Evangelienschriften hinter den Synoptikern und auch nach den individuellen Beiträgen der Evangelisten zur Gestaltung ihrer Schriften in keiner Weise bestritten werden. Das waren und sind größtenteils noch immer offene Fragen. Der individuelle Weg jedoch, den er zu ihrer Lösung beschreitet, kann und soll hier auf seine Gangbarkeit befragt werden.

Im Blick auf das erste Buch der Frühgeschichte erstreckt sich also die methodologische Untersuchung auf die Durchführbarkeit der Quellenscheidung im Markusevangelium, mit der die Frage eines Zugangs zu Jesus über die Literarkritik steht und fällt. Beim zweiten Buch richtet sich das Augenmerk darauf, mit welchen Sichtungsprinzipien und Argumenten H. innerhalb der grundsätzlich sekundären Quellenschriften echte Erinnerung bzw. auf Jesus zurückgehendes Spruchgut auffindet. Dieser den historischen Einzelkriterien gewidmete dritte Teil stellt in seinem Schlußkapitel die vorher bei H. beobachteten und erörterten Kriterien in einen weiteren forschungsgeschichtlichen Zusammenhang, indem aus der — vorwiegend deutschen — Forschung seit der Jahrhundertwende entnommene Kriterien oder Prinzipien der Rekonstruktion ursprünglicher Jesusüberlieferung zusammengestellt und einer kurzen Prüfung unterzogen werden.

So bleibt die Untersuchung bis zum Schluß vorwiegend methodologisch. Sie ist an einer möglichst scharfen Erfassung der jeweiligen Sach-

---

[39] Formgeschichte und synoptische Quellenanalyse, S. 24 ff.

verhalte interessiert, deren Bedingungen und Konsequenzen sie prüft; darum konnte sie um der Sache willen der genauesten Diagnose nicht entraten. Entsprechende Formulierungen entstammen nicht einer diskriminierenden Absicht, sie wollen allein der klaren Herausarbeitung des Sachverhaltes dienen.

Zwar nennt E. Heitsch die Methodendiskussion »recht eigentlich eine Sache der Epigonen«[40], und wer möchte sich schon so titulieren lassen. — Einem Anfänger mag sie jedoch im Gegenteil Gelegenheit geben, in Überprüfung des vor ihm Erarbeiteten einen eigenen Standort zu suchen und zu seiner Präzisierung beizutragen. Zur Auseinandersetzung der Söhne mit dem Werk der Väter gehört auch die Methodenfrage.

Die Jesusforschung ist ein gutes Jahrzehnt nach dem Erscheinen der Frühgeschichte wieder ins Licht des Forschungsinteresses getreten. Über ihre Kriterien besteht sowenig Einhelligkeit, daß schon der Ruf erscholl nach »Schluß mit der methodischen Anarchie!«[41] Eine methodologische Besinnung ist dringend vonnöten. Vielleicht kann diese von einem Werk ausgehende Untersuchung, das in der Zeit die Jesusfrage hochhalten wollte, als sie auf der Schattenseite der neutestamentlichen Forschung stand, einen Beitrag zur Klärung leisten.

---

[40] Jesus aus Nazareth als Christus, HJkC., S. 67.
[41] H. Conzelmann, Methode, S. 8.

Kapitel II

Die evangelischen Quellenschriften und das Werden der synoptischen Evangelien bei Hirsch

Jeweils im Schlußteil der beiden Bände der »Frühgeschichte« faßt H. die »geschichtlichen Ergebnisse« seiner analytischen Arbeit zusammen, ehe er seine Quellenschriften im Wortlaut wiedergibt[1]. Schon E. Haenchen hat auf die Schwierigkeiten hingewiesen, die sich für eine Auseinandersetzung mit diesem Werk deshalb ergeben, weil der Verfasser nirgends einen in sich geschlossenen Beweisgang für seine Aufteilung des Markusevangeliums durchführt, sondern von Anfang an, »bei (wirklichen oder vermeintlichen) Anstößen im Text anknüpfend, seine Unterscheidung von Mk I, II und R einfach voraussetzt«[2]. Im zweiten Band verfährt er mit den Quellenschriften, die er für Lukas und Matthäus annimmt, in gleicher Weise. Es ist deshalb tunlich, sich mit diesen von Anfang an als bekannte Größen auftretenden vorsynoptischen Evangelienschriften im voraus bekannt zu machen.

1. Die Markusquellen und deren Redaktion

Im Markusevangelium unterscheidet H. zwei Erzählungsschichten, die beide vollständige Evangelien gewesen sind, von der Endredaktion, in der diese beiden zum heutigen Markusevangelium zusammengeflochten worden sind. Der erste Erzähler (Mk I), ein Palästinenser, »hat sein Evangelium auf Aramäisch verfaßt«. »Sehr früh und sozusagen ein für alle Mal« ist es ins Griechische übersetzt worden. Nur so erklärt es sich, daß die Übersetzung alsbald »den Wert eines Originals gewinnen konnte«. Übersetzungsfehler[3] — H. beruft sich hierfür während der Einzelanalyse auf J. Wellhausen — beweisen die Richtigkeit dieser beiden Thesen, denn sie »beruhen auf Mißverständnis eines aramäischen Textes, und sie alle stehen als unerschütterliche Grundpfeiler in der Geschichte des griechischen Evangeliums da« (I, 188).

Der Erzähler ist „ein Augenzeuge, der selber Erlebtes berichtet« (I, 188). Ob, der es aufschrieb, derselbe war wie der Erzähler, ist inso-

---

[1] I, S. 188 ff.; II, S. 339 ff.
[2] Haenchen, Dt. Theologie, 1942, S. 106.
[3] H. nennt Mc 2₄ (I, 9); 7₂₆ (I, 73); 7₃₁ (I, 66); 14₇₂ (I, 161 f.).

fern gleichgültig, als »Mk I nirgends den Rahmen des Erlebnisberichtes sprengt« (I, 189). Dieser »geht durch bis zur Kreuzigung und umfaßt auch die Auferstehungsgeschichten« (I, 190). Über seine Person kann es keinen Zweifel geben: er ist einer der drei »Hauptjünger« aus Kapernaum, denn er weiß alles, was zwischen ihnen und Jesus geschah[4]. Da er auch Szenen wiedergibt, von denen allein Petrus und niemand sonst gewußt hat, kommt nur dieser in Frage. »Mk I ist das Evangelium so, wie Petrus es erzählt hat« (I, 190).

Zwei Dinge charakterisieren diese Erzählung und den Erzähler im besonderen: »Es handelt sich um einen ganz in der Anschauung der Wirklichkeit lebenden Menschen, dem das bezeichnende, den Vorgang dem Auge und Ohr vergegenwärtigende, in Sachlichkeit karge und knappe Wort die natürliche Ausdrucksform ist« (I, 190/1). Seine »Stärke ... liegt im Erfassen der Situation und im Auffassen der kurzen und sinnreichen Replik« (I, 190). Keinen einzigen ausführlichen theologischen Disput gibt er wieder. Und damit hängt das zweite zusammen: Er erzählt eigentlich ohne besonderen Zweck, nur »von Ihm« will er reden, »der von Gott durch den Tod zum Herrn erhöht worden ist«. »Evangelium heißt hier einfach Erzählung von Jesus Christus«. »Was bei dieser Art der evangelischen Erzählung völlig zurücktritt, ist das Bedürfnis der Gemeinde. Sie bekommt wenig oder nichts von Lehren und Unterweisungen ihres Meisters, wenig oder nichts von Bestätigungen und Entfaltungen ihres Hoffnungsbildes ...« — Grund genug dafür, daß sich dieses Evangelium auf die Dauer nicht halten konnte (I, 191). »Entstanden sein kann diese erste Erzählung nur gleichsam mit der Gemeinde zusammen«, sicher war sie »ein Jahr nach dem Tode Jesu ... schon da« (I, 192).

Den Mangel der ersten behebt nach H. die zweite Erzählungsschicht (Mk II). In ihr kommen theologische Reflexion und das Bedürfnis der Gemeinde ganz wesentlich zum Zuge. Die vorgenommenen »Änderungen und Ergänzungen ergeben ein völlig neues Gesamtbild der evangelischen Geschichte« (I, 192). Die Entwicklung, die sich hier vollzogen hat, stellt sich für H. so dar: »Zwischen die Wirklichkeit Jesu und den Bericht von ihr ist ein andres, fremdes Element getreten: die gläubige Gemeinde, die im evangelischen Bericht das Bild des von ihr angebeteten Herrn wiederzuerkennen wünscht, so wie es dem Bedürfnis und den Vorstellungen ihres Glaubens gemäß ist« (I, 192).

Was zeichnet nun die Mk II-Schicht aus?

»Der Erzählungsstil ist feierlicher, steifer geworden. Man spürt, daß das Evangelium kultischen Zwecken dient.« »Alle Bewegungen und Geschehnisse sind typisiert und normalisiert.« »Wie in einem religiösen

---

[4] Dazu Haenchen, aaO. S. 117: »Die Legende weiß sogar, was Jesus gesagt hat, als niemand dabei war!«

Weihespiel« gibt es »eine überschaubare Reihe fester Figuren«, deren Ausdrucksmöglichkeiten »durch strenge Stilregeln begrenzt sind« (I, 192). »Vor allem ist das Bild Jesu selber stilisiert worden« (I, 193). Jesus wird zum »Geber des christlichen Gesetzes und (zum) Lehrer der christlichen Hoffnung«. Dem entspricht „die Umwandlung zahlreicher Gelegenheitssprüche aus Mk I in Lehrsprüche autoritativen Charakters", so Mc 2 10.28 3 35 10 21 (I, 193). Auch Jesu Hinweise auf sein Leiden und Auferstehen gehören hierher, allerdings nur 8 31 und 10 33 f. So häufig es geht, vollzieht Mk II in seiner Darstellung Jesu die »Annäherung an den christologischen Lehrsatz« (I, 194). So ist auch Jesu »Verhalten bei seinem Leiden und Tod nach dogmatischen Leitsätzen ausgestaltet«, und Mk II »kann es sich gar nicht anders denken, als daß Jesus gekreuzigt worden ist, weil er der Christus sein wollte«. Er tritt ja bei ihm »von Anfang an (2 10.28) mit der Vollmacht des Menschensohnes auf« (I, 194).

Gleicherweise wird auch das Bild der Jünger von kirchlichen Vorstellungen und Rücksichten der zweiten christlichen Generation her stilisiert. Dementsprechend fällt vieles dahin, was der Petrusbericht noch unbefangen und ohne zu beschönigen erzählt hatte. »Petrus holt sich keine Zurechtweisung von Jesus mehr (1 36 ff.), geschweige, daß er Anlaß gibt, ihn Satan zu nennen (8 32 f.); und daß er ihn verleugnet, fällt ganz aus dem Rahmen des Erzählbaren heraus (14 46 ff.)« (I, 195). Die Bitte der Zebedaiden um die zukünftigen Ehrenplätze (10 36 ff.) ist ebenso eliminiert wie die Flucht der Jünger bei der Gefangennahme Jesu (14 41 ff.). »Daß ihr Glaube noch schwach (4 40), ihre Einsicht noch gehalten ist (6 52) und daß sie innerlich durch die Ereignisse des Karfreitags zu Fall kommen (14 27)«, ließ sich nicht wohl unterschlagen, »ohne daß Ostern seine Bedeutung verlöre«. Gehört es doch zur »Ökonomie der geweissagten Geschichte des Christus und liegt jenseits menschlichen Tadels« (I, 195).

Konkret faßbar wird der Schriftsteller Mk II besonders in seiner schriftgelehrten Tätigkeit, die jedoch ein gesetzesfreies, vom Judentum nicht mehr geprägtes, Heidenchristentum erkennbar werden läßt. Charakteristisch ist etwa die Relativierung des Sabbatgebotes (2 25 ff.), die Eintragung von Mose und Elia in der Verklärungsszene (9 2 ff.), sowie zahlreiche Schriftzitate. „Daß Jesus der Christus, der Sohn Gottes ist, wird von Mk II in der Gestalt gedacht, daß er der im Alten Testament verheißene Messias ist" (I, 195). Mk II steht »auf dem Boden des Septuagintachristentums der jungen Heidenkirche«, das »frei vom jüdischen Gesetz ist und das Judentum wie eine fremde Erscheinung von außen sieht« (I, 196). Selbst »christlicher Schriftgelehrter«, sieht er »in der jüdischen Schriftauslegung, die für den christlichen Charakter der alttestamentlichen Offenbarung blind ist, den entscheidenden Feind des Christus und seiner Gemeinde« (I, 195). Und so stellt er denn auch von Anfang an die Schriftgelehrten als die Hauptgegner Jesu hin, von denen der erste Erzähler kaum Notiz genommen hatte (I, 194).

Sprachliche Indizien lassen H. weiter darauf schließen, daß Mk II in der römischen Gemeinde verfaßt worden ist. Zwar »hat Mk II sich dem Stil des alten Evangeliums angepaßt«, aber eigene Zwischenbemerkungen zeigen ihn »geprägt vom lateinischen Stilempfinden«, dem »Pathos lateinischer Breviloquenz«, so 7 30   12 14   13 31 und besonders 16 6 f. (I, 204). Auch stellt H. einige Beispiele von Latinismen zusammen. Er versteht darunter nicht die lateinischen Fremdwörter in der griechischen Sprache, auch nicht Wendungen, die sich leicht ins Lateinische übersetzen lassen; er bezieht sich vielmehr nur auf solche Wendungen, die im Griechischen befremdlich sind und sich nicht aus dem Semitischen, wohl aber aus dem Lateinischen erklären lassen: 2 21 *supplementum;* 5 12 *mittere* (lassen); 6 20 *conservare;* 14 64 *quid vobis videtur;* 15 15 *satisfacere;* 15 19 *genua ponere;* 15 23 *sumere* (zu sich nehmen). Und schließlich, so meint H., lasse der Schriftsteller erkennen, daß er in einer Landschaft wie etwa der italienischen zu Hause ist, in der »alleinstehende Gehöfte unter den außerstädtischen Siedlungen stark hervortreten«; denn er fügt mehrmals, wenn Städte und Dörfer genannt sind, noch die Gehöfte hinzu oder stellt sie auch als zweites neben eins von beiden (5 41   6 36   6 56; I, 204). Da in Rom auch »das Septuagintachristentum ... besonders rein und klar vertreten worden« sei, könne man sich das Evangelium Mk II am besten als in Rom entstanden denken. Als verhältnismäßig sicheres Entstehungsdatum werden die letzten sechziger Jahre anzunehmen sein (I, 205).

Wie steht es mit dem Stoff den Mk II verwendet, woher hat er das über seine Hauptquelle Mk I hinausgehende Material? H. meint, die große Mehrzahl der Änderungen am ersten Erzähler auf den Schriftsteller selbst zurückführen zu können, ohne eine besondere Überlieferung dahinter annehmen zu müssen (I, 196). Er gesteht damit Mk II die weitaus größte Selbständigkeit unter allen frühchristlichen Schriftstellern nach Mk I zu. Jedoch liegt dieser Neufassung des Evangeliums im ganzen eine von Mk II »schon vorgefundne Erweiterung des Stoffes der evangelischen Geschichte voraus« (I, 197). H. benennt 25 Perikopen, die aus einer bestimmten — und zwar schriftlichen[5] — Vorlage stammen müssen. Da sie ihm alle eine Verwandtschaft zur Logienquelle erkennen lassen, muß er nun nach einer gemeinsamen Vorlage der sich entsprechenden Stücke von Mk II und Q zurückfragen, die dann von Q seinerseits »selbständiger und freier bearbeitet wäre« (I, 199)[6].

Den Stoff dieser Vorlage kennzeichnen zwei Momente: Einmal stehen die Zwölf, die Repräsentanten der zwölf Stämme Israels und damit das wahre geistliche Israel, im Mittelpunkt (3 14 ff.   6 7 ff.   9 35.38   10 32 ff.   41 ff.   14 18 ff.), bei anderen Stücken geht es um den Erweis der

---

[5] Vgl. I, 198.
[6] Damit ist auf einen Schlag soviel erreicht, daß auch die Logienquelle in den Prozeß der schriftlichen Evangelienbildung eingereiht werden kann und so der Blick für eine Vorgeschichte der beiden Evangelien Mk II und Q freigeworden ist.

Vollmacht Jesu als des Christus und Gottessohnes, »und diese lassen sich nicht trennen von denen, in denen die Endhoffnung berührt wird« (I, 199). Verständnis der Zwölf als wahres Israel und Verständnis Jesu als Christus = Gottessohn gehören nach H. aber zusammen. Und so kann er diese beiden Gruppen als Einheit fassen und als den Inhalt einer Vorlage ansehen, der Zwölferquelle (Zw), die „als gemeinsame Vorlage von Mk II und Q zu gelten hat« (I, 200). Sie muß nicht gerade das Einzige gewesen sein, was Mk II über Mk I hinaus besessen hat, auch muß sich nicht immer der Wortlaut bei Mk II mit dem von Zw decken, da ihm ja an einem eigenen geschlossenen Entwurf gelegen war. Doch stand er theologisch der von Mk I stark abweichenden Darstellung der Geschichte Jesu, wie sie Zw bot, näher als dem alten Evangelium, und darum wird er hieran weniger Korrekturen vorgenommen haben als an Mk I (I, 201).

Über Zw geben die sicheren Stücke folgendes zu erkennen: Jesus ist nach dieser Quelle »der Christus, der Gottessohn und als solcher Bezwinger der Dämonen«. »Im täglichen Umgang« hat er den zu Aposteln bestellten Zwölf »das Geheimnis des Kreuzestodes und das Geheimnis der letzten Dinge enthüllt«. »Auf dem, was die Zwölf von ihm bezeugen, beruht die ganze Erkenntnis, die der christlichen Kirche gegeben ist« (I, 201). Die ursprünglich aramäisch verfaßte und dann ins Griechische übersetzte Quelle läßt Gespräche Jesu mit den Zwölfen oder mit einzelnen von ihnen stark hervortreten und stellt »das Element der lebendigen Begegnung Jesu mit den Menschen in konkreter Situation« in den Hintergrund. Jesus äußert sich hier »stets stark lehrhaft, sei es autoritativ, sei es argumentierend«. Damit ergibt sich das historische Urteil über das Gros ihres Stoffes von selbst: »Es ist Legende der zweiten christlichen Generation« (I, 201). Die Quelle stammt vermutlich aus Jerusalem, wird aber um »ungefähr ein Menschenalter von Jesu Tod ab(zu)rücken« und, da »jede Spur von der Zerstörung Jerusalems samt dem Tempel fehlt«, in den sechziger Jahren anzusetzen sein (I, 202). Auf Mk II gesehen bedeutet das: In dem »Augenblick, wo Zw in der Christenheit bekannt wurde, genauer, wo Zw in die Gemeinde des Urhebers kam«, entstand dieser Wurf des Markusevangeliums, denn nun wurde ein neues Evangelium notwendig (I, 203).

Den letzten, entscheidenden Schritt zur Entstehung unseres heutigen Markusevangeliums vollzog »ein Biedermann von Redaktor«[7], von H. mit R bezeichnet. Man hatte mit der Zeit die von Mk II vorgenommene »Ausscheidung so manchen Wortes und so mancher Geschichte aus dem alten Evangelium« doch als schmerzlich empfunden und wünschte nunmehr, alle in der Gemeinde vorhandene Überlieferung in einem Evangelium beisammen zu haben. Es war folglich »in das geltende Evangelium der Gemeinde, Mk II, all das aufzunehmen, was von dem alten Evan-

---

[7] Haenchen, aaO. S. 106. — Eine spezielle Kritik der für ihn vorausgesetzten Tätigkeit, wie der Motive findet sich bei W. Marxsen, Mk., S. 14, A. 4.

gelium, Mk I, an Überschießendem geboten wurde«. Das hat R unternommen und die beiden Schriften Stück für Stück und versweise ineinander gefügt. Dabei ist es »R gelungen, nahezu jedes Wort aus Mk I in Mk II unterzubringen, ohne diesen zu beschädigen« (I, 205). Dieses Verfahren zeugt von großer Pietät gegenüber der heiligen Überlieferung, allerdings nur der lokalen. Und so »ist klar, daß R seine Arbeit in Rom und für Rom getan hat«. »Unser Markusevangelium ist der Abschluß des Prozesses der Evangelienbildung in der römischen Gemeinde, und dem Ansehen dieser Gemeinde schon in der zweiten christlichen Generation verdankt es, daß es sich neben den reicheren und umfassenderen Evangelien des Matth und des Luk als eins der synoptischen Evangelien auf die Dauer behauptet hat« (I, 206). Nur eine Anzahl späterer Glossen (Gl) zeigt, »daß am Markusevangelium auch nach seiner eigentlichen Fertigstellung durch R noch weiter poliert worden ist« (I, 208). Hier erst wurden z. B. die Auferstehungsgeschichten am Ende weggeschnitten.

Kann man einen individuellen Beitrag von R zum theologischen Gehalt des heutigen Markusevangeliums erkennen? Seine Gestalt verdankt es ihm, der die beiden Markusschriften zusammengepaßt und außer ihnen keine weitere Quelle verwertet hat. Soweit seine Zusätze nicht einfach durch die Verschachtelung bedingte redaktionelle Glättungen sind, entstammen sie also dem »eigne(n) Ingenium« oder sind höchstens »ein paar mündlich umlaufende Worte und Geschichten legendenhaften Charakters« (I, 208). Als Entscheidendes hat R die — gewiß nicht von ihm erfundene — »Theorie, daß Jesu Tod Lösegeld für unsere (dem Satan verfallenen) Seelen oder auch Sühne für unsere Sünden sei, ins Evangelium hineingeschrieben« (I, 207). Für die zeitliche Ansetzung von R gibt H. »die siebziger Jahre« an, wobei ein gewisser Spielraum zum Bekanntwerden von Mk II eingerechnet werden muß. Da Lukas noch diesen, Matthäus aber schon den von R redigierten Text benutzt hat, darf man kaum weit über das Jahr 80 hinausgehen (I, 206).

Die äußere Bestätigung für seine Orts- und Zeitbestimmung findet H. im marcionitischen Prolog zum Markusevangelium und bei Irenäus, die beide überliefern, »daß Markus, der Dolmetsch des Petrus, sein Evangelium nach dem Tode des Petrus in Rom verfaßt habe«. »Die Nachricht trifft Ort und Zeit des hier für Mk II und für R Behaupteten haargenau. Und es kann füglich nicht bezweifelt werden, daß auch hinter der bekannten Mitteilung des Papias über das Markusevangelium die gleiche Überlieferung steht« (I, 206).

2. *Das Evangelium Q und seine Überlieferungsstadien*

Die Quelle Q ist für H. keine Logienquelle, wenngleich sie dem Forscher in ihren Redenkompositionen am deutlichsten greifbar wird. Vielmehr ist Q ein dem von Mk I entworfenen Schema entsprechendes Evangelium, das mit dem Auftreten des Täufers beginnt und mit Passions- und Ostergeschichten endet. Drei Stadien werden unterschieden: die aramäische Grundschrift (Q*), deren Übersetzung ins Griechische (Q), die wohl im wesentlichen mit ihr übereingestimmt hat, wobei allerdings Zusätze und Überarbeitungen nicht ausgeschlossen werden können, und schließlich die Lukasvorlage derselben griechischen Quelle (Lu I), die nun ganz bestimmt um eine Anzahl von Stoffen erweitert war. Dabei handelt es sich vorwiegend um solche Stoffe, die heute zwar nur im Lukasevangelium überliefert sind, die aber aus bestimmten Gründen nicht der Sondergutquelle zugehören können; meist passen sie nicht zu dem von H. eruierten Gesamtcharakter der Sondergutquelle, und da sie ohnehin in der Nachbarschaft der Q-Stoffe begegnen, bietet sich die Annahme einer erweiterten Zwischenredaktion der Quelle Q vor der Benutzung durch Lukas als Ausweg an.

Wie die »schematische Darstellung des Ergebnisses« (II, 339) zeigt, gehören in den Stammbaum der Quelle Q sowohl Mk I, von dem ja der Evangelienaufriß übernommen wurde, als auch die selbst ohne Vorfahren dastehende sekundäre Quelle Zw. Das erklärt einerseits, warum der Großteil des zu postulierenden Erzählungsgutes dieser Quelle bei Lukas nicht wieder auftaucht: Lukas hatte ihn über Mk II bereits vorliegen, und er folgte diesem, weil er seine Vorlagen immer in zusammenhängender Folge wiedergibt und weil zudem Q absolut kein Erzählertalent hat[8]. Insofern sind diese erzählenden Stücke aus Q »nicht wahrhaft verloren« (II, 341). Es erklärt andererseits, woher dem Lukas in der Passionsgeschichte originale Tradition aus Mk I zugekommen ist, die von Mk II übergangen worden war, wie das z. B. bei der Verleugnungstradition der Fall ist. Sie ist über die Quelle Q zu ihm gelangt, zu deren Ahnen Mk I gehört. Allerdings steht Mk I ebenso auch am Anfang des Stammbaums der lukanischen Sondergutquelle, so daß Lukas auch über sie solche Ursprungstraditionen erhalten haben kann. Das ist bei der Verleugnungsgeschichte in der Tat der Fall, dort konnte er aus allen beiden Quellen schöpfen[9]. Über die Eigenart von Q sagt H. folgendes: »Q ist von unglaublicher Härte und Bestimmtheit. Er liebt das scharfe, klare Entweder-Oder. Wenn das Verwerfliche und das Rechte unvermittelt und schroff gegeneinander gestellt werden, wenn gar kein Zweifel, gar keine Unklarheit über einen Gegensatz, ein zu fällendes Urteil mehr übrig bleibt, dann ist ihm am wohlsten. Irgendwelche Spielarten und Vermittlungen gibt es nicht« (II, 342/3). Da »das die Art hochentwickelter jüdischer Gesetzesfrömmigkeit ist«, »ist klar, aus welcher Ecke des Judentums der Urheber von Q zum Glauben an Jesus herübergekommen ist«. Schriftgelehrter wird er nicht gewesen sein, »dazu denkt er zu einfach, zu groß, zu wenig in Spitzfindigkeiten«. »Daß er aber, ehe er Christ wurde, dem

---

[8] Vgl. II, 340—342.
[9] Vgl. II, 265.

Pharisäismus nahestand, ist recht wahrscheinlich« (II, 343). Dennoch vertritt er keinen »eng judenchristlichen Standpunkt« (II, 343). Er zeigt »ein scharfes Bewußtsein von der Unversöhnlichkeit des Gegensatzes zwischen eigentlichen Juden und Christen«, »kennt und bejaht die Hoffnung auf die Heiden, die statt der ungläubigen Juden ins Reich Gottes eingehn«, vermeidet andererseits aber jede Konfrontation Jesu mit dem Pharisäismus (II, 344). »Der Glaube an Jesus hat den Urheber von Q in seiner jüdischen Gesetzestreue nicht aufgestört oder unruhig gemacht. Aber er hat ihm den Sinn erweckt für die Predigt der Buße zur Vergebung der Sünden an die Heiden« (II, 344).

Seine Christologie zeigt »einfache und altertümliche Züge«. Der spezifische Hoheitstitel ist »der erwählte Gottessohn«. »Q versteht ihn noch ganz als messianischen Titel. Die alte Christologie, nach der Jesus von Gott durch feierliche Proklamation bei der Taufe zum Gottessohn erhoben worden sei, geht auf Q zurück. Sonst nennt er Jesus noch den Menschensohn.« Den Gebrauch des Kyriosnamens für den irdischen Jesus kennt er nicht, doch »verrät er einmal fast zufällig, daß ihm die Anrede ›Herr‹ für Christen selbstverständlich ist«, nämlich Lc 6 46 (II, 345).

Der »geschichtliche Wert der Q-Überlieferungen« (II, 345) ist dadurch gekennzeichnet, daß dieses Evangelium kein ursprünglicher, sondern ein sekundärer Wurf ist. Die Verarbeitung von Zw und die Wiederkehr von Stoffen aus Mk I macht das evident. Gleichwohl lenkt dieses Auftauchen alten Ursprungsgutes aus Mk I im Verein mit dem umfangreichen Redenmaterial das Augenmerk darauf, daß hier eine neben Mk II herlaufende Vermittlung alter Überlieferung vorliegt. Die von Mk I unabhängige Herkunft des Spruchgutes aus einer »nicht näher erkennbare(n) Vorlage X« (II, 344) und das Auftauchen von Mk I in der Quelle lassen auf eine erweiternde Bearbeitung der alten Petruserzählung schließen, die ihr besonders Spruchgut beigegeben hat. Da nun in der kirchlichen Überlieferung Matthäus »als Evangelienschreiber weiterlebt«, wird er jener Bearbeiter des alten Petrusberichtes gewesen sein; von ihm rührte dann auch der Grundbestand der Logienüberlieferung her (II, 366). Er hätte jenes erweiterte Evangelium »nach dem Weggang des Petrus aus Jerusalem und vor dem Tode des Herrenbruders Jakobus« der dortigen Gemeinde in die Hand gegeben. Das aramäische Original von Q mag dann »eine erweiterte Bearbeitung« dieser matthäischen Evangelienschrift gewesen sein (II, 366), ist aber wahrscheinlich erst kurz nach dem Jahre 70 entstanden (II, 346).

Die Sachlage führt zu folgendem Urteil über den historischen Wert des Traditionsstoffes aus der Quelle Q: Neben »ausgesprochenen Legenden«, »legendäre(n) Umgestaltungen alter Geschichten«, Jesus zugeschriebenen Worten, »die er nie gesprochen hat«, »steht, wenn auch z. T. im Lauf einer längern Überlieferungsgeschichte zurechtgeformt, eine überraschend große Menge guten alten Stoffs« (II, 345).

Der postulierten Weiterbearbeitung von Q in der Schrift Lu I hatte schon die Analyse kaum ein eigenes Profil geben können. Entsprechend hat H. auch hier »über Lu I ... wenig hinzuzufügen« (II, 346). Immerhin erscheint ihm Lu I »um ein gut Teil moralischer und verstandesmäßiger als Q«. »Zwei Hauptinteressen zeichnen Lu I aus«, »eine leichte Hinneigung zum Judaismus« und »die starke Betonung der Gefahr des Reichtums und der Notwendigkeit, seinen Reichtum zum Almosengeben zu verwenden«. Hier findet sich nun auch die Anrede »Herr« für Jesus. Zu datieren ist die Schrift wegen Lc 19 41–44 »klar nach der Zerstörung Jerusalems«, und zwar »unmittelbar nach Q«, — »die geringe Zahl der Verbesserungen und Erweiterungen zwingt« zu dieser Ansetzung (II, 346). Der Verfasser ist »ein griechisch schreibender Judenchrist« aus Antiochien. Denn Lukas kann, als er »in den alten großen Gemeinden« nach Evangelienüberlieferungen anfragte, »an Antiochien gar nicht vorüber gegangen sein.« Da Mk II aus Rom gekommen war und die lukanische Sondergutquelle kein antiochenisches Evangelium ist, wird Lu I aus Antiochien stammen — vorausgesetzt, er habe »aus Antiochien überhaupt eine ihm wertvolle Vorlage empfangen«. (II, 346/7).

3. *Vom lukanischen Sondergut zu Lukas*

Da das lukanische Sondergut Stoffe divergierender Anschauungen enthält, wird man schon im voraus vermuten, daß H. nicht alles als zu einer Quelle gehörig betrachten kann. Er kennt ja keine Sammlungen von Überlieferungsstoffen, sondern Evangelienkompositionen, deren Bestandteile die jeweilige Anschauung der einzelnen zugrunde liegenden Schrift genau erkennen lassen. So war denn auch einiges wenige des für Lukas eigentümlichen Stoffes bereits an Lu I vergeben worden. Für das Sonderevangelium, das dem Lukas unmittelbar vorgelegen hat und aus dem er seine Sonderüberlieferungen geschöpft hat, verwendet H. das Siglum Lu II. Dieses Evangelium Lu II ist nun nicht, wie das bei Q der Fall war, die griechische Übersetzung des vor ihm liegenden, mit Lu II* bezeichneten Evangeliums. Vielmehr verhält sich dieses zu Lu II »mehr wie eine gern und stark benutzte Vorlage«. Es handelt sich also eher um zwei verschiedene Evangelien als um zwei Ausgaben desselben Evangeliums. »Zwei Fünftel des von Lu II überhaupt Erhaltenen« sind neu gegenüber dem Stoff der älteren Schrift (II, 347). Auf diese Weise wird es möglich, die Annahme aufrecht zu erhalten, daß eine einzige schriftliche Vorlage dem Evangelisten Lukas sein Sondergut vermittelt hat, ohne daß man die divergierenden Anschauungen auf denselben Ursprung zurückführen muß.

H. reproduziert zuerst Lu II. Etwa 140 Verse fehlen vom Ganzen, kein großer Mangel, da auch diese Quelle auf der Urschrift Mk I fußt. Berührungen mit Zw oder Q lassen sich nicht nachweisen. »Lu II hat also mit der durch Zw und Q laufenden Hauptlinie der evangelischen Überlieferung nur den ersten Anfangspunkt, Mk I, wirklich gemeinsam« (II, 348/9). Im übrigen ist es eine ausgesprochene Seitenbildung mit zahlreichen Besonderheiten. Von seiner Ostergeschichte her kann derjenige Kreis der Jerusalemer Urgemeinde, in dem dieses Evangelium im Unterschied zu Q — dem offiziellen Evangelium — beheimatet ist, »als die Sondergemeinde des Auferstehungszeugen Kleopas bestimmt« werden (II, 351). Seine Entstehungszeit ist nach Lc 23 27–30 »klar die Zeit nach der Zerstörung Jerusalems«. Die Tatsache der Benutzung durch Lukas weist es jedoch in »das erste Jahrzehnt nach dieser Zerstörung« (II, 352).

Die auffälligste Besonderheit dieser Schrift ist die Erweiterung des »Rahmen(s) der evangelischen Geschichte, wie er durch Mk I gegeben ist, durch Vorsetzen einer Vorgeschichte und Fortführen der Ostergeschichte bis zur Entstehung der ersten Gemeinde« (II, 349). Weiter gehört dazu die Zusammenfassung des neuen Stoffes aus der Wirkenszeit Jesu in eine Wanderung durch Samarien. Man beobachtet: »Lu II legt einen starken Ton darauf, daß die Unterscheidung von Juden und Samaritern im Namen Jesu aufgehoben ist«. Sodann beweist Lu II »eine Offenheit, ja eine Vorliebe für alle volkhaften Legenden, die sich um die Person Jesu gerankt haben, und verrät dabei einen der Hauptlinie der Überlieferung völlig fremden Drang zur farbigen Erzählung«. — »Von geschichtlicher Erinnerung mit geprägt ist aus dem ... neuen Stoff von Lu II nur wenig« (II, 350). — »Die Christologie ... ist weiter entwickelt ... Der Herrenname beginnt in der evangelischen Erzählung durchzudringen. Der messianische König ist auf dem Wege, eine Erlöserfigur mit mythischen Zügen zu werden« (II, 349). Sonst fällt, ungeachtet des Legendencharakters der Hauptmasse des Materials (»fünf Sechstel sind reine Legende«), ein tiefes Verstehen der Evangeliumsbotschaft auf, daß Gott »den Sünder zum Kinde will«, das in allen anderen Quellenschriften nicht so pointiert heraustritt, daneben noch die ausgesprochen »scharfe Absage an den Reichtum, der nicht zum Almosengeben verwandt wird« (II, 250).

Erst nachdem man Gestalt und Eigenart von Lu II soweit in den Griff bekommen hat, kann man es auf seine V o r l a g e hinterfragen. Dabei zeigt sich, daß sowohl die Erweiterung des Mk I-Rahmens durch Vor- und Nachgeschichten, als auch »die Einfügung überhaupt von samaritischen Geschichten« auf diese Vorlage zurückgehen (II, 351). Ebenso eignet ihr bereits die Tendenz zum Verlassen der »offizielle(n) Linie der evangelischen Überlieferung« hin zu »volkhaft überlieferten Stoffen«, wie auch »die scharfe Stellungnahme gegen den Reichtum«. Den Übereinstimmungen der beiden Schriften stehen weniger gewichtige Unterschiede gegenüber: Es findet sich in der Vorlage »noch der alte judenchristliche Messiasglaube«, »eine Leidenschaft in der Betonung der Gesetzestreue«, noch kein Hinweis auf einen Nebenzweig der Urgemeinde in der Ostergeschichte, zudem ist »die Erzählweise ... steifer und gebundner als die von Lu II selbst« (II, 351). Beide Schriften gehören in den »gleichen christlichen Kreis«, von dessen »Entwicklungsstadien« sie zwei »nicht allzuweit voneinander entfernte« widerspiegeln. Die Vorlage zeigt die Gruppe noch vor ihrer Absonderung von der Hauptgemeinde, Lu II ist dann ihr Evangelium nach der Spaltung (II, 351/2). Damit ist eine ungefähre Gleichzeitigkeit der beiden palästinischen Evangelien Q und Lu II gegeben, denn die Schrift des Kleopaskreises ist, wie H. aus Lc 13 1–9 herausliest[10], »nach der Katastrophe der Samariter 67 n. und vor der Katastrophe Jerusalems 70 n.« entstanden; »das ist ein klein wenig früher als Q« (II, 352).

Von der griechischen Übersetzung, in der Lu II dem Lukas vorgelegen haben müßte, spricht H. nicht. War sie bei Q schon beinahe eine Neuausgabe des Evangeliums, so scheint sie hier als mit Lu II identisch vorausgesetzt zu sein. Ein gewichtiger Einwand gegen dieses Jerusalemer Evangelium Lu II ergibt sich allerdings aus dem Umstand, daß es in Lc 4 18 f. — und wohl auch 23 30.46 — die LXX zitiert.

Der Evangelist L u k a s (Luk) hat endlich keinen neuen Stoff mehr beigebracht. Aus vorhandenen Evangelienschriften hat er »sich die ihm greifbaren Vorlagen verschafft, die vertrauenswürdigen von ihnen ausgewählt und diese verglichen« (II, 355), um sie dann zu einem großen Evangelium zusammenzusetzen, das den doppelten Umfang jedes bisherigen hatte (II, 354). Verwertet hat er die drei Evangelien Mk II, Lu I und Lu II. Die Analyse bestätigt, was sein Prolog zu erkennen gibt, nämlich »daß er andre Tätigkeiten als Sammeln, Auswählen, Ordnen, Verknüpfen, Wiedergeben nicht ausgeübt hat und andre Zutaten von seiner Hand ... nicht beigemischt hat«. »Das Maß eigner Tätigkeit des Lukas ist noch viel geringer gewesen, als man gewöhnlich annimmt« (II, 355). »Das eigentliche große Kunstwerk, das in diesem Evangelium steckt, ist die Weise der Ordnung und Verknüpfung der drei so verschiedenartigen Vorlagen« (II, 356). Ein gebildeter heidenchristlicher Autor, dessen Name ganz sicher einmal über dem Gesamtwerk mit einem einheitlichen Titel genannt gewesen ist, — »beides ist ja bei einem Buch mit Vorrede selbstverständlich« (II, 357) — verfährt nach der Art hellenistischer Geschichtsschreibung (II, 355) und wendet sich mit seinem Werk an christliche Leser, »die ein Literaturwerk aufzunehmen verstehen« (II, 357). Wohl geht es ihm zentral um »Glaubwürdigkeit«, die sich nicht allein auf den Mitteilungsgehalt der Evangelienerzählung erstreckt, dennoch schreibt er nicht für den Gemeindegebrauch und dessen Bedürfnisse (II, 357).

4. *Vom matthäischen Sondergut zu Matthäus*

Etwa gleichzeitig mit dem Lukasevangelium (um das Jahr 80) entstand das Evangelium, aus dem Matthäus sein Sondergut geschöpft hat,

---
[10] Dabei werden die Galiläer unter der Hand zu Samaritern.

Ma S (II, 352). Nur die zu ihm gehörende Einzelüberlieferung des Matthäus ist unter dem Siglum Ma S begriffen, redaktionelle Bildungen des Evangelisten gehören nicht dazu, auch nicht solche Bestandteile aus Q, die er allein wiedergibt, weil Lukas sie aus irgendeinem Grunde überging (II, 332/3). Auch Ma S hat eine Vorgeschichte gehabt wie Lu II und ist ebenso ein vollständiges Evangelium gewesen, wie das von allen anderen synoptischen Quellenschriften gilt. H. sagt: »Die einzige Möglichkeit, die Benutzung eines uns unbekannten, zwischen Q und Matth liegenden Evangeliums durch Matth zu leugnen, wäre die, die Einheitlichkeit und Zusammengehörigkeit des Ma S-Stoffs zu bestreiten« (II, 333/4). Demgegenüber stellt die durchgängig zu beobachtende jerusalemische Prägung dieses Stoffes, die H. herausstellt, sein entscheidendes Argument für die Einheitlichkeit dar: »Der Versuch, die Einheitlichkeit von Ma S zu bezweifeln, geht dahin aus, daß klar wird: wir haben in Ma S eine Überlieferung vor uns, in deren echten wie unechten Stücken gleichmäßig eine in letzter Instanz aus der christlichen Gemeinde zu Jerusalem stammende Fassung von Jesu Wort und Geschichte zu uns spricht« (II, 334). Berührungen des Stoffs mit der aramäischen Fassung der Quelle Q bestätigen das deswegen, weil Matthäus selbst nachweislich die griechische Version von Q benutzt hat (II, 335). Diese Berührungen lassen weiter den Schluß zu, daß Ma S wahrscheinlich eine »selbständige Neubearbeitung des Q-Stoffs unter Hinzuziehung einer nicht allzu kleinen Reihe neuer Worte und Erzählungen gewesen« ist (II, 335/6). »Etwa der vierte Teil der Worte Jesu« in Ma S, das ist »etwa der fünfte Teil des Gesamtumfangs von Ma S«, soweit er erhalten ist, zeigt »sichere Berührungen mit Q« (II, 334). Dabei hat Ma S »überall ... die spätere, stärker vom Ursprünglichen abweichende Gestalt« (II, 336). Ja, es muß gesagt werden: »Es ist schlechterdings unmöglich, aus Ma S oder gar Matth den Redestil Jesu kennen zu lernen«; zu sehr ist an den Worten stilisiert und umformuliert worden. »Bei Ma S hängt auch über den Worten, die geschichtlichen Gehalt haben, ein Schleier« (II, 353). Das liegt an der streng judenchristlichen Einstellung der Quelle[11]. Denn »Ma S ist in denjenigen Kreisen des palästinischen Christentums entstanden, welche auch nach 70 n. den judenchristlichen Standpunkt festhielten«[12] (II, 337). »Jesus ist gleichsam für Ma S und damit weitgehend auch für Matth seiner irdischen Erscheinung nach zu einem christlichen Schriftgelehrten geworden, der Altes und Neues bringt (Matth 13 52)« (II, 354).

Von Ma S unterscheidet sich **Matthäus** (Matth) wesentlich dadurch, daß er den die Heidenmission ablehnenden judenchristlichen Standpunkt nicht teilt, vielmehr die universale Kirche im Blick hat, die das

---

[11] Die entsprechenden Züge sind S. 336/37 im einzelnen genannt.
[12] Vgl. dazu S. 352: Weil Lukas diese Schrift noch nicht in die Hände bekam, ist sie später als Lu II, also kurz vor 80 n. anzusetzen.

verworfene Israel ablöst. Hierin liegt auch sein Unterschied zu Lukas: »Matth ist ein Mann der Kirche. Sein Ziel ist kein geringeres, als das eine große Evangelium zu schaffen, das der Heidenkirche die dauernde Grundlage ihrer Kunde von Jesus Christus zu sein vermag. Da er Palästiner von Herkunft ist, löst er die Aufgabe so, daß er das beste Evangelium der Heidenkirche, das römische, mit dem ganzen Schatz von Überlieferungen, der der palästinischen Kirche eigen ist, zu einem Ganzen vereinigt. Dabei ist schon der Maßstab seiner Auswahl kirchlich bestimmt: ein Evangelium wie Lu II, das ihm sicher zugänglich war, läßt er ebenso beiseite wie jenes samaritische Evangelium, das der vierte Evangelist benutzt hat. Er hält sich an die Überlieferungen allein der Gemeinden, die er als das apostolische Erbe wahrend anerkennen kann« (II, 358).

Ganz im Gegenteil zu Lukas nimmt er auch die tiefsten Eingriffe in seine Vorlagen vor und wendet eigene Gestaltungsprinzipien an. Er stellt die Stoffe zu thematischen Komplexen zusammen und fügt vor allem einzelne Abschnitte oder Jesusworte in ihm passend erscheinende Kontexte ein. »Bei diesen Einfügungen ist stets auch die Absicht wirksam, einen schwierigen Ausspruch durch die Umgebung richtig zu begrenzen« (II, 359). Theologische Reflexion ist also für seine Kompositionsarbeit wie auch für den Großteil seiner — interpretierenden — redaktionellen Bildungen maßgeblich. Bei diesem freien Schalten, dem insbesondere überlieferte Zusammenhänge und Rahmungen gleichgültig sind, beweist er dennoch eine strenge Bindung an die überlieferten Stoffe selbst. »Er sieht in Jesu Lehren und Weisungen ... an sich heilige Setzungen, an die er gebunden ist, und er sieht in den Taten, die von Jesus überliefert sind, heilsgeschichtliche Begebnisse, an denen er sich nicht vergreifen darf« (II, 360). So geschieht es, daß er die Stoffe selbst — wie immer umgestellt, neu kombiniert und modifiziert — alle wiedergibt, »ja er fühlt sich sogar verpflichtet, um geringer Varianten in Heilungsberichten willen die Zahl der Geheilten zu verdoppeln«. In dieser Aufnahme des gesamten Materials ist er so gewissenhaft, daß man aus seinem Schweigen sichere Schlüsse ziehen kann: Was bei ihm nicht erscheint, davon hat »die gesamte offizielle Überlieferung der palästinischen Kirche« nichts gewußt (II, 360). Die Person des Verfassers läßt sich ebensowenig identifizieren wie die des Lukas. »Ein palästinischer Christ, der das große Evangelium für die Heidenkirche zu verfassen unternimmt, ist Missionar und Kirchenbauer in Syrien, oder noch besser in Kleinasien, zwischen 70 und 100. Das muß genügen« (II, 361). Sehr wahrscheinlich handelt es sich dabei nicht einmal um das Werk eines Einzelnen. »Manches am Matth-Evangelium sieht aus wie Kommissionsarbeit.« Wenigstens für die erforderlichen redaktionellen Arbeitsgänge muß er »einen Stab von Helfern gehabt haben« (II, 361).

Die Verbindung des Namens Matthäus mit dem Ganzen resultiert aus der Verwendung jener der Quelle Q zugrunde liegenden matthäischen Urschrift. »Die Erinnerung daran hat alle Weiterbildungen der palästinischen Überlieferung über Q und Ma S bis hin zu unserm Matthäus getragen. Der Name ›Evangelium nach Matthäus‹ — der wohl der älteste der vier Evangeliennamen ist und für die andern das Muster hergab — würde also den Anspruch ausdrücken, die echte alte, ursprünglich von Matthäus niedergeschrieben gewesene Überlieferung der jerusalemischen Gemeinde zu enthalten. Diese Erklärung paßt sehr schön zu dem festgestellten Gesamtzweck dieses Evangeliums« (II, 362).

Kapitel III

Die Wunder Jesu in Hirschs Literaranalyse
(Zum Verfahren der »Frühgeschichte«)

1. Die auffallende Eliminierung der Wunderberichte der Sekundärquellen aus der historischen Fragestellung

H. hat die Wundergeschichten der synoptischen Evangelien nicht gesondert untersucht, also auch nicht zu einem Gegenstand der Frage nach Jesus gemacht. Wie alle anderen Perikopen unterwirft er diejenigen Wundergeschichten, von denen eine Markusfassung existiert, der literarkritischen Analyse im Ablauf seiner Gesamtuntersuchung des Markusevangeliums je an ihrem Ort. Und auch die wenigen Wundererzählungen, die Matthäus und Lukas über Markus hinaus aufweisen, werden in dem entsprechenden Kontext des zweiten Bandes auf ihre Quellenzugehörigkeit untersucht. Freilich werden bei dieser letzten Gruppe häufig keine Erwägungen über die Historizität des Berichteten mehr angestellt, wie das bei den Wundern aus der Markustradition geschieht. Offenbar verlohnt es sich nicht für H. bei Stoffen, die aus der Logienquelle stammen, die Literarkritik in gleicher Weise mit Erwägungen sachkritischer Art zu krönen, wie er das bei der Unterscheidung der beiden Markusschichten tut, wenn das historisch Echte oder Wahrscheinliche herausgehoben werden soll[1]. Zwar wird auch bei der Untersuchung jener sekundären Quellenschriften die Frage nach der Ursprünglichkeit von Überlieferungsstoffen gelegentlich gestellt und bisweilen sogar positiv beantwortet[2], doch geschieht das nicht bei den Wundergeschichten. Vielmehr hat es hier den Anschein, als entschiede die Zugehörigkeit zu einer literarischen Schicht auch über das Alter des in ihr berichteten Stoffes[3].

---

[1] Dabei gibt es keinen Unterschied in der Behandlung der verschiedenen synoptischen Stoffe; vgl. den typischen Satz zur Täuferanfrage Lc 7 16 f.: »Geschichtlich könnte die Antwort Jesu nur gelautet haben ...« (II, 93) mit der Beurteilung der Heilung des Gichtbrüchigen: »Die so in ihren tatsächlichen Momenten sichergestellte Geschichte ist ein echter Erlebnisbericht« (I, 9).

[2] Für Q vgl. etwa II, 87; für Ma S II, 334; für Lu II vgl. II, 350.

[3] Man vergleiche etwa das Urteil J. Wellhausens (Einleitung, S. 64): »Das Präjudiz versteht sich von selbst, daß wir in dem Sondergut, das sich nur bei einem Evangelisten findet, die jüngste literarische Schicht zu erkennen haben.« Es folgt bei W. eine Anwendung auf die Himmelreichsgleichnisse des Matthäus.

Sind dann also die auf literarkritischem Wege für Mk I gesicherten Wundergeschichten entsprechend dem Charakter dieser Quelle für erlebte und berichtete Tatsachen zu halten? Und ist das auch und gerade dann der Fall, wenn während der Analyse keine Erwägungen über die Historizität der Szene angestellt worden sind, wie z. B. bei der Geschichte vom Seesturm, Mc 4 35–42, und bei der Speisung der Viertausend, Mc 8 1–10? — Freilich kennt H. den Fall, daß der erste Erzähler etwas im guten Glauben als Tatsache berichtet hat — z. B. daß die Tochter des Jairus wirklich tot gewesen ist —, was sich in Wirklichkeit nicht so verhalten hat. Darauf wird noch einzugehen sein.

Mit der Zuordnung zu den gegen Mk I sekundären Quellenschriften allerdings fällt bei den Wundergeschichten die Entscheidung über ihren historischen Gehalt negativ aus. Ausdrücklich als Legenden gekennzeichnet sind Petri Fischzug, Lc 5 1–11 (II, 42.197), der Jüngling zu Nain, Lc 7 11–17 (II, 197 f.), die zehn Aussätzigen, Lc 17 11–19 (II, 227)[4], die Heilung des Ohres vom hohenpriesterlichen Knecht, Lc 22 50 f. (II, 326 f.) und der Stater im Fischmaul, Mt 17 24–27 (II, 323). Daneben zählt die Heilung des stummen Dämonischen aus Mt 9 32–34 zu den Erweiterungen der Erzählung von der Anklage auf Teufelsbündnis in der Logienquelle, durch welche diese Quelle als gegenüber Mk I später ausgewiesen wird (II, 61). Über die Dublette dieser Heilungsgeschichte aus dem matthäischen Sondergut, Mt 12 22–24, ist damit automatisch ebenfalls entschieden, ein näheres Urteil wird nicht mehr abgegeben (II, 294). Auch die für Q rekonstruierte Urform der Perikope vom Hauptmann von Kapernaum, Mt 8 5–13 par. Lc 7 1–10, bleibt ohne Beurteilung ihres historischen Wertes[5], ebenso die dritte Wundererzählung, die nach H. in der Logienquelle stand, die Heilung des Wassersüchtigen, Lc 14 1–6[6]. Die Heilung der verkrümmten Frau, Lc 13 10–17, wird zu Lu II gerechnet und begegnet nicht unter den geschichtlichen Momenten, die als in dieser Quelle aufgehoben am Ende aufgezählt werden[7]. Auch hier wird also das Schweigen ein negatives Urteil bedeuten. Schließlich erklärt sich die Heilung zweier Blinder in Mt 9 27–31 als eine Bildung des Evangelisten aus der Kombination von zwei verschiedenen Quellen, nämlich seines Sondergutes mit Mk I, woher er die Blindenheilung in Bethsaida, Mc 8 22–26, aufnimmt[8].

Für die Ermittlung der Wunder, die Jesus getan hat, kommen infolgedessen nur diejenigen in Frage, von denen das Markusevangelium einen Bericht enthält. Aber auch bei den markinischen Wundergeschichten und Heilungssummarien ist von vornherein zu unterscheiden zwischen den auf den ersten Erzähler zurückgehenden Erlebnisberichten und sekundä-

---

[4] H. sagt »eine phantastische Legende«.
[5] Vgl. II, 88—90.
[6] Vgl. II, 134—136.
[7] Vgl. II, 218 f. mit 350.
[8] Vgl. II, 294 f.

ren Bildungen, die aus der Bearbeiterschicht Mk II stammen. Allerdings überwiegt die Zahl der für Mk I veranschlagten Wundergeschichten die der für Mk II angesetzten beträchtlich. Während sich nämlich 17 Wunderberichte der Markusüberlieferung auf Mk I zurückführen lassen[9], erscheinen bei Mk II nur sechs neue Wunder[10]. Dabei dezimiert sich die Zahl von Mk II faktisch noch dadurch, daß er mit seiner Speisungsgeschichte nur eine Dublette zur Speisung der Viertausend aus Mk I an deren Stelle bietet[11] und die Blindenheilung in Bethsaida durch deren Variante, die Heilung des Taubstummen, Mc 7 31–37, ersetzt (I, 56). Wirklich neu sind also bei Mk II nur die Geschichten von der Heilung des Besessenen in der Synagoge von Kapernaum, Mc 1 23–28 (I, 5 f.), vom Seewandel Jesu, Mc 6 45–52, wo es sich um ein ursprüngliches Auferstehungsgesicht des Petrus handelt (I, 58), und von der Beschaffung des Raumes für das Passahmahl Jesu mit seinen Jüngern, Mc 14 12–16 (I, 152), dazu das Summarium Mc 3 7–12 — ein »leeres Klischee« (I, 68).

Wollte man daraus schließen, Mk II wäre den Wundergeschichten abhold und verträte einen kritischen Standpunkt, so ginge man allerdings fehl. Die Zahl der Wunder hat sich bei ihm im ganzen nicht verringert, sondern vergrößert. Denn er übernimmt den Großteil der Wunderberichte aus der Vorlage Mk I in seine Neufassung des Evangeliums und setzt dabei häufig sogar stärkere Akzente. Überall dort, wo eine markinische Wundergeschichte, die als Erlebnisbericht aus Mk I erkannt war, auch im Lukasevangelium erscheint, muß man notwendigerweise mit der Übernahme dieser Geschichte durch Mk II rechnen, nur von ihm kann Lukas sie ja haben, da er Mk I nicht kennt. Hier müssen Sachkritik und Literarkritik zusammengehen, weil der Lukasvergleich zunächst nur für die Existenz der Geschichte in Mk II zeugt. In der Regel lassen sich aber anhand gewisser Abweichungen des Lukastextes die Änderungen feststellen, die Mk II am alten Bericht vorgenommen haben muß, und dann sind zwei Markusfassungen belegt.

2. Die Wundergeschichten aus Mk I

Der Block der Wundergeschichten wurde ausgewählt, um an H.s Entscheidungen — speziell hinsichtlich der zu Mk I gehörenden Perikopen — sein Verfahren zu beobachten und die Faktoren zu erheben, die seine Analyse bestimmen. Dazu gehört vor allem auch die Wechselwirkung, die zwischen der jeweiligen Entscheidung des Einzelfalles und der leitenden Gesamtkonzeption besteht. Diese bleibt nämlich nicht ohne Einfluß auf die einzelne, formal literarkritische, Entscheidung. Das wird

---

[9] Dabei sind die Heilungssummarien Mc 1 32–34 und 6 52–56 mitgezählt, weil sie in Mk I als Begebenheiten berichtet werden.
[10] Einschließlich des Summariums Mc 3 7–12.
[11] Vgl. I, 56.

bei einer genaueren Betrachtung der Wundergeschichten, die H. für Mk I in Anspruch nimmt, sowie der Argumente, deren er sich dazu bedient, deutlich. Es handelt sich dabei neben den beiden Heilungssummarien Mc 1 32–34 in seiner Grundform[12] und Mc 6 52–56 um folgende 15 Wundergeschichten des Markusevangeliums:

1. Die Heilung der Schwiegermutter des Simon, Mc 1 29–31 (I, 5. 217 f.)
2. Die Perikope vom Aussätzigen, 1 40–45 (I, 8)
3. Die Heilung des Gichtbrüchigen, 2 1–12 (I, 9—11)
4. Die Heilung der verdorrten Hand, 3 1–5 (I, 15)
5. Die Sturmstillung, 4 35–42 (I, 33 f.)
6. Die Heilung des Dämonischen von Gerasa[13], 5 1–20 (I, 35—40)
7. Die Auferweckung der Tochter des Jairus, 5 21–24. 35–43 (I, 40—43)
8. Die Heilung der Blutflüssigen, 5 25–34 (I, 40—43)
9. Die Speisung der Viertausend, 8 1–10 (I, 56 u. ö.)
10. Die Heilung der Tochter der Syrophönizierin, 7 24–30 (I, 74)
11. Die Heilung des Blinden von Bethsaida, 8 22–26 (I, 58)
12. Die Heilung des epileptischen Knaben, 9 14–29 (I, 104 f.)
13. Die Heilung des Blinden Bartimäus, 10 46–52 (I, 117)
14. Die Beschaffung des Reittieres für den Einzug in Jerusalem, 11 1–6 (I, 118 f.)
15. Die Verfluchung des Feigenbaumes, 11 12–14 (I, 123—125)

Das ist eine erstaunlich große Zahl, wenn man berücksichtigt, daß der Erzähler Erlebnisse berichtet. Gemessen daran, was H. alles am synoptischen Jesusbild als ungeschichtlich bezeichnet, überrascht es zu sehen, wieviele Wundergeschichten er der ältesten Erzählerschicht beläßt. Allerdings stellt sich nun bei näherem Zusehen heraus, daß gar nicht alle von diesen Wundergeschichten des heutigen Markusevangeliums auch in der Quelle Mk I Wunderberichte gewesen sind. Eine ganze Reihe von ihnen waren ursprünglich einfache Berichte und sind erst von Mk II zu Wundererzählungen gemacht worden. Die Zahl der von Mk I erzählten Wunder Jesu ist also nicht so groß wie die der oben angeführten Perikopen aus Mk I.

a) Begebenheiten aus Mk I, die erst durch Mk II zu Wundergeschichten um- oder ausgestaltet wurden

Auf die eben angedeutete Weise, daß eine Geschichte erst durch die Gestaltung aus zweiter Hand zu einer Wundererzählung wurde, fallen drei ganze Perikopen als Wunderberichte des ersten Erzählers aus. Es handelt sich dabei um die Nummern 2, 14, 15.

---

[12] D. h. ohne die Heilungen von Dämonischen, die Mk II mit seinem Einschub 1 23–28 ergänzt hat, vgl. I, 6 und den Text von Mk I auf S. 218.
[13] H. hält Gadara für die richtige Namensüberlieferung, I, 36.

Nr. 2: In der Perikope vom Aussätzigen (Mc 1 40—45) war ursprünglich nur berichtet worden, daß Jesus einen Aussätzigen zornig angefahren hatte, als er ihn um Reinerklärung bat. Mk II strich die Zornesregung Jesu und machte aus der Abweisung eine Heilungsgeschichte, und ein späterer Glossator machte aus dem durch R wieder eingespielten Zorn Jesu ein Erbarmen (I, 8).

Nr. 14: Die Beschaffung des Reittieres für den Einzug (Mc 11 1—6) hatte in Mk I eine einfache Grundfassung ohne wunderhafte Züge. Erst Mk II hat sie damit versehen und im ganzen legendär ausgestaltet. Ursprünglich war nur erzählt worden, daß Jesus die beiden Jünger beauftragte, aus dem Dorf einen Esel zu bringen[14]. »Daß man in einem palästinischen Dorf um diese Jahreszeit draußen am Tor irgendeines Hauses einen Esel angebunden findet, das ist an sich wahrscheinlich, und man braucht, um es vorauszusetzen, nicht gerade prophetischen Geist zu haben.« (I, 119).

Nr. 15: Die Verfluchung des Feigenbaumes (Mc 11 12—14) entfällt als Wundergeschichte, weil der zweite Teil, 11 20—24, eine spätere Legende ist, die R dem Evangelium hinzugefügt hat, und an die sich später noch zwei Glossen angeschlossen haben. Diese Legende beruht auf dem tatsächlichen Geschehen, daß Jesus einen Feigenbaum verflucht hat — er war damals in den letzten Tagen in Jerusalem seelisch ja sehr angespannt[15] — aber die für Mk I verbleibenden Worte dieses Episodenberichtes wissen nichts von einem Verwelken des Baumes. Insofern liegt keine Wundergeschichte vor. Für das Entstehen der ganzen Erzählung wird eine Ätiologie die Ursache gewesen sein: es gab in Bethanien einen verdorrten Baum, von dem man »raunte, Jesus habe ihn verflucht, weil er keine Früchte auf ihm fand« (I, 123)[16].

Aufgrund dieser Beobachtungen ist damit zu rechnen, daß Mk II noch öfter in ähnlicher Weise umstilisiert hat. Die beiden krassesten Beispiele für dieses Verfahren der zweiten Hand liegen nach H. bei den Heilungen Nr. 6 und 10 vor.

Nr. 6: Die Perikope über den Dämonischen von Gerasa (Mc 5 1—20) ist nämlich bei Mk I im strengen Sinne keine Heilungsgeschichte, geschweige ein Exorzismus gewesen. Sie hat vielmehr erzählt, daß der Besessene, kaum daß Jesus am Ufer angekommen und aus dem Boot gestiegen war, ihm gesund entgegenlief und anbetend vor ihm niederfiel[17].

---

[14] Vgl. I, 118 f. mit 249.
[15] »Der Zornesausbruch Jesu aber ist ein Zeichen, wie er in diesen Tagen, wo er einsam dem größten Schicksal, der größten Entscheidung entgegengeht, schlechterdings nichts als angespannter Wille ist. Wer das nicht begreift, ist von Gott zu andern Dingen bestimmt worden als zum Verstehen der menschlichen Seele.« (I, 125).
[16] Der Gedanke begegnet, wenn auch anders gewendet, bei Wellhausen, Mc., S. 106.
[17] Vgl. den Text von Mk I u. II, I, 228.

So ist die Geschichte auch »bei aller Seltsamkeit in sich glaubhaft«. »Daß ein tobsüchtiger Irrer in der Gegenwart einer Persönlichkeit wie Jesus plötzlich sanft und friedvoll wird und sich von der Quelle seines Friedens nicht trennen mag, das ist ein auch uns einleuchtender Vorgang« (I, 38).

Eine Heilung ist also tatsächlich erfolgt, möglicherweise nur vorübergehend, je nachdem man den Einfluß der Persönlichkeit Jesu einschätzen will; aber von einer Heilungs- oder Wundergeschichte kann man bei Mk I nicht eigentlich sprechen. Nach H. trug jedoch der alte Bericht in sich schon den Keim für weitere Ausgestaltung. Und so fand »eine Phantasie, die nicht so unter der Zucht des Umgangs mit Jesus gestanden hat wie die des ersten Erzählers ... in ihr Anreiz und Material, das Weitere zu formen« (I, 38).

Dazu sei kritisch angemerkt, daß hier Dinge gewußt werden und in der Exegese Verwendung finden, die sowohl die Kompetenzen der literarkritischen Analyse überschreiten, als auch das, was sie zu leisten vermag. Angesichts solcher Erklärungen ist die Annahme, hier würde literarkritisch entschieden, eine reine Fiktion.

Nr. 10: Die Heilung der Tochter der Syrophönizierin (Mc 7 24—30) liegt auf der gleichen Ebene; H. weist selber auf die Gemeinsamkeiten hin (I, 74). Auch hier wird der Krankheitsgeist nicht ausgetrieben, sondern die Heilung ist als Beruhigung vorzustellen, die durch die Kommunikation mit der Persönlichkeit Jesu eintritt[18]. Zu diesem Zweck muß die Begegnung nicht nur zwischen Jesus und der Mutter, sondern auch zwischen Jesus und der Tochter stattfinden. Daß davon im Markusevangelium nichts steht, ist kein Grund, der verhindern könnte, es zu postulieren. Die Geschichte spielt nämlich im Hause der Frau, so liest man bei H., und »die Tochter liegt im selben Raume oder nebenbei in der Kammer. Außerdem ist nach altertümlichem Empfinden die Tochter schon in der Mutter gegenwärtig da«, zumal es sich um ein jüngeres Kind handelt, »das noch nicht für sich selbst bitten kann«[19]. Die von allem Wunderhaften befreite Heilungsgeschichte kann damit dem ältesten Erzähler zugesprochen werden. Erst bei Mk II wird sie zu einer Fernheilung (I, 74).

Die beiden Begebenheiten, in denen sich der Einfluß der Persönlichkeit Jesu so nachhaltig dokumentiert, steuern einen nicht unbedeutenden Zug zu dem Gesamtbild Jesu bei, wie es sich für H. aus den Schilderungen des Petrusberichtes ergibt.

---

[18] »Indem die innere Berührung zwischen ihm und dem dem Dämon verfallenen menschlichen Sein ... eintritt, ist der Dämon einfach schon ausgefahren« (aaO.).

[19] Um der größeren Überzeugungskraft willen werden für den Fall, daß eins nicht zutrifft oder ausreicht, zwei Argumente aufeinandergehäuft; ist die Tochter in der Mutter gegenwärtig, dann braucht man die Szene nicht in ihr Haus zu verlegen.

b) Begebenheiten, die keine Wunder waren, gleichwohl von Mk I als solche berichtet wurden

Unter den verbleibenden Wundergeschichten finden sich sieben Heilungen und drei Wunder im engeren Sinne: eine Auferweckung (Nr. 7), eine Brotvermehrung (Nr. 9) und eine Sturmstillung (Nr. 5). Diese sollen zuerst betrachtet werden.

Nr. 7: Die Auferweckung der Tochter des Jairus (Mc 5 21–24. 35–43) ist — auch in ihrer Verwobenheit mit der Heilung der blutflüssigen Frau — nach H. so anschaulich und erlebnisecht erzählt, daß an ihrer Zugehörigkeit zu Mk I kein Zweifel bestehen kann (I, 41)[20]. »Wer aber behauptet, das Mädchen sei wirklich tot gewesen und Jesu Wort, sie schlafe, sei ein Irrtum oder eine Allegorie, trägt eine nicht erweisliche Deutung in den Text ein.« (I, 42/3). Mit diesem Urteil wird die Geschichte ebenfalls aus der Reihe der Wundergeschichten herausgenommen und zu einer bloßen, wenn auch etwas seltsamen, Episode gemacht. Man müßte ja nun erklären, warum und woher Jesus schon vor der Haustür wußte, daß das Mädchen nicht tot war[21].

Liegt hier also kein Wunder vor, das Jesus vollbracht hat, so bleibt die Geschichte für H. gleichwohl eine Wundererzählung. Er führt dabei eine Differenzierung ein, die man sonst bei ihm nicht findet, wenn es um die Glaubwürdigkeit des in Mk I Berichteten geht. Nach H. hat der erste Erzähler wirklich gemeint, es sei eine Totenauferweckung geschehen, er hat also tatsächlich eine Wundergeschichte weitergegeben. Dazu äußert sich H. im Schlußteil des ersten Bandes bei der Charakterisierung des ersten Erzählers. Er sagt[22]: »Wir werden das, was der Erzähler berichtet, oft anders ansehen als er. Wir werden z. B. uns klarmachen, daß Jairi Töchterlein wirklich nicht tot war, sondern nur dem Tode nahe. Wir sehen auch, daß bei dem Erlebnis des Petrus am galiläischen See, das er als Kommen des Auferweckten und Erhöhten zu ihm deutet, alle Voraussetzungen für die Erklärung als Vision vorhanden sind. Aber indem wir so urteilen, müssen wir es dem Erzähler nachrühmen, daß er mit keiner Silbe über das hinausgeht, was er wirklich geschaut und erlebt hat. Wir haben von unserm andern Verständnis aus kein Wort an der Beschreibung des Hergangs zu korrigieren, sobald wir sie als Erlebnisbericht verstehen.«

Das ist der Schlüssel zu H.s Verständnis der synoptischen Wunder-

---

[20] Zur Wirklichkeitsnähe der Erzählung von der Blutflüssigen vgl. auch E. Meyer, Ursprung I, S. 109.

[21] Die Scheintod-Theorie vertritt schon H. E. G. Paulus, der sie von Bahrdt übernimmt, vgl. A. Schweitzer, Leben-Jesu-Forschung, S. 54. Nach Paulus hat Jesus aufgrund der Schilderung des Vaters eine Ahnung, daß das Mädchen nicht tot ist (Schweitzer, aaO.).

[22] I, 191. Vgl. das Zitat von H. Paulus bei Schweitzer, aaO. S. 52; dort wird erklärt, warum dieser Unterschied zu machen ist.

geschichten, und es ist zugleich die Antwort auf die Frage, warum er es trotz seines offenkundigen Rationalismus nicht nötig hat, alle Wunder auf literarkritischem Wege aus seinem Mk I herauszuschneiden, die dem modernen Menschen unwahrscheinlich vorkommen. Er wäre dazu ja überall dort in der Lage gewesen, wo die Lukasparallele die Existenz der Erzählung für Mk II sicherstellt. Die Differenz jedoch zwischen dem Wunderverständnis des Petrus und unserer veränderten Auffassung, die sozusagen selbstverständlich ist und fast nebenbei erst in der Schlußzusammenfassung erwähnt wird, ermöglicht es, auch solche Wundergeschichten in Mk I zu lassen, die nach H.s Meinung gar keine Wunderberichte sind. So braucht er auch nicht von seinem üblichen Verfahren abzugehen, alle Stücke, die seinem Kriterium des Erlebnishaften[23] entsprechen, an Mk I zu geben. Und während er sich für das Jesusbild, das aus dem ersten Erzähler zu gewinnen ist, darauf beziehen kann, hat er nun zugleich ein hermeneutisches Prinzip bei der Hand, das ihn davor bewahrt, der Information des Augenzeugenberichts so total ausgeliefert zu sein, daß er alles dort Berichtete als historisch verläßliche Nachricht bewerten müßte. Wenn nämlich damit zu rechnen ist, daß der objektive Sachverhalt und der Bericht davon, so subjektiv ehrlich er auch gemeint sein mag, divergieren, dann entfällt auf den kritischen Verstand des modernen Historikers die Aufgabe, die Fakten hinter der Berichterstattung ans Licht zu holen. Insofern ist die Unterscheidung, die H. vornimmt, durchaus sachgerecht, weil sie die Tatsache berücksichtigt, daß auch der älteste erreichbare Bericht eines Geschehens dem Historiker immer noch nicht das Geschehen selbst präsentiert. Auch bei einem Augenzeugenbericht ist noch nach dem Geschehen selbst zu fragen. Auf H.s Erzählerquelle Mk I angewendet, bedeutet das: Die Rekonstruktion dieser Quelle als der unüberbietbar ältesten Schicht des Berichts vom Leben Jesu würde uns zwar noch nicht an das tatsächliche Geschehen selbst heranführen, aber sie würde die tragfähigste Basis für eine kritische Erfassung der Ereignisse des Lebens Jesu abgeben. Denn aus dem allerersten Bericht würden sich die Ereignisse meist unschwer ablesen lassen. Allerdings bliebe dabei zu bedenken, daß unter diesen Umständen die Rekonstruktion des tatsächlichen Geschehens nie ganz frei sein kann von der Subjektivität des Forschers. Sein geschichtlicher Standort und seine persönliche Sicht der Dinge werden sich auf sein Urteil auswirken. Man kann deswegen bei historischen Rekonstruktionen eigentlich nicht von »geschichtlichen Ergebnissen« reden, wie H. das in den Schlußteilen der beiden Bände tut, sondern wohl nur von historischen Urteilen, die grundsätzlich überholbar sind. Wie sehr H. z. B. dem 19. Jahrhundert verpflichtet ist, das zeigt sich ganz deutlich an seiner Handhabung der Wundergeschichten, zumal an der auffälligen Tatsache, daß

---

[23] Diese Kriterien sind übrigens nirgends aufgezählt, so daß der Leser immer von H.s Entscheidung abhängig bleibt, sie nicht nachprüfen und nicht selbst entscheiden kann.

die sonst nur ganz gelegentlich angewandte Differenzierung zwischen Erlebnis und dahinter liegender Wirklichkeit prinzipiell erst bei den Wundern Jesu ausgesprochen wird. Sie ist ja eben bei ihm nicht das hermeneutische Prinzip für die gesamte Behandlung des synoptischen Überlieferungsstoffes. Darum erregt ihre Anwendung gerade bei den Wundererzählungen den Verdacht einer gewissen Willkür.

So sind also die Rekonstruktionen der »Frühgeschichte« grundsätzlich von einem zwiefachen Unsicherheitsfaktor bedroht, der in der entscheidenden Einflußmöglichkeit gründet, die der Subjektivität des Forschers offensteht. Sie kann nämlich an zwei Stellen entscheidend in den Rekonstruktionsvorgang eingreifen: Einmal beim Auffinden der ältesten Erzählerschicht, wenn die Vorstellung von dem, was erlebnisecht ist, zum maßgeblichen Kriterium der Quellenscheidung wird. Und zweitens bei der Entscheidung darüber, wann ein Bericht Fakten wiedergibt und wann bloß subjektive Eindrücke. Hier hat der moderne Kritiker ausreichende Möglichkeit, darüber zu befinden, was von dem Berichteten jeweils sich ereignet haben kann und was nicht.

Diese Überlegungen sind keine Polemik gegen H.[24], sondern eine Besinnung auf die Begrenzung, der die historische Fragestellung selbstverständlich auch innerhalb der Evangelienforschung unterliegt. Freilich sind sie insofern auch eine Kritik an H., an dem Verfahren der »Frühgeschichte« und an ihren Ergebnissen, weil H. mit dem zuversichtlichen Vertrauen, sichere historische Ergebnisse erzielen zu können, die historische Frage nach dem Leben und dem Wesen Jesu stellt und Ergebnisse als historisch objektiv bezeichnet, die ganz wesentlich von der Fragerichtung und dem Ermessen des Forschers abhängig sind. Wenn H. gegen die Formgeschichte sein Verfahren ins Feld führt, dann ja hauptsächlich deswegen, weil er nicht zugeben kann, daß der nach Gestalt und Geschichte Jesu fragende Historiker aufgrund der Beschaffenheit der Quellen in weitem Maße der Subjektivität des eigenen Urteils ausgeliefert bleibt.

Nr. 9: Zur Speisung der Viertausend (Mc 8 1–10): Im Rahmen der quellenkritischen Untersuchungen zu den beiden markinischen Speisungsgeschichten, die zu dem Ergebnis führen, daß die Situation der Speisung der Fünftausend zusammen mit dem Erzählungskorpus der Speisung der Viertausend zu Mk I gehört, wird die Frage nach der Historizität des Ereignisses nicht gestellt. Erst die Antwort auf E. Haenchens Kritik gibt etwas darüber zu erkennen, wie H. diesen Bericht des Augenzeugen Petrus bewertet[25]. Die erste Bemerkung dort ist frappierend: »Ich habe mich zur Geschichtlichkeit der Speisung nicht geäußert, da mir H. J. Holtzmann

---

[24] Auch der Satz E. Haenchens, H. habe »eine bestimmte Vorstellung davon, was ein Augenzeuge mit Jesus erlebt haben kann und wie er dann sein Erlebnis wiedergegeben haben kann«, ist keine Polemik (vgl. D.Th., S. 117).

[25] I, S. XXIII f.

über die der Speisungsgeschichte zugrunde liegende echte geschichtliche Erinnerung schon das Nötigste ... gesagt zu haben schien.«[26] Sodann wird nachgeholt, was für die Erzählung gilt und bei der Analyse vorausgesetzt war:

    a) Sie ist zu originell, um einer alttestamentlichen Erzählung nachgebildet zu sein (gegen Haenchen).

    b) »Es liegt ihr echte geschichtliche Erinnerung zugrunde, die Erinnerung an den Tag, mit dem Jesus von seiner öffentlichen Wirksamkeit in Galiläa schied.«[27]

    c) Wenn man die Geschichte so, wie sie im Evangelium steht, wörtlich nimmt, ist sie natürlich eine Wundergeschichte. Aber »das Wunder hängt an den Zahlenangaben, die man wie in jedem antiken Bericht grundsätzlich als subjektive Impression, wenn nicht gar als symbolisch zu werten hat«.

    d) Der hinter dem Bericht zu erschließende Vorfall war also eine Brotvermehrung, und zwar auf die ganz natürliche Weise, daß Jesu Beispiel, »seinen geringen Vorrat an die Schar auszuteilen«, Schule gemacht hat. Die Menschen zogen ihre eigenen Vorräte heraus und halfen sich gegenseitig aus.

Daß der Wortlaut des Speisungsberichtes mit dieser Auslegung nicht übereinstimmt, kann als Gegenargument nicht mehr angeführt werden, wenn man sich der Unterscheidung von Geschehen, subjektivem Erleben und Bericht darüber erinnert. Der Bericht selbst will offenbar auf etwas anderes hinaus, und dem trägt sogar noch H.s Rekonstruktion des Mk I-Textes Rechnung. Danach beginnt die Geschichte so: »Und als es schon spät geworden war, rief er die Jünger heran und sprach zu ihnen: Es erbarmt mich der Leute, denn schon drei Tage lang heften sie sich mir an die Fersen, und sie haben nichts zu essen (sic!). Wenn ich sie hungrig heimziehen lasse, so werden ihnen unterwegs die Kräfte versagen, und einige von ihnen sind von weit her. Da antworteten seine Jünger: Wie soll einer hier in unbewohnter Gegend soviel Leute mit Brot satt machen? Und er fragte sie: Wieviel Brote habt ihr? ...« (I, 234).

Diese Exposition der Geschichte führt konsequent auf die Erzählung des folgenden Wunders zu, und sie tut eigentlich alles, um die Annahme auszuschließen, die Leute hätten noch Proviant bei sich gehabt[28]. Haenchen

---

[26] Zweierlei ist hieran für H. bezeichnend: 1. In der Analyse ist darüber kein Wort gefallen; es ist dem Leser überlassen, ob er darauf kommt, daß H. dies meinen muß. 2. Bezugnahmen auf andere Autoren geschehen grundsätzlich nur mit Namensnennung ohne Stellenangabe.

[27] Zu a—d vgl. I, S. XXIII.

[28] Vgl. I, 56: »Die Speisung Kap 8 ist durch das dringende Bedürfnis innerlich begründet (Einöde; die Leute sind drei Tage unterwegs, haben mithin kaum noch Mundvorräte).«

hatte diese Diskrepanz im Auge, als er fragte[29]: »Petrus ist, wenigstens nach Hirsch, ein genau beobachtender, scharfäugiger Fischersmann, und er sollte nichts, aber auch gar nichts davon gemerkt haben, daß die Galiläer mit einem Male ihre Taschen auftaten und ihr Brot zu dem Jesu hinzutaten — Petrus hat nichts gemerkt, der doch zusammen mit den anderen Jüngern allein das Brot austeilte?« Auf Haenchens Frage antwortet H. folgendermaßen[30]: »Nach Haenchen kann ich diese ganze Betrachtung nicht aufrecht erhalten, wenn ich Mk I, also auch die Speisung der Viertausend, als auf Petrus zurückgehend verstehe und Petrus für einen ehrlichen und treuen Zeugen halte. Ich habe mir vergeblich den Kopf zerbrochen, warum nicht. Petrus war nicht nur ein wundergläubiger Mann. Er stand hier überdies, anders als in den Erzählungen von Mk I sonst, unter dem Bann eines Massenerlebnisses: er hat erlebt, was sie alle erlebt haben, das Wunder einer Speisung, bei dem von den kleinen Brocken der Segensbrote jeder satt wurde. Das, was zu den Broten Jesu noch hinzukam, war ihm so unwichtig, daß es als ein Nebenzug aus seiner Erzählung und vielleicht auch (aus seiner) Erinnerung dahinschwand. Wir würden das Erlebnis heute so ausdrücken, daß Glaube und Liebe aus dem schmalen Bissen ein echtes Mahl gemacht haben. Für ihn heißt es: Jesus hat mit wenig Broten viele wunderbar satt gemacht.«

Die Sätze sprechen für sich. Sie können sich auf keinen Text stützen und sind von der besagten Unterscheidung her zu begreifen, die H. bei den Wundergeschichten einführt. Sie zeigen aber auch mit dankenswerter Deutlichkeit, daß diese Unterscheidung der Subjektivität Tür und Tor öffnet, wenn auf dem Wege der Psychologisierung die historische Rekonstruktion wahrscheinlich gemacht werden soll. Denn wenn man für die Rekonstruktion von Ereignissen neben der allgemeinen Seelenlage des Zeugen — ein wundergläubiger Mensch — auch noch seine jeweilige seelische Verfaßtheit in der betreffenden Einzelsituation in Anschlag bringen muß, dann wird die subjektive Kombination zum entscheidenden Mittel historischer Arbeit.

Im übrigen ist bei H. zwischen den Ereignissen und dem vorliegenden ältesten Bericht davon noch eine weitere Stufe eingeschoben. Man hat damit zu rechnen, daß der Verfasser der Quellenschrift Mk I selbst bereits den Erlebnisbericht des Petrus redigiert hat. Dieses sonst nicht angeführte Argument, das auch auf die übrige Analyse keinen Einfluß gewinnt, fügt H. als weitere Erklärung dafür an, warum sich der Text der Speisungsgeschichte und der erschlossene Sachverhalt dahinter so augenfällig widersprechen. Er sagt unmittelbar nach der zuletzt zitierten

---

[29] aaO. S. 110. Der Einwand richtet sich gegen die damals von H. noch nicht mitgeteilte Erklärung der Brotvermehrung, die auf H. Paulus zurückgeht, vgl. Schweitzer, aaO. S. 53.
[30] I, S. XXIII/IV.

Stelle³¹: »Wenn aber das alles noch nicht genügen sollte, so darf ich daran erinnern, daß ich Stilisierung durch die die Erzählung des Petrus aufschreibende Hand ausdrücklich für Mk I vorbehalten habe.«

Nr. 5: Die Frage, ob bei der Stillung des Sturmes (Mc 4 35–42) ein Ereignis aus dem Leben Jesu vorliegt, wird nicht gestellt. Die Geschichte wird für Mk I in Anspruch genommen, Überarbeitung durch Mk II wird vorausgesetzt (I, 33—35). Nach allem Bisherigen besteht Veranlassung zu der Vermutung, daß die auch bei Mk I noch deutliche Gestalt eines Wunderberichts für H. wiederum auf die Seelenverfassung des Petrus zurückzuführen ist, der etwas erlebt hat, was sich so nicht zugetragen hat. Die dem Geist des galiläischen Fischers überlegene Kenntnis des neuzeitlichen Menschen³² wird sicher wiederum zu dem Schluß kommen, daß es sich auch hier nicht um ein Wunder gehandelt hat. Ob zur Seesturmperikope ebenfalls H. J. Holtzmann oder auch ein anderer, vielleicht Wellhausen, auf den sich H. gelegentlich beruft, schon das Entscheidende geäußert hat, darüber wird leider auch hier nichts gesagt.

c) Jesus als Wunderarzt nach Mk I

Die jetzt noch im ältesten Bericht verbleibenden Wundergeschichten sind ausnahmslos Heilungsberichte. Aus der oben gegebenen Aufstellung sind es die folgenden Nummern:
1. Die Schwiegermutter des Simon
3. Der Gichtbrüchige
4. Die verdorrte Hand
8. Die Blutflüssige
11. Der Blinde von Bethsaida
12. Der epileptische Knabe
13. Der Blinde Bartimäus

Von der ursprünglichen Liste mit 15 Nummern sind sieben übriggeblieben. Zwei weitere Heilungen müssen hinzugezählt werden, die schon behandelten Dämonenheilungen aus Mc 5 1–20 und 7 24–30, denn immerhin sind die Kranken dort ja geheilt. Dazu kommen die beiden Heilungssummarien aus 1 32–34 und 6 52–56. Alle diese Berichte aus Mk I zeigen, daß erst hier bei den Heilungen das wahre geschichtliche Bild Jesu gezeichnet ist. Jesus ist der, der allerwärts Kranke heilte und deswegen immer wieder angegangen, ja bedrängt wurde. So wird er aus den Wunderberichten erkannt. Es ergibt sich also für die geschichtliche Schau Jesu eine strenge Beschränkung. Jesus ist nicht ein Wundermann, ein Wundertäter schlechthin, er ist vielmehr ein »Wunderarzt« (I, 68. 74)³³.

---

³¹ I, S. XXIV.
³² Vgl. das Zitat von I, 191 (oben bei Anm. 22).
³³ Zur Konkretisierung dieses Begriffs wird man vielleicht auf E. Meyer zurückgreifen dürfen (Ursprung I, S. 71): »Es kann nicht zweifelhaft sein, daß Jesus wie so viele

Die Aussagen der auf die oben genannten Stellen reduzierten Wundergeschichten der Quelle rechtfertigen dieses Urteil fraglos, aber eben erst nach der kritischen Reduktion. An und für sich hatte die Quelle Jesus durchaus als den Wundermann geschildert. Doch hatte an solchen Stellen die Unterscheidung von Bericht und Geschehen dazu verholfen, das Bild dem modernen Verstand entsprechend zu korrigieren. Das geschieht bei den Heilungsberichten nun nicht mehr. — Was würde auch bei noch weiterer Reduktion an Außerordentlichem für Jesu Persönlichkeit übrigbleiben? Nur ist leider der von H. bislang so zuvorkommend und zufriedenstellend bediente moderne kritische Verstand jetzt wach und fragt auch an dieser Stelle weiter. So würde er z. B. gern wissen, was das für eine Fähigkeit oder Fertigkeit ist, die Jesus instand setzt, unablässig Menschen durch bloßes Wort oder durch Berühren zu heilen. Zeichnen ihn irgendwelche besonderen Kräfte aus, wie E. Meyer das meint, hat er irgendwo etwas gelernt, was in seiner Umwelt sonst unbekannt war, gehen vielleicht irgendwelche Ströme von ihm aus? Warum bleiben gerade Heilungen als Taten des irdischen Jesus übrig, nachdem alle anderen Wunder auf irgendeine Weise weginterpretiert worden sind? Möglicherweise gibt es auf diese Fragen überhaupt nur die eine Antwort, daß eben etwas von dem synoptischen Jesusbild als historisch übrigbleiben mußte. Deshalb wurde an einigen Stellen weniger kritisch gefragt als an anderen, deren Aussagen dem neuzeitlichen Verstand ohnehin unwahrscheinlich klingen.

Für die Erkenntnis der Geschichte Jesu ergibt sich nach H. aus der Historizität der Heilungstaten noch ein Weiteres: In einem letzten, tiefsten Sinne werden Jesus seine Heilungstaten zur Ursache seines Todesschicksals in Jerusalem. Denn ihretwegen hat er sein Wirkungsfeld in Galiläa verlassen und ist nach Judäa entwichen. Das lehrt nach H. das Summarium Mc 6 52—56: »Jesus, auf unsteter Wanderung, kann sich nicht da-

---

in der Religionsgeschichte wirksame Persönlichkeiten, zu den Menschen gehört hat, die mit ›magischer‹ Kraft auf den Willen anderer wirken und bei dafür Empfänglichen auch Krankheitserscheinungen wie Lähmungen u. ä. zeitweilig oder dauernd aufheben können.« Auch P. W. Schmiedel beläßt Jesus nur Heilungstaten, speziell nur »cures of mental maladies« (Bibl. Encyc. II, Sp. 1885). Ebenso bleibt für W. Heitmüller (RGG.[1] III, Sp. 372) nach kritischer Sichtung der Wundergeschichten »eine nicht geringe Anzahl von Krankenheilungen zurück.« »Es gehört zur ältesten, uns erreichbaren Überlieferung, daß Jesus sich in wunderbarer Weise als Arzt betätigt hat. An der Geschichtlichkeit dieser Kunde zu zweifeln, haben wir kein Recht.« Im Unterschied dazu hält K. L. Schmidt gerade die Erzählungen von den Heilungen Dämonischer für »stilistisch die ursprünglichsten und sachlich die gewichtigsten«, zumal sie dem in Act 10 38 begegnenden urchristlichen Kerygma entsprechen. Außerdem stehen sie nach seiner Sicht im deutlichsten Bezug zum Anbruch der Gottesherrschaft (RGG.[2] III, Sp. 145 f.). Im Gegensatz zu diesen Voten steht P. Wernles kritisches Urteil: »Vollständig unmöglich ist eine Sichtung des Wunderglaubens der Urgemeinde, eine Sonderung der Wunder Jesu von der Wundersage der Gemeinde« (Quellen des Lebens Jesu, S. 84).

vor retten, für das galiläische Volk der Wunderarzt und nichts weiter zu sein.« Darum beendet er seine dortige Wirksamkeit. »Für den tiefer nachdenkenden Beobachter ist das innere Ende seiner Wirksamkeit in Galiläa mit diesem Erfolg und Zulauf ebenso da wie das äußere mit der Feindschaft der Pharisäer und Herodesleute.«[34] Petrus hat das natürlich weder so erzählt, noch auch so durchschaut. Er berichtet getreulich die Begebenheiten, aus denen man die inneren Zusammenhänge erschließt, wenn man sich in Jesus einfühlt.

Nur stellt sich sogleich die Frage ein, ob Jesus vor seinen Heilung suchenden Landsleuten geflohen ist, um gleich darauf im Heidenland genau das wieder zu tun, wovor er ausgewichen ist. Auch für H. taucht diese Frage angesichts der Perikope von der Syrophönizierin auf. Er führt aus: Jesus »hat seinen Galiläern, seinen Landsleuten, die Machttaten entzogen, weil er nicht dazu gesendet ist, Wunderarzt zu sein. Soll er nun bloß deshalb ins fremde Land gegangen sein, um weiter Wunderarzt zu sein, aber an Fremden? Das geht nicht an, dazu sagt er Nein, bis die Frau ihn durch ihr Wort überwindet« (I, 74). Diese Auskunft gibt jedoch mehr Fragen auf, als sie beantwortet. Denn H. hatte doch gesagt, daß in diesem Fall die Heilung durch die persönliche Begegnung und die dabei sich vollziehende Übertragung erfolgt ist[35]. Besaß Jesus also die Fähigkeit, den Einfluß seiner Persönlichkeit auf andere willensmäßig zu handhaben? Hatte er seine eigene Wirkung in der Hand, konnte er sie verweigern, bzw. sie zulassen, wenn jemand ihn mit Worten überwand? — Schließlich fällt auch noch auf, daß von den neun Wunderheilungen des Mk I immerhin vier nach dem Zeitpunkt liegen, an dem Jesus beschlossen hatte, nicht mehr Wunderarzt zu sein; ein Verhältnis, das H.s Interpretation nach beiden Seiten hin als fraglich erscheinen läßt: fünf Heilungen sind zuwenig, um zu unterstellen, er sei als Wundertäter überfordert gewesen, und vier sind nach dem Entweichen zuviele angesichts der fünf vorher[36].

3. Grundsätzliche methodische Kritik

Die im Verlauf der Darstellung schon angebrachte Kritik an dem Verfahren und den Ergebnissen der »Frühgeschichte« hat sich bewußt innerhalb des vom Verfasser gesteckten Rahmens gehalten. Sie war bemüht, als Maßstab nur zu benutzen, was im Bereich der von H. angewendeten Methode und ihrer Maßstäbe blieb. Darum wurde es vermieden, von der Position der formgeschichtlichen Forschung aus die hier vorgelegte Literaranalyse anzugreifen, denn das wäre von außerhalb geschehen.

---

[34] Beide Zitate I, 68. Vgl. auch Meyer, aaO. S. 110 f.
[35] Durch »innere Berührung« (I, 74).
[36] Allerdings würde H. wohl die beiden Heilungssummarien aus Mk I nicht als solche, sondern als Massenheilungen bewerten. Damit würden die Wunder der ersten Periode für ihn ein starkes zahlenmäßiges Übergewicht haben.

So ist dem Verfasser z. B. nicht a limine die Möglichkeit einer historischen Rekonstruktion des Lebens Jesu aus den Quellen bestritten worden; es schien vielmehr notwendig, sich seiner Fragestellung zunächst grundsätzlich so weit wie möglich zu öffnen und achtzugeben, mit welchen Methoden er zu welchen Ergebnissen kommt und ob sein Verfahren in sich einheitlich und methodisch stimmig ist. Dabei stellte sich heraus, daß die angewandte Methode verhältnismäßig willkürlich gehandhabt werden kann und daß infolgedessen auch einige Ergebnisse den Eindruck des Willkürlichen vermitteln, weil entscheidende Forschungskriterien die Subjektivität des Forschers zur ausschlaggebenden Instanz erheben; denn die Rationalität ist ja nur vermeintlich objektiv. Dieser entscheidende Sachverhalt läßt schon jetzt die Hauptergebnisse schlechthin als anfechtbar erscheinen. Denn wenn die Vorstellung des Verfassers von dem, was ein Erlebnisbericht ist, zum tragenden Pfeiler der Rekonstruktion einer ganzen literarischen Schicht wird, die die entscheidende historische Erkenntnis vermitteln soll, wenn ferner Berichte dieser Quellenschicht einmal als historische Tatsachen gewertet werden können, ein anderes Mal aber hinterfragt werden müssen, damit hinter dem Erlebnisbericht das davon verschiedene Ereignis sichtbar werde, und wenn schließlich noch psychologische Einfühlung und frei vorstellende Anschauung von Einzelsituationen hilfreich einspringen müssen, damit die historische Wirklichkeit erfaßt werden kann, dann kann von historischer Rekonstruktion und von »geschichtlichen Ergebnissen« nicht mehr die Rede sein. Der Eindruck überwiegt, als präjudiziere das Gutdünken des Forschers die Ergebnisse.

Damit erhebt sich die grundsätzliche Frage, ob man auf dem von H. eingeschlagenen Weg überhaupt zu geschichtlichen Ergebnissen gelangen kann. Die reine Literarkritik hat sich insofern nicht bewährt, als sich auch durch eine Rekonstruktion der Erzählungsschicht Mk I als Erlebnisbericht die Lage im Vergleich zu der Forschungsepoche, die das ganze Markusevangelium als den ältesten Bericht vom Leben Jesu verwertete, in keiner Weise verändert hat. Weiterhin besteht die Differenz zwischen dem Geschehen und dem Bericht von ihm, auch wenn H. sie nur partiell in Ansatz bringt; bestehen bleibt auch die Frage nach objektiven Kriterien, die ein Rückfragen hinter den Bericht aus dem Bereich der Willkür des einzelnen Forschers herausführen. Und dann hat ja bei H. auch gar nicht die Literarkritik als solche die geschichtlichen Ergebnisse gezeitigt, sondern sie stellten sich erst ein, nachdem die Sachkritik hinzugezogen oder an ihre Stelle gesetzt worden war.

Bei den Wundergeschichten sind aus methodischen Gründen alle die Ergebnisse anzufechten, die daraus entstanden sind, daß das Ergebnis der Quellenscheidung — also der rekonstruierte Mk I-Bericht — mit dem tatsächlichen Geschehen identifiziert wurde; und das war bei der Mehrzahl der Analysen der Fall. Über die Problematik innerhalb von Mk I, wo einmal zwischen Bericht und Geschehen differenziert wurde und einmal nicht, ist dieser Einwand aber noch auszuweiten auf alle die Fälle, in denen andererseits die herausgefundene Zugehörigkeit einer Geschichte zu einer jüngeren Erzählerschicht gleichzeitig über den geschichtlichen Wert ihres Inhalts entschied[37].

Wenn die Unterscheidung von Bericht und hinter ihm stehender historischer Wirklichkeit, wie sie bei einigen Wundergeschichten der Quelle Mk I durchgeführt worden ist, ihre Berechtigung hat, dann erhebt sich die Forderung, daß dieses Prinzip grundsätzlich für alle Quellenstränge zu gelten hat und also umfassend angewendet werden muß. Und das trifft nun in Sonderheit dort zu, wo eine Quelle neuen Stoff bietet, der bei Mk I nicht begegnet. Es wären also alle Wundergeschichten, die nach H.s Quellenhypothese aus den »Evangelien« Q, Lu II und Ma S stammen, soweit sie gegenüber Mk I neuen Stoff bringen, grundsätzlich ebenso auf die Möglichkeit hin zu untersuchen gewesen, daß in ihnen Begebenheiten aus der Wirkenszeit Jesu aufbewahrt sind. Gerade unter der Voraussetzung, daß die Stoffe dieser Quellenschriften durch das charakteristische Eigeninteresse dieser Quellen, so wie H. es sieht, weitgehend geprägt seien, ließe sich das methodische Prinzip der Unterscheidung zwischen den Ereignissen selbst und dem gestalteten Bericht derselben erfolgversprechend anwenden[38]. Wer nach historischen Ergebnissen sucht, kann nicht die Nachrichten einer Quelle im ganzen disqualifizieren, nur weil er erkannt hat, daß die Gesamtintention der Quelle durch theologische Motive und nicht durch historisches Interesse bestimmt ist. Daß die jüngeren Quellenschriften unter ihren neuen Stoffen keine authentische Tradition enthalten könnten, ist ein unbegründetes Postulat. Es hat ja neben Petrus noch andere Weggefährten Jesu gegeben, die aus der Erinnerung erzählt haben können, wie denn H. ja selbst die Urschrift des Evangeliums Q auf den Jünger Matthäus zurückführt.

Bei dem von H. geübten Verfahren hätte sich durch Hinzuziehung der Wundergeschichten aus den jüngeren Quellen das Bild von Jesus als dem Wunderarzt freilich nur bestätigt. Da er die Mehrzahl der dort aufgeführten Wunder ohnehin als Legenden bezeichnet, wären hier ebenfalls nur Heilungen in Betracht gekommen. Gerade deshalb ist aber die Frage zu stellen, was z. B. die Heilung der verkrümmten Frau aus Lu II und

---

[37] Was hier an den Wundergeschichten exemplifiziert wurde, beschränkt sich darum nicht auf diese, sondern ist ein grundsätzlicher methodischer Einwand gegen eine typische Inkonsequenz im Verfahren der »Frühgeschichte«. Der Einwand, den P. Winter gegen H. Helmbold erhebt, ist an H. weiterzugeben, daß nämlich in unzulässiger Weise literarische und historische Betrachtungsweise verquickt wird (vgl. ZRGG. 6, S. 337).

[38] Bei Lu II und auch bei Ma S geschieht das in geringem Umfang mit anderen Stoffen (Erzählungen und vorwiegend Gleichnissen); ihnen werden Momente geschichtlicher Erinnerung zuerkannt, die sie allerdings mannigfach verdeckt und z. T. »mißdeutet« aufbewahrt haben (II, 350.334), vgl. unten Kap. VIII.

die Heilung des Wassersüchtigen aus Q so sehr von der Heilung der verdorrten Hand aus Mk I unterscheidet, daß jene beiden als Heilungen Jesu nicht in Betracht kommen sollten. Nach welchen Kriterien wird hier entschieden[39]? Oder worin unterscheiden sich die Heilung des Blinden von Bethsaida aus Mk I und die des Taubstummen aus Mk II außer in ihrer Quellenzugehörigkeit, die dann für die Beurteilung ihres Berichtswertes den Ausschlag gibt[40]? Die Antwort, die H.s Analyse auf die letzte Frage gibt, lautet, die beiden Geschichten unterscheiden sich so wenig, daß sie als Doppelgeschichten zu betrachten sind und infolgedessen eine aus Mk I und eine aus Mk II stammen muß. Ist schon diese Folgerung nicht überzeugend, so ist die nächste noch weniger zwingend. Bis jetzt konnten grundsätzlich noch beide der einen oder der anderen Quelle angehören. Den Ausschlag gibt der Umstand, daß Mk I in 10 46–52 noch eine Blindenheilung berichtet. Mk II ist es eher zuzutrauen, daß er bei zwei Blindenheilungen in Mk I eine durch eine Taubstummenheilung ersetzt, als daß er an die Stelle einer Taubstummenheilung eine zweite Blindenheilung stellt. Die Annahme verdient also den Vorzug, daß die Heilung des Bartimäus und auch die des Blinden von Bethsaida in Mk I gestanden hat. Nachträglich erscheint nun auch die Heilung des Taubstummen als »strenger stilisiert« (I, 58), was als zusätzliches Argument dienen kann. — Daraus wird hinreichend deutlich, daß tatsächlich die Zugehörigkeit zur Quellenschicht über die Historizität entscheidet.

Nachdem die genannten methodischen Inkonsequenzen und die Auslieferung an Subjektivismen offenbar geworden sind, nachdem sich ge-

---

[39] Nach den Kriterien, die sich O. Perels im Laufe seiner Untersuchung der Wundergeschichten erworben hat, ist die Heilung der verkrümmten Frau in der ursprünglichsten Erzählungsgestalt überliefert, während die Heilung der verdorrten Hand in der Form nicht rein erhalten ist. Auch die Gestalt der Geschichte vom Wassersüchtigen ist jüngeren Datums (vgl. Wunderüberlieferung, S. 94 f.). Natürlich ist damit noch kein Urteil darüber gefällt, ob die Berichte auf historische Ereignisse zurückgehen. Vgl. dazu die Ausführungen aaO. S. 100 f.: »Während bei den ersteren (sc. Geschichten die ›eine Verselbständigung des Wunders zeigen‹) das Zurückgehen auf einen historischen Vorgang nicht wahrscheinlich ist, ist bei den letzteren (sc. ›bei denen Unterordnung des Wunders unter eine Aussprucnpointe vorlag‹) nichts darüber ausgesagt. Es kann theoretisch ein Wunder in ganz alter Form überliefert und doch erfunden sein und ein in junger Gestalt vorliegendes auf historische Ereignisse zurückgehen. Doch ist die Wahrscheinlichkeit dafür selbstverständlich bei den in älterer Form erhaltenen Wundern größer.« Mit solchen Aussagen könnte sich H. wohl nie zufrieden geben.

[40] O. Perels, der für die Entstehung der Wundergeschichten allgemein den palästinischen Raum ansetzt, nennt bei seiner Überprüfung der Wundererzählungen auf hellenistische Elemente ganze fünf Wundergeschichten, auf welche die hellenistische Welt eingewirkt habe. Zu ihnen rechnet er sowohl die Heilung des Taubstummen, als auch die des Blinden von Bethsaida — wegen der für hellenistische Wundergeschichten typischen Manipulationen und der Stufenbildung (vgl. aaO. S. 85. 97 f.).
Für Bultmann sind beide Perikopen Varianten (Trad., S. 228. 242).

zeigt hat, daß nur mit ihrer Hilfe die erzielten Ergebnisse erreichbar waren und daß deswegen der hier eingeschlagene Weg von Grund auf fragwürdig erscheint, ist am Schluß die Frage zu stellen, ob nicht aus dieser Aporie nur eine andere Methode wie die der form- und traditionsgeschichtlichen Betrachtung herausführen kann. Das hätte allerdings zur Folge, daß man die Erwartungen auf gesicherte geschichtliche Ergebnisse zunächst beträchtlich zurückschrauben müßte, weil der Zugang zum Ursprung, wenn überhaupt, dann nur über ausführliche Untersuchungen des Stoffes und des Ganges der Überlieferung führt. Auch Jesu authentisches Wort begegnet ja nur eingebettet in die Überlieferung der Gemeinde[41]. Auf diese Weise könnte eine weit positivere Sicht der tradierenden Gemeinde gewonnen werden, als sie in der »Frühgeschichte« vorliegt. Insbesondere könnte der Begriff »Gemeindebildung« den eindeutig negativen Beiklang verlieren, der ihm im Gegenüber zur verläßlichen historischen Nachricht anhaftet. Wer die Gemeinde als den Tradenten des Wortes Jesu und der Erzählung von Jesus anerkennt, für den wird dieser Terminus einen neutralen Klang haben, weil er zunächst nur klassifiziert, ohne über den historischen Wert des Stoffes zu urteilen. Denn die Gemeinde hat ja für alle ihre Erzählungen von Jesus bis hin zum ganzen Evangelienbuch Formen aufgenommen und ausgebildet. Ob sie die Formen, in denen sie überliefert, nun selber gefunden hat, ob sie sie aus ihrer Umwelt und auch von Jesus selbst übernommen und weiter ausgebildet hat, im Grunde ist jede synoptische Perikope eine Gemeindebildung[42]. Erst wenn man den Begriff speziell im Blick auf die Jesusworte der synoptischen Überlieferung anwendet, würde er unter dem Aspekt der Authentie die Aussage implizieren, daß es sich um Worte handelt, die nicht von Jesus selbst stammen, sondern erst in der christlichen Gemeinde entstanden sind. Gleiches gilt, wenn man an die überlieferten Gespräche und Szenen die Frage nach der Historizität richtet.

Möglicherweise steht aber die so formende und tradierende Gemeinde an vielen Stellen dem Geiste Jesu näher, als es H. dort voraussetzt, wo er die christliche Gemeinde gestaltend in die Überlieferung eingreifen sieht, etwa bei Mk II. Dort kommen nach seiner Meinung Gemeindeinteressen zum Zuge, die das weit überbieten, was Jesus war und was er wollte.

---

[41] G. Bornkamm, Jesus, S. 12, sagt: »Wir besitzen keinen einzigen Jesusspruch und keine einzige Jesusgeschichte, die nicht — und seien sie noch so unanfechtbar echt — zugleich das Bekenntnis der glaubenden Gemeinde enthalten oder mindestens darin eingebettet sind.« Vgl. auch P. Wernle, Quellen, S. 83.

[42] Vgl. O. Cullmann, Vorträge, S. 149. Der technische Gebrauch des Begriffs trägt diesem Sachverhalt nicht Rechnung. Er ist deswegen problematisch, weil er zu der Assoziation des Gegensatzes von »authentisch« und »erfunden« führen kann und weil die Formung der Gemeinde an der Überlieferung allerwärts ins Auge springt, während das Historische innerhalb der Überlieferung nur schwer und auch unsicher zu erheben ist. Nach H. v. Soden muß man sich »eindringlich vorhalten, daß die Scheidung zwischen Jesus und Gemeinde an sich kein Werturteil ist« (Aufs. I, S. 212).

Und so sah er denn auch seine Aufgabe darin, »die judenchristlichen Verformungen des Worts und der Geschichte Jesu nach methodischen, dem Belieben des Forschers entzogenen Gesichtspunkten (sic!) zu bestimmen und auszuscheiden« (I, S. XIX). Aus diesen Worten H.s folgt, daß jede Beteiligung der Gemeinde am Überliefern als ein Eingriff gewertet werden muß, der das Ursprüngliche nach dogmatischen Gesichtspunkten überfremdet und insbesondere in die Denkkategorien der jüdischen Umwelt eingeengt hat. Dementsprechend sieht H. den Wert seiner Arbeit in folgendem Ergebnis: »Was F. C. Baur mit seinem mißglückten Versuch zur synoptischen Frage erstrebte, was andere Forscher nur genial-intuitiv und darum nicht durchschlagskräftig und nicht in genauer Durchführung erfaßten, das findet in meiner Analyse und Rekonstruktion nun seine Bestätigung und genauere Bestimmung. Der Einfluß judenchristlicher Denk- und Sprechweise auf das Bild der zweiten christlichen Generation von Jesu Wort und Geschichte läßt sich erkennen und ebenso wie die übrige legendäre Weiterbildung der Überlieferung mit großer Sicherheit ausschalten.« (I, S. XIX).

4. Ernst Haenchens Auseinandersetzung mit Hirsch über die Perikope Mc 1 40–45

In diesem ganzen Kapitel war das Augenmerk hauptsächlich auf das Verfahren gerichtet, das H. anwendet, um seine Quellenscheidung durchzuführen, zu rechtfertigen und über sie hinaus zu historischen Ergebnissen zu gelangen. Mit der jeweiligen Einzelentscheidung sich auseinanderzusetzen, war weniger intendiert; auch sollte im einzelnen nicht die Berechtigung für die Zuweisung einer synoptischen Wundererzählung zu der betreffenden literarischen Schicht überprüft werden. Für die Wundergeschichten soll das jetzt auch nicht mehr geschehen, es würde doch zuviele Wiederholungen nötig machen. Die von H. vorgelegte Quellenscheidung wird in den nächsten Kapiteln an geschlossenen Zusammenhängen überprüft werden. Gewissermaßen als Überleitung dazu sei an dieser Stelle an E. Haenchens Auseinandersetzung mit H.s Quellenscheidung bei der Heilung des Aussätzigen, Mc 1 40–45, erinnert.

Für H. hatte die ganze Geschichte vom Aussätzigen so, wie sie dasteht, keinen Sinn ergeben. Er wertete das als ein Zeichen dafür, »daß an unserm Text irgendeine tiefgreifende Umwandlung geschehen ist, der der ursprüngliche Sinn der Geschichte zum Opfer fiel«[43]. Sein von der »Literarkritik« her angebotener »Lösungsvorschlag« besteht darin, die Perikope ohne Argumente auf die zwei ihm schon bekannten Erzählerschichten aufzuteilen. Dabei gehen vom heutigen Text v. 41 ohne die ersten beiden Worte, v. 42. 44. 45 auf das Konto von Mk II, der damit die Geschichte

---

[43] Die Ausführungen H.s, auf die hier und im folgenden Bezug genommen wird, stehen I, 8.

entscheidend verändert hat. Ausschlaggebend für diese literarkritische Lösung waren die vorausgegangenen Erwägungen zur Textkritik, die mit dem wohl richtigen Argument, daß Lukas und Matthäus entweder gar keine Gemütsbewegung Jesu in ihrer Markusvorlage fanden oder eine anstößige gestrichen haben, das vom Kodex Bezae Cantabrigiensis überlieferte ὀργισθείς in v. 41 als ursprüngliche Lesart bestimmt hatten. Von dieser Entscheidung her löste sich alles Weitere konsequent von selbst. Denn, hatte Jesus nach Mk I den Bittenden zornig angefahren, dann kann das nur als eine Verweigerung der Heilung begriffen werden. Dabei versteht H. Heilung hier im Sinne von Reinerklärung. Mk I hat also berichtet: Ein Aussätziger kam zu Jesus und bat um Reinerklärung[44]; Jesus aber fährt ihn zornig an und treibt ihn fort. Mk II hat dann die Bitte um Reinerklärung als Bitte um Heilung interpretiert, die Erfüllung der Bitte durch Jesus nachgetragen und »das Anfahren und Wegtreiben ... als Befehl, sich dem Priester zu zeigen ..., wegerklärt«.

Dagegen wendet Haenchen ein, die Situation, welche der Mk I-Text voraussetze, sei unwahrscheinlich und stelle deshalb diese Rekonstruktion in Frage. Haenchen reflektiert: »Da lebt irgendwo ein Aussätziger, aus der Gemeinschaft ausgestoßen und einem schauerlichen Ende unentrinnbar verfallen. Nur ein Wunder kann ihn retten. Aber nun trifft er den großen Wundermann! Er fällt ihm zu Füßen und bittet — nicht um Heilung, sondern um Reinerklärung. Sonderbarer Kranker! Hat er gar nicht gemerkt, daß ihm eine Reinerklärung durch Jesus gar nichts nützt, wenn er ungeheilt bleibt, und daß er lebendigen Leibes weiter verfaulen muß?«[45] In seiner Erwiderung ist H. auf die Kritik Haenchens zu seiner Analyse von Mc 1 40—45 nicht näher eingegangen. Nur pauschal und unkorrekt sagt er, Haenchen fände es »unverständlich und unmöglich, daß ein Aussätziger mit der Bitte um Reinerklärung zu Jesus kommt und abgewiesen wird«. Darauf antwortet er, das fände auch er auffällig; nur sei das wohl eben das für das historisch Einmalige charakteristische Moment, für das sich die Formgeschichte mit ihrem Achten auf das Typische den Blick verstellt habe (I, S. XXI f.). Wie das Zitat von Haenchen zeigt, war sein Problem zunächst gar nicht, daß der Aussätzige kam und abgewiesen wurde, sondern daß er statt um Heilung um Reinerklärung bat. Das hat H. hier verschoben. Er hätte jedoch einwenden können, daß es immerhin nach der Aussatzgesetzgebung von Lev 13 f. Fälle von Aussatz gibt, bei

---

[44] Den Kniefall des Bittenden streicht H. mit B D, völlig zu Unrecht, denn wie will er dann die Proskynese bei Matthäus und den Fußfall bei Lukas erklären? — Für Reinerklärung statt Heilung plädiert auch Holtzmann (Synoptiker, S. 53) unter Hinweis auf H. Paulus und andere Vorläufer.

[45] aaO. S. 111. W. Wrede fragt gegenüber der älteren Auslegung, die nicht wie H. den westlichen Text zugrunde legte, was eine Reinerklärung nützen soll, der »die eigentliche Reinsprechung durch den Priester erst noch folgen muß« (Messiasgeheimnis, S. 48).

denen Reinerklärung möglich und auch vorgesehen ist[46], so daß man annehmen könne, die Lage sei in diesem Fall nicht so ausweglos gewesen, wie Haenchen sie vor Augen malt, weil es sich um abgeheilten Aussatz gehandelt haben kann. Ein solcher Einwand entspräche jedenfalls der Art und Weise, wie H. Gegenargumente zu entkräften pflegt. Es bedarf dazu nur einer geringen Kombination über das im Text Gesagte hinaus. Nachdem der Kniefall des Aussätzigen aus dem Text eliminiert ist und die Bitte damit ihren flehentlichen Charakter verloren hat, ist die Episode ohnehin zu einem bloßen Zwischenfall geworden, bei dem es nur noch um die Verwechselung von Kompetenzen zu gehen scheint; der faktisch geheilte Aussätzige bittet, anstelle eines Priesters, Jesus um Reinerklärung, und Jesus stellt diese Verwechselung der Kompetenz richtig, freilich etwas barsch. Wenn das also etwa der Sachverhalt ist, wie er sich für H. darstellt, so bleibt dabei trotzdem noch zweierlei unverständlich. Einmal, warum sollte Jesus in diesem Fall eigentlich so zornig geworden sein? — Aber an Fakten darf man ja nicht die Frage richten, warum sie sich so verhalten und nicht anders. Dafür mag aber die zweite Frage entscheidend sein: Vorausgesetzt, es hätte sich um einen Aussätzigen gehandelt, bei dem die Reinerklärung tatsächlich in Betracht kam, wie sollte der eigentlich auf den Gedanken verfallen sein, Jesus darum zu bitten? Die Reinerklärung war durch das Gesetz so ausdrücklich in die Zuständigkeit der Priester gegeben, daß wohl kaum jemand auf den Gedanken gekommen sein dürfte, einen anderen darum zu bitten[47]. Das Urteil Jesu hätte dem Manne gar nichts genützt, weil es keine Rechtskraft gehabt hätte; und das wußte jeder. Zwar konnte ein Nichtpriester, vor allem ein Gelehrter, als Sachverständiger den Aussatz besichtigen, aber auch in solchem Falle durfte nur der Priester reinsprechen[48].

Die Fassung von Mk 1 bleibt also unverständlich, darin hat Haenchen recht. Er argumentiert gegen H. nur zu sehr formgeschichtlich von der konzipierten Wundergeschichte aus, anstatt ihm auf derselben Ebene zu begegnen, auf der er selber zu argumentieren pflegt, der Ebene des historisch Wahrscheinlichen und Unwahrscheinlichen. Stellt sich dann heraus, daß H. eine größere Zahl von hilfsweisen Annahmen herbeiziehen müßte, um etwas als historisch wahrscheinlich halten zu können, dann kehrt sich der Text selbst gegen diesen Ausleger. So ist auch im vorliegenden Fall die Lösung hinsichtlich des Urberichtes Mk 1 unwahrscheinlich.

---

[46] Vgl. etwa Lev 13 12 f. 17.
[47] Vgl. den Hinweis auf die Regel: »Ein Priester beschaut die Aussätzigen« (Sifre Dtn 208) bei Schlatter, Mt., S. 272 und vor allem den Exkurs 27 bei Str.-Billerbeck über Aussatz und Aussätzige, Bd. IV, bes. S. 757 f.
[48] Vgl. Billerbeck, aaO. Daran scheitert Holtzmanns Erklärung, Jesus habe »nach Art damaliger Schriftgelehrten (!)« dem Aussätzigen »ein Gutachten ausstellen« sollen, weil der sich den Weg nach Jerusalem sparen wollte (aaO.). Zum Priester mußte er in jedem Fall.

Haenchen weist weiter darauf hin, daß auch Mk II an dieser Stelle unverständlich bleibt[49]. Wie soll Mk II, so fragt er, von dem ihm vorliegenden Text des Mk I nur zu der Abänderung der Geschichte gekommen sein, wie H. sie ihm zuschreibt? Hätte er nicht eher die Worte des Aussätzigen, »wenn du willst, kannst du mich heilen«, als Ausdruck mangelhaften Glaubens[50] und insofern als Grund für die versagte Heilung verstehen können? Statt dessen soll er das Ganze in sein Gegenteil verkehrt und noch nachträglich eine Heilung angefügt haben.

H.s Entgegnung hätte an diesem Punkt so lauten können: Mk II hat es sich eben nicht vorstellen können oder es vom religiösen Standpunkt seiner Gemeindefrömmigkeit nicht ertragen können, daß Jesus eine Hilfeleistung abgelehnt haben sollte, um die man ihn gebeten hat. Diese Antwort würde der Gesamtsicht der literarischen Schicht Mk II bei H. entsprechen, die auch sonst auf die Einzelentscheidungen der Analyse einwirkt. Mit einer literarkritischen Textanalyse hat das freilich wenig zu tun, wenn es auch symptomatisch ist, wie sich das bei der Speisungserzählung und an anderen Stellen gezeigt hat. Denn H. verfährt vorwiegend so, daß er die Quellenscheidung nach seinem Ermessen durchführt und sie nachträglich durch Beweisgänge zu sichern versucht, die mehr im Bereich der Historie und der Psychologie beheimatet sind als in der Literarkritik.

---
[49] aaO. S. 111.
[50] Haenchen weist auf Mc 9 22 als Parallele hin, aaO.

2. Teil

Analysen

Kapitel IV

Das Gleichniskapitel Mc 4 1-34

Hirsch sagt, schon Jahre vor der Abfassung seines Buches sei ihm »an diesem Abschnitt ... die Notwendigkeit und zugleich Möglichkeit einer literarkritischen Analyse des Markus ... zuerst aufgegangen" (I, 26). Auch hätten sich in ihm hieran »Leitgedanken und Verfahren der Analyse gebildet« (I, 27). Der nach dieser Vorbemerkung erwartungsvoll vorwärts schauende Leser wird aber schon im nächsten Abschnitt enttäuscht. Seine Hoffnung, nun einmal in einem geschlossenen Beweisgang mit der gesamten Theorie sowie den Gründen, die zu ihrer Anwendung geführt haben, konfrontiert zu werden, bleibt unerfüllt. H. verfährt auch hier nicht anders als zuvor. Er setzt das Endergebnis seiner Gesamtanalyse voraus, wie er es von der ersten Seite an getan hatte. Die verschiedenen, eigentlich erst nachzuweisenden Erzählungsstränge sind bereits bekannt, und die Kenntnis ihres besonderen Gepräges gibt den Ausschlag für die quellenkritischen Entscheidungen, die bei der Einzelanalyse zu fällen sind. Zwar zeigt H. Unstimmigkeiten auf und bereitet seine Entscheidungen durch zahlreiche Einzelbeobachtungen vor. Aber sie sind alle nur auf das eine Ziel hin ausgerichtet, die Berechtigung der hier applizierten Gesamtlösung zu demonstrieren. Diese allein bestimmt von Beginn an die analytische Arbeit. Und wenn der Verfasser dem Leser Aporien vorführt, die durch seine Lösung behoben werden, so gilt von ihnen oft genug, daß sie nur auf dem Boden der hier getroffenen Vorentscheidungen als solche empfunden werden können.

1. Die szenischen Angaben des Kapitels

a) Quellenscheidung bei Hirsch

Wie geht H. das Kapitel Mc 4 an?
Zuerst beobachtet er, »daß das Szenarium 1. 10. 35 in völliger Unordnung ist« (I, 27). Wenn Jesus sich in v. 1 ins Boot setzt, um die am Ufer stehende Menge zu lehren, dann beruht dieses »entzückende Bild« auf echter Erinnerung des ersten Erzählers. Denn »Korrektoren und Redaktoren haben andre Einfälle«. — H. weiß also bereits, daß es einen ersten Erzähler gibt, dessen Bericht echte Erinnerung enthält. — Befindet sich Jesus v. 35 immer noch im Boot, dann muß sich dieser Erinnerungsbericht bis dorthin durchziehen. Demgegenüber weist v. 10 auf einen Bruch hin,

denn dort befindet sich Jesus mit den Jüngern »irgendwo allein am Lande, ohne daß der Szenenwechsel erzählt wäre«. Wiederum wird kein Szenenwechsel erwähnt, wenn v. 21 oder spätestens v. 33/34 das Volk wieder zur Stelle ist und Jesus v. 35/36 im Schiff nunmehr der Menge davonfährt.

Die Schwierigkeit, welche der Markustext bereitet, kann mit Hilfe des Lukasvergleichs behoben werden. Dessen Abweichungen vom heutigen Markustext müssen ja auf seine Markusvorlage zurückgehen. Lukas selber kann die »individuelle« Szene, die Jesus am Seeufer vom Boot aus der Menge predigend zeigt, unmöglich gestrichen haben. H. führt wörtlich aus: »Ich kann es mir schwer denken, daß Luk sowohl Seeufer wie Boot gestrichen hätte und zwischen Gleichnisrede am See und Seefahrt noch eine Zwischenschaltung gemacht hätte, wenn er in seinem Markus (den Vers) 1 so wie wir heute gefunden hätte. Er hat als geschickter Erzähler da, wo es Ordnung zu schaffen gibt, feinere Mittel an der Hand als die Zerstörung einer individuellen Situation. Das Verfahren wäre ohne Beispiel bei ihm. Ich schließe daher, daß 1 in der Fassung von Mk II anders gelautet hat. Die Angabe ›am Seeufer‹ kann nur so dürr und flüchtig da gestanden haben, daß ein guter Nacherzähler sie leichten Herzens vernachlässigen konnte; vom Boot und vom Stehen des Volkes am Gestade kann nicht die Rede gewesen sein.« (I, 27).

Nun gehört es nach H. zu den Grundvoraussetzungen der Synoptikerkritik, daß Lukas eine andere Fassung des Markusevangeliums vor sich gehabt hat als unsere heutige, und diese Größe ist als Mk II auch schon bekannt. Folglich liegt der Schluß nahe, daß hier zwei verschiedene Berichte ineinander geschoben worden sind. Zwei Berichte deshalb, weil wir grundsätzlich von der Annahme vollständiger schriftlicher Evangelien ausgehen müssen (I, 148). Während der ältere Bericht keinen Szenenwechsel erfordert, setzt der zweite ihn voraus. Er vertritt nämlich die Auffassung, die Gleichnisse Jesu bedurften einer Erklärung im engeren Kreise. Mit diesem sekundären Interpretament als »Leitfaden« kann man feststellen, was nicht zum alten Erlebnisbericht gehört (I, 28).

b) Kritik

Die Überzeugungskraft der hier vorgenommenen Quellenscheidung steht und fällt allerdings mit der Frage, ob Lukas die Seeszenerie selbst gestrichen hat oder nicht. H. kann sich das nicht vorstellen. Er muß in Lukas den getreuen Nacherzähler garantiert haben, weil er nur unter der Voraussetzung, daß Lukas keine selbständigen Änderungen gegenüber seiner Markusvorlage vorgenommen hat, seinen Mk II rekonstruieren kann[1]. Inzwischen hat sich aber herausgestellt, wie bewußt die Evange-

---

[1] H. stellt dafür sogar eine Regel auf, die besagt, »daß Luk ganz allein da, wo ihn die Rücksicht auf andre Vorlagen dazu z w i n g t, etwas Wesentliches aus Mk II in Fortfall kommen läßt« (II, 5 — Sperrung von H.).

listen nach theologischen Gesichtspunkten selber gestalten und daß auch Lukas aus solchen Motiven heraus Änderungen vornimmt. Zu ihnen gehört auch unsere Stelle Lc 8 4, an der er tatsächlich die Seeszenerie gestrichen hat.

H. Conzelmann hat darauf aufmerksam gemacht, daß bei Lukas geographische Begriffe zu theologischen Größen werden und ihre Verwendung durch den Evangelisten sich aus einem besonderen Verständnis erklärt, welches er mit ihnen verbindet. Nachdem schon R. Bultmann das auffällige Zurücktreten der Strandszenerie bei Lukas gegenüber Markus angemerkt hatte[2], spricht Conzelmann direkt von einer lukanischen »Seeideologie«, der eine bestimmte Auffassung vom Berge und von der Ebene korrespondiert und die von Lukas durchgehend in die betreffenden Stücke aus seiner Markusvorlage eingetragen worden ist[3]. Ihm erscheint der See bei Lukas als der Ort esoterischer Epiphanien, in denen sich Jesu Macht kundtut[4], weshalb er auch nicht mehr das geographische Zentrum der Wirksamkeit Jesu sein kann wie bei Markus, ebenso nicht eine Stätte der Begegnung Jesu mit dem Volk.

Tatsächlich ist das Verfahren des Lukas, der hier vom See weglokalisiert, nicht so »ohne Beispiel«, wie H. meint[5]. Wegen der grundsätzlichen Bedeutung dieses Verfahrens des dritten Evangelisten für H.s Quellenscheidung wollen wir uns an dieser Stelle noch etwas näher mit seiner Redaktionsarbeit vertraut machen.

Es fällt auf, daß die Vokabel ϑάλασσα, mit der Markus den See Gennezaret bezeichnet, von Lukas konsequent gestrichen ist und für die Bezeichnung des wirklichen Meeres vorbehalten bleibt[6]. Für den See Gennezaret führt er den Ausdruck λίμνη ein[7]. Er taucht zum ersten Male in der redaktionellen Einleitung zu der Perikope vom Fischzug des Petrus (5 1) auf. Die Perikope ist die Parallelerzählung zu der Berufung der ersten Jünger bei Markus (1 16–20). Beide Evangelisten erwähnen hier den See zum ersten Male, und Lukas hat in 5 1 offensichtlich Mc 1 16 verarbeitet. Darüber hinaus zeigen die Verse 5 1–3 deutlich, daß Lukas auch die in Mc 4 1 gezeichnete Situation gekannt hat.

Der redaktionelle Charakter dieser Verse ist schon vielfach erkannt. Die Meinungen gehen nur darüber auseinander, ob Lukas hier lediglich Mc 1 16–20 verarbeitet hat oder ob er auch das Motiv der Predigt Jesu im Boot von Mc 3 9 und 4 1 hier untergebracht hat. Wäre das nicht der Fall,

---

[2] Trad., S. 389 f.
[3] ZThK. 49, S. 20; Mitte der Zeit, S. 34.
[4] ZThK. 49, S. 22; Mitte, S. 32.
[5] Vgl. Lc 5 27 mit Mc 2 13. Weitere Stellen bei Bultmann, aaO. und Conzelmann, ZThK. 49, S. 20 ff.
[6] Vgl. Lc 17 2.6 21 25 und den Gebrauch in Act. Demnach bezeichnet er damit in erster Linie das Mittelmeer (vgl. Conzelmann, Mitte, S. 32 A. 1).
[7] Vgl. Lc 5 1.2 8 22.23.33.

dann hätte er es in seiner Vorlage zu 5 1–11 gefunden. Dagegen spricht jedoch, daß eine Predigt Jesu vom Boot aus an die Menge nicht gerade eine logische oder auch erforderliche Exposition für die folgende Wundergeschichte ist. Hirsch kann zwar nicht zugeben, daß Lukas die Szene 8 4 selbst anders lokalisiert hat, für 5 1 ff. erkennt er jedoch Redaktionsarbeit des Evangelisten an und rechnet mit der Verflechtung von Mc 1 16–20 mit dieser Stelle (II, 41 f. 196)[8]. Höchstwahrscheinlich hat Lukas aber Mc 1 16 ff. mit Mc 4 1 zusammengewoben und dabei sogar noch ein wenig ausgeschmückt: Der kleine erweiternde Zug, daß Jesus sich für seine Predigt ein wenig vom Ufer abrudern läßt, findet sich erst hier bei ihm. Offenbar konnte Lukas das bei Markus so stark betonte Motiv der Predigt Jesu am See nicht ganz unterdrücken, und als er es verwendete, hat er sogar das weniger betonte Bootsmotiv übernommen. Es scheint uns ohne jeden Zweifel festzustehen, daß Lukas tatsächlich an der Stelle 5 1–3 diese Elemente aus Markus verwertet hat, die er hernach nicht mehr brauchen konnte und auch konsequent gegenüber seiner Markusvorlage gestrichen hat. Darum gilt uns die Voraussetzung H.s bereits als widerlegt, nach der Lukas die Seeszenerie nicht gekannt haben kann, weil sie nicht in seiner Vorlage Mk II, sondern in Mk I gestanden habe.

Konnte Lukas die hier verwendeten Elemente an dieser Stelle eigentlich brauchen? Es sieht eher so aus, als habe er sie bloß eben untergebracht, denn für ihren jetzigen Kontext tragen sie nichts weiter aus. Als Exposition der folgenden Erzählung hätte die Situationsangabe von Mc 1 16–20 ausgereicht. Mit der Petruslegende vom großen Fischzug war dem Evangelisten eine Wundergeschichte vorgegeben, die wohl schon in der Tradition zu einer Berufungsgeschichte geworden war. 5 4–11 erzählen somit die erste Jüngerberufung, verbunden mit einem »Initiationswunder«[9]. Solange dieses noch ausstand, war die Möglichkeit gegeben, die mit dem Wunderbericht selbst gegebene und mit der Jüngerberufung traditionell verbundene Seeszenerie zum Anlaß zu nehmen und vorher das Markusmotiv von der Predigt Jesu am Ufer bzw. vom Boot aus unterzubringen. Hernach wird der See nur noch Jesus und seinen Jüngern allein gehören; das Volk wird v. 4 zurückgelassen. Und während das zweite Boot hier noch genannt werden muß (v. 7), weil es zu der Wundererzählung gehört, — es wird im Sinne des Evangelisten als ein »Jüngerboot« anzusehen sein —, schweigt Lukas später von den anderen Schiffen, die Markus noch neben dem Boot Jesu erwähnt (Mc 4 36 par. Lc 8 22 f.). Nach der Berufung der Jünger tritt Jesus nicht wieder öffentlich am See auf.

---

[8] W. Grundmann räumt die »Möglichkeit« ein, daß Lukas das Motiv der Seepredigt Jesu aus Mc 3 9 und 4 1 »übernommen, daraus die Einleitung der Erzählung gestaltet und dadurch die Verbindung zu Simon hergestellt« haben kann (Lk., S. 126). Dibelius (Formgesch., S. 109), Bultmann (Trad., S. 232. 389) und Conzelmann (Mitte, S. 31, A. 3) sehen Lc 5 1–3 nach Mc 1 16–20 und 4 1 gestaltet.

[9] Conzelmann, Mitte, S. 31; vgl. Grundmann, Lk., S. 127.

Auf diese Weise stellt Lukas ganz betont heraus, daß die Jünger noch nicht um Jesus sind, als er dem Volk am See predigt. Sie sind zwar schon da, aber ihre Nachfolge hat noch nicht begonnen. Auch vorher hat er schon genau gegen Markus abgehoben und zu erkennen gegeben, daß er Jesus ohne die Jünger gesehen wissen wollte, nachdem er die markinische Berufungsgeschichte (1 16 ff.) nicht übernommen hatte: Den Plural εἰσπορεύονται von Mc 1 21 hat er in den Singular κατῆλθεν (4 31) umgewandelt, und 4 38 hat er Andreas, Jakobus und Johannes eliminiert und nur allgemein von »Simons« Haus gesprochen. Eine tiefer greifende Änderung gegenüber Markus verdeutlicht seine durchgehende Korrekturarbeit noch mehr: 4 42—43 spüren nicht die Jünger Jesus auf, der sich entzogen hatte, sondern die Volksmenge, und ihr gilt dann auch die nachfolgende Antwort Jesu. Lukas muß deshalb sogar die Zeitangabe verändern (vgl. Lc 4 42a mit Mc 1 35a). Der ganze Abschnitt vor der Berufung in Kap. 5 ist also bewußt überarbeitet und trägt der Tatsache Rechnung, daß diese noch bevorsteht. Insofern mag zwar eine gewisse Inkonsequenz des Evangelisten gegenüber seiner »Seeideologie« vorliegen, wenn er in Kap. 5 Jesus überhaupt am See mit dem Volke zusammentreffen läßt, jedoch hebt die starke Abgrenzung der Situation vor und nach der Jüngerberufung diese Spannung auf.

Im Hinblick auf H.s Quellenscheidung haben diese Beobachtungen weittragende Konsequenzen. Muß man es als erwiesen ansehen, daß Lukas, von einer eigenständigen Konzeption geleitet, seine Vorlage verläßt, dann kann man von seiner Textgestalt her die Unterscheidung der Markusquellen Mk I und II im Sinne H.s nicht mehr rechtfertigen. H.s Voraussetzung, »daß Luk da, wo ihn nicht Rücksicht auf eine andre Vorlage zu tieferen Eingriffen zwingt, seine Vorlagen nicht willkürlich umzudichten, sondern sachlich treu nachzuerzählen pflegt« (I, 7 cf. II, 5), ist zwar weiter formuliert als praktisch in Anwendung gebracht, trifft aber auch keinesfalls in dem Ausmaße zu, wie es für ihn notwendig wäre, um seine Scheidung der zwei Markusstränge aufrecht erhalten zu können. Vielmehr muß man damit rechnen, daß die Vorlage des Lukas in einer großen Zahl von Fällen, an denen das dritte Evangelium vom heutigen Markustext abweicht, diesem entsprochen hat. Dann ist aber eine Unterscheidung von Mk I und II sehr schwer möglich und vom synoptischen Vergleich her jedenfalls nicht mehr verifizierbar.

2. *Zur Bestimmung der Quelle Mk I im Gleichniskapitel*

a) Zur Methode der vorgenommenen Quellenscheidung

Die Analyse des Gleichniskapitels selbst vollzieht sich für H. durch die Beantwortung von drei Fragen. Die erste richtet sich auf das Gleichnis von der selbstwachsenden Saat (I, 28), die zweite betrifft das Gleichnis vom Säemann (I, 29), bei der dritten Frage geht es um das »Verhältnis der Erklärungen Jesu (Vers) 11.12 und 13 zueinander und zum Gleichniskapitel« (I, 30).

Schon H.s erste Aussage ist bezeichnend. Ohne eine Vorbereitung oder Erläuterung stellt er fest: Das Gleichnis »sieht wie das ursprünglichste und älteste Stück des ganzen Kapitels aus« (I, 28). Darauf aufbauend denkt er weiter: Das älteste Stück gehört zu Mk I und muß sich bei Matthäus wiederfinden, da dieser die kompilierte Fassung Mk I + II benutzt hat. Sein Fehlen bei Lukas bezeugt, daß es nicht zu Mk II gehört hat. Wenn es nun aber bei Matthäus ebenfalls nicht wieder erscheint, kann daraus keinesfalls folgen, daß dieser es in seiner Vorlage nicht gefunden hätte. Und so fährt er nach der zitierten Feststellung unmittelbar fort: »Da ist es nun eigentlich ungenau zu sagen, es fehle bei Matth. Matth hat es nur durch eine daraus hervorgesponnene allegorisierende Variante ersetzt: durch das Gleichnis vom Wachsen von Saat und Unkraut bis zur Ernte, das genau an dem Platze von Mark 4 26–29 steht (Matth 13 24–30). Bei Luk dagegen fehlt es wirklich; d. h. Luk hat es in seinem Markus nicht gelesen. Somit gehören 26–29 sicher Mk I« (I, 28).

Die Literaranalyse hat sich an dieser Stelle auf folgendem Wege vollzogen: Ein nicht benanntes Kriterium — am Ende des zweiten Bandes wird es als exegetisches »Leitgefühl« zur Erkenntnis des Echten und Ursprünglichen definiert[10] — hat entschieden, daß ein bestimmtes Stück des Kapitels für das älteste zu gelten habe. Aufgrund dieser Entscheidung muß mit Rücksicht auf die postulierte quellenkritische Situation die Tatsache des Fehlens dieses Stücks bei den Seitenreferenten unterschiedlich beurteilt werden. So kann im Hinblick auf Lukas von einem »wirklichen« Fehlen gesprochen werden, denn seine (jüngere) Quelle brauchte das Stück nicht zu enthalten. Im Beweiszirkel fällt das nun wiederum rückwirkend für die Annahme ins Gewicht, daß Mc 4 26–29 wirklich zum ältesten Gut gehört. Bei Matthäus liegt dagegen eine bewußte Auslassung vor, denn die von H. angewandte Quellentheorie zwingt zu der Annahme, daß er das Gleichnis in seiner Markusvorlage gefunden haben muß.

Die auf diesem Wege sichergestellte Erkenntnis, daß Mc 4 26–29 zu der ältesten Quelle gehören, ermöglicht weitere Folgerungen. H. hatte vorher beobachtet, daß die beiden Gleichnisse 4 26–29 und 30–32 mit der Formel καὶ ἔλεγεν eingeleitet werden, während 4 11 f. 4 13–20 4 21–23 und 4 24 f. mit καὶ ἔλεγεν αὐτοῖς beginnen. Gleiche Einleitung läßt H. auf die Zugehörigkeit zur gleichen Quelle schließen, folglich sind auch 4 30–32 Mk I[11]. Diese Diagnose wird durch den Umstand bestätigt, daß man »nicht sicher ist«, ob Lukas das Gleichnis vom Senfkorn in seinem Markus fand. Seine Wiedergabe desselben gibt darüber zunächst keine Auskunft, denn er bringt es im Zusammenhang von Sondergut und Logienquelle in Kap. 13 18 f. »Wir dürfen also in 26–32 das Hauptstück der

---

[10] Vgl. II, 372 ff.
[11] Das Danielzitat v. 32 stammt allerdings von R (I, 30).

Gleichnisrede in Mk I erkennen« (I, 28/29). Der dichterische Charakter der beiden Gleichnisse, der ihre Eigenart gegenüber den anderen Gleichnissen des Kapitels ausmacht, weist sie seinerseits als ursprünglich aus. Spricht doch aus ihnen »ein (ganz unjüdisches) tiefes Empfinden für das göttliche Geheimnis im natürlichen Werden« (I, 29).

Gegen dieses Verfahren erhebt sich der Einwand, daß es nicht angeht, die nicht begründete Annahme, 4 26–29 seien das älteste Stück des Kapitels, zur Grundlage literarkritischer Entscheidungen zu machen. Eine Ermessensentscheidung ist selbst dann noch eine schlechte Basis, wenn der synoptische Vergleich sie nachträglich zu bestätigen scheint. Das ist aber nur bedingt der Fall, denn die unterschiedliche Beurteilung der Sachverhalte bei den Seitenreferenten ist ja eine Hilfskonstruktion, die erst von der an den Kontext herangetragenen Kenntnis des Quellenbefundes her möglich ist.

Ein ganz anderes Ergebnis erzielt z. B. G. Harder. Nach eingehendem Vergleich der Motive des Gleichnisses mit der neutestamentlichen Gedankenwelt kommt er zu dem Schluß, daß sich in ihm mehr das eschatologische Selbstverständnis der urchristlichen Gemeinde spiegelt als dasjenige Jesu[12]. Dieser Gegensatz sowie der Umstand, daß H. in der Parabel vom Unkraut unter dem Weizen eine allegorisierende Weiterbildung dieses Gleichnisses sieht, die Matthäus an seine Stelle gesetzt hat, nötigt dazu, die beiden einander gegenüber zu stellen, sie auf ihre Ursprünglichkeit oder gegenseitige Abhängigkeit zu untersuchen. Eine Erörterung des Gleichnisses vom Senfkorn, das nach H. mit dem von der selbstwachsenden Saat zusammen das älteste Stück des Kapitels bildet, wird dem anzuschließen sein.

b) Das Gleichnis von der selbstwachsenden Saat

Für H. läßt das Gleichnis ein tiefes Empfinden für das göttliche Geheimnis im Wachstum der Natur erkennen. Er steht mit dieser Ansicht nicht allein, wie Harders Auseinandersetzung mit der früheren Auslegung zeigt[13]. Es dürfte jedoch durch G. Harder, J. Jeremias und W. G. Kümmel erwiesen sein, daß der Ton im Gleichnis nicht auf dem Werden, nicht auf einer Entwicklung liegt; das *tertium comparationis* liegt nicht im Wachsen der Saat, sondern im sicheren Eintreten der Ernte, nachdem einmal ausgesät worden ist[14]. Dementsprechend hat Harder den Blick von der »auto-

---

[12] Theol. Viat. 1948/49, S. 69.

[13] aaO. S. 53 ff., daneben etwa Streeter, Gospels, S. 190.

[14] Kümmel, Verheißung, S. 121; Jeremias, Gleichnisse, S. 151; vgl. Bultmann, Trad., S. 217; Bornkamm, Jesus, S. 66, und besonders den Abschnitt über »The Idea of Growth« bei N. A. Dahl, Parables, S. 140—147. Nach D. bezeichnen die Bilder vom organischen Wachstum wie die von der Geburt die göttliche Ordnung des Geschehens und die Notwendigkeit des Ablaufs auf ein Ziel zu, das zwar gewiß ist, aber nicht vor dem ihm bestimmten Zeitpunkt eintreffen kann.

matisch« wachsenden Saat fort auf die Person des Säenden gelenkt, der am Ende auch erntet. Nicht die Saat steht im Vordergrund des Gleichnisses, sondern der Säende — auch darin, daß er die Saat bis zur Ernte sich selbst überläßt[15]. Das αὐτομάτη (v. 28) hat einen ausschließenden Sinn: Bis zur Ernte gibt es keinerlei Einwirken von seiten des Säenden auf das Ergehen der Saat, und es könnte sogar so aussehen, als wäre sie während dieser Zeit gar nicht seine, ja niemandes Saat (»als kenne er sie nicht« v. 27). Zur Erntezeit aber zeigt sich, wer als Besitzer den Schnitter sendet[16]. Die Stadien des Heranreifens, die dennoch geschildert werden, gehen auf das Konto der Erzählkunst. Sie führt eine Spannung herauf, indem sie die Frage hervorruft, was aus der sich selbst überlassenen Saat werden wird. Das εὐθύς (v. 29) löst die Spannung. Es korrespondiert der eschatologischen Bedeutung des Bildes von der Ernte und weist hin auf das von der Gemeinde sehnsüchtig erwartete eschatologische Ereignis, daß Gott endlich als ihr Herr auf den Plan tritt[17]. Das Gleichnis hat also nicht eine Entwicklung im Auge, sondern es ist auf den Zeitpunkt des Endes ausgerichtet. In der Zeit, da die »Saat« sich selbst überlassen scheint, weist es auf die Gewißheit des Endes hin, daß Gott als der Herr des »Saatfeldes« zur Ernte erscheinen wird[18].

Trotz dieses in die Situation der Urgemeinde unter der noch ausstehenden Parusie weisenden zentralen Anliegens wird nun die Perikope gleichwohl als ein echtes Jesusgleichnis in Anspruch genommen und in eine Situation seiner Verkündigung eingefügt. So z.B. bei W. Michaelis[19] und W. G. Kümmel[20], obgleich beide ausdrücklich bestätigen, daß es im Sinn oder in der Absicht des Gleichnisses liegt, mit der Gewißheit des Endes zu trösten[21], und obwohl Michaelis darüber hinaus die »Jünger Jesu«, d. h. die Prediger der Gottesherrschaft, durch den Sämann des Gleichnisses repräsentiert sieht[22]. Aber Michaelis geht ja bei seiner Auslegung ohnehin von der Authentie der Gleichnisse aus und entfaltet auf dem Boden dieser Prämisse ihr Verständnis. Ähnlich verfährt Kümmel mit dem Saatgleichnis im Zusammenhang seiner Frage, ob Jesus »ein

---

[15] Harder, aaO. S. 60. Jeremias hat das Verständnis von ὡς οὐκ οἶδεν αὐτός (v. 27) als »ohne daß er sich darum kümmert« aus früheren Auflagen in der 6. Aufl. in »ohne daß er es sich erklären kann« geändert (aaO. S. 151), was etwas gezwungen anmutet. Wie Harder: J. Weiß, Predigt, S. 84 f.

[16] Harder, aaO. S. 60/61; vgl. Dahl, aaO. S. 149: »The essential contrast is ... that between his passivity during the time of growth and his hurry to put in the sickle at the moment the gran is ripe.«

[17] Vgl. Harder, aaO. S. 61. Dieser Interpretation hat sich E. Gräßer angeschlossen (Parusieverzögerung, S. 144).

[18] Vgl. Harder, aaO. S. 64.

[19] Sämann, S. 53.

[20] Verheißung, S. 121.

[21] Michaelis, aaO. S. 61; Kümmel, aaO. S. 122.

[22] aaO. S. 53. 55.

irdisches Vorhandensein und Wachsen der Gottesherrschaft« kennt[23]. Dabei wischt er »die Bestreitung der Zurückführung des Gleichnisses auf Jesus durch Harder« als »völlig unbegründet« ohne Argumente vom Tisch[24].

Einen anderen Sitz beim historischen Jesus erhebt J. Jeremias, wenn er im Hintergrund die Frage vermutet, warum Jesus nicht aktiv zur Errichtung der Basileia übergeht[25]. Dann stünde weniger das Moment des Tröstens im Vordergrund als die Mahnung zur Geduld[26] — besser gesagt: eine Abwehr der Ungeduld, mit der zugleich Jesu eigene Haltung erklärt wird. Wie zahlreiche andere Gleichnisse wäre in dem Fall auch dieses als eine Explikation der Haltung Jesu zu begreifen. Allerdings ist an Jeremias die Frage zu richten, wie er mit dieser Interpretation die urchristlichen, aus der Apokalyptik übernommenen, Vorstellungen vom eschatologischen Maß vereinbaren kann, die nach seinen Ausführungen konstitutiv zum Verständnis des Gleichnisses gehören. Ohne auf Harders Ausführungen zu diesem Theologumenon der Urchristenheit[27] einzugehen, verwendet er es zur Charakterisierung des Gleichnisses als eines Jesusgleichnisses[28]. Dabei weist er noch in Auswahl auf Stellen hin, in denen diese Vorstellung eine Rolle spielt, von denen jedoch nur eine einzige überhaupt aus den Evangelien stammt, Mt 23 32 — ein Sondergut des Matthäus[29]. Das ist fraglos kein Nachweis dafür, daß Jesus diese Anschauung geteilt hätte.

Den gleichen Hintergrund wie Jeremias vermutet N. A. Dahl, wenn er das Gleichnis eine Antwort auf die Frage nennt, ob Jesus der Erwartete sei und warum er dann nicht, ähnlich den Zeloten, »eine messianische Tätigkeit zur Errichtung der Gottesherrschaft entfaltet«[30]. Bei ihm liegt noch größeres Gewicht auf der im Gleichnis sich aussprechenden eschatologischen Anschauung Jesu, besonders hinsichtlich des Verhältnisses, das zwischen dem Kommen der Basileia und der Wirksamkeit Jesu besteht. Initiation der Endereignisse durch Jesu Wirken, Gewißheit des Endes mit Gottesgericht und Basileia Gottes, sowie die Anschauung vom planmäßigen Ablauf des Ganzen, dem nicht vorgegriffen werden kann, so wenig der Bauer das Wachsen der Saat beschleunigen kann, diese Überzeugungen Jesu belegt nach Dahl das Gleichnis »vom geduldigen Landmann«[31]. Der Gegenfrage, ob solche Vorstellungen, insbesondere die apo-

---

[23] Verheißung, S. 117.
[24] aaO. S. 121 A. 86.
[25] Gleichnisse, S. 152.
[26] Vgl. auch aaO. S. 224 A. 4; ähnlich J. Weiß, Predigt, S. 85.
[27] aaO. S. 67.
[28] aaO. S. 151.
[29] aaO. S. 151 A. 5.
[30] Parables, S. 149.
[31] aaO. S. 149 f.

kalyptischen, nicht die Erwartungen der christlichen Gemeinde kennzeichnen, begegnet Dahl präventiv, indem er postuliert, daß Jesus die Anschauungen seiner Zeit geteilt habe. So kann er, methodisch konsequent, mit rabbinischem und apokalyptischem Material den Anschauungshorizont Jesu erhellen. Als Exempel dient dabei die Vorstellung vom göttlichen δεῖ, das die »eschatologische Notwendigkeit dessen ausdrückt, was sich vor der Errichtung der Gottesherrschaft in Herrlichkeit ereignen muß«[32]. Daß dies auch Jesu Ansicht gewesen sei, ist nach Dahl aus zwei Gründen anzunehmen: Erstens sind die Sprüche, die diese Vorstellung vertreten, formal so unterschiedlich und begegnen in so verschiedenen Kontexten, daß man aus der breiten Streuung auf den Ursprung bei Jesus zurückschließen muß. Selbst begründete Zweifel an der Authentizität eines oder mehrerer Worte können daran nichts ändern. Zweitens handelt es sich um eine Grundanschauung der jüdischen wie der urchristlichen Eschatologie; infolgedessen besteht guter Grund zu der Annahme, daß Jesus, der die Anschauungen seiner Zeit teilte, keine Ausnahme gemacht hat. Diese Gründe sind jedoch sehr zweifelhafter Art. Denn die Prämisse, daß Jesus die Vorstellungen seiner Zeit und Umwelt geteilt habe, eignet sich nicht zur Auffindung echten Jesusgutes, weil sie alle Stoffe mit jüdischer Färbung Jesus zuschreiben muß und aus dem Judentum übernommenes und in der judenchristlichen Urgemeinde neu gebildetes Gut nicht auszuscheiden vermag. Auch die breite Streuung einer Vorstellung in der Tradition ist zuerst einmal ein Indiz für ihre Verbreitung in der frühen Christenheit[33].

G. Bornkamm sieht, ähnlich wie Jeremias, in dem Gleichnis »eine Antwort auf das leidenschaftliche Bemühen derer, die das Gottesreich herbeizwingen wollen«[34]. Er führt zur Illustration, wenn auch mit Fragezeichen, den Stürmerspruch Mt 11 12 an, für den nun freilich E. Fuchs einen plausiblen Sitz im Leben der Urgemeinde namhaft gemacht hat; seine Rätselhaftigkeit ist ja kein ausreichendes Echtheitskriterium. Fuchs sieht seinerseits die Situation, welche die drei letzten Autoren für Jesus annehmen, in der Urgemeinde selbst gegeben und findet Zeugnisse dafür in der Überlieferung. Er führt aus[35]: »Sofern nun die Gemeinde die Ankunft des erhöhten Herrn durch Gottesdienst und Gebet, auch durch Selbstopfer und endlich durch ihre eigene Konstituierung (vgl. schon jene

---

[32] aaO. S. 146.
[33] Außerdem nimmt Dahl unter den Stellen, die er aaO. S. 146 A. 1 nennt, divergierende Anschauungen zusammen. Eine Anzahl spiegelt keine apokalyptischen Vorstellungen, und bei fast allen ist die Echtheit fraglich. Die Stellen sind (in der Reihenfolge Dahls): Mc 9 11 Mt 18 7 Mc 8 31 etc. Lc 12 50 Mc 10 38 14 36 13 9—19 etc. 13 1—2 12 1—12 etc. 13 10.
[34] Jesus, S. 67.
[35] Sakramentsverständnis, S. 19; Auseinandersetzung mit E. Käsemann über Mt 11 12: Aufs. II, 306 A. 4.

›Zwölf‹!) zu erzwingen in Gefahr geriet, drohte ihrem Zusammenschluß von jeher die spezifisch sakramentale Gefahr, die Zukunft begehen, herzaubern zu wollen. Andeutungen dafür sind der freilich nicht recht klare sog. Stürmerspruch (Matth. 11 12, vgl. Luk 16 16), ferner die lukanischen Gleichnisse vom anhaltenden Bitten (11 5–8 und 18 1–8), der Spruch von den Verschnittenen (Matth. 19 12), endlich die apokalyptischen Lehrsätze selbst (Mark. 13 par usw.) und ein sich immer wieder anmeldender Wille speziell zur kirchlichen Rechtsbildung.«

Hier ist eine Gemeindesituation ansichtig gemacht, für die textliche Evidenz in größerem Umfang vorhanden ist als für die von Jeremias und Bornkamm hinter Mc 4 26–29 vermutete; und in diese Situation stellt Fuchs auch das Gleichnis von der selbstwachsenden Saat, das er im selben Zusammenhang erwähnt. Wenn Fuchs später ein anderes Verständnis vorgetragen hat, so bestätigt er selbst diese Interpretation durch den Hinweis, daß »dieses Gleichnis nur unter einer bestimmten Bedingung Jesus zugesprochen werden« kann[36]. Sie ist für ihn erfüllt, wenn man Mc 4 26–29 von der Grundvoraussetzung des Auftretens Jesu her versteht, nämlich von Jesu Gottesgewißheit; d. h. von dem Umstand, daß Jesus des »Willens Gottes« und »des Wirkens Gottes gewiß« war und »diese Gewißheit in seinen Worten und Taten geltend (machte)«[37]. Die Gewißheit des Wirkens Gottes eröffnet Zukunft und setzt die Gegenwart frei, frei vom Sorgen müssen um die Zukunft, »weil alles seine Zeit hat«[38]. »Wer der Zukunft in demselben positiven Sinn gewiß ist, wie der Bauer im Gleichnis nach der Saat der Ernte, der wird mit der Gegenwart fertig, weil er in der Hauptsache, der Sorge um die Zukunft zufriedengestellt ist.«[39] Wofür ist die Gegenwart aber freigesetzt, was für eine Zeit ist sie, wenn der Mensch für die Basileia nichts tun kann? Darauf antwortet E. Jüngel, der die Interpretation von Fuchs aufnimmt: Sie ist die Zeit des Hörens. »Jesu Ansage der Gottesherrschaft (gewährt) dem Menschen die Gegenwart als die von der Vergangenheit ... freie und für die Zukunft ... freie Zeit zum Hören.«[40] Fuchs und Jüngel sehen dieses Verständnis durch die Verbindung des »eschatologische(n) εὐθύς mit dem ebenfalls eschatologisch zu verstehenden αὐτομάτη« gewährleistet, von denen man nicht eines zugunsten des anderen entkräften dürfe[41].

Daß dies allerdings auch alles für die Gemeindesituation unter der ausbleibenden Parusie zutreffen kann, räumt Fuchs jedenfalls ein, zumal wenn »das Osterkerygma heilsgeschichtlich gedacht die neue Zeit

---

[36] Aufsätze II, 392.
[37] aaO. S. 395.
[38] aaO. S. 339, vgl. S. 394.
[39] Ebd.
[40] Paulus, S. 151.
[41] Jüngel, aaO. S. 149 f.; vgl. Fuchs, aaO. S. 338.

des Geistes ausbreitet«, wozu »das Markusevangelium gerade beitragen« wolle[42]. Zu denken geben immerhin auch E. Lohmeyers sprachliche Beobachtungen. Er glaubt neben der orientalischen Tageseinteilung (schlafen — aufstehen, weil der Tag abends beginnt) »nur in der Koine mögliche Formen und Ausdrücke« in v. 26.29 und dazu noch Latinismen beobachten zu können[43]. Doch können ja diese Züge auf Übersetzung und Tradition im hellenistischen Raum sowie auf redaktionelle Bearbeitung zurückgehen.

Wir können uns von der Authentizität des Gleichnisses immer noch nicht überzeugen. Unter dieser Voraussetzung geht aber auch aus der Interpretation bei Fuchs hervor, daß das Gleichnis mit der Gewißheit des Kommens der Gottesherrschaft trösten will. Die Anspielung auf Joel 4 im Schlußvers ermöglicht freilich auch die entgegengesetzte Deutung, nämlich daß es angesichts der Gewißheit des Gerichts mahnen will, wie das von R. Bultmann[44] als Parallele angeführte Gleichnis aus I Clem 23 4 vom Briefschreiber als Mahnung gebraucht wird.

c) Die Parabel vom Unkraut unter dem Weizen

Auch bei diesem Saatgleichnis aus Mt 13 24–30 spielt ein Empfinden für natürliches Werden und Wachsen keine Rolle. Treffend sagt Lohmeyer: »Mit einem summarischen Satz, der auch kaum den zeitlichen Abstand andeutet, wird die Entwicklung der Saat übergangen.«[45] Für die Frage, ob eine sekundäre Weiterbildung von Mc 4 26–29 oder ein selbständiges Gleichnis vorliegt, sind formale wie inhaltliche Gesichtspunkte von Belang. Handelt es sich nämlich um eine Allegorie, dann gewinnt H.s Urteil an Gewicht, obwohl damit die Abhängigkeit von Mc 4 26–29 noch nicht bewiesen ist. Kann man die Perikope dagegen als eine Parabel verstehen, so liegt es nahe, sie als eigenständige Bildung anzusehen. Aber damit wäre wiederum auch die Echtheit noch nicht bewiesen, denn es ist mit der Möglichkeit zu rechnen, daß die Gemeinde zu einem vorhandenen Saatgleichnis andere mit einem anderen Skopus gebildet hat.

Wir beginnen mit dem Formalen und fragen, ob eine Parabel vorliegen könnte. Dazu seien einige Charakteristica der Parabel rekapituliert, wie sie A. Jülicher und R. Bultmann formuliert haben:

1. Die Parabel setzt den verglichenen Sachverhalt in eine Erzählung um. Da die erzählende Form für die Parabel charakteristisch ist, steht sie gewöhnlich im Tempus des Präteritums[46].

---

[42] aaO. S. 339.
[43] Mk., S. 86.
[44] Trad., S. 217, vgl. Jesus, S. 35.
[45] Mt., S. 214.
[46] Jülicher, I, 92; Bultmann, Trad., S. 188.196.

2. Die Parabel bietet einen interessanten, erfundenen Einzelfall als Bild und nicht einen typischen Fall oder Zustand oder eine Alltäglichkeit wie das Gleichnis[47].

3. Die am Außergewöhnlichen interessierte Parabel lenkt die Aufmerksamkeit des Hörers auf einen Fall, anhand dessen er ein Urteil fällen und ihm eine Erkenntnis aufgehen soll[48].

Berücksichtigt man diese Punkte, dann wird »die befremdliche Einführung des Unkraut säenden Feindes und die merkwürdige Frage der Sklaven« verständlich, die »zu einer allegorisierenden Ausdeutung durchaus einlädt.«[49] Im Auftreten des Feindes mit seinen Folgen kann man den erfundenen außergewöhnlichen Fall erblicken, der die Parabel als solche ausweist. Anhand dieses Falles soll der Hörer das richtige Urteil über den Sachverhalt fällen, den die Parabel vergleichend als Erzählung darbietet[50]. In der ausführlichen Erzählung der Bildhälfte ist die Möglichkeit angelegt, die Perikope für eine Allegorie zu halten[51]. Auffälligerweise gipfelt ja das in der Bildhälfte geführte Gespräch in dem Urteil, welches der Hörer nach der Sachhälfte hin fällen soll: Am Tag der Ernte wird das Unkraut vernichtet werden, vorher ist eine Scheidung von Unkraut und Weizen nicht tunlich. Dabei stehen Sachhälfte und Bildhälfte ineinander, der Aussagegehalt der Sachhälfte wirkt unmittelbar auf die Gestaltung der Bildhälfte ein. Weil nach der Sachhälfte der Tag der »Ernte« noch aussteht, darum endet auch die Bildhälfte nur mit dem Ausblick auf den Erntetag.

Hier erlangt nun die inhaltliche Seite Bedeutung. Es kommt auf die Frage an, worauf sich das Urteil des Hörers speziell erstrecken soll. Zwei

---

[47] Jülicher, I, 93; Bultmann, aaO. S. 188.

[48] Jülicher, I, 94 ff. (bes. S. 98); zum Ganzen vgl. auch Heinrici, RE³ VI, S. 696.

[49] Kümmel, Verheißung, S. 125. Zu dieser Schwierigkeit meint Gräßer, »daß so etwas in Palästina tatsächlich vorkommt« (Parusieverzögerung, S. 147 A. 1). C. H. Dodd nennt den Zug »a part of the dramatic machinery of the story«, der keine selbständige Bedeutung hat (Parables, S. 185).

[50] Bultmann nennt die Perikope »eine reine Parabel« (Trad., S. 191) und führt im Ergänzungsheft (S. 27) Dodd, Jeremias und Kümmel als weitere Zeugen an. Er wendet sich ausdrücklich gegen Jülicher, nach dessen Meinung Parabel und Deutung zusammengehören, wodurch 13 24—30 als eine sekundäre Allegorie erkennbar wird (II, S. 558/9. Mit dem Hinweis auf die Einführung des Feindes als einer bekannten Größe und auf die »konstruierte Art der Erzählung« erklärt auch M. Dibelius die Perikope für eine Allegorie — Formgeschichte, S. 254). Von »Parabel« sprechen weiter Gräßer (aaO.), Fuchs (aaO. S. 340.392) und Jüngel (aaO. S. 147 f.). Für Dahl ist es eine Parabel mit novellistischer Form; sekundäre Allegorisierung ist nicht anzunehmen (Parables, S. 151).

[51] Zur Möglichkeit allegorisierender Züge in Jesu Gleichnissen s. P. Fiebig, I, 27 f.78. 95 ff. und öfter, sowie II durchgehend. Neuerdings J. J. Vincent, Parables. Weiter ist hinzuweisen auf Jüngels Diskussion der Problematik einer schematischen Scheidung von Bild- und Sachhälfte und der Fixierung eines einzigen Vergleichspunktes in den Gleichnissen Jesu (aaO. § 15).

Antworten sind denkbar. Entweder soll das Urteil über den ganzen Fall so lauten, wie der Bauer über den ihm vorgetragenen Sachverhalt urteilt: »wachsen lassen!«[52] Oder es soll in die Richtung der Begründung laufen, die der Bauer für sein Urteil gibt: Am Tag der Ernte wird das Unkraut vernichtet werden (v. 30). Im ersten Fall wäre unter der selbstverständlichen Rede vom Endgericht als einer bekannten und anerkannten Voraussetzung eine Folgerung für die Gegenwart gezogen. Im zweiten Fall würde mit dem Hinweis auf das gewiß kommende Ende zur Geduld gemahnt[53], wobei der Ton ähnlich wie Mc 4 26–29 auf der Gewißheit liegen würde. Aus dieser erneut vergegenwärtigten Gewißheit wäre dann die auf die Gegenwart bezogene Sachentscheidung abgeleitet. Diese Alternative spitzt sich auf die für die Authentizitätsentscheidung äußerst wichtige Frage zu, ob es in der Parabel um eine mit der Gewißheit der Zukunft gerechtfertigte Sachentscheidung Jesu bzw. der Gemeinde geht, oder ob Reflexion vorliegt. Reflexion wäre im zweiten Fall gegeben, wenn mit dem Hinweis auf das sichere Ende zur Geduld gemahnt würde. Und so sprechen auch Fuchs und Jüngel von einer »der kirchlichen Situation gerecht werdenden Reflexion«[54]. Aus solcher Sicht wäre die Parabel als Gemeindebildung zu betrachten, was z. B. E. Gräßer tut[55]; Fuchs nennt sie eine »spätere kirchliche Anwendung auf die inzwischen eingetretene neue Situation zwischen dem Anfang und dem Ende«[56]. Versteht man die Parabel als eine solche Reflexion, wird man diesem Urteil in der Tat nicht ausweichen können. Nur ergibt sich dabei die eine Schwierigkeit, daß die in der Parabel selbst ausgesprochene Anwendung auf eine gegenwärtige Sachfrage dabei unberücksichtigt bleibt. Formal ist das schon möglich, weil das Urteil, das der Hörer fällen soll, ja von der Gesamtparabel abgeleitet wird. Und wenn diese zu ihm in einer Situation der enttäuschten Parusieerwartung gesprochen wäre, würde das intendierte Urteil eben die Gewißheit des Endes betreffen.

Gleichwohl ist einzuräumen, daß die Parabel, unabhängig von einer hypothetischen Situation betrachtet, ihren Schwerpunkt bei der Frage des miteinander Wachsens von Weizen und Unkraut hat, also offenbar doch um eine vom Hörer erwartete Sachentscheidung in einer Frage seiner Gegenwart bemüht ist. So gewiß die Entscheidung darüber mit dem Hinweis auf die Ernte begründet wird, so wird der Verzicht auf das Ausreißen des Unkrauts doch auch mit den wahrscheinlichen negativen Folgen in der Gegenwartssituation motiviert (v. 29). Ein Sitz im Leben für diese Ausrichtung der Parabel könnte mit dem eschatologischen Selbst-

---

[52] Conzelmann, ZThK. 54, S. 285.
[53] So sehen Bultmann, Trad. S. 203, und Bornkamm, Jesus S. 183 A. 18 die Pointe der Parabel.
[54] Fuchs, aaO. S. 340; Jüngel, aaO. S. 148.
[55] aaO. S. 147.
[56] aaO.

verständnis der die Parusie erwartenden Urgemeinde zusammenhängen, die sich als das wahre Gottesvolk der Endzeit versteht und durch die »mali admixti« beunruhigt wird. Die Aufgabe, aus dem synoptischen Traditionsgut dieses Selbstverständnis der frühen Christengemeinde als Sitz im Leben für Überlieferungsstoffe zu erheben, steht größtenteils noch bevor. Sie ist umso wichtiger, als damit einer präziseren Erfassung der Eschatologie Jesu der Weg geebnet werden könnte, weil manches als der frühen Urgemeinde zugehörig erkennbar würde, was heute unter den Anschauungen Jesu eingestuft wird, z. B. unsere Parabel. Denn auf diesem Hintergrund läßt sich begreifen, daß die wachsende Gemeinde ihr Anwachsen zu einem »mixtum compositum« als Problem empfindet[57].

Die Verteidiger der Echtheit stützen sich darauf, daß die Parabel sehr wohl mit der Situation Jesu, seiner Predigt und dem Verhalten seiner Jünger in Verbindung gebracht werden könne. So wird sie verstanden als eine »Warnung vor falscher Sicherheit«, die Jesus an seine Jünger richtet, weil sie des Glaubens gewesen seien, sie hätten durch ihre Zugehörigkeit zu ihm gewissen Anteil am verheißenen Heile Israels[58]. Bleibt bei dieser doch sehr auf gegenwärtige Anwendbarkeit ausgerichteten Interpretation das Motiv der Scheidung am Ende der zentrale Gedanke, der gewissermaßen als Drohung über der Gegenwart liegt, so tritt andererseits bei Lohmeyer und Jeremias die Gegenwartsbedeutung des »wachsen lassen« in den Vordergrund. Für Lohmeyer »spiegelt sich nur das Verhalten der Jünger zu ihrem Meister« in dem »übereilten Eifer« der Knechte[59]. Auch Michaelis sieht diesen Bezug auf die Jünger: »Das Gleichnis (soll) gerade der Meinung begegnen, als gelte es, die Scheidung zwischen Guten und Bösen so bald als möglich vorzunehmen.« Als Hintergrund weist er auf Lc 9,52 ff. hin. Es besteht nach seiner Meinung kein Grund, »die Einstellung, die im Gleichnis bekämpft wird, erst in späterer Zeit für möglich zu halten«. »Schon die Zwölf können Jesus Anlaß zu diesem Gleichnis gegeben haben.«[60] Ähnlich interpretieren Jeremias, Conzelmann und G. Bornkamm[61], allerdings ohne explizieren zu können, wessen »frommer Eifer, der schon jetzt die Gerechten sammeln und von den Gottlosen scheiden will« (Bornkamm), abgewehrt werden soll, bzw. wem gegenüber Jesus sich weigert, »jetzt in der Welt eine sichtbare Scheidung durchzuführen« (Conzelmann). »Wir wissen nicht, wer die frommen Eiferer waren«, sagt Jeremias[62]. Entsprechend erwägt Gräßer die —

---

[57] Gräßer, aaO. S. 147 f.
[58] Schniewind, Mt. S. 169; vgl. Schlatter, Mt. S. 439 f.
[59] Mt. S. 215.
[60] Sämann S. 74. Auf Michaelis u. a. verweist Kümmel, der ebenfalls Lc 9 52 ff. zitiert (Verh. S. 128).
[61] Jeremias, Gleichnisse S. 224; Conzelmann, ZThK. 54, S. 285; Bornkamm, Jesus S. 67.
[62] aaO. S. 221.

von ihm dann verworfene — Möglichkeit, »daß m a n an Jesus die Frage herangetragen hat, warum er die Sünder nicht ausschließt und die reine Gemeinde schafft, die allein der eschatologischen Erwartung entspricht«[63]. Den gleichen Hintergrund vermutet schließlich auch Dahl für die Parabel, der zudem erwägt, ob sie und möglicherweise auch die anderen »Wachstumsgleichnisse« im Blick auf Erwartungen gesprochen sind, die von der Predigt des Täufers beeinflußt waren. Er kommt darauf durch die Ähnlichkeit von Mt 13 30 mit Mt 3 12[64].

E. Fuchs sagt zur Gleichnisauslegung allgemein: »Es ist nicht viel gewonnen, wenn man weiß, wo die Bildhälfte beheimatet ist. Wichtiger ist die Sachhälfte. Sie ist der eigentliche Sitz im Leben für das Gleichnis.«[65] Dementsprechend macht es z. B. nicht viel aus, daß man bei einer Parabel palästinisches Lokalkolorit findet[66], zumal damit die Entstehung aus der Urgemeinde ebenso vertreten werden könnte wie die Echtheit. Von der Sachhälfte her zu entscheiden fällt bei Mt 13 24–30 jedoch schwer[67]. Ist nämlich der Sitz im Leben der Urgemeinde für die Parabel bisher nur schwer greifbar, so verhält es sich mit dem Sitz, den die Sachhälfte bei Jesus haben könnte, nicht viel anders. Auch darüber läßt sich kaum etwas ausmachen, wie die Mutmaßungen und Kombinationen der Echtheitsvertreter zeigen. Viel hängt für die Einschätzung der Parabel davon ab, welche Vorstellung man von der eschatologischen Erwartung hegt, die im Kreise um Jesus und von ihm selbst vertreten wurde, auch das zeigen die einzelnen Beiträge deutlich. Erwägenswert scheint aber immerhin der Gedanke, wie es dazu gekommen sein soll, daß man — oder gar die Jünger — Jesus gefragt hätte, warum er sich nicht endgültig von den Sündern trenne. Das uns mit höchster Gewißheit bekannte Moment seines Wirkens ist ja sein Umgang mit »Zöllnern und Sündern«, Sitz im Leben für zahlreiche Gleichnisse und Logien. Angesichts dessen fragt man sich, wie ein Mensch, der ihn so kannte, daß er mit einer solchen Aufforderung überhaupt an ihn herantreten konnte, darauf gekommen sein soll, ausgerechnet dem »Freund der Zöllner und Sünder« (Mt 11 19 par.) einen derartigen Gedanken nahezulegen[68]. Sollte es jedoch um die Frage gegangen sein, warum Jesus keine klare Trennung der Seinen von »diesem verkehrten und ehebrecherischen Geschlecht« (Mt 12 39 u. ö.) vollzieht, warum er nicht die endzeitliche Gemeinde aus der Umwelt Israels aus- und abson-

---

[63] aaO. S. 147 (Sperrung von mir).
[64] aaO. S. 151 f. Etwas modifiziert Dodd, der die Parabel als Antwort auf die Frage versteht, wie die Basileia gekommen sein kann, wo es doch soviele Sünder in Israel gibt (aaO. S. 185).
[65] aaO. S. 136 f.
[66] Dazu vgl. Gräßer, aaO. S. 147 A. 1.
[67] Bultmann enthält sich jeder Bemerkung zu dieser Frage, und Jüngel läßt die Entscheidung offen (aaO. S. 148).
[68] So ähnlich argumentiert auch Haenchen gegen Jeremias (Weg Jesu S. 176).

dert, dann hätte Conzelmann die richtige Erklärung: Jesus unterstreicht damit, daß er es nicht tut, den umfassenden Anspruch seiner Botschaft[69]. Nur, ist das wirklich in der Parabel ausgedrückt? Und ist »die Verknüpfung mit der Person Jesu« wirklich so »deutlich«, wie Conzelmann das meint?[70] Die Situation, die Jesus versucht zeigte, eine solche Trennung zu vollziehen, und die seine Entscheidung dagegen erkennbar machte, wäre aus der Überlieferung erst noch nachzuweisen. Ebensowohl ist denkbar, daß diese Frage Jesus überhaupt nie beschäftigt hat; denn Zelotismus und Sektentum waren ja gewiß kein allgemeinverbindliches Generalschema, wie schon die auf das ganze Volk ausgerichtete Wirksamkeit des Täufers zeigt.

Mit den Gleichnissen verhält es sich wie mit dem übrigen synoptischen Traditionsstoff: Solange nicht aus der Gesamtheit der Wirksamkeit Jesu in Wort und Tat ein Sitz für die Sachhälfte wahrscheinlich gemacht werden kann, verdient die Annahme den Vorzug, das Gleichnis sei in der Urgemeinde entstanden. Im Falle der Parabel vom Unkraut gilt das ganz besonders, da sie wenig originell erscheint und möglicherweise eine Analogiebildung zum Gleichnis vom Fischnetz ist, freilich unter Aufnahme des Saatmotivs aus einem der anderen Saatgleichnisse[71]. Mit dieser letzten Bemerkung scheint eine Annäherung an Hirsch vollzogen zu sein, der im Gefolge anderer Forscher[72] die Parabel für eine aus Mc 4 26–29 herausgesponnene allegorisierende Variante dieses Gleichnisses hält. Ein kurzer Vergleich mag deshalb den hier gewonnenen Standpunkt präzisieren.

d) Vergleich von Mc 4 26–29 und Mt 13 24–30

W. Grundmann sagt, »beide sind unabhängig voneinander«[73]. Vom Formalen her kann seinem Urteil zugestimmt werden, weil sich Mt 13 24–30 als eine Parabel von dem Gleichnis Mc 4 26–29 (wie auch von dem Fischnetz-Gleichnis Mt 13 47–50) durch den geschilderten Sonderfall abhebt. Auch auf den Inhalt gesehen gilt, die Parabel des Mt hat eine gegenüber dem Markusgleichnis eigenständige Aussage. Ihr Skopus läßt sich kaum als aus dem Gleichnis herausgesponnen verstehen. Bei beiden steht zwar ein Sämann und seine Saat im Vordergrund der Erzählung, und wenn drei Saatgleichnisse vorliegen, darf man mit einem Wandern des Motivs rechnen. Doch erfordert das nicht die Annahme einer derartigen

---

[69] aaO. S. 285.
[70] Vgl. ebd.
[71] Damit rechnet auch Jüngel, aaO. S. 148, vgl. schon Holtzmann, Synoptiker S. 248 f.
[72] Vgl. bei Holtzmann, Synoptiker S. 249.
[73] Mk. S. 98. Dodd hält es für »nicht im geringsten wahrscheinlich«, daß Mt 24–30 eine Erweiterung des Matthäus ist (aaO. S. 183); das hatte etwa Holtzmann gemeint (vgl. aaO.).

Abhängigkeit, daß eins die allegorisierende Variante des anderen ist. Diese Abhängigkeit liegt nicht vor, denn die Parabel vom Unkraut allegorisiert keinen Zug des Gleichnisses von der selbstwachsenden Saat. Sie besteht aus eigenständigen Erzählelementen, die sich als durch eine neue Gemeindesituation bedingt verstehen lassen. Sie wird zu einer Analogiebildung zum alten Gleichnis geführt haben. Beide verraten schließlich eine unterschiedliche eschatologische Ausrichtung. Während sich das Gleichnis glühend nach vorn ausstreckt, ist die Parabel mit der Gegenwart befaßt, deren Probleme allerdings vom Ende her gesehen und bewältigt werden.

e) Der traditionsgeschichtliche Ort des Saatgleichnisses im Markustext

Mit diesen Feststellungen über Ähnlichkeit und Unterschied der beiden Perikopen ist die Frage noch nicht entschieden, ob das Gleichnis Mc 4 26 ff. zum ursprünglichen Bestand des Markusevangeliums gehört oder ob es ihm erst nach der Benutzung durch einen oder beide Seitenreferenten zugewachsen ist. Auch könnte ja H. mit seiner Annahme recht behalten, Matthäus habe das Gleichnis durch die Parabel vom Unkraut ersetzt[74].

Für diese Annahme spricht zunächst der Umstand, daß die Parabel vom Unkraut unter dem Weizen und ihre Deutung bei Matthäus weit von einander getrennt sind. Die Parabel nimmt genau den Platz des Markusgleichnisses ein, wie H. richtig konstatiert (I, 28). Ihr folgt nach dem Markusaufriß das Gleichnis vom Senfkorn, dem sich nach der Verbindung der Logienquelle das vom Sauerteig anschließt. Danach gibt Matthäus erst den Schluß der Gleichnisrede nach Markus wieder, um ein Reflexionszitat aus Ps 78 2 erweitert, und erst jetzt, da der Markusstoff erschöpft ist, leitet die Deutung der Parabel vom Unkraut das weitere matthäische Sondergut ein (Mt 13 36 ff.). Es sieht so aus, als habe Matthäus selbst die Parabel aus dem übrigen Sondergut herausgenommen und die Deutung an ihre Stelle gesetzt, während er jene an den Platz des Markusgleichnisses stellte. Das ist umso wahrscheinlicher, als die Deutung von seiner Hand stammt, wie Jeremias überzeugend nachgewiesen hat[75]. Als Auslegung des Evangelisten zeigt 13 36–43 aber auch, wie er die Parabel selbst verstanden wissen will. Den Akzent, den er ihr beilegt, gab das Markusgleichnis eben nicht her, darum hat er ausgetauscht. Ihm liegt näm-

---

[74] Die gleiche Auffassung vertreten Bußmann, I, S. 74; Lohmeyer, Mk. S. 86; Fuchs, aaO. S. 392 f., dem sich Jüngel anschließt (aaO. S. 149); Haenchen, Weg S. 172. Harder hält eine Auslassung durch die Seitenreferenten für unwahrscheinlich (aaO. S. 70), Gräßer räumt die Möglichkeit ein, daß Mc 4 26—29 ein Nachtrag im Markusevangelium ist (aaO. S. 145 A. 7).
[75] Gleichnisse S. 81—83.

lich an der Warnung bzw. Drohung, die in dem Hinweis auf die Scheidung im Endgericht enthalten ist[76]. Mag seine Deutung Einzelzüge ausziehen, auch bei ihnen ruht das Schwergewicht auf der Drohung mit dem Endgericht. Die Entscheidung der Parabel, keine vorzeitige Scheidung vorzunehmen, fällt dabei unter den Tisch, wie Kümmel richtig bemerkt[77]. Allein der Umfang des Hinweises auf das Endgericht innerhalb der Deutung zeigt das Interesse des Evangelisten, denn er nimmt von v. 40 an fast die Hälfte der ganzen Perikope ein.

Im Sinne des Matthäus richtet sich das Droh- und Bußgleichnis nunmehr an die Christen. Er macht es seiner innerkirchlichen Auseinandersetzung mit der falschen Sicherheit der Gläubigen dienstbar, die in der Zugehörigkeit zur Gemeinde eine Heilsgarantie zu sehen scheint. Das unterstreicht besonders der Vers 41, der deutlich sagt, daß es eine Sichtung innerhalb der Basileia des Menschensohnes sein wird, und ebenfalls der Rahmenvers 36, der das Folgende als esoterische Jüngerbelehrung kennzeichnet. Aufs Ganze gesehen liegt der Evangelist an dieser Stelle mit seiner Gleichnisdeutung auf einer auch sonst von ihm verfolgten Linie. Er hat noch drei weitere Gleichnisse aufgenommen, die ebenfalls von der Scheidung unter denen handeln, die an Christus glauben. Für das Gleichnis vom Fischnetz sagt das die Deutung (13 49 f.) und der auch dort noch gültige redaktionelle Rahmenvers 13 36 [78]. Und bei den Gleichnissen des Kapitels 25 kann man das bereits aus den Bildern entnehmen. Hinzu treten die matthäische Komposition 7 21–23, wo ein im Unterschied zu Q deutlicher Akzent auf die Geistträger in der Gemeinde den Ernst der Warnung für die Christen unterstreicht, und die Anfügung an das Gleichnis vom Hochzeitsmahl in 22 11–14, die sich bezeichnenderweise nur bei Matthäus findet.

Wahrscheinlich gehört in diesen Zusammenhang auch die Parabel von den Arbeitern im Weinberg (20 1–16), die im Sinne des Evangelisten eine Auslegung des Spruches von den Ersten und Letzten ist. Rückt man das Ganze an Mt 5 20 heran, so wird die Richtung erkennbar, in welche der Evangelist weisen will; denn er droht ja nicht einfach nur, sondern er bietet in seinem Evangelium den Weg der besseren Gerechtigkeit an. Grundmann formuliert etwa so: Matthäus ruft mit der Ankündigung des Feuergerichts zur Umkehr[79].

Berücksichtigt man dieses spezifische Interesse des ersten Evangelisten, so fällt die Trennung der Unkrautparabel von ihrer Deutung besonders auf, zumal sie damit gleichzeitig aus dem Zusammenhang der esoterischen Belehrung herausgenommen ist, wo sie neben dem Fischnetz-

---

[76] Vgl. Fuchs, aaO. S. 393.
[77] Verheißung S. 126.
[78] Vgl. Dahl, aaO. S. 157 f.
[79] Mk. S. 98.

Gleichnis besonderes Gewicht gehabt hätte[80]. Diese Auffälligkeiten finden eine plausible Erklärung in der Annahme, daß Matthäus an die Stelle des ausgelassenen Gleichnisses von der selbstwachsenden Saat die Parabel vom Unkraut unter dem Weizen gesetzt hat, der er dann unter dem weiteren Sondergut eine seinem Verständnis entsprechende Deutung als esoterische Belehrung beigab.

Weiter läßt auch die Stellung des Markusgleichnisses selbst die Frage aufkommen, ob eine spätere Hand es wirklich an der Stelle interpoliert hätte, an der es jetzt steht. Sollte man nicht annehmen, daß ein Saatgleichnis, aus Verwandtschaft zu der Säemannsparabel (Mc 4 3—9) oder auch nur aus Stichwortverbindung heraus in dieses Kapitel eingefügt, seinen natürlichen Platz im Anschluß an die Deutung der Säemannsparabel gehabt hätte und nicht erst nach den Versen 21–25? Matthäus hat diese Ordnung ja hergestellt, indem er die Sprüche an dieser Stelle fortließ; — er bringt sie andernorts in der Fassung der Logienquelle und baut Mc 4 25 weiter oben bei den Worten über den Zweck der Gleichnisrede ein (Mt 13 12 in Stichwortverbindung mit dem »gegeben« von v. 11). So folgen bei Matthäus die beiden Saatgleichnisse, die er wiedergibt, aufeinander. — Und ein Interpolator, der Mc 4 26–29 in das Gleichniskapitel einfügen wollte, wäre wohl ebenso verfahren.

Viel eher als das Saatgleichnis dürften die Verse 21–25 in den Zusammenhang einer Vorlage, welche die Gleichnisse aufeinanderfolgend bot, eingeschoben worden sein, und zwar vom Evangelisten selbst, der die Sprüche ebenfalls als »Parabeln« verstand[81]. So vermutet etwa W. Marxsen hinter dem Gleichniskapitel des Markus eine Vorlage, die vv. 3–9. 10. 13–20. 26–29. 30–32 umfaßt hat und in die der Evangelist 11 f. 21–23. 24 f. eingearbeitet hat. Die auch von H. beobachteten verschiedenen Anreihungsformeln weisen jeweils die Redaktion gegenüber der Vorlage aus[82].

---

[80] Matthäus nimmt übrigens nur einen Szenenwechsel nach Abschluß der Rede aus Markus vor, da er 13 10 entgegen Markus Jesus am Orte bleiben und nur die Jünger hinzutreten läßt.

[81] Vgl. Mc 3 23 ff. 7 14 ff. Über die Ursprünglichkeit von 26—29 in der Vorlage urteilen ebenso E. Schweizer, Mk. S. 55, und E. Haenchen, Weg S. 161 A. 2. 171. — Zum Verständnis des Begriffs »Parabel« bei Markus vgl. W. Wrede, Messiasgeheimnis S. 54—57; J. Schniewind, Mk. S. 75—77; G. H. Boobyer, Redaction S. 59 ff.

[82] Genaue Analyse des Kapitels bei Marxsen, ZThK. 52, S. 258—263. Nur wird man in der jetzigen Gestalt von v. 10 mit H. zwei Redaktionsstufen erkennen müssen. Wie er einst als Überleitung zur sekundär angefügten Deutung ausgesehen hat, läßt sich nur mutmaßen. Nach E. Schweizer stammt die Einfügung der Zwölf von derselben Hand, die auf der »dritten Stufe« v. 11 f. angefügt hat, aber immer noch vormarkinisch ist, wie die Inkongruenz mit den Motiven des Markus beweist (Mk. S. 51). Vgl. auch E. Haenchens Sicht vom Werden des Kapitels, für den jedoch v. 2 und 33 vormarkinische Rahmung und 11 f. Einschub des Markus sind (aaO. S. 161 A. 2. 168).

Im Hinblick auf das Lukasevangelium wäre daraus zu folgern, daß auch der dritte Evangelist das Gleichnis von der selbstwachsenden Saat in seiner Markusvorlage gefunden und es ausgelassen hat. Da Lukas in seinem Parallelbericht zu Mc 4 überhaupt nur ein Gleichnis wiedergibt und kein Gleichniskapitel gestaltet, — die Sprüche Mc 4 21—25 nimmt er auf und zieht sie als Auslegung des Verses Lc 8 15 zur Deutung des Gleichnisses vom Säemann —, bietet diese Annahme keine große Schwierigkeit. Denn dadurch, daß er in 8 9 die Frage nach dem Sinn der Parabelrede eindeutig auf die eine Parabel vom Säemann zuschneidet, gibt er zu erkennen, daß er nur ein Gleichnis zu erzählen gedenkt (vgl. 8 4 am Ende)[83]. Unter diesen Umständen wird der Lukasvergleich für H. unbrauchbar, weil er die vorausgesetzte Quellenlage nicht mehr bestätigen kann.

f) Das Gleichnis vom Senfkorn [vgl. b), c)]

H. verbindet das Gleichnis vom Senfkorn eng mit dem von der selbstwachsenden Saat und bezeichnet beide zusammen als das Hauptstück der Gleichnisrede nach Mk I (I, 28 f.). Ein formales Kriterium ist ihm dafür die gleichlautende Anreihungsformel. Zweifellos kennzeichnen die verschiedenen Anreihungsformeln des Kapitels zwei unterschiedliche traditionsgeschichtliche Stufen. In dem καὶ ἔλεγεν wird man noch die allgemeine Einleitung der gesondert umlaufenden Gleichnisperikope spüren können, in der es einfach hieß (καὶ) ἔλεγεν ὁ Ἰησοῦς. Ὁ Ἰησοῦς ist bei der Eingliederung in eine Sammlung von Jesusgleichnissen weggefallen. Das Gleiche könnte für den Einzelspruch 4 9 gelten, dem dritten Stück mit der gleichen Formel, den H. jedoch nicht zu Mk I rechnen möchte. Damit relativiert sich natürlich sein Argument im Hinblick auf die beiden Gleichnisse. — Jedenfalls wird das καὶ ἔλεγεν an allen drei Stellen vormarkinisch sein; denn auch 4 9 wird bereits vorher an 4 3—8 angehängt worden sein[84], möglicherweise im Zusammenhang mit der Deutung des Gleichnisses. Da die Gleichnisse des Kapitels schon vor Markus miteinander verbunden worden sind, ist das καὶ ἔλεγεν als die Anreihungsformel der Quelle anzusehen[85]. Das καὶ ἔλεγεν (λέγει) αὐτοῖς findet

---

[83] Haenchens Begründung überzeugt: Lc 8 18 appelliert an die Tat, die aus dem Glauben folgt, dem korrespondiert 8 21. Mc 4 26—29 stößt sich damit, denn es läßt für das Tun keinen Raum. Mc 4 30—32 erscheint später in der Q-Fassung. »Wir haben also, dem ersten Anschein zuwider, kein Recht für die Annahme, daß Lk das zweite Mk-Gleichnis nicht kannte« (aaO. S. 172).

[84] Bultmann fragt, ob Markus ihn angehängt habe (Trad. S. 352).

[85] Vgl. Grundmann, Mk. S. 98 A. 6a: »Diese Art der Einleitung entspricht der der Spruchsammlungen. Im koptischen Thomasevangelium werden die verschiedenen Logien jeweils durch ›Jesus sprach‹ eingeleitet.« Damit wäre auf den Sammlungscharakter dessen hingewiesen, was H. als Mk I ansieht. Grundmann differenziert allerdings nicht weiter. Im Text auf S. 98 führt er unterschiedslos die Stellen mit

sich an deutlich kenntlichen Stellen der Markuskomposition, die auf szenische und thematische Zusammenhänge innerhalb des Kapitels Rücksicht nehmen. Es sind sämtlich Einfügungen, Anreihungen oder Überleitungen aus der Hand des Markus, bei denen er genau die jeweiligen Adressaten im Auge hat: 4 2 ist es das Volk, 4 11 sind es die Jünger, ebenso 13. 21. 24, und 4 33 ist mit dem ἐλάλει αὐτοῖς wieder an das Volk gedacht.

Nach H. verbindet weiter das gleiche Gefühl für das Geheimnis natürlichen Werdens die beiden Gleichnisse. Demgegenüber sehen Kümmel und Jeremias[86] den Ton im Gleichnis auf dem Kontrast, der zwischen kleinem Anfang und großem Ende liegt. Jedenfalls ist das nach Kümmels Meinung die Aussage der Markusfassung, die er gegenüber der lukanischen für die ursprüngliche hält[87]. Gegen Kümmel muß aber die Frage erhoben werden, ob auch in formaler Hinsicht Markus die ältere Fassung bewahrt hat. Das scheint nicht der Fall zu sein, denn Lukas bietet nach Q ein echtes Gleichnis — es schildert einen Vorgang —, während bei Markus daraus ein einfacher Vergleich geworden ist. Matthäus übernimmt bei seiner Kombination interessanterweise die Gleichnisform aus Q. Die Markusperikope dürfte also tatsächlich einen späteren Überlieferungsstand repräsentieren als die Q-Fassung bei Lukas. Daß aus einem materialiter längeren Vergleich ein kürzeres Gleichnis geworden sein soll, ist schwer denkbar[88]. Diese formale Beobachtung ist ein schlagendes Argument gegen H.

Aus dem Umstand, daß Lukas das Gleichnis im Reisebericht wiedergibt, folgt nicht eindeutig sein Fehlen in der lukanischen Markusvorlage. H. urteilt ebenso (I, 28). Lukas beläßt das Gleichnis in der bei Q gegebenen Verbindung mit dem vom Sauerteig. Andererseits verfaßt er in Kap. 8 keine Gleichnisrede, durchbricht sogar den Aufriß des Markus, indem er hier die Perikope von den wahren Verwandten Jesu nachholt. Außerdem reiht er das Ganze locker an die voraufgegangenen Berichte an, indem er

---

beiden Anreihungsformeln an und läßt dabei v. 2 und 9 aus. Die feinsinnige Interpretation der Kompositionsabsicht des Markus durch J. Weiß (Predigt S. 48) trifft darum auch nicht den Sachverhalt. Es könnte allerdings immer noch für die Absicht der Vorlage gelten, daß man »das Schicksal des gepredigten Wortes illustrieren« wollte und darum die drei Saatgleichnisse zusammenstellte, dagegen das vom Sauerteig fortließ, wie Weiß für Markus vermutet. Die Rekonstruktion von drei Überlieferungsstufen bei Jeremias (Gleichnisse S. 10 A. 5) richtet sich nach den unterschiedlichen Anreihungsformeln aus. J. erhält die gleiche Markus-Vorlage, die Marxsen annimmt.

[86] Kümmel, Verheißung S. 123; Jeremias, aaO. S. 147 f., vgl. auch S. 145. Dahls Korrektur an Jeremias ist dabei zu beachten (Parables S. 141 ff.). Sie gibt jedoch H. nicht recht, weil Dahl zeigt, daß Denk- und Ausdrucksschemata vorliegen, wenn »Wachstums«-Bilder verwendet werden.

[87] aaO. S. 123. Matthäus hat augenscheinlich beide Versionen verbunden (so Bultmann, Trad. S. 186; Dahl, aaO. S. 147; Grundmann, Mk. S. 99).

[88] Auch für J. Weiß ist die Lukas-Fassung die ursprüngliche Form (aaO.).

die Lokalisierung bewußt offenläßt (8 4). In 8 22 schafft er sogar eine deutliche Zäsur, sowohl gegenüber Mc 4 35 als auch gegenüber Lc 8 19–21. Angesichts so vieler redaktioneller Eingriffe wird man damit rechnen müssen, daß er das Senfkorngleichnis des Markus ausgelassen und es später aus Q nachgetragen hat.

Hinsichtlich der »Echtheit« des Gleichnisses mag man unsicher sein. Wenn Kümmels Interpretation[89] gilt, daß »auch dieses Gleichnis nichts anderes betonen« wolle, »als daß das herrliche Ende der Gottesherrschaft trotz der kleinen Anfänge völlig sicher ist«, dann steht es in großer Nähe zum Gleichnis von der selbstwachsenden Saat. Es liegt dann nahe, auch hierin einen Trost für die älteste christliche Gemeinde unter der ausbleibenden Parusie zu sehen[90]. Denn an dem Kommen der Gottesherrschaft als solchem zweifelte ja kein Zeitgenosse Jesu; warum sollte Jesus dann mit einem Gleichnis »zum Glauben an das sichere Kommen der Gottesherrschaft ermuntern«?[91] Folglich könnte es bei Jesus nur um das Verhältnis seiner Wirksamkeit zur Basileia und um den damit gesetzten augenfälligen Kontrast gehen[92]. So mag das Gleichnis ursprünglich auf das »Kopfschütteln« und die skeptischen Fragen antworten, denen Jesu Weg und Wirken von Anfang an begegnet sind[93]. Jedoch kann eine solche Antwort gerade auch erst von der Gemeinde gegeben worden sein, die auf Jesu gesamten Weg bis Ostern zurückschaut und die nun mit ihrem auferstandenen Herrn zum Ende hin unterwegs ist. Sie hätte dann damit ein Wort gefunden, das zugleich ihre eigene Situation vom Ende her beleuchtet. Auch die Gemeinde könnte durch das Gleichnis ausgedrückt haben, was nach G. Bornkamm Jesus gemeint hat: daß in dem unscheinbaren Anfang, dem kümmerlichen Jetzt, schon das große Ende enthalten und wirksam ist.

Auf das Jetzt der Wirksamkeit Jesu beziehen auch E. Fuchs und E. Jüngel[94] das Gleichnis. Und zwar legen beide einen besonderen

---

[89] aaO.
[90] Dafür könnte die dem Schriftzitat entnommene Verwendung des weitverbreiteten Bildes vom Baum und den Vögeln sprechen; vgl. die Hinweise auf Dodd und Manson bei Jeremias, aaO. S. 146 A. 2. Zu beachten ist E. Fuchs (Aufs. II, 189): »Der erbauliche Schluß des Gleichnisses und die spitzfindige Bezugnahme auf den kleinsten unter allen Samen weckt den Verdacht auf rabbinische Maßarbeit, zumal das Bedrängende des Täuferstils und die konkrete Art der Makarismen Jesu, die nicht über ein Geschehen reflektieren, sondern selber im Geschehen stehen, zu fehlen scheinen.« Gleichwohl geht F. davon aus, daß das Gleichnis »ein Jesuswort ist oder wenigstens an ein Jesuswort anknüpft« (aaO. S. 188).
[91] Kümmel, aaO. S. 124. — Zur Gewißheit des Kommens vgl. Dahl, aaO. S. 153, und Str.-Billerbeck I, S. 178 ff.
[92] Vgl. Jeremias, aaO. S. 148 nach Dahl, aaO. S. 140.
[93] So G. Bornkamm, Jesus S. 66.
[94] Fuchs, aaO.; Jüngel, Paulus S. 153 f.

Ton auf das Verhältnis, wie es zwischen dem angesagten Ende und der Gegenwart besteht, die mit dem Ende in eine Beziehung gesetzt ist. Dabei geht die Blickrichtung von der erwarteten Basileia als der festen Setzung aus, also vom Ende zum Anfang. Das scheinbar so selbstverständliche Entsprechungsschema »kleiner Anfang — großes Ende« wird von Fuchs durchbrochen[95], doch wohl zu Recht. Denn auch in der Bildhälfte des Gleichnisses wird das kleine Senfkorn von der großen Staude her gewissermaßen bereits qualifiziert. Wenn Jesus so die Gegenwart ausruft als durch die Zukunft der Basileia qualifiziert, als den Ort, da diese Zukunft sich bereits mächtig erweist, dann kann das Gleichnis, wie Jüngel richtig sagt[96], keine Apologie sein, auch keine bloße Interpretation der unansehnlichen Gegenwart. Dann ist es vielmehr eine Ansage, die behauptet, daß die Basileia sich diese Gegenwart zu ihrem Anfang gemacht hat.

In diesem Verstand fügt sich das Gleichnis in die Basileia-Predigt Jesu ein, denn es enthält den gleichen Anspruch und Zuspruch für die Gegenwart: Die Stunde, da Jesus eine Schar von Hoffenden und Hoffnungslosen unter den gegenwärtigen Vaterwillen Gottes sammelt, bereitet »die Saat, aus der die Basileia wunderbarerweise aufgehen soll«[97]. Im Hinblick auf die Basileia ist dieses Verhältnis von kleinem Anfang und großem Ende eben nicht selbstverständlich[98], ebensowenig wie die Beziehung der Gegenwart Jesu zu ihr. Darum besteht die Besonderheit des Gleichnisses in der Gewißheit, mit der es diesen Sachverhalt ansagt und zusagt, indem es durch seine Bildhälfte gerade im Aufzeigen des Kontrastes das Entsprechungsverhältnis wie ein zwangsläufiges, selbstverständliches erscheinen läßt. Dabei bleibt jedoch die Basileia eschatologisches, zukünftiges Geschehen und als solches von der Gegenwart unterschieden, ein allmähliches Wachstum ist ausgeschlossen[99]. Wer das Gleichnis hörte, der war dadurch, daß Jesus als Künder der Gottesherrschaft auftrat, einbezogen. Und er war eingeladen, sich dem Kontrast auszusetzen unter der Zusage, daß hier das wunderbare Ende wirksam ist.

Mit dieser Einpassung des Gleichnisses in die Basileia-Verkündigung Jesu ist Hirschs Lösung jedoch in keiner Weise bestätigt. Bei ihm steht ja am Anfang ein bloßes Postulat, und das ist keine Basis für eine Quellenscheidung. Um einen Nachweis vom Aussagegehalt des Gleichnisses her hat er sich nicht gemüht, abgesehen davon, daß er ein unjüdisches Gefühl für das Geheimnis des Wachstums konstatierte. Der Aussagegehalt aber läßt Mc 4 26–29 als Bildung der Urgemeinde erscheinen, das Gleichnis vom Senfkorn aber als Jesusgleichnis. Doch scheint die Markusfassung tradi-

---

[95] aaO. S. 189.
[96] aaO. S. 154.
[97] Fuchs, aaO. S 190.
[98] Vgl. Fuchs, aaO.
[99] Vgl. Fuchs, aaO. S. 342 f.

tionsgeschichtlich später einzustufen zu sein als die Lukasfassung aus Q. Damit werden Mc 4 26–32 als das Hauptstück eines Erlebnisberichtes, wie Mk I es sein soll, unwahrscheinlich.

3. Zur Bestimmung der Quelle Mk II im Gleichniskapitel

a) Zur Methode der Quellenzuweisung

Wenn es nun weiter um die Berechtigung der Zuweisung anderer Stücke zu Mk II geht, kommen wir zu der zweiten Frage, durch deren Beantwortung sich nach H. die Analyse des Kapitels vollzieht. Sie richtet sich auf die Parabel vom Sämann, ist aber durch die vorangegangenen Feststellungen für ihn bereits in bestimmter Weise konkretisiert. Denn in der Einleitung zur Parabel steht die Formel καὶ ἔλεγεν αὐτοῖς, und diese Wendung hatte sich ihm ja als für Mk II eigentümlich angeboten. Also kann die Frage jetzt nur noch lauten, »ob sich das nun auch auf das 3–8(9) stehende Gleichnis, das vom Sämann erstrecken soll« (I, 29).

Dem ist zunächst entgegenzuhalten, daß man aus dem Einleitungsvers 4 2 keinen Anhaltspunkt dafür gewinnen kann, ob die Parabel selbst einer früheren oder späteren Schicht angehört, — womit ja gleichzeitig über ihre Authentie entschieden wird. Denn v. 2 ist redaktionell[100], d. h. vom Evangelisten selber im Zusammenhang mit seiner Durchgestaltung des Kapitels gebildet, und hat mit dem Bestand der Parabel nichts zu tun. In H.s Frage ist seine Antwort bereits enthalten; das zeigt die erste der beiden »Erwägungen«, die er im Anschluß anstellt und die im Grunde nur seine bereits feststehende Entscheidung erläutert. Er sagt: »Wir bedürfen für Mk II eines Beweggrundes, 26–29 zu streichen. Der kann ganz allein darin bestehen, daß er ein Gleichnis neu bringen konnte, das in seinen Augen weit besser und schöner als 26–29 Art und Dichtung der Gleichnisrede Jesu veranschaulichte. Dies konnte er unmöglich in 21–25 finden, die ja von ihm bloß als Sprüche über rechten Gebrauch und wahre Bedeutung der Gleichnisse an 10–20 angehängt sind. D. h., das Herzstück seiner Einfügung, dem er die von selbst wachsende Saat und vielleicht auch das Senfkorn opferte, ist das Gleichnis vom Sämann.« (I, 29).

Diese Argumentation ist allerdings reine Spekulation und kann nicht überzeugen. Und da sie auf der bereits widerlegten Entscheidung über Mk I aufbaut, kann sie die Zuweisung von 4 3–9 an Mk II nicht wahrscheinlich machen. Sie bringt kein eigenständiges Argument für die Notwendigkeit der Annahme eines Mk II bei, auch keinen unabhängigen

---

[100] So Bultmann, aaO. S. 165 f.; Dibelius, Formgeschichte S. 237; Schweizer, Mk. S. 49. — Mc 4 2b vgl. mit 12 38a. Man könnte mit Marxsen (aaO. S. 262) fragen, ob 4 2a in Korrespondenz mit 33 als Überschrift zur Vorlage gehört. Aber v. 33 ist wahrscheinlich auch redaktionell (s. u.), und nach Schweizer (Neotestamentica S. 95 f.; Mk. durchgehend) ist die Rede vom Lehren Jesu Terminologie und Theologie des Markus; vgl. H. Riesenfeld, BZNW. 21, S. 161.

Beweis für dessen Existenz an dieser Stelle. Im zweiten Teil der Begründung, die H. eigentlich schon für überflüssig hält, wird demjenigen Leser, der von der ersten »Erwägung« noch nicht überzeugt ist, die Frage vorgelegt, »worin das Gleichnis vom Sämann sich eigentlich von dem von der Saat 26-29 unterscheidet«. Doch gerade darin, so meint H., »daß es das Bild von Saat und Ernte in lauter bestimmte, einer Deutung fähige Einzelzüge auflöst«. Darum seien auch Gleichnis und Deutung nicht zu trennen. Vielmehr sei das Gleichnis »Zug um Zug« auf seine allegorische Deutung hin angelegt, was ihm denn auch seine große Beliebtheit bei den Pastoren eingebracht habe. Aus der allegorischen Deutung spricht jedoch nach H. »eine leicht gesetzliche Kirchlichkeit« mit einem »Beobachten des verschiednen Verhaltens der Gläubigen und ihres verschiednen Verhältnisses zum Erntetag« und nicht, wie in Mk I, der Glaube an das heimlich wachsende Gottesreich. Wenn nun Gleichnis und Deutung untrennbar sind, dann kann infolgedessen das Gleichnis nicht »echtes Wort Jesu« sein, sondern »es stellt gegen 26-29 eine viel spätere Schicht der Überlieferung dar« (I, 29).

Hier wird nicht erst versucht, die Parabel aus sich selbst heraus zu verstehen, unabhängig von der Deutung. Daß dies aber geschehen muß, dafür hat Jeremias den überzeugenden Beweis erbracht. Allein die von ihm aufgeführten sprachlichen Differenzen sind schlagend[101]. Zudem zeigt die Deutung ein ganz anderes Interesse. Jeremias drückt das so aus, »daß die Deutung des Säemannsgleichnisses die eschatologische Spitze des Gleichnisses verfehlt« und den »Akzent vom Eschatologischen auf das Psychologische verlagert«. Auf diese Weise wird »das Gleichnis in der Deutung zu einer Mahnung an die Konvertiten, die ihre Herzensbeschaffenheit darauf prüfen sollen, ob es ihnen mit ihrer Bekehrung ernst ist«[102].

Was nach H. von der Parabel gilt, trifft also auf die Deutung allein zu, mit der die spätere Urkirche der Parabel ihr Verständnis — nach ihren Bedürfnissen — aufgepfropft hat.

b) Die Parabel vom Säemann

Die Parabel selbst stellt zunächst der vielfach erfolglosen Arbeit, bei der so viel verloren geht, als Kontrast den reichen Ertrag der Ernte gegenüber. Hierin ähnelt sie dem Senfkorngleichnis, denn sie sieht das große Ende im kleinen Anfang mit enthalten. Auch das sichere Kommen der Ernte ist mit der Aussaat schon gegeben. Mögen noch soviele Miß-

---

[101] Gleichnisse S. 75 f.
[102] aaO. S. 77. 149; vgl. Haenchen, Weg S. 169 f. Mögliche Modifikationen dieses Verständnisses der Deutung sollen hier außer acht bleiben. — Im Unterschied zu H. und Jeremias sagen wir im Anschluß an Bultmann (aaO. S. 216) statt Gleichnis »Parabel«.

erfolge eintreten, am Ende wird sich herausstellen, daß die Saat viel Frucht gebracht hat. Auch die Parabel vom Säemann setzt also die Gegenwart des Wirkens Jesu — oder der Gemeinde — in ein enges Korrespondenzverhältnis zum großen Ende der Gottesherrschaft. Dabei ist diese schon in der Gegenwart als ihrem Anfang wirksam, auch wenn »man versucht wäre, nur ›Steine, Disteln und Felsen‹ zu sehen«[103].

Die »Echtheitsfrage« bedarf wieder einer gesonderten Erörterung, weil divergierende Äußerungen vorliegen. Bultmann läßt sie offen[104], für E. Linnemann ist der ursprüngliche Sinn nicht mehr zu ermitteln; sie hält eine Entstehung in der Urgemeinde für denkbar, läßt die Frage aber offen, »da es keine Kriterien dafür gibt«[105]. Und für H. ist schon die Parabel eine sekundäre Allegorie. Im Gegensatz dazu hält A. Jülicher Parabel und Deutung für authentisch[106], während J. Jeremias die von der Deutung getrennte Parabel »ein Herzstück der Verkündigung Jesu« nennt[107].

Nach der eben gegebenen Interpretation könnte die Parabel auch das Selbstverständnis der frühen Christenheit aussprechen, die darin ihre eigene Existenz und ihre Predigt als ein endzeitliches Geschehen begreift und darstellt. Jedoch fällt dagegen ins Gewicht, daß diesmal das gängige eschatologische Bild von der Ernte nicht gebraucht ist, um das die Aussagen von Mc 4 26–29 und Mt 13 24–30 konzentriert sind[108]. Das Fehlen des Rahmenverses, der auf die Gottesherrschaft hinweist, hat insofern nichts zu besagen, als er sonst gelegentlich sekundär angefügt ist[109]. Der sachliche Bezug stellt sich allerdings sogleich ein, wenn man an Jesu Verkündigung der Gottesherrschaft für seine Gegenwart denkt und den Anspruch berücksichtigt, den er für sich und sein Wirken erhebt. Wie das Senfkorngleichnis könnte auch diese Parabel, so betrachtet, zum Kern der Verkündigung Jesu gehören, mit der er sein Wirken und sein Künden in einen engen Bezug zum Kommen der Gottesherrschaft setzt. So drückt sie Jesu Zuversicht aus, eine Gewißheit über dem, was sich angesichts seines Wirkens vollzieht, die aus der Gewißheit der kommenden Basileia erwächst[110].

---

[103] E. Schweizer, Mk. S. 50.
[104] aaO. S. 216; G. Bornkamm äußert sich nicht dazu, da er die Parabel jedoch anführt, wird er sie für authentisch halten (Jesus S. 65 f.).
[105] Gleichnisse S. 178 A. 16; vgl. 123.175.
[106] II, 536 f.
[107] aaO. S. 152.
[108] Gegen Dahl, aaO. S. 153, der sagt, »die traditionelle Metapher von der eschatologischen Ernte« sei hier unter dem besonderen Gesichtspunkt des Reichtums der Frucht gesehen. Auf die Ernte selbst wird aber eben nicht reflektiert.
[109] Zu Mc 4 26 vgl. Bultmann, aaO. S. 186; Harder, aaO. S. 51; auch Mt 13 24 wird er nicht ursprünglich sein; bei Mc 4 30 kann man fragen, jedoch ist sachlicher Bezug auf die Basileia gegeben, vgl. J. Weiß, aaO. S. 45–49; Fuchs, aaO. S. 342.
[110] Vgl. Grundmann, Mk. S. 96; Fuchs, aaO. S. 348 f.

Fraglich sind dagegen, je als alleiniges Argument für die Echtheit der Parabel angewandt, zwei Hinweise, die verschiedentlich ins Feld geführt werden. Der erste betrifft das palästinische Lokalkolorit der Bildhälfte, von dem gesagt wird, es sei für das Verständnis der Parabel konstitutiv, weil man ohne die Kenntnis der ackerbaulichen Verhältnisse Palästinas die Parabel nicht verstehen könne[111]. Mit der Lokalisierung in Palästina ist erstens die Herkunft von Jesus noch nicht bewiesen, da auch die frühe Urgemeinde dort beheimatet war. Und zweitens hat man die Parabel noch nicht erklärt, wenn man nachgewiesen hat, daß die in ihrer Bildhälfte vorausgesetzten Verhältnisse den tatsächlichen Verhältnissen Palästinas entsprechen. Insofern kann deren Kenntnis zwar vor abwegigen Spekulationen schützen, jedoch fördert sie nicht zwangsläufig das Verständnis der Sachaussage. Da wir aus sachlichen Gründen jedoch für die Echtheit eintreten, bedienen wir uns gern dieses zusätzlichen Argumentes.

Der andere Hinweis betrifft die Stellung der Parabel in der synoptischen Überlieferung. Hier wird so argumentiert: »Daß dies Gleichnis bei allen drei synoptischen Evangelien steht, gibt ihm einen besonderen, beispielhaften Wert.«[112] Es ist bei allen drei Evangelisten das erste größere Gleichnis (abgesehen von einigen Bildworten), und schließlich wird es übereinstimmend getreu wiedergegeben — bis hin zum Thomasevangelium. Das alles beweist, »welche Bedeutung diesem Gleichnis als einer unvergeßlichen Schöpfung Jesu in der Überlieferung beigemessen wurde«[113]. Nun könnte zwar für Grundmanns Argumentation die Tatsache sprechen, daß Lukas an der Parallele zum markinischen Gleichniskapitel allein diese Parabel wiedergibt. Aber das kann auch den Grund haben, daß sie als erste und ausführlichste bei Markus zur Aufnahme am geeignetsten war, zumal ihre Deutung in seine Tendenz paßte. Und wenn man der Parabel große Bedeutung zugemessen hat, so wird das weniger an ihrer Herkunft von Jesus oder ihrer Originalität gelegen haben als an ihrer Praktikabilität für kirchlich-paränetische Zwecke, wie die Deutung zeigt. H.s Hinweis auf die Beliebtheit bei den Pastoren besagt ja soviel, daß offenbar diese Parabel schon immer in besonderem Maße geeignet war, das kirchliche Selbstverständnis zu reflektieren, daß man hier das Schicksal des gepredigten Wortes dargestellt sah und die Aufmunterung zur Zuversicht für den Prediger des Wortes empfing[114]. Damit ließe sich

---

[111] Hinweise bei Lohmeyer, Mt. S. 194; Michaelis, Sämann S. 26 f.; Jeremias, aaO. S. 7 f.; Grundmann, Mk. S. 89; E. Linnemann, aaO. S. 121.
[112] Michaelis, aaO. S. 20.
[113] Grundmann, aaO.; vgl. Michaelis, aaO. S. 19 f.; Lohmeyer, Mk. S. 83.
[114] Vgl. den Verweis bei Jeremias, aaO. S. 150 A. 4, auf eben dieses Verständnis bei Justin und in den pseudoklementinischen Rekognitionen. Auch Michaelis erklärt noch so die Parabel, u. z. als Jesusgleichnis (aaO. S. 38). Hierher gehört weiter M. Dibelius' Interpretation, nach der das Gleichnis »trösten (will) über den Mißerfolg, der im natürlichen Lauf der Dinge liege« (Jesus S. 55).

auch erklären, warum in der Einleitung der Hinweis auf die Basileia fehlt. Grundsätzlich gilt: Wie die Häufigkeit eines in der synoptischen Überlieferung begegnenden Motivs noch kein Beweis für seine Herkunft von Jesus ist, sondern nur für seine Wichtigkeit in den Augen der Urkirche, so kann auch die breite Überlieferung eines Gleichnisses und sein hervorgehobener Platz nicht eo ipso zugunsten der Authentizität ausgewertet werden.

Von den Beobachtungen an der synoptischen Überlieferung her ist nun aber noch eine Frage an H. zu richten. H. erwähnt mit keinem Wort, daß Lukas eine von Markus abweichende und kürzere Fassung der Perikope bietet. Immerhin erhält diese abweichende Version des Lukas durch den Zusatz in 8 5 (κατεπατήθη) und durch die Erwähnung nur der hundertfältigen Frucht (8 8) ein so eigenständiges Profil, daß man gefragt hat, »ob nicht der Evangelist Lukas bereits eine andere als die bei Markus enthaltene Fassung vorgefunden und übernommen hat«[115]. Angesichts der wiederum abweichenden Überlieferung im Thomasevangelium kann diese Möglichkeit nicht ganz ausgeschlossen werden[116]. Für H. ist der ganze Sachverhalt fatal. Denn nach seinem Urteil ist die Markusfassung Mk II, sie müßte also wörtlich bei Lukas wiederkehren. Wiederum kann er so starke Abwandlungen seiner Vorlage dem Lukas nicht zutrauen. So müßte er an dieser Stelle zwangsläufig zu der Annahme einer Sonderüberlieferung für Lukas kommen. Warum schweigt er? Weil er dann kein Gleichnis mehr für Mk II hätte und 4 3—9 auch aus der gleichen Schicht stammen müßte wie die anderen Gleichnisse? Ein Mk II als Parallelbericht zu Mk I läßt sich dann nicht mehr nachweisen.

So fehlt an dieser Stelle die Ergebnissicherung selbst unter der ihm eigentümlichen Handhabung des synoptischen Vergleichs, weil auch der, unter H.s eigenen Prämissen angewandt, sein »Ergebnis« nicht bestätigen kann. Infolgedessen bleibt auch hier die Quellenscheidung eine Ermessensentscheidung, ein Postulat ohne sachliche Begründung. Die Aufteilung des Kapitels in die Quellen Mk I und Mk II besteht also bisher aus willkürlichen Scheidungen, die durch keine sachkritischen Erwägungen gerechtfertigt werden und durch den synoptischen Vergleich nicht erhärtet werden können.

4. Der traditionsgeschichtliche Ort der Verse Mc 4 10—13 und 4 33—34

Für H. stehen damit die »Grundpfeiler« der Analyse. In einem letzten Beweisgang geht er nur noch der Frage nach, in welchem Verhältnis die »Erklärungen Jesu 11.12 und 13 zu einander und zum Gleichniskapitel« stehen (I, 30). Es geht dabei allerdings nur um die Zuordnung der verbleibenden Verse zu ihrer jeweiligen Quelle. H. erkennt richtig den

---

[115] Michaelis, aaO. S. 21.
[116] Wortlaut bei Jeremias, aaO. S. 24.

redaktionellen Charakter dieser Verse und hebt hervor, daß sie nicht mit Mk I in Verbindung gebracht werden dürfen. Er sieht ihren Platz »innerhalb der von Mk II angehobnen Auffassung der spätern Zeit, welche die Bedeutung der Gleichnisse für das Volk von der für den vertrauten Kreis unterscheidet« (I, 30)[117]. Wir würden das, was H. hier an Mk II gibt, auf die Kompositionsarbeit des Evangelisten zurückführen, könnten uns dabei aber weitgehend seiner Begründung anschließen. Überhaupt weist seine Charakterisierung des Mk II viele Züge auf, die wir für bezeichnend für den Verfasser des ältesten synoptischen Evangeliums halten. Andere Züge finden sich u. a. bei H.s Redaktor R, auf den er 4 13 b zurückführt, indem er urteilt: »R hat den Versen eine möglichst grundsätzliche Schwere geben wollen. Darum hat er in 13 die einleitende Frage Jesu durch den Zusatz καὶ πῶς — γνώσεσθε auf alle Gleichnisse ausgedehnt. Er hat damit die Bedeutung der Erklärung Jesu 11.12 nachträglich unterstrichen und die einleitende Frage 13 auf 21–25 erstreckt« (I, 31).

Dieser Diagnose kann man sich anschließen. Unter Absehung von H.s Voraussetzungen und seiner Terminologie würde das bedeuten: 4 13 a gehört als Überleitung zur Deutung der Säemannsparabel gemeinsam mit 4 10, auf das es antwortet, zur Markusvorlage. Markus hat v. 11 f. und 13 b eingefügt und 10b abgewandelt. So nimmt 13b auf den nun geschlossenen Gedankengang von 10–12 Bezug und weitet ihn vorausweisend auf die folgenden »Parabeln« von 21–32 aus.

Bevor wir diesen Teil abschließen, richten wir unser Augenmerk noch auf zwei Stellen, von denen H. sagt: »Es tut nichts Wesentliches zur Sache, daß ich zunächst zwei offenbare Glossen ausscheide, die noch nicht einmal zu R zu gehören brauchen, mindestens die erste nicht« (I, 31). Dabei handelt es sich um das σὺν τοῖς δώδεκα in v. 10 und um den Schluß von v. 12.

Es ist in der Tat nicht von erheblichem Gewicht, ob 12c auf den Evangelisten und seine Einfügung zurückgeht, obwohl gerade die am Ende unvollständige Wiedergabe des Zitates mehr über seine Intention sagen würde, als wenn er es zuende geführt hätte. Die Übereinstimmung der Seitenreferenten, bei denen das Stückchen fehlt, ist allerdings auffällig. Und da 12c bei Markus sinngemäß überschießt, sieht es tatsächlich so aus, als hätte eine spätere Hand nach Jes 6 10 vervollständigt[118].

Ob dagegen in 4 10 eine Glosse vorliegt, ist sehr fraglich. Erstens besteht ja die Möglichkeit, daß die Doppelheit aus der redaktionellen Kom-

---

[117] Nach Jeremias, aaO. S. 11 A. 1, ist 4 11 f. von Markus eingefügt, aber im Bestand vormarkinisch, da es zum Sprachgebrauch und zur Vorstellung des Markus in Spannung stünde; vgl. E. Schweizer, der den ganzen Einschub für vormarkinisch hält (Mk. S. 51). Den Gegensatz zwischen 4 12 und 8 17 f. vermag ich nicht wie J. zu sehen, vielmehr eine Korrespondenz des Motivs.

[118] Allerdings steht bei Jes nicht »vergeben« sondern »heilen«.

bination zweier Überleitungsverse entstanden ist. Da es aber nicht sicher ist, ob 4 11 eine v. 10 entsprechende Einleitung gehabt hat, besteht immer noch die andere Möglichkeit, die so ungeschickt klingende Wendung »die um ihn waren mit den Zwölfen« auf eine bestimmte Absicht des Markus zurückzuführen. Die Analogie in 8 34 läßt das vermuten.

Dort läßt Markus Jesus im Anschluß an das Petrusbekenntnis und die Zurückweisung des Petrus die Menge »mit seinen Jüngern« zusammenrufen. Auch dort ist das Verfahren auffällig, weil von der Menge vorher nirgends die Rede gewesen ist. Mag sie aus der Einleitung der Perikope stammen, so daß die Jünger von Markus zugefügt wurden, als er das Stück an die erste Leidensweissagung anschloß[119]; dennoch ist nach der Absicht des Markus zu fragen, weil er die Menge so unvermittelt auftreten läßt. Das gilt noch mehr, wenn Bultmann recht haben sollte, der 8 34a für eine Regiebemerkung des Markus hält[120]. Hier ist die Instruktion an die Jünger das Entscheidende, wie der ganze Kontext zeigt. Gibt es dennoch eine Absicht für die Erweiterung des Hörerkreises? Man könnte an eine augenfälligere Einbeziehung der Gemeinde unter die Hörerschaft durch den Evangelisten denken; ihr würde damit die Aufforderung zur Kreuzesnachfolge, sowie Jesu Zusage unmittelbar zugesprochen. Daß Markus in den Kapiteln 8—10 die Gemeinde intensiv belehrt, ist deutlich.

Offenbar liegt ihm 4 10, wo es sich ähnlich verhält, daran, die Zwölf als Hörer der Verse 11 f. zu kennzeichnen. Da er die unbestimmte Angabe der Vorlage »die um ihn waren« nicht gestrichen hat, läßt sich fragen, ob er nunmehr bloß beide identifiziert wissen will, oder ob er an einen größeren Kreis unter Einschluß der Zwölf denkt. Das zweite wird wahrscheinlicher sein, Markus erreicht mit seiner redaktionellen Gestaltung des Verses eine »unmittelbare *applicatio ad cor et mentem* der Gemeinde, die die Predigt Jesu vernehmen darf«[121]. Wenn Matthäus beide Male auf die Jünger beschränkt, so steht im Grunde das gleiche Verständnis dahinter, da bei ihm die Christenheit durch die Jünger repräsentiert wird[122].

Von den Versen 4 33+34, die mit großer Wahrscheinlichkeit zur Markusredaktion gehören[123], gibt H. den ersten an Mk I, den zweiten an

---

[119] So scheint es Riesenfeld zu verstehen, aaO. S. 163.
[120] aaO. S. 356; ebenso E. Schweizer, Mk. S. 99.
[121] H. J. Ebeling, Messiasgeheimnis S. 192; vgl. Marxsen, ZThK. 52, S. 267.
[122] Vgl. G. Bornkamm, G. Barth, Überlieferung S. 13 ff. und 98 ff. — E. Wendling sieht in dem »die um ihn waren« von 4 10 eine Anknüpfung des Redaktors an 3 34 (Entstehung S. 32). Das wird so nicht gehen, weil ja ein Ortswechsel dazwischenliegt. Trotzdem ist die Stelle eine Parallele, denn 3 34 ist durch 3 32 zu füllen, d. h. die gläubige Menge, die den Willen Gottes tut, ist die wahre Verwandtschaft Jesu. Grundmann vertritt die These, daß Komposition aus den Überleitungen zweier Stücke vorliegt (Mk. S. 91).
[123] So Bultmann, aaO. S. 166; Grundmann, Mk. S. 101; Schweizer, Mk. S. 59. Dagegen hält Marxsen nur 34a für sicher redaktionell und möchte die Verse sonst zur Vorlage rechnen, weil sie mit ihren Feststellungen genau dem Aufriß der Quelle

Mk II. Demnach hätte seine älteste Quelle, zu der auch v. 2a gehört, zweimal betont, Jesus habe vieles in vielen Gleichnissen gelehrt — und zwar bis zum Abend, denn 4 35 f. gehören auch zu Mk I, sie hätte aber lediglich die zwei kleinen Gleichnisse von der selbstwachsenden Saat und vom Senfkorn angeführt. Beide Verse (4 33+34) blicken aber offensichtlich auf die Endgestalt des Kapitels zurück, und dieser Umstand spricht für ihre Herkunft aus der Markusredaktion.

5. Ergebnis

Hirschs analytische Schritte durch das Gleichniskapitel haben keine überzeugende Quellenscheidung erbringen können. Die Nachprüfung seiner Analyse hat im einzelnen ergeben:

1. H. hat ein unzutreffendes Bild von der Quellenbenutzung und der Eigenständigkeit des Lukas. Darum ist die Möglichkeit, seinen Mk II durch Lukas bestätigen zu lassen, fiktiv. Damit läßt sich seine Quellenscheidung durch synoptischen Vergleich nicht mehr verifizieren.

2. Die willkürliche Quellenzuweisung einzelner Gleichnisse aufgrund einer Ermessensentscheidung kann nicht als Ausgangspunkt einer Quellenscheidung anerkannt werden. Eine inhaltlich-sachkritische Überprüfung, auf die H. durchgehend verzichtet, bestätigt die vorgenommene Quellenscheidung nicht. Ein Gleichnis wie Mc 4 26—29, das seine Entstehung der Urgemeinde verdankt, kann nicht in Mk I gestanden haben. Ebensowenig kann die Parabel vom Säemann Mc 4 3—8 nach H.s Prämissen in Mk II gestanden haben, wenn sie von Jesus selbst stammt, was sehr wahrscheinlich ist. Eine sekundäre Bildung zu 4 26—29 ist sie auf keinen Fall.

3. H.s Beobachtungen der unterschiedlichen Anreihungsformeln lassen sich nicht zugunsten der Annahme zweier literarischer Quellen auswerten. Sie unterscheiden vielmehr die Sammlungsstücke der Vorlage von redaktionellen Maßnahmen des Evangelisten. Sie machen deutlich,

---

folgen (aaO. S. 262 f.). Ähnlich argumentiert schon Wendling für die Ursprünglichkeit von v. 33. Er hält dagegen aber mit Recht die »Wiederaufnahme und Verallgemeinerung der esoterischen Belehrung« in v. 34b für redaktionell (aaO. S. 39). Die Korrespondenz von v. 33 mit v. 2, auf die W. hinweist, um seine Ursprünglichkeit zu belegen, spricht allerdings gerade gegen diese (aaO. S. 40). Nach H. J. Ebeling kann Markus nicht »der Redaktor von v. 10 ff. u n d v. 33 f.« sein, weil ihm der Szenenwechsel nicht entgangen wäre (aaO. S. 189). Da er mit v. 33 den Faden von 4 1 f. wieder aufnimmt und auf das ganze Kapitel zurückblickt, sei mit einer schematischen Übernahme des ganzen Kapitels zu rechnen, zu dem also auch vv. 10—12 gehört haben. — Jeremias zählt v. 33 zur zweiten Überlieferungsstufe und v. 34 zur Markusredaktion (aaO. S. 10 A. 5).

daß es sich bei der Vorlagenschicht bereits um eine Sammlung gehandelt hat, während H.s Evangelium Mk I ein fortlaufender Erlebnisbericht ist.

Die Rekonstruktion von zwei durchgehenden Erzählungssträngen im Sinne H.s kann aus der Analyse des Gleichniskapitels Mc 4 also nicht gerechtfertigt werden. Infolgedessen ist die Existenz eines Mk I, dessen Erlebnisbericht der Forschung den entscheidenden Zugang zu Wort und Tat des historischen Jesus eröffnet, anzuzweifeln.

Kapitel V

Die Gefahr des Reichtums, Mc 10 17-31

1. Die Perikope bei Hirsch (I, 111—113)

a) Einzelbeobachtungen zu 10 17-27 (I, 111 f.)

1. Der Vers 21 ist geflickt, meint H., denn wenigstens stört das »du wirst einen Schatz im Himmel haben« den Zusammenhang.

2. V. 22 birgt mit στυγνάσας ἐπὶ τῷ λόγῳ und λυπούμενος »Varianten«, deren zweite anscheinend das »denn er hatte viele Güter« bedingen soll, die angehängte Begründung dafür, warum der Reiche Jesus nicht nachfolgt.

3. Beide Ausrufe Jesu, die mit πῶς δυσκόλως (-ον) anfangen (v. 23 und 24b) sind Dubletten. Sekundär ist nach H. die Fassung, »welche die Schwierigkeit auf die Reichen beschränkt«.

4. Die zweite Hälfte von v. 25 (ab ἢ πλούσιον) stört den Fluß der Erzählung, muß also mit Wellhausen[1] gestrichen werden. Nun erst fügt sich v. 25 an 24b. Daß er damit ein geschlossenes Logion zerreißt, das in sich einen vergleichenden Gegensatz enthält, scheint H. nicht zu stören.

5. Dubletten sind schließlich auch v. 24a und 26a. Von ihnen hängt 24a mit 23b zusammen, während 26a zum Urstrang der Erzählung gehört und rechtmäßig an 24b/25a anschließt. Die Doppelheit entstand, als die beiden unter 3. genannten Dubletten in einen Zusammenhang gefügt wurden.

b) Ergebnis der Beobachtungen

Es liegt ein älterer Bericht zugrunde, der davon erzählt hat, wie Jesus einen Menschen »zur Nachfolge aufforderte«. Der kam jedoch dem Aufruf nicht nach, »weil ihm das Opfer zu schwer war«. Der Vorfall wurde für Jesus zum Anlaß, »ein herbes Wort« darüber zu sagen, wie schwierig

---

[1] Mc. S. 80. H. gibt den Fundort nicht an. — Die Streichung dieses Versteiles bei W. ist das Ergebnis einer unzulässigen Historisierung. W. nimmt den Abschnitt nicht als literarisches Dokument, aus dem eine Überlieferungsgeschichte ablesbar ist, sondern er fragt nur danach, wie Jesus wohl in der bezeichneten Situation am effektvollsten gesprochen haben wird. Daraus ergibt sich für ihn die Steigerung von v. 23b über 24a zu 24b/25a und der 24a korrespondierenden Entsprechung auf seiten der Jünger in 26.

es sei, ins Reich Gottes zu kommen. Von zweiter Hand wurde dem ursprünglichen Bericht dann die Fassung gegeben, in der die Ablehnung der Nachfolge mit dem Reichtum des Aufgerufenen begründet wird und in der Jesus demgemäß den Reichtum als das bloßstellt, was den Zugang zum Reich Gottes versperrt. So wurde »rationalisiert und moralisiert« zugleich. Beide Versionen wurden schließlich vereint, und es entstand der heute vorliegende Markustext. H. schließt: »Daß die drei Hände die uns bekannten Mk I, Mk II und R sind, braucht nicht erst gesagt zu werden« (I, 111).

c) Quellenscheidung

Die Lukasfassung entspricht der für Mk II anzusetzenden und enthält keine Dubletten; Lukas bietet jeweils die jüngeren Teile der markinischen Dubletten. Auch das ist selbstverständlich, denn Lukas kennt ja nur Mk II. Von ihm her wird also rekonstruiert, was Mk II, was älter (Mk I) oder jünger (R) ist:

1. Der Zug aus v. 21, daß Jesus den Fragenden mit Liebe anblickt, fehlt bei Lukas; Mk II wird ihn gestrichen haben, weil er daran Anstoß nahm, daß Jesus jemand geliebt haben sollte, der doch verlorenging.

2. Die bei Lukas ebenfalls fehlenden Worte »alles ist möglich bei Gott« (v. 27) gehören hingegen nicht zum ursprünglichen Bestand, sondern sind »als nachträgliche Hinzufügung, die in einigen Handschriften anders gefaßt ist oder ganz fehlt und von Wellhausen gestrichen wird« zu beurteilen (I, 112). Da Matthäus sie gelesen hat, sind sie an R zu geben.

Diese und alle vorher angestellten »sichern Beobachtungen« reichen aus, um folgende Schlüsse zu ziehen:

In Mk I fehlten vom heutigen Markustext

V. 21: καὶ δός bis οὐρανῷ
V. 22: λυπούμενος bis πολλά
V. 23: von πῶς δυσκόλως an
V. 24: Anfang bis λέγει αὐτοῖς
V. 25: von ἢ πλούσιον an
V. 27: von πάντα γάρ an.

Aus Ergänzungen und Streichungen des Mk II entstand ein Text, bei dem vom heutigen Markustext folgendes fehlte:

V. 21: ἐμβλέψας bis αὐτὸν καί
V. 22: στυγνάσας ἐπὶ τῷ λόγῳ
V. 24: ganz
V. 27: von πάντα γάρ an.

R hatte unseren Text. Von ihm stammen 24a, der durch die Kombination von Mk I und II notwendig wurde, und 27c gemäß der ihm eigentümlichen Tendenz zur Verdeutlichung.

d) Mc 10 28—31 (I, 112 f.)

1. Die Verse stellen nach H. keine selbständige Szene dar, sondern sie bilden den natürlichen Abschluß der vorigen.

2. Eine »gedankenlose Glosse« kann leicht ausgeschieden werden, nämlich in v. 30 οἰκίας bis διωγμῶν. Lukas und Matthäus »zeigen die ursprüngliche Form dieses Verses«, der den größeren Wert »der christlichen Gemeinschaft in Gott« und die daraus kommende »Freiheit und Freude« im Blick hatte. Der Glossator legt hier »grob materialistisch« aus.

3. V. 31 schließt nicht gut an 30 an, würde aber eine »treffliche Antwort im Sinne und Geiste Jesu auf die Bemerkung des Petrus (28) sein«. Immerhin weiß man ja, wie Jesus auf solche Fragen nur antworten kann, nämlich keineswegs bestätigend. Er muß vielmehr »eines seiner herben und kühlen Worte« sagen, »die menschlicher Einbildung und Vermessenheit gegenüber die unerbittliche Logik des Göttlichen zur Geltung bringen« (I, 113). Da Lukas den Vers nicht gelesen hat[2], Mk II ihn also gestrichen hatte, muß er bei Mk I gleich auf das »wahrlich ich sage euch« von v. 29 gefolgt sein. Mk II hat ihn durch den Rest von v. 29 und v. 30 ersetzt. R fügte beides zusammen und glich es an Mc 8 35 an, indem er in v. 30 »um meinetwillen« einschob. H. konstatiert: »In seiner Mk I-Gestalt ist der Abschnitt nun wirklich ein echter und schöner Abschluß geworden« (I, 113).

2. Kritik

Die alte Erzählung, die H. rekonstruiert, wird ihm besonders wirklichkeitsnah vorkommen. Sie entspricht aber der Form nach ebenfalls noch, wie die Endgestalt bei Markus, der verbreiteten Überlieferungsform des Apophthegmas. Sie zeigt eine kurze und sehr allgemeine Exposition als szenische Rahmung und mündet aus in ein Logion. Dergleichen könnte, auf jeden beliebigen Rabbi angewendet, hundertmal in den Pirqe Abot stehen.

a) Einzelkritiken zu v. 19—22

1. Auf das μὴ ἀποστερήσεις von v. 19 ist er nicht eingegangen. Es fehlt bei den Seitenreferenten, könnte also, streng genommen, erst nach der Benutzung durch Matthäus in den Text gelangt sein. H. müßte es an den Glossator geben, denn Matthäus hat die von R kombinierte Fassung benutzt. Der Schluß liegt nahe, daß eine spätere Hand sich veranlaßt sah, die Reihe der Gebote zu vervollständigen. Denn das μὴ ἀποστερήσεις, das der Vokabel nach aus Ex 20 10 stammt, während es seinen inhaltlichen Hintergrund in Lev 19 13 und Dtn 24 14 haben dürfte, soll »wohl, gleich dem μὴ ἐπιυμήσεις in Rm 13 9, vgl. 7 7, das neunte und zehnte

---

[2] Lc 13 30 zeigt freilich, daß Lukas das Wort kannte; so wird man vorsichtiger sein müssen mit dem Urteil darüber, ob er es an dieser Stelle gelesen hat oder nicht.

Gebot repräsentieren«[3]. Denkbar wäre freilich auch, daß es im Markustext ursprünglich war und von beiden Seitenreferenten zwar gelesen aber gestrichen worden ist[4], etwa aus dem Grunde, weil es nicht zum Wortlaut des Dekalogs gehört. In der Tat fällt es schwer, sich vorzustellen, daß man später mit einem Ausdruck aufgefüllt haben sollte, der keine Berührung mit dem Wortlaut des neunten und zehnten Gebotes hat. Matthäus fügt das Doppelgebot der Liebe an und stellt so eine ganz andere Vollständigkeit der Gebote über das Verhältnis des Menschen zu seinem Nächsten her. Die textlichen Varianten bei der Gebotswiedergabe im Markustext haben zwar nach Grundmann[5] keine Bedeutung, sie zeigen wohl nur die mannigfachen Versuche einer Angleichung; doch heben sie umso deutlicher die Differenz hervor, die zwischen Markus und Lukas einerseits und Matthäus andererseits besteht. Lassen sich jene beiden bei freier Zitation der Gebote aus Ex 20 vom griechischen Sprachempfinden leiten, so setzt ihnen Matthäus das durch die LXX oder sein semitisches Sprachempfinden nahegelegte mit οὐ verneinte Futur entgegen. Doch hat auch er offenbar frei zitiert und den Text nicht nach Ex 20 überarbeitet, denn er verbessert die Reihenfolge der Gebote aus Markus nicht in die der LXX und läßt außerdem noch das σου hinter πατέρα fort, während die LXX selbst noch hinter μητέρα ein σου haben[6].

2. Weiter fehlt der liebende Blick Jesu (v. 21), den H. als einen wesentlichen Zug der ältesten Erzählung zugeschrieben hat, ebenfalls nicht nur bei Lukas, sondern auch bei Matthäus. Normalerweise müßte er mit der R-Version bei Matthäus wieder auftauchen, wenn er zu Mk I gehörte und von Mk II fortgelassen worden war. Nun zählt H. jedoch im zweiten Band diesen Vers unter denen auf, die Matthäus aus wohlüberlegter Absicht gegenüber Markus abgewandelt hat, und er kann damit nur diese Auslassung meinen[7]. Weil sich tatsächlich leichter ein Grund dafür finden läßt, daß dieser Zug durch die Seitenreferenten als anstößig gestrichen wurde, als für seine nachträgliche Interpolation, wird ähnlich wie bei H. zu urteilen sein: Der Zug gehörte ursprünglich zu der Erzählung und wurde von Matthäus und von Lukas — natürlich nicht von Mk II — getilgt[8]. Was hätte ein Interpolator damit auch verdeutlichen

---

[3] Klostermann z. St.; vgl. Lohmeyer, Mk. S. 210.
[4] So urteilt Hans v. Soden, Aufs. I, S. 165.
[5] Mk. S. 211.
[6] Ebenso der masoretische Text. — Zur Reihenfolge der Gebote vgl. Klostermann z. St.
[7] II, 311. — Für die Durchführbarkeit von H.s Quellenscheidung ist es entscheidend, daß wiederum bei Matthäus eine »echte« Auslassung vorliegt, während er bei Lukas vom Fehlen in der Vorlage ausgehen muß.
[8] Vgl. auch M. Albertz, Streitgespräche S. 84: Bei der ersten Niederschrift hatte man noch die lebendige mündliche Erzählung im Ohr und versuchte, deren Eindrücke durch Schilderung von Gesten und dergleichen zu erhalten. Die späteren Bearbeiter

wollen? Die für alle Christen gültige Aussage, daß Jesu Liebe von dem, den er liebt, besonders viel fordert, kann schon eins der Anliegen bei der Konzeption der Perikope in der Urgemeinde gewesen sein[9], die dann später die von H. für Mk II vorausgesetzte Korrektur erfahren hat, daß Jesus einen Menschen, der dann doch verlorenging, nicht geliebt haben kann. Wenn Lohmeyer recht hat, daß die erste Antwort Jesu, mit der er auf die Gebote verweist, faktisch eine Abweisung des Fragenden bedeutet, weil man von einem Rabbi ja nicht die Gebote hören will, sondern wie sie in der Gegenwart zur Geltung kommen, dann wäre mit Lohmeyer dieser Zug insofern ein konstitutives Element der Erzählung, als mit der Liebe Jesu motiviert wird, warum er dann doch weiteren Rat erteilt[10]. Der Kontrast zu der späteren Ablehnung würde sich damit verstärken, und damit zugleich wird schon eine Exposition für das schärfere Wort Jesu in v. 25 vorbereitet. Versteht man die ganze Szene als von christlicher Seite in Antithetik zu dem von W. Zimmerli aufgezeigten Institut am Tempel konzipiert, so kann in diesem Zug ebenfalls ein Bindeglied zwischen der ersten Antwort Jesu, die über die im Tempel zu erhaltende Auskunft nicht hinausgeht, und dem zweiten Teil gesehen werden, der die Weisung für die von Jesus Geliebten enthält.

Weiter stellt H. fest, in v. 21 sprenge das »so wirst du einen Schatz im Himmel haben« den Zusammenhang. Es steht auch wirklich ein

---

erstrebten immer mehr literarische Formen. So verschwinden lebhafte Ausdrucksformen, und Ansätze zu Stimmungsschilderungen bei Jesus »verkümmern unter der dogmatischen Ehrfurcht«. — Auch H. v. Soden hält den Zug bei Markus für ursprünglich (aaO.).

[9] W. Zimmerli erliegt in seinem Aufsatz über die Frage des Reichen dem Fehlschluß, daß es sich deswegen um eine Episode aus den Tagen Jesu handeln müsse, weil die Eingangsfrage nach dem ewigen Leben nicht nur im rabbinischen Schulgespräch auftaucht, sondern auch einen Sitz im kultischen Leben Israels hat, nämlich beim Betreten des Tempels. Hat es dieses Institut tatsächlich gegeben, dann ist es aber gerade wenig wahrscheinlich, daß einer die dort beheimatete Frage nach dem ewigen Leben aus dem kultischen Sitz im Leben gelöst und Jesus vorgelegt hat. Das hieße Jesus an die Stelle des Tempels rücken. In der Urgemeinde ist dagegen dieses christologische Motiv als Anlaß für die Konzeption der Perikope denkbar, denn die Gemeinde erfährt Weisung in das ewige Leben nicht im Tempel, sondern bei Jesus Christus, der selbst der Grund ihrer Hoffnung ist (vgl. Bultmann, ThW. II, S. 866 f.). Das findet in der synoptischen Tradition seinen Ausdruck darin, daß Jesus autoritativ Weisung über die ζωὴ αἰώνιος erteilt; gefragt oder ungefragt erteilt er Wegweisung in sie: Mc 9 43 ff. 10 28 ff. Lc 10 25 ff. 12 15b. Entsprechend kann er auch im Endeffekt als Richter über Teilhabe oder Verlust bezeichnet werden (Mt 25 31—46). Ist Jesus Wegweiser in die ζωὴ αἰώνιος und damit Kriterium der Teilhabe, dann führt der Weg in sie über sein wegweisendes Wort und über die Nachfolge (Mc 10 12c.28—31). Das Nachfolgemotiv spielt bei Markus eine zentrale Rolle, vgl. 8 34—38 10 32—45.

[10] Vgl. Mk. S. 210 f.; auch Grundmann, Mk. S. 211.

wenig parenthetisch da, und das »und folge mir nach« schließt nicht gut daran an. Hier läßt sich nun der eigenartige Gebrauch, den H. vom synoptischen Vergleich macht, vortrefflich beobachten. Es genügt ihm, die Störung festzustellen, um alsbald das störende Stück der zweiten Schicht zuzuweisen. Er braucht darüber kaum Worte zu verlieren, denn nach seinen Prämissen ist die Lage klar. Da beide Seitenreferenten den gleichen Text führen, muß ein Einschub aus Mk II vorliegen. Hätte er allerdings keinen Anstoß am Markustext genommen, dann würde der synoptische Vergleich nur bestätigen, daß das betreffende Stück aus Mk I auch in Mk II gestanden hat. Bei einer solchen Handhabung bietet er für jede vorgängige Entscheidung den unschlagbaren Beweis. Er sieht an dieser Stelle nicht so aus, daß die Übereinstimmung mit Matthäus und Lukas den Markustext als ursprünglich sichert, sondern diese Übereinstimmung verhilft nach dem vorliegenden Konzept dazu, ein Stück, an dem man Anstoß genommen hat, an eine Sekundärquelle zu geben. Damit wird der synoptische Vergleich in seiner Beweisfunktion entwertet, denn nun kann er jede Ermessensentscheidung bestätigen. Das Empfinden des Forschers muß nur zuvor festsetzen, was aus der ursprünglichen Schicht stammt und von Mk II übernommen ist, oder was nicht aus ihr stammen kann und darum von Mk II eingetragen sein muß. Der Lukasvergleich bestätigt beides.

3. Das Urteil über die Varianten in v. 22 fällt H. leicht, weil λυπούμενος mit dem »denn er hatte viele Güter« zusammenhängt, das die Betrübnis des Fragenden motiviert[11]. Wie H. zu den Dubletten v. 23b/24b ausführt, gehört für ihn in dieser Perikope alles das zur Schicht Mk II, was mit der Erwähnung des Reichtums zu tun hat. Also kann für ihn in v. 22 nur στυγνάσας κτλ. ursprünglich sein.

Möchte man, entgegen der möglichen Annahme einer späteren Interpolation dieses bei Markus überschießenden Versteiles 22a, H. darin zustimmen, daß er in der Erzählung ursprünglich sein wird, so können doch seine Entscheidungen im einzelnen nicht überzeugen. Die »Einzelbeobachtungen«, die ihn zu seiner Aufteilung in Schichten führen, sind an dieser Stelle deutlich von seiner Hypothese der Existenz zweier Schichten her getroffen, und der synoptische Vergleich erscheint infolgedessen als manipuliert. Übrigens zeigt die ganze Szene, trotz ihrer beinahe übertriebenen Anschaulichkeit, nicht den Charakter eines Erlebnisberichtes, wie er für Mk I vorauszusetzen wäre. Vielmehr wird sie durch ihre wesentlichen Züge als ein Lehrgespräch gekennzeichnet, das sich aus einem Fall herausspinnt. Diese Züge sind die bei aller Anschaulichkeit allgemein bleibende Einleitung v. 17b, die expositorische Frage v. 17c, der dogmatische Exkurs über das »gut«, nachdem kaum eine Exposition geschaffen war, v. 18, der Verweis auf die Gebote mit der entsprechenden

---

[11] Dazu sagt Lohmeyer, Mk. S. 212: »Nicht aus Ungehorsam gegen ein Gebot, sondern wie aus Trauer über ein Verhängnis geht der Reiche fort.«

Antwort v. 19 f., die den Fortgang des Gesprächs erforderlich macht, und schließlich die Erwähnung des Reichtums als Erklärung dafür, warum der Mann nach allem Vorangegangenen doch versagt, und als Vorbereitung der Worte Jesu v. 23 und 25, in denen das Gespräch kulminiert. Zur inneren Notwendigkeit des Fortgangs der Erzählung erklärt Lohmeyer richtig: »Je mehr man dem Gespräch seelsorgerlichen Charakter zuschreibt, um so deutlicher fehlt hier der Schluß; und je mehr man es zu einem Lehrgespräch stempelt, um so klarer fehlt auch hier die Lösung. Die Perikope fordert also eine Fortsetzung, die in 10 23—27 vorliegt.«[12] Wahrscheinlich bildet aber nicht v. 27, sondern v. 25 den ursprünglichen Schluß des Lehrgesprächs.

b) Zu v. 23—27

Die beiden Ausrufe Jesu in v. 23b und 24b sind von H. richtig als Dubletten erkannt (I, 111)[13]. Er macht dabei eine traditionsgeschichtliche Aussage, die grundsätzlich richtig sein könnte. Im allgemeinen trifft es schon zu, daß bei Dubletten und Zusätzen das sekundäre Gut an den Verdeutlichungen kenntlich ist, die ursprünglich allgemeinere Aussagen immer mehr spezifizieren. Deshalb könnte also bei den Dubletten tatsächlich die später hinzugekommene Version diejenige sein, welche die Schwierigkeit auf die Reichen einengt. Nur schließen sich solche nachträglichen Verdeutlichungen normalerweise an bestimmte Nebenzüge an, die ein Interesse für genauere Definition erwecken; dagegen werden die charakteristischen Hauptzüge einer Überlieferungseinheit auf diese Weise nicht verändert[14]. Das wäre hier jedoch der Fall, wenn H. recht hätte. Nun fehlt Mc 10 24 bei Lukas, und sein Ort bei Markus ist in den Handschriften unterschiedlich überliefert, denn der westliche Text stellt v. 25 vor 24. Eine Anzahl Zeugen (Ephraemi, Bezae, Koridethianus, die Koinegruppe und die meisten anderen, sowie Clemens Alexandrinus) schwächt die Aussage ab durch die Einfügung von »die ihr Vertrauen auf (die) Güter setzen« und gleicht damit an v. 23b an. Angesichts dieser Lage in der Überlieferung könnte man v. 24 schon als späteren Zuwachs ansehen, der allerdings noch vor der Benutzung durch Matthäus an seinen Ort ge-

---

[12] Mk. S. 213, anders Bultmann, Trad. S. 207 (s. u. Anm. 16). Auch nach H. geht die Szene in Mk I über v. 22 hinaus. Da er keinen seelsorgerlichen Charakter erkennt, sie auch nicht als Lehrgespräch versteht, muß sie sich bei ihm als erlebnisecht berichtete und für Jesus bezeichnende Episode bis v. 31 erstrecken. Für Wellhausen, Mc. S. 80, sind 17—22 der »Kern« und das Folgende bis v. 31 »Kontinuationen speziell für die Jünger bestimmt«. A. Suhl, Zitate S. 77, schließt sich Lohmeyer an und hält die Perikope für ganz durchkomponiert unter der Absicht, den »Satz« v. 23/25 zu »demonstrieren«, der im voraus feststand.
[13] Vgl. auch Bultmann, Trad. S. 20.
[14] Vgl. dazu Bultmann, Trad. S. 335 ff.

langt sein müßte; denn Matthäus verrät mit seinem »wiederum sage ich euch« (19 24), daß er den Markusvers an dieser Stelle gelesen hat. Da wir jedoch nicht wie H. mechanisch am Lukasvergleich die Ergebnisse ablesen wollen, soll die Frage zunächst noch unentschieden bleiben, wenngleich die Versuchung naheliegt, mit einer solchen Entscheidung H. von vornherein zu widerlegen; denn so erwiese sich von der Dublette gerade die allgemeinere Aussage als sekundär, und alles, was mit dem Reichtum zu tun hat, hätte als ursprünglich zu gelten.

Nach den bisherigen Feststellungen ist v. 23 ohnehin die im Vorausgegangenen deutlich vorbereitete Antwort auf die Szene 17–22. Bei H. liegt eine Inkonsequenz vor: Auch in seinem Mk I ist die Aufforderung an den Fragenden, alles zu verkaufen, was er hat, der Anlaß für die Ablehnung der Nachfolge, d. h. der Besitz des Mannes ist schon in Mk I impliziert, auch hier liegt der Anstoß darin, daß er ihn hergeben soll. Wenn auch bei H. die Episode ihren Fortgang mit Logien Jesu nimmt, die sich über die Schwierigkeit des Eingehens ins Reich Gottes auslassen, dann müssen sie sich auf den vorliegenden Fall bezogen haben. Also ist von v. 21 her bereits gefordert, daß der Skopus des sich anschließenden Jesuswortes auf den durch seinen Besitz Gebundenen abzielt. Demgegenüber verallgemeinert v. 24, und H. läßt seinen Mk I, also Jesus, aus dem Rahmen der Szene springen, wenn er den beziehungslosen Spruch v. 24 für das Jesuswort erklärt, das seine Stellungnahme im gegenwärtigen Fall ausdrückt. Freilich ist H. dazu genötigt, weil er die mit v. 24 korrespondierenden vv. 26 f. für die historische Episode halten will.

Mit v. 23 gehört das Hauptlogion der Geschichte, v. 25, zusammen, von dem H. nur die erste Hälfte gemeinsam mit v. 24b für primär und authentisch ansehen will. Aus dem Logion v. 25, das Bultmann als ein echtes Jesuswort anführt[15], bzw. aus dem Doppelspruch 23b/25, hat die Gemeinde das Lehrgespräch herausgesponnen[16]. Als unmittelbare Exposition für dieses Logion muß v. 22b gegen H. beibehalten werden.

Wenn H. weiter den v. 25 zerreißt, hat er schon in formaler Hinsicht alle Wahrscheinlichkeit gegen sich. Denn es ist undenkbar, daß in einem Vergleich, der heute als geschlossener Spruch zuerst die Bildaussage und dann die verglichene Sachaussage bietet, die zweite Hälfte erst hinzugewachsen sein soll. Daran ändert auch der Umstand nichts, daß die verglichene Sachaussage dem Komparativ schon in v. 24b unmittelbar voransteht. Von formalen und formgeschichtlichen Gesichts-

---

[15] Vgl. Trad. S. 110.
[16] So Dibelius, Formgeschichte S. 48. Anders Bultmann, Trad. S. 207, der das Apophthegma bis v. 22 rechnet und 23–27 unter die Zusätze zählt. Danach wäre 23–25 ein altes Apophthegma, das schon vor Markus mit 17–22 verbunden worden ist. Albertz, aaO. S. 53 f., hält 17–27 für eine Einheit und erst 28 ff. für Zuwachs.

punkten her ist es unmöglich, diese beiden Versteile zu einem Vergleich zusammenzubinden. Denn damit stünde die Bildaussage des Vergleichs als nachklappender absoluter Komparativ losgelöst für sich, während sich bei der gegenwärtigen Textgestalt die mit εὐκοπώτερον — ἤ eingeleiteten Teile harmonisch zu einem Ganzen fügen. Darüber hinaus beweisen Bildworte, einfache Vergleiche, Gleichnisse und Paradoxien die Eigenart dieser Gattung, bei der das Bild oder der Vergleich dem, was verglichen werden soll, der Sachaussage, immer vorangestellt ist. Diese Formalstruktur, besonders in der Gliederung eines Spruches durch »besser (lieber) ... als«, ist so gängig, daß man sich wundert, wie jemand auf den Gedanken kommen kann, in einem Spruch dieser Form zwei literarische Schichten wiederentdecken zu können.

Unter den zahlreichen Belegen für die Formalstruktur solcher Sprüche in den Synoptikern[17] und in den Proverbien[18] steht dem v. 25 als formale Parallele das Wort Lc 16 17 am nächsten: »Es ist aber leichter, daß Himmel und Erde vergehen, als daß ein Häkchen vom Gesetz falle«. Auch dort heißt es εὐκοπώτερον ... ἤ. Und ein außerbiblisches Wort, das nach der Bildhälfte eine Parallele darstellt, zeigt die gleiche Struktur, Lukian, *adv. indoct.* 23: »Man könnte leichter fünf Elephanten unter der Achsel verbergen (d. h. ohne daß es bemerkt wird) als einen Menschen, der Unzucht treibt« (θᾶττον ... ἤ). Endlich spricht noch der Umstand, daß in dem übereinstimmenden τρήματος und εἰσελθεῖν der Seitenreferenten eine andere Form des Spruches (aus Q?) durchschimmert, die beiden neben Markus vorgelegen haben mag, für das Alter und die geschlossene, vielleicht sogar selbständige Überlieferung des ganzen Logions Mc 10 25.

Diese Beobachtung wird durch die Form der Perikope im Nazaräerevangelium gestützt (Origenes, Mt. tom. XV, 14 — Klostermann, Origenes Werkes, 10. Bd., GCS. 40, 2 S. 389 f. und Hennecke, Apokryphen I³ S. 97). Dort scheint ein in manchen Zügen gegenüber der synoptischen Gestaltung der Perikope überlieferungsgeschichtlich früheres Stadium erhalten zu sein. Es fehlen gerade die Abschwächungen und Verallgemeinerungen der strengen Aussage, die bei Markus durch die Äußerungen der Verse 23 f. und 26 f. vorgenommen sind. — Daß andere sekundäre Erweiterungen vorliegen, braucht hier nicht ausgeführt zu werden. — Wichtig ist jedoch gegen H. die intakte Überlieferung des Logions Mc 10 25 in der gleichen Folge der Versteile 25a.b. Auch im Nazaräerevangelium bildet dieses Logion die Pointe und das Schlußwort der Szene[19]. So wird es angesichts dieser Sondergestalt der Überlieferung und angesichts

---

[17] Vgl. Lc 6 31 Mt 5 29b Mc 9 43—47 Lc 12 36 Mt 24 27 Lc 17 26.28—30 Mt 12 24.

[18] Vgl. Prov 12 19 15 16 f. 16 8.19 17 12 21 9 = 25 24 21 19 28 6.

[19] Sein Wortlaut *»facilius est camelum intrare per foramen acus quam divitem in regnum caelorum«* entspricht der griechischen Überlieferung hinter Matthäus und

der noch zu notierenden zahlreichen Abschwächungen, welche die zentrale Aussage der Perikope erfahren hat, auch fraglich, ob man mit Bultmann den ganzen Doppelspruch 23b/25 für ein echtes Jesuswort halten kann[20]. Ohnehin scheint v. 23b eher eine Dublette zu v. 25 zu sein. Möglicherweise hat das strenge Logion sehr früh eine erste Abmilderung erfahren und ist in dieser abgemilderten Form als Doppelspruch in die synoptische Überlieferung eingegangen. Handelt es sich bei v. 23 um eine Dublette zu v. 25, so ist dieser durch die Vorschaltung jenes etwas weicheren Verses (»wie schwierig ist es«) entschärft, weil v. 25 nun wie die bildhafte Entfaltung von v. 23 aussieht. Damit ist die generelle Unmöglichkeit, die v. 25 konstatiert, zu einer großen Schwierigkeit herabgemindert, die gleichwohl die Möglichkeit nicht ausschließt[21]. Es ist also umgekehrt zu analysieren, als es bei H. geschieht: Das ursprüngliche Logion ist v. 25a+b, wahrscheinliche Dublette dazu und Abmilderung als sekundäre Einleitung ist v. 23b. Eine überlieferungsgeschichtlich noch spätere Stufe repräsentiert v. 24, dessen literarische Einordnung oben offen gelassen wurde und über den jetzt im Zusammenhang mit v. 26 zu entscheiden ist.

V. 26a, dessen λέγοντες πρὸς ἑαυτούς ohnehin die Hand des Markus erkennen läßt, weist offensichtlich auf v. 24 zurück. Die westlichen Textzeugen unterstreichen das durch die Umstellung von 24 und 25. Andererseits bildet 26a, gemessen an der Aussage von v. 25, eine zu starke Überleitung: Warum sollten die Jünger über die Maßen darüber erschrecken, daß Reiche so schwer in die Gottesherrschaft eingehen? Nein, darüber wundern sie sich (24a); sie erschrecken darüber, daß es generell so ungemein schwer sein soll hineinzukommen (24b). Und so bezieht sich ihre Frage »und wer kann gerettet werden?« (26b) nicht auf den v. 25 sondern auf v. 24 zurück. V. 24 hatte die Schwierigkeit des Eingehens in die Basileia nicht mehr nur auf die Reichen beschränkt und durch die Generalisierung das Logion von v. 25 ebenfalls weiter entschärft. Den v. 26b weist der *terminus technicus* der urchristlichen Missionssprache »retten«[22] seinerseits als sekundär aus. Bultmanns Urteil, v. 24 und 26f. seien von Markus eingefügt[23], bestätigt sich als richtig. Gemessen daran, daß v. 27 weder 24

Lukas und in den Handschriften, die für διελθεῖν εἰσελθεῖν setzen und am Schluß des Verses das εἰσελθεῖν fortlassen (Koridethi und sy^s; andere haben Mischformen wie Lukas).

[20] Trad. S. 110; vgl. Braun, Radikalismus II, 74 A. 1.
[21] Die Herkunft des Logions v. 25 von Jesus ist für diese Sicht keine Vorbedingung. Wie die Gestalt der Perikope im Nazaräerevangelium zeigt, entspricht sie den Intentionen bestimmter Kreise; sie könnten nicht nur für die Tradition der strengeren Fassung, sondern auch für deren Entstehung verantwortlich sein. Die beobachteten Abmilderungen bis in die Handschriftenüberlieferung von v. 24 (»die ihr Vertrauen setzen ...«) werden davon nicht tangiert.
[22] Vgl. Grundmann, Mk. S. 213.
[23] Trad. S. 21, vgl. dort auch A. 1.

noch 25 treffend kommentiert und daß er auch keine genaue Antwort auf die Frage von 26b ist, erweist sich v. 26b im ganzen doch noch als eine ausreichende Überleitung, die das beziehungslos dastehende Jesuswort von v. 27 über die abmildernde Einfügung von v. 24 mit der Perikope verbindet.

Welchen Zweck soll die Einfügung des Evangelisten erfüllen? Dient sie der wiederholten Einschränkung des zentralen Logions, dessen Schärfe nicht mehr gerechtfertigt schien, als sich das Christentum auch in höheren sozialen Schichten ausgebreitet hatte und im römischen Imperium werbend auftrat? Ist sie ein Reflex aus der Praxis der christlichen Missions- und Gemeindeerfahrung? Jedenfalls braucht v. 24b, der 23 wiederholt und von den Reichen weg verallgemeinert, nicht nur als eine weitere Abschwächung des Logions über die Reichen verstanden zu werden. Offensichtlich will Markus überhaupt von dem engen Zuschnitt des Wortes auf die Reichen weg und es allgemeiner paränetisch nutzbar machen. Entsprechend korrespondiert der von ihm in v. 24 festgestellten generellen Schwierigkeit des Eingangs in die Basileia v. 27 als positive Aussage des Evangelisten: was für Menschen allgemein schwierig (v. 24) oder unmöglich (v. 27) ist, das macht Gott möglich.

Dieser Hinweis könnte im vorliegenden Kontext noch zur Abwehr der Vorstellung dienen, als brauchte der Mensch nur bestimmte Bedingungen zu erfüllen, wie z. B. seinen Besitz aufzugeben, um des ewigen Lebens teilhaftig zu werden. Demgegenüber will Markus im ganzen Abschnitt auf die Nachfolge hinaus, wie die Anfügung von 28—31 zeigt. Die Nachfolge schließt für den Jünger den Verzicht ein, auch Leiden (8 34) und Sterben (8 35 10 38 ff.). Aber auch darin kann Markus keine Bedingungen sehen, die zwar unabdingbar wären, deren Erfüllung jedoch die Teilhabe am ewigen Leben gewährleistet. Das unterstreicht er durch die Aufnahme von 10 35—40 in den Zusammenhang der Kapitel 8 bis 10. So mildert er durch seinen Einschub v. 23b und 25 ab, indem er verallgemeinernd auf die christliche Nachfolge abzielt, zu deren schwierigen Bedingungen auch das »alles Verlassen« (v. 28) gehört. Einen grundsätzlichen Besitzverzicht, der noch neben die Erfüllung der Gebote treten müßte, damit das erfragte ewige Leben »gesichert« sei[24], fordert er augenscheinlich gerade nicht.

Zu der Annahme, Mc 10 24 und 26a seien erst nach der Benutzung durch Lukas hinzugewachsen, besteht keine Veranlassung. Lukas ist hier eine sinngemäße Kürzung durchaus zuzutrauen, mit der er einen ungebrochenen Erzählungsfortgang herstellte. Auch entspricht seiner Einstellung zum Reichtum zu gut, was bei Markus in den Versen 23 und 25 gesagt wird, als daß er es sich durch v. 24 wieder nivellieren ließe. Da er zudem Kenntnis von v. 26b verrät, dürfte er auch den ersten

---

[24] So sieht es H. Braun, aaO. S. 75 A. 1 mit Hinweis auf Lohmeyer und Percy.

Teil dieses Markusverses gelesen haben; denn beide Teile gehören ja eng zusammen, da sie für die Einfügung des Evangelisten die Verbindung nach vorwärts und nach rückwärts herstellen. Endlich wird man auch v. 26b nicht gut von 24b trennen können, wie Lukas selbst demonstriert; denn so, wie die Jüngerfrage jetzt bei ihm steht, erscheint sie reichlich unmotiviert. Lukas bezieht nun den v. 27 des Markus auf das σωθῆναι und setzt dieses durch die Auslassung von Mc 10 24 vom Eingehen in das Reich Gottes ab. Offenbar konnte er die allgemeine, skeptisch klingende Äußerung des Markus in diesem Sinne nicht akzeptieren.

c) Zu Mc 10 28—31

Der Abschnitt ist selbständig und nicht der natürliche Schluß der vorausgegangenen Erzählung, wie H. meint. Thematisch mit dieser verwandt, wurde er von Markus selbst angehängt. Hält man mit Bultmann[25] v. 28 für eine Übergangsbildung des Evangelisten, so hebt gerade das ἤρξατο λέγειν[26] deutlich heraus, daß nunmehr neuer Stoff beigebracht wird. H.s Analyse ist unzutreffend; sie zeugt einmal mehr von seiner lebhaften Phantasie, die es ihm ermöglicht, stets das situationsgemäße Wort Jesu zu erahnen. Es gehört schon einige Phantasie dazu, das Wort von den Ersten und Letzten v. 31 als die richtige und einzig mögliche Antwort Jesu auf die Petrusfrage von v. 28 herauszufinden. Dieses Logion ist offensichtlich nach der Art des Markus ganz locker am Ende angehängt[27], ohne besonders in diesen Zusammenhang zu passen[28]. Deshalb hat Lukas es wohl auch an dieser Stelle nicht berücksichtigt, sondern im Zusammenhang des Q-Stoffes in Kap. 13 wiedergegeben. Für H. scheidet freilich die Möglichkeit aus, daß Lukas einen Vers seiner Markusvorlage übergangen haben könnte; ihm ist vielmehr das Fehlen bei Lukas ein Beweis dafür, daß der Vers zu Mk I gehörte, zumal er sich bei Matthäus wiederfindet. Die Treffsicherheit des Ergebnisses, das nun ein passendes Wort Jesu für die Situation gefunden hat, das ganz dem Geiste Jesu entspricht, bestätigt ihm seine quellenkritische Entscheidung.

Ist v. 31 jedoch nur lose angehängt, dann ist v. 29 f. der eigentliche Jüngerspruch, der thematisch im Sinne des Evangelisten mit der Geschichte vorher zu tun hat und den er deshalb hier szenisch einbaute. Und wenn Käsemann recht hat, daß die Seitenreferenten mit ihrem »es viel-

---

[25] Trad. S. 21.
[26] Es ist nach Lohmeyer kaum semitisch oder griechisch möglich, wohl aber lateinisch, Mk. S. 216 A. 1. Zu dieser typisch markinischen Wendung vgl. 1 45 2 23 4 1 5 17.20 6 2.7.34 8 11.31 10 32.47 11 15 12 1 13 5 14 19.65.69.71 15 8.18, von denen die meisten ganz sicher redaktionell sind.
[27] Vgl. Bultmann, Trad. S. 20.
[28] So auch Lohmeyer, Mk. S. 217. — Was das Wort als Brückenschlag zu der folgenden Leidensweissagung bedeutet, wäre gesondert zu untersuchen.

fältig nehmen« eine sekundäre Form gegenüber Markus vertreten, die »eine Abbreviatur schon der Logienquelle« gegenüber dem »pedantisch exakt« ausgeführten »göttliche(n) Talio« darstellt[29], dann ist der Aussagegehalt von v. 29 f. gewichtig genug, um eine eigene kleine Jüngerszene zu rechtfertigen, die das positive Pendant zu 17–25 darstellt.

d) Ergebnis im Blick auf H.s Hypothese

Auch an dieser Stelle hat sich die Undurchführbarkeit von H.s Quellenscheidung gezeigt. Die Einzelentscheidungen, mit denen er seine Analyse sicherstellen will, haben sich im wesentlichen als unzutreffend herausgestellt. Denn gerade diejenigen Züge, die er als sekundären Zuwachs zum alten Bericht ansieht, haben sich als integrierende Bestandteile der ursprünglichen Perikope erwiesen, während andererseits die von ihm für ursprünglich gehaltenen Aussagen — jedenfalls die für seine Quellenscheidung ausschlaggebenden — erst einer späteren Bearbeitungsstufe angehören.

---

[29] Aufs. II, 93.

Kapitel VI

Die Verleugnung des Petrus samt ihrer
Vorhersage durch Jesus, Mc 14 par. Lc 22

1. Vorbemerkung

Nach H. stammt alles, was Lukas im Zusammenhang mit der Verleugnung des Petrus berichtet, aus »einer nicht markinischen Vorlage«[1]. In seinem Markus hat er davon nichts gelesen, denn Mk II hat die Verleugnungsepisode, die der Erzähler von Mk I aus eigenem Erleben weitergegeben hatte, seinen Grundsätzen entsprechend gestrichen (I, 155). Eine Überprüfung der vorgenommenen Quellenscheidung hat also die Aufgabe zu untersuchen, ob Markus etwa doch die heutige Gestalt hatte, als Lukas ihn benutzte, und ob Lukas ihn an dieser Stelle nur überarbeitet hat. Der Aufweis einiger Spuren aus Markus bei Lukas würde freilich noch nicht genügen, um H. zu widerlegen. Denn der Konsequenz, daß Lukas dann Mk I verarbeitet haben müßte, kann er sich mit dem Hinweis entziehen, daß er ja für die gesamte Leidensgeschichte des Lukas eine Sonderquelle voraussetzt, die zwar von Mk II unabhängig ist, die aber Mk I, wenn auch sehr frei und ihn verwandelnd, aufgenommen hat[2]. Es müßte also schon die Überarbeitung einer dem heutigen Markus etwa entsprechenden Vorlage durch Lukas an dieser Stelle wahrscheinlich gemacht werden, wenn H.s Konstruktion einstürzen soll. Und das ist bei der Verleugnungsgeschichte möglich.

*2. Traditionsgeschichtliche Analyse der Vorhersage
der Verleugnung in Lc 22 31—34*

Nach H. ist der Markustext Mk I, während die Lukasperikope insgesamt aus der Sondergutquelle Lu II stammt[3]. Der Sondergutcharakter

---

[1] Tatsächlich unterscheidet H. zwei außermarkinische Verleugnungsgeschichten, die beide dem Lukas vorgelegen haben. Eine stammt aus Q, die andere aus Lu II. Lukas folgt allein dieser und nimmt aus Q nur v. 62 auf (II, 265). Die Q-Fassung rekonstruiert H. nach den Abweichungen des Matthäus von Markus; vgl. den Wortlaut II, 401 und die Anmerkung dazu: »Es ist wahrscheinlich, daß jede von Markus abweichende Spielart dieser Erzählung aus Q stammt. Sicher ist es von dem letzten Satz.« Von Lu II sagt er jedoch II, 265, es sei eine »späte, ganz eigne Wege gehende Darstellung«.

[2] Vgl. I, 148.

[3] I, 155; II, 259.

von Lc 22 31 f. ist offenkundig. Zwar scheint der Doppelvers eine (mildere) Dublette zu Mc 14 27 f. zu sein, denn beide Texte weisen auf den bevorstehenden Abfall hin und blicken auf ein »hernach«; beide Male geschieht das auch als Ouvertüre zur Vorhersage der Verleugnung. Doch liegt deutlich hier der Markuswortlaut dem des Lukas nicht zugrunde. H. wird darin recht haben, daß der Gebrauch des Namens Simon und vielleicht auch die an Lc 10 41 (Martha, Martha) erinnernde doppelte Anrede den v. 31 als vorlukanisch ausweisen[4]. Eine redaktionelle Schöpfung des Lukas, die Mc 14 27 f. abmildernd ersetzen sollte, liegt augenscheinlich nicht vor[5]; es handelt sich um unabhängige Tradition[6].

Wie steht es aber mit den beiden anderen Versen der Lukasperikope? H. gibt sie ebenfalls an Lu II, denn Lukas kann ja in seiner Markusvorlage Mk II nichts über die Verleugnung des Petrus gefunden haben. Dabei erklärt er den für Lukas spezifischen Gebrauch des Petrusnamens in der Anrede v. 34 für eine schriftstellerische Eintragung des Evangelisten, der lebendiger erzählen wollte (II, 259). Nun hat jedoch schon Bultmann empfunden, daß »V. 33 f. ... nach V. 31 f. deplaziert (wirkt), da V. 32 mit dem Ausblick auf die große Rolle des Petrus schloß, während V. 33 f. nur die traurige Kehrseite zum Inhalt hat«[7]. Das würde also gegen die Einheitlichkeit des Stückes sprechen, und Bultmann setzt denn auch die Eigenständigkeit von v. 31 f. in dem Sinne voraus, daß diese Tradition eine Verleugnung des Petrus nicht kennt[8]. G. Klein vertieft diese Sicht Bultmanns und spricht von zwei konkurrierenden Petrusbildern[9]. Bultmanns Vermutung, daß mit dem σύ ποτε ἐπιστρέψας v. 32b erst von Lukas der Bezug auf die Verleugnung nachgetragen worden ist, stützt er mit starken Argumenten[10]. Im Blick auf die sachliche Spannung zwischen den beiden Teilen der Lukasperikope gewinnt auch die unterschiedliche Petrusanrede mehr Gewicht. Alle Beobachtungen laufen darauf hinaus, daß zwei Überlieferungsstücke, die möglicherweise Unterschiedliches, ja Gegensätzliches von Petrus ausgesagt haben, miteinander verbunden wor-

---

[4] II, 259; vgl. Grundmann, Lk. S. 405; Schürmann, Abschiedsrede S. 101 f.; Klein, Verleugnung S. 304.

[5] Gegen Finegan, Überlieferung S. 14.

[6] Vgl. Bultmann, Trad. S. 287 f.; Grundmann, aaO.; Schürmann identifiziert sie als lukanisch redigierte Sondertradition, aaO. S. 99—112. Besonders zu vergleichen ist E. Linnemann, ZThK. 63, S. 2 ff., deren Aufsatz mir durch ein Versehen so spät zu Gesicht kam, daß ich nur noch nachträgliche Hinweise einfügen konnte.

[7] aaO.

[8] aaO. S. 288; nach Dibelius, Formgesch. S. 201, hing das selbständig überlieferte Jesuswort »mit der Weissagung der Verleugnung ... in der Tradition keinesfalls zusammen«.

[9] aaO. S. 302. Dazu E. Linnemann, aaO. S. 3—7.

[10] aaO. S. 301—303; die Konkordanz führt für ἐπιστρέφειν bei Lukas sechs Stellen im Evangelium ohne Parallelen an und neun Stellen in Act; Lukas hat etwa die Hälfte aller ntl. Stellen.

den sind. Die Vorhersage der Verleugnung ist sekundär an die Weissagung von der Sichtung der Jünger und der Bewährung des Petrus angehängt worden. Dabei steht die nichtmarkinische Herkunft von v. 31 f. fest, während für v. 33 f. die Frage der Herkunft noch offen ist.

Die Übereinstimmungen von Lc 22 34 mit Mc 14 30 sind freilich so groß, daß H. Schürmann seine Untersuchung gleich mit der Frage beginnt, ob die Differenzen von lukanischer Redaktionsarbeit her verstanden werden können[11]. Er erreicht dafür einen verhältnismäßig hohen Grad an Wahrscheinlichkeit, woraus im Blick auf die Übereinstimmungen zwischen Markus und Lukas »eine moralische Gewißheit (entsteht), daß Lk 34 luk(anische) Mk-R(edaktion) ist«[12]. Einige wichtige Gesichtspunkte seien hier wiedergegeben:

a) »Die Anrede Πέτρε begegnet im NT ausschließlich bei Luk«; den Namen selbst wird er aus Markus v. 29 aufgenommen haben; Anreden im Vokativ fügt er mit Vorliebe ein (S. 23).

b) Lukas kürzt auch sonst bei Markus gehäufte Zeitangaben und konkrete Zahlenangaben (S. 24.25).

c) Die Zufügung von μὴ εἰδέναι erklärt sich aus dem lukanischen Gebrauch von (ἀπ) ἀρνεῖσθαι (S. 26).

Lc 22 33 dürfte kaum ein überliefertes Einzelwort gewesen sein[13], es ist als Exposition zu v. 34 von diesem abhängig. Insofern liegt auch seine Herkunft aus Markus nahe. Schürmann hält auch hier die Übereinstimmungen und die Sinnverwandtschaft mit Mc 14 29.31 für offenkundig genug, um wiederum nur die Differenzen zu betrachten. Aufs neue ergibt sich die Wahrscheinlichkeit lukanischer Redaktion des vorliegenden Markustextes, wobei Lukas außerdem in Anlehnung an II Sam 15 20 f. formuliert hat, — was übrigens auch für v. 32 gilt[14].

Der Evangelist Lukas hat also die Weissagung aus seinem Sondergut von der Sichtung der Jünger mit der Vorhersage der Verleugnung des Petrus kombiniert, die er seiner Markusvorlage entnommen und überarbeitet hat, weil er — so darf vermutet werden — die dort berichtete Verleugnung ebenfalls wiedergeben wollte. Zwischen beiden Stücken bestand ein Widerspruch, also glich er aus. Sollte gleichwohl das lukanische Sondergut ebenfalls eine Verleugnungsgeschichte enthalten haben, so steht gegen H. dennoch fest: Lukas hat in seinem Markus die Verse Mc 14 29–31 gelesen, wahrscheinlich sogar die ganze Perikope v. 27–31; denn er hält ihren Aufriß ein und gibt ihren Aussagegehalt wieder, wenn er vor die Ansage der Verleugnung eine Art Dublette zur Ansage des Jün-

---

[11] aaO. S. 22 ff.
[12] aaO. S. 27.
[13] Vgl. Schürmann, aaO. S. 35.
[14] aaO. S. 27–35. Vgl. auch E. Linnemann, aaO. S. 22–24, wo die redaktionellen Motive des Lukas besonders berücksichtigt sind. Eine traditionsgeschichtliche Analyse der Markusfassung bietet die Verf. S. 12–22.

gerabfalls setzt. H.s Quellenscheidung trifft demnach an dieser Stelle weder für Markus noch für Lukas zu; das gilt auch noch unter der Voraussetzung, daß Lc 22 34 allein aus Markus stammen sollte, wie es z. B. V. Taylor annimmt[15]. Sollte H. nämlich recht behalten, dann dürfte Lukas gerade diesen Vers nicht in seiner Markusvorlage gefunden haben. Seine Herkunft aus Markus ist aber am sichersten erwiesen.

3. Die Verleugnung nach Markus als Vorlage für Lc 22 54b—62

Wie steht es mit der eigentlichen Verleugnungserzählung des Lukas, bei der W. Grundmann[16] immerhin markinische Züge verarbeitet findet, wenn er auch eine Sondervorlage postuliert, während J. Finegan, dem R. Bultmann gegen seine früher geäußerte Ansicht zustimmt[17], sie als eine freie Umgestaltung des Markusberichtes ansieht, im Vergleich zu dem Lukas kein neues Wissen zeige[18]?

Bei Lukas steht die Szene nicht im Zusammenhang der Verhöre; als Folge davon ergibt sich ein unterbrechungsfreier Fortgang des Prozesses Jesu. Die nächtliche Sitzung des Hohen Rates hat Lukas aufgegeben, erst in der Frühe tritt dieser zusammen (v. 66)[19]. Das beruht weniger auf besserer historischer Information als auf der redaktionellen Absicht, die Jesus bei der Verleugnung zugegen sein lassen will (v. 61). Während bei Markus die Konfrontation so hergestellt ist, daß die beiden Szenen mit dem bekennenden Jesus und dem verleugnenden Petrus ineinander geschachtelt sind, stellt Lukas die Personen einander gegenüber. Soll Jesus aber bei der Verleugnung als Zeuge zugegen sein, kann ein Verhör vor dem Hohenpriester nicht zur gleichen Zeit stattfinden. Also stellt man die Verleugnung vor das Verhör, das ohnehin nicht in der kurzen Zeit zwischen zwei Hahnenschreien denkbar ist[20]. Die Verleugnung selber spielt vor dem Hahnenschrei, also verlegt Lukas sie zurück und schließt sie an Mc 14 53 f. an; die Verse führen Petrus an dem Ort ein, wo die Szene stattfinden soll. Εἰς τὴν οἰκίαν (Lc 22 54a) soll sicherstellen, daß Jesus gemäß dem Markusbericht zwar beim Hohenpriester, nach v. 66 freilich noch nicht im Verhör ist. So eröffnet es die Möglichkeit, Jesus in

---

[15] Behind the Third Gospel S. 42 f.; auch Rehkopf hat für seine Behauptung, 31—34 gehörten ganz zur Sondervorlage (Sonderquelle S. 84 A. 1), an v. 34 den geringsten Anhalt, hatte er doch auch schon S. 2 A. 4 die Übereinstimmung des Verses mit Markus festgestellt.

[16] Lk. S. 416.

[17] Vgl. Ergänzungsheft zu Trad. S. 290.

[18] aaO. S. 23; Taylor rechnet für die Passionsgeschichte mit einer lukanischen Sonderquelle, führt aber die Verleugnungsszene ebenfalls nur auf den Markusbericht zurück; mindestens die Hälfte des Wortbestandes seien Markus und Lukas gemeinsam (aaO. S. 48).

[19] Vgl. Hirsch II, 264.

[20] So P. Winter, Mc 14 S. 262; Lukas hat den zweimaligen Hahnenschrei getilgt.

v. 61 auf dem Hofe bei der Verleugnung anwesend sein zu lassen[21], ist also wahrscheinlich redaktionelle Einfügung des Lukas. V. 54b stimmt wörtlich zu Mc 14 54a, und die weitere Exposition zum eigentlichen Verleugnungsvorgang gibt Lukas in v. 55 aus Mc 14 54 ohne Abstrich und Zusatz wieder, nur daß bei Markus das Feuer schon brennt, während Lukas erzählt, wie es angezündet wird — ein für den stark auf Anschaulichkeit abgestellten Bericht des Lukas charakteristischer Zug[22].

Im einzelnen läßt ein versweiser Vergleich für Lukas folgendes erkennen:

V. 56: Lukas kürzt sinngemäß gegenüber Markus ab. Er beschränkt sich auf das Wesentliche, das den Fortgang der Handlung fördert. Es herrscht teilweise Übereinstimmung im Wortgebrauch. Τις mit Nomina gebraucht Lukas 38 mal, dazu 63 mal in Act; dem stehen eine Stelle bei Matthäus und zwei bei Markus gegenüber[23]. Das συγκαθήμενος πρὸς τὸ φῶς aus Mc 14 54, aus dem zunächst das Anzünden des Feuers herausgesponnen worden war, erscheint hier als nachträgliche Verdeutlichung. Ἐμβλέπειν wird verstärkt in ἀτενίζειν, das außerhalb des lukanischen Doppelwerkes im Neuen Testament nur noch II Cor 3 7.13 begegnet. Das bei Markus häufige *praesens historicum* steht bei Lukas höchst selten[24]. Bei den an Petrus gerichteten Worten verwendet Lukas die indirekte Rede, wo Markus die direkte hat, und umgekehrt. So stammt das οὗτος v. 56 aus Mc 14 69, das direkte σύ aus Mc 14 67 erscheint dagegen bei Lukas in der zweiten Anrede v. 58. Lukas gebraucht gleich Markus das Imperfekt: Petrus »war« mit »ihm«, wie er gekürzt wiedergibt, wobei aus dem μετά des Markus ein σύν wird. Die wesentlichste Auslassung des Verses ist der Wegfall des Namens Nazarener für Jesus. Lukas bringt ihn insgesamt zweimal in seinem Evangelium, einmal nach Markus in 4 34 und in 24 19 im Sondergut. In Act fehlt er ganz. Neben 22 56 fehlt er auch in der Parallele zu Mc 16 6; für Mc 10 47 steht Lc 18 57 »Nazoräer«, das auch in Act gebräuchlich ist.

V. 57: Trotz Kürzung ist wörtliche Übereinstimmung mit Markus vorhanden. Der Zusatz γύναι geht auf das Konto des Lukas, wie ἄνθρωπε v. 58 als belebender Zug gedacht[25].

V. 58: Lukas läßt Petrus nicht den Platz wechseln, denn Jesus soll ja die dreimalige Verleugnung hören und durch seinen Blick das Eintreffen der Vorhersage bestätigen. So verkündet also nicht die Petrus nachfolgende Magd im Vorhof anderen Hörern seine Identität, wie das bei Markus geschieht, sondern am gleichen Ort wird ein anderer Zeuge aufgeboten, der sich »bald danach« einstellt. Βραχύ begegnet sonst noch

---

[21] Vgl. Hirsch, aaO.
[22] Hirsch, aaO.: Der Bericht ist auf »große Szene angelegt«.
[23] Hawkins, Horae S. 19.37.
[24] Vgl. Hawkins, aaO. S. 22.
[25] Zum eingefügten Vokativ vgl. die zahlreichen Stellen bei Schürmann, aaO. S. 23.

zweimal in Act, einmal bei Johannes und dreimal im Hebräerbrief, davon zweimal als Zitat. Πάλιν vermeidet Lukas auch v. 59 und sonst[26]. Ἕτερος ist bei ihm äußerst beliebt; 8 Stellen bei Matthäus und nur einer im unechten Schluß bei Markus stehen 33 bei Lukas und 17 in Act gegenüber[27]. Der Zeuge redet diesmal Petrus direkt an, wobei auch das ἐξ αὐτῶν aus Markus erhalten bleibt. Ebenso gebrauchen beide Evangelisten wiederum das gleiche Tempus: »du bist« (Lukas), »er ist« (Markus) »ja auch ein Galiläer« (beide). Die darauf folgende Verleugnung durch Petrus führt Lukas auch hier in einem Satz direkter Rede aus. Im Hintergrund wird der Gedanke stehen, daß die Verleugnung dreimal ausgesprochen werden muß, außerdem steigert es die Dramatik. Ἄνθρωπε kommt in den Evangelien überhaupt nur bei Lukas vor (4 mal), sonst noch dreimal im NT.

V. 59: Lukas verlängert den bei Markus angegebenen zeitlichen Abstand auf eine Stunde, da er das μετὰ μικρόν aus Mc 14 70 schon in v. 57b verwendet hatte. Beide Male wird so der fehlende Ortswechsel nach der ersten Verleugnung ausgeglichen. Zur Auslassung von πάλιν s. zu v. 58. Διϊστάναι gebraucht im NT Lukas allein, ὡσεί steht neunmal bei Lukas und sechsmal in Act (gegenüber dreimal Mt und einmal Mc)[28]. Lukas bringt wiederum einen neuen Zeugen bei, der ganz unbestimmt mit ἄλλος τις bezeichnet wird. Zu τις s. zu v. 56; ἄλλος tritt sonst bei Lukas gegenüber ἕτερος zurück (10 mal Lc, 30 mal Mt, 22 mal Mc, 5 mal Act)[29], das hier aber gerade erst verwendet worden war; es wird ein stilistisch bedingter Wechsel vorliegen. Möglicherweise schimmert die Markusfassung noch darin durch, daß aus den οἱ παρεστῶτες bei Lukas ein männlicher Zeuge wird. Nur Lukas gebraucht im NT διϊσχυρίζεσθαι, neben dieser Stelle noch Act 12 15. Das dritte Wort an Petrus hat Lukas, wohl aus Gründen der Steigerung, stärker moduliert, doch ist Markus vollständig darin aufgenommen. Ἀληθῶς ist bei Lukas das Äquivalent für das stark zurückgedrängte Amen am Anfang von Logien und steht nur in Jesusworten (3 mal); zu ἐπ' ἀληθείας sind Lc 4 25 Act 4 27 10 34 zu vergleichen.

V. 60: Die dritte Verleugnung streicht Lukas nicht wie Markus besonders stark heraus. Er bricht diese Steigerung weg, wohl um Petrus zu schonen[30]. So fällt die Verleugnung sehr schwach aus und richtet sich faktisch nicht gegen die Person Jesu; Petrus behauptet nur allgemein, nicht zu wissen, wovon der Ankläger redet. Bei aller Kürze sind dennoch οὐκ οἶδα und das Verb λέγειν aus Markus erhalten geblieben. Zu

---

[26] Vgl. Hawkins, aaO. S. 22.
[27] Vgl. Hawkins, aaO. S. 16; Harnack, Sprüche S. 22.
[28] Vgl. Hawkins, aaO. S. 20.
[29] Vgl. Hawkins, aaO. S. 16 A. d.
[30] Vgl. Finegan, aaO. S. 24. Wie Lukas auf seine Weise auch eine Steigerung erreicht, zeigt E. Linnemann, aaO. S. 29 f.

ἄνθρωπε s. bei v. 58. Παραχρῆμα steht außer Mt 21 19.20 nur bei Lukas (10 mal Evangelium, 6 mal Act).

Es ist immerhin beachtlich, daß Lukas aus allen Antworten des Petrus nichts verloren gehen läßt, was bei Markus steht; und er fügt auch nichts Neues hinzu. Die erste Antwort aus Markus, »Ich weiß nicht, was du sagst«, ist bei Lukas die dritte geworden, dafür nimmt er als erste die dritte des Markus. Er tauscht also diese beiden Antworten nur aus, und bei der zweiten Verleugnung setzt er an die Stelle der indirekten Rede die direkte. Sie bringt aber auch nichts weiter als die Leugnung der Tatsache, daß Petrus einer der Begleiter Jesu ist. Trotz der nun dreifach von Petrus ausgesprochenen Verleugnung schwächt Lukas sie im ganzen aus Pietät gegen seinen Apostelfürsten Petrus ab. Andererseits steigert er das Stimmungsmäßige, wenn er hernach den Blick Jesu einführt[31], der Petrus das Gewissen weckt.

V. 61: Der zweite Halbvers stimmt mit Markus überein, nur ist das dem Erzählungsverlauf nicht entsprechende δίς ausgelassen, wie auch schon bei der Vorhersage der Verleugnung (22 34). Lukas zitiert das prophezeiende Wort Jesu hier in Übereinstimmung mit Markus, indem er im Unterschied zu 22 34 die Partikel πρίν gebraucht. Über Markus hinaus hält er an dem σήμερον von Mc 14 30 par. Lc 22 34 fest, das Markus hier nicht wiederholt. Im ersten Halbvers findet sich die einzige sachliche Abweichung von Markus, indem durch den Blick Jesu deutlich wird, daß er die Verleugnung miterlebt. Es wird ein Zusatz des Evangelisten selbst sein, denn στραφείς von Jesus ausgesagt verwendet er siebenmal[32], und Jesus wird bei ihm in erzählenden Wendungen 16 mal Kyrios genannt[33].

V. 62: Auffällig ist hier die völlige Übereinstimmung von Matthäus und Lukas im Unterschied zu Markus. Auf sie stützt H. seine Annahme einer Q-Fassung der Verleugnung, die er dann nach den Abweichungen des Matthäus von Markus rekonstruiert. Für eine beiden Seitenreferenten gemeinsame nichtmarkinische Vorlage müßte man aber von durchgehenden Übereinstimmungen beider etwas merken. Da Q nun einmal aus den Gemeinsamkeiten beider gegenüber Markus rekonstruiert werden muß, kann man nicht einfach beim Fehlen der Lukasparallele nach Matthäus allein einen Q-Text wiederherstellen. Anhaltspunkte für eine solche gemeinsame Vorlage der Seitenreferenten finden sich aber weiter keine. Darum hat B. H. Streeters Ansicht noch am meisten für sich, der sich Finegan anschließt, daß der Vers aus dem Matthäusevangelium hierher übertragen worden ist und man ihn mit den europäischen und afrikanischen Altlateinern streichen müsse[34]. Zu den von Tischendorf und Stree-

---

[31] Vgl. Klein, aaO. S. 290; E. Linnemann, aaO. S. 27. Taylor will ihn aus mündlicher Tradition erklären, aaO. S. 49.

[32] Sonst Mt 2 mal, Joh 1 mal; vgl. Hawkins, aaO. S. 19.37.

[33] Bei Joh 5 mal; vgl. Hawkins, aaO. S. 17.34.

[34] aaO. S. 24; vgl. Streeter, aaO. S. 323; ebenso Grundmann, Lk. S. 417.

ter genannten Altlateinern a b e ff² i l tritt nach Nestle noch die Majuskel 0171 aus dem 4. Jahrhundert. Von den Herausgebern zeigen nur Westcott und Hort gewisse Bedenken an der Ursprünglichkeit des Verses. Wenn Lukas hier nicht erwähnt hat, daß Petrus fortgegangen ist, dann wird das im Zusammenhang mit der nicht berichteten Jüngerflucht zu sehen und von Act 1 21 f. her zu deuten sein: die Apostel sind von Anfang bis Ende dabei gewesen.

Auf H.s Entscheidung über die Quellenlage bei der Verleugnungsgeschichte gesehen, ergibt sich nunmehr folgendes: Die Abhängigkeit des Lukas vom Markusbericht tritt deutlich hervor. Seine Abweichungen sind zu geringfügig, um die Annahme einer Sonderquelle zu rechtfertigen, zumal außer dem Blick Jesu nichts Neues hinzutritt und alle Abweichungen gut auf den Evangelisten zurückgeführt werden können. Also hat schon unser heutiger Markustext dem Lukas vorgelegen. Hirsch wurde durch sein Gefühl für das Echte, das Erlebte, in die Irre geführt, denn den Erlebnisbericht des Mk I, der auch die Verleugnung des Petrus enthalten hatte, die erst auf Umwegen über lukanische Sonderquellen zu Lukas gelangt ist, weil seine Markusvorlage sie gestrichen hatte, hat es nicht gegeben.

Die Auseinandersetzung mit H. ist an dieser Stelle dadurch erschwert, daß der Komplex um die Verleugnung des Petrus zum Passionsbericht gehört. Und hier ist die Debatte um lukanische Sondervorlagen noch im vollen Gange. Freilich entscheidet heute nicht mehr wie bei H. die Frage der historischen Echtheit darüber, ob ein Lukastext aus einer anderen Vorlage als Markus stammen muß. Wenn man heute von literarkritischen, stilkritischen, traditions- und formgeschichtlichen Gesichtspunkten und von der redaktionsgeschichtlichen Fragestellung her zu der Annahme einer lukanischen Sondertradition über die Leidensgeschichte kommt, dann ist damit H.s Quellenscheidung nicht automatisch gerechtfertigt.

Wenn z. B. F. Rehkopf die Übereinstimmung von Lc 22 34 mit Markus konstatiert, dann ist eben damit zu rechnen, daß Lukas die ihm bekannte Markusversion in seinen Bericht eingearbeitet hat[35]. Nach H. konnte dieser Vers dem Lukas jedoch nicht aus seinem Markus zugekommen sein, denn er gehört zum Komplex der Verleugnung und war von Mk II gestrichen. Das Gleiche gilt für Lc 22 61 par. Mc 14 72 [36]. Die anderen bei Rehkopf angeführten Fälle kommen für die hiesige Fragestellung

---

[35] Diese Aussage hat dann beweisende Kraft, wenn es sich wie bei 22 34 um Stücke handelt, die H. nicht an Mk II geben kann.

[36] Rehkopf notiert die Übereinstimmung der Verse aaO. S. 2 A. 4; H. gibt den Vers mit der ganzen Perikope an Mk I (I, 161; II, 264) und sieht in dem lukanischen Zusatz v. 61a den Beweis dafür, daß »etwas völlig Neues gegen den Markusbericht erzählt wird« (II, 264).

nicht in Betracht, weil H. sie zu Mk II rechnet und die Entsprechung zwischen Markus und Lukas also nichts beweist.

Die Analyse hat dargelegt, daß man für die Verleugnungserzählung mitsamt ihrer Vorhersage bei Lukas keine besondere Vorlage rekonstruieren kann. Ein weitergehendes Pauschalurteil über den Sachverhalt bei der gesamten Passionsgeschichte des Lukas ist von hier aus nicht möglich. Daß in Lc 22 31 f. Sondergut verwendet ist, wurde schon deutlich, später wird das auch für 22 35—38 festzustellen sein. Doch ist auch damit noch nicht erwiesen, ob es sich bereits um eine vorlukanische Passionsgeschichte gehandelt hat oder nur um Sondergüter. Der Inhalt der Stoffe gibt als solcher darüber keine Auskunft. Ob die Komposition von Lc 22 in der Frage Aufschluß gibt, müßte eine genaue Analyse untersuchen. Die Lukasversion der Verleugnung des Petrus dürfte jedoch hinreichend als eigene Überarbeitung des Markusberichtes durch den dritten Evangelisten erwiesen sein. Er hat die Erzählung nur ein wenig gestrafft und stilistisch verbessert, die szenischen Änderungen haben kompositionelle Gründe und gehen auf das Konto des Evangelisten. Denn wenn Jesus Zeuge der Verleugnung sein soll, die nach G. Klein schon immer eine dreifache gewesen ist, soweit sich das traditionsgeschichtlich zurückverfolgen läßt[37], dann kann Lukas unmöglich die Handlung nach der ersten Leugnung in den Vorhof verlegen; er hätte sonst den gefangenen Jesus folgen lassen müssen. Da ist seine Lösung unauffälliger. Kleins Annahme, hinter Lukas stände eine einfachere ältere Form, »die an der subjektiven Befindlichkeit des Hauptbeteiligten noch so wenig interessiert war, daß sie ihn seine Verleugnungen sozusagen seelenruhig nacheinander μέσος αὐτῶν sitzend ableisten lassen konnte«, und die Markusfassung sei demgegenüber schon eine Psychologisierung[38], hat also wenig Wahrscheinlichkeit für sich.

Das Ergebnis des oben angeführten Textvergleichs wird auch von H.s Schüler H. Helmbold bestätigt, der sich gleichwohl dadurch nicht von der Annahme der grundsätzlichen Richtigkeit der Hirschschen Quellenscheidung abbringen läßt. Helmbold befindet sich in seinem ganzen Buch »Vorsynoptische Evangelien« beständig im Gespräch mit H., den er weiterführt, modifiziert und korrigiert. In wie starkem Maße das der Fall ist, bemerkt erst derjenige, der zu jeder Aussage Helmbolds die jeweiligen Äußerungen H.s vergleicht; sie verhalten sich zueinander wie Text und Kommentar. Der Hirschsche Text wird stets als gültig vorausgesetzt, es wird fast nie ausdrücklich auf ihn Bezug genommen. Ausgesprochene Korrekturen bringt Helmbold sozusagen hinter vorgehaltener Hand an. So auch bei der Verleugnungsgeschichte, wo es in einer Anmerkung während der Ausführungen über die Quelle MkL (Mk II bei H.) geschieht[39].

---

[37] aaO. S. 309 ff., gleichzeitig als Argument gegen die Historizität gewendet. Zum traditionsgeschichtlichen Problem vgl. E. Linnemann, aaO. S. 7—22. 31 f.

[38] aaO. S. 291. Das hier erzielte Ergebnis stimmt überein mit E. Linnemann, aaO. S. 30 f.

[39] aaO. S. 22 A. 7.

Helmbold übernimmt dort generell H.s Charakterisierung von Mk II als einer überarbeitenden Korrektur von Mk I und sagt dabei: »Alles, was einen Schatten auf die Machtvollkommenheit Jesu, auf die Jünger oder auf die Angehörigen werfen konnte, ist beseitigt oder gemildert.« Und dazu merkt er an: »Der Annahme allerdings, daß MkL dann auch die Verleugnung des Petrus Mk 14 29—31.54.66—72 EV (= Mk I) gestrichen habe, stehen allzu enge wörtliche Berührungen von Lk 22 34.54b—56a.61c mit Markus entgegen, die sich aus Vermittlung durch MtQ (L) (bei H. Q bzw. Lu I) überhaupt nicht, durch KL II (= Lu II) schwerlich erkennen lassen.« Daß es sich hierbei nicht bloß um eine verworfene hypothetische Möglichkeit im Verlauf der analytischen Überlegungen Helmbolds handelt, sondern um das Eingeständnis der Haltlosigkeit von H.s quellenkritischer Interpretation, wird nur demjenigen deutlich, der H. gegenwärtig hat oder Schritt für Schritt vergleicht.

4. Ergebnis

Als Ergebnis bleibt festzuhalten: Die lukanische Verleugnungsgeschichte ist ohne weiteres vom vorliegenden Markustext her zu verstehen. Der Schluß ist unabweisbar, daß Lukas die Vorankündigung der Verleugnung in seinem Markus gelesen und sie auch in seiner Abschiedsrede Jesu verwendet hat. Auch für die Verleugnung des Petrus hat ihm ein Markustext vorgelegen, der mit dessen heutiger Gestalt im wesentlichen identisch ist. Das bedeutet, H.s Quellenscheidung, seine Charakterisierung von Mk I und II, sowie seine Einschätzung der lukanischen Redaktionsarbeit sind auch von dieser Stelle aus widerlegt. Daran ändert sich auch nichts, wenn jemand die eigene Gestaltung des Lukas bei der Verleugnungsgeschichte geringer ansetzen will und deshalb eine Vorlage neben Markus postuliert. Denn als eine seiner Quellen hat ihm der ganze heutige Markus in jedem Fall vorgelegen, und das ist Beweis genug gegen H. Eine von Markus unbeeinflußte Vorlage und Gestaltung für Lc 22 33 f.54—61 anzunehmen, entbehrte jeder Grundlage.

Schluß: Der Ertrag der Analysen für die Fragestellung der Untersuchung

Für die in dieser Untersuchung an H. gerichtete Frage haben die analytischen Kapitel folgendes ergeben. Der einzigartige Zugang, den der petrinische Erlebnisbericht des Mk I zum historischen Jesus eröffnet hätte, besteht nicht. Die Existenz von Mk I ist nicht nachweisbar, wie überhaupt die Aufteilung des Markusevangeliums in die beiden Quellenschriften Mk I und Mk II einer genauen Überprüfung nicht standhält. Damit muß auch der letzte groß angelegte Versuch als gescheitert angesehen werden, der in einer literarischen Quellenschicht der synoptischen Überlieferung den unmittelbaren Niederschlag des Wirkens und der Predigt Jesu erfassen zu können glaubte. Die aus den Bestandteilen der Quelle Mk I gewonnenen Nachrichten über Jesus und sein Wort unterliegen also weiterhin der historischen Kritik, weil ihre Ursprünglichkeit nicht mehr durch die Existenz der Primärquelle garantiert wird. Es bedarf weiterhin historischer Einzelkriterien zur Feststellung des Ursprünglichen und Authentischen. Das Jesusbild von Mk I, das schon die einzelnen quellenkritischen Entscheidungen häufig beeinflußt hat, kann als zureichendes Kriterium hierfür nicht anerkannt werden. Ist die Existenz von Mk I nicht verifizierbar, dann erweist sich das Jesusbild, das zu seiner »Rekonstruktion« geführt hat und hernach wiederum aus ihm abgelesen wurde, als eine Projektion subjektiver Vorstellungen in den Bereich historischer Sachverhalte. Da bei H. alle übrigen synoptischen Quellenschriften zu Mk I sekundär sind, jedoch auch echte Überlieferung enthalten können, besteht die weitere Aufgabe darin zu untersuchen, welche Stücke aus der Quelle Q und aus den Sondergütern des Matthäus und des Lukas H. für echte Überlieferung erklärt und mit welchen Argumenten. Es geht also um die Frage, welchen Zugang zu Jesus Q, Lu II und Ma S nach H. neben Mk I oder über ihn hinaus eröffnen können, und ob H. dabei Kriterien anwendet, die für eine Erhebung authentischer Jesusüberlieferung aus der synoptischen Tradition allgemeine Gültigkeit beanspruchen können. Die Aussichten dafür sind freilich gering, weil für ihn die entscheidenden Nachrichten über Jesus und das Bild seiner Wesenszüge in Mk I enthalten sind. Daß H. jedoch irgendwelche Kriterien anwenden muß, folgt notwendig aus dem sekundären Charakter der in Frage kommenden Quellen und aus seinem Grundsatz, daß der Charakter der Quelle ihren Inhalt qualifiziert. So gilt es zu beobachten, wie und mit welchen Argumenten er auf historischen Boden durchstößt.

3. Teil

Kriterien

Kapitel VII

Authentisches Jesusgut in der Quelle Q (nach Hirschs Analyse)

1. Das Verhältnis von Q zu Mk I nach Hirsch

a) Breiten Raum räumt Hirsch im zweiten Buch der Frühgeschichte der Rekonstruktion der Logienquelle wie ihrer geschichtlichen Beurteilung ein. Bedenkt man jedoch, daß er sich mit seinem Mk I eines Grundstocks echter Überlieferung von Jesus vergewissert hatte, so kann es nicht überraschen, daß er gegenüber dem historischen Wert der Logienquelle eine große Skepsis an den Tag legt. Wer wie er in seinem Mk I ein Evangelium als Erlebnisbericht vom gesamten Wege Jesu vorliegen hat, das somit den Grundbestand der synoptischen Überlieferung darstellt und das auch der Form nach für alles Weitere maßgeblich gewesen ist, kann an andere Quellen kaum große Erwartungen richten. Sie sind ja alle zu Mk I sekundär, zeitlich später und im Stoff auf irgendeine Weise immer von ihm abhängig. So ist es ganz folgerichtig, wenn H. erklärt: »Es muß mit dem Dogma der Evangelienforschung gebrochen werden, als ob der Nachweis der Herkunft aus Q gleich sei mit dem des Ursprungs in echter alter Überlieferung: das ist einfach nicht wahr.« (II, 345). Soweit dies ein Dogma gewesen ist und in solcher Absolutheit behauptet wurde, hat H. unbestritten recht. Es soll hier nur im Zusammenhang seines Gesamtsystems gezeigt werden, warum er zu dieser Feststellung kommen muß, die sich auch unabhängig von seiner Lösung der Quellenfrage als richtig herausstellt. Betrachtet man mit ihm den Gang der Überlieferung als vom Urbericht des Mk I ausgehend[1], dann erkennt man die logische Notwendigkeit dieses Urteils.

Liegen die Dinge so, dann kann der geschichtliche Wert der Quelle Q und ihres Überlieferungsgehaltes nur richtig beurteilt werden, wenn man sie zu Mk I in Beziehung setzt. Das darf nach H. nur von den Stücken her geschehen, bei denen sich Stoffe aus Mk I und Q berühren[2]. Diese vergleichende Bewertung ist deswegen geboten, weil Mk I als Urüberlieferung den Maßstab gesetzt hat. Und die Berechtigung zu solchem Vergleichen resultiert aus der Tatsache, daß Q für H. keine Redenquelle oder Spruchsammlung ist, sondern »ein vollständiges Evangelium« (II,

---

[1] Vgl. I, 209: »Es versteht sich von selbst ..., daß der erste Erzähler für jede Erfassung von Jesu Wort und Geschichte die Grundlage bilden muß.«
[2] Vgl. II, 27.

33.71.342). Redenquellen, Gleichnissammlungen, Wundersammlungen oder was sonst an literarischen Formen die Evangelienforschung »der Bequemlichkeit der literarischen Analyse halber der christlichen Gemeinde der ersten beiden Generationen« angedichtet hat[3], sind »nirgends belegt«. »Wir kennen nur eine einzige literarische Form für die Erzählungen von Jesu Geschichte: die durch Mk I geschaffene des Evangeliums« (II, 33). Innerhalb dieser einen Form kann es eine gewisse Variationsbreite gegeben haben, indem die eine Quelle das Hauptgewicht mehr auf die Wunder legte, die andere mehr auf Reden oder Gleichnisse Jesu. »Es ist aber undenkbar, daß ein solches besonderes Interesse außerhalb der gegebenen Form des Evangeliums sich eine Befriedigung verschafft. Außer dem Evangelium dürfen wir nur mit der mündlichen Überlieferung von Einzelgeschichten und Einzelsprüchen rechnen. Dieser methodische Grundsatz sollte an sich selbstverständlich sein. Da aber gegen ihn vielfach gesündigt wird, ist es ein wertvolles Ergebnis, daß Q ein dem Markusevangelium in seinem Anfang gleichartiges Werk gewesen ist« (II, 33). Dieses Ergebnis, aus dem Vergleich der Berichte vom Auftreten des Täufers in den drei ersten Evangelien gewonnen, bestätigt seinerseits die Prämisse, daß Q jünger sein muß als Mk I, der ja die Gattung des Evangeliums erst geschaffen hat.

H. Helmbold hat seinerseits das Prinzip genannt, mit dessen Hilfe bei einer Literaranalyse, wie er und H. sie betreiben, die Bestandteile der Quelle Q aus dem synoptischen Überlieferungsgut ausgesondert werden können. Danach zeugt jede Übereinstimmung der beiden Seitenreferenten gegenüber Markus in einer Perikope dafür, daß die ganze Perikope auch in Q gestanden hat. Da das selbst bei der kleinsten Übereinstimmung zu gelten hat, beweist dann die Zahl der so für Q ermittelten Stoffe wiederum, daß Q ein vollständiges Evangelium gewesen ist. »Zugleich wird ersichtlich, daß Q einigen Redestoff, der sich auch bei Markus findet, in minder ursprünglicher Gestalt wiedergibt; demnach ist Q jünger als die betreffenden Teile von Markus.«[4] Allerdings fragt es sich, ob hier nicht ein Zirkelschluß vorliegt: Aus dem nur auf der Basis einiger Vergleiche von Stoffen aus Markus und Q verallgemeinernd erschlossenen »Ergebnis« bei Hirsch, Q sei ein vollständiges Evangelium gewesen, ist bei Helmbold eine Prämisse geworden, die ihm das Postulat ermöglicht, daß die kleinen Übereinstimmungen der Seitenreferenten gegen Markus auf eine Q-Gestalt derselben ganzen Perikope schließen lassen. Nach durchgeführter Analyse ist dann das bewiesen, wovon man ausgegangen war: Q ist ein vollständiges Evangelium gewesen, das wie Mk I mit dem Täufer einsetzte und mit der Passionsgeschichte endete. Hirsch selbst hatte nicht sehr viele auch im Markusevangelium begegnende Erzählungseinheiten als zu Q gehörig benannt, und von ihrer Passionsgeschichte hatte er nur wenige Bruchstücke ermittelt. Sonst bestand sie vorwiegend aus Spruchgut, aus Redenkompositionen[5]. Diesem Mangel wollte Helmbold augenscheinlich abhelfen. Aber sein Prinzip, mit dem er die Zugehörigkeit einer Perikope zu Q ermittelt, leuchtet nur demjenigen ein, der mit ihm und Hirsch

---

[3] Hirsch gebraucht den Ausdruck »andichten«.
[4] Helmbold, S. 7.
[5] Vgl. den Wortlaut der Quelle II, 380—401.

schon vorher von einem solchen Evangeliencharakter überzeugt ist, den beide annehmen. Ob die kleinen Übereinstimmungen des Matthäus und Lukas gegen Markus jedoch diese Erklärung finden können, bleibt fraglich. Helmbolds Schlußverfahren hat es jedenfalls nicht wahrscheinlich machen können.

Was sich für Hirsch anhand der Täuferberichte über Q herausgestellt und später bei der weiteren Analyse immer neu bestätigt hat[6], ist kurz dieses: »Q ist eine Mk I voraussetzende und gegen Mk II (nicht gegen das in Mk II verarbeitete Zw) selbständige Gestalt der evangelischen Überlieferung. Es stellt gegen Mk I ein späteres Stadium der Überlieferung dar, auf das die umbildende Reflexion schon Einfluß gewonnen hat, und steht insofern mit Mk II auf einer Stufe. Es stellt dieses Stadium aber dar in seinen Anfängen, der Umbildungsprozeß hat in Q eben erst begonnen« (II, 58). Immerhin läßt sich erkennen: »Q denkt schon aus Selbstverständlichkeiten heraus, die nur für Christen solche sind. Es ist zweite christliche Generation« (II, 34.345 f.).

b) H. hatte den methodischen Grundsatz als selbstverständlich bezeichnet, daß es im Urchristentum nur die eine literarische Gattung des von Mk I geschaffenen Evangeliums gegeben habe, neben der nur mündliche Überlieferung von Einzelsprüchen und Einzelgeschichten angenommen werden könnten. Dieser Grundsatz impliziert historische Urteile, die allerdings erst belegt werden müßten, ehe man sie zur selbstverständlichen methodischen Grundlage einer historischen Analyse machen könnte. Aber die These von der Evangelienform der gesamten literarischen Überlieferung des Urchristentums gehört nun einmal zu den Prämissen, deren Richtigkeit er durch die Ergebnisse seiner Arbeit erweisen will. Schwierig ist dabei nur, daß diese Prämisse als selbstverständlicher Grundsatz bewertet wird und die Mittel der Analyse bestimmt, durch die sie verifiziert werden sollte. Ohnehin ist die geradezu urbildhafte Bedeutung und kanonische Autorität, die H. seinem ältesten Bericht zumißt, schwer einzusehen. Sollte sich dieser Petrusbericht so vollständig mit dem gedeckt haben, was andere Jünger über ihren Weg mit Jesus zu sagen gehabt hätten, daß sie auf eigenes Erzählen verzichtet haben und nur noch einige wenige Einzelheiten beisteuerten, die in Mk I fehlten? Und warum soll der Erlebnisbericht des Petrus, wie er in Mk I vorliegt, maßgeblich sein für die Beurteilung der Jesusüberlieferung, wenn es doch noch andere Jünger neben ihm gegeben hat, die auch ihre Geschichte mit Jesus erzählt haben können?

Dieses Problem ist bei H. gesehen, in einem ganz kleinen Ausschnitt berücksichtigt und in ein zeitliches Nacheinander der Überlieferungsschritte gefügt. Gewiß haben auch die anderen Zeugen berichtet, aber ihre Berichte wurden nicht niedergeschrieben. Erst als man die Einseitigkeit des Mk I empfand, als man »das Wort Jesu vollständiger zu besitzen

---

[6] Vgl. II, 35.

wünschte«, kam es zu einer Ergänzung oder neuen, erweiternden Bearbeitung des ältesten Evangeliums, das damit allerdings richtungweisend blieb[7]. Diese andere Evangelienschrift X geht auf den Jünger Matthäus zurück, der ja »als Evangelienschreiber in der Erinnerung der Christen weiterlebt« (II, 366). Sie hat der Quelle Q als Vorlage gedient (II, 344). Mit dieser Konstruktion ist der Tatsache Rechnung getragen, daß sich trotz des sekundären Charakters der Quellenschrift in Q allerlei eigenständiges und ursprünglich anmutendes Überlieferungsgut findet, das nicht auf Mk I zurückgeführt werden kann. Ein unabhängiger Traditionsweg neben Mk I ist damit eröffnet, der ebenfalls vom historischen Jesus herkommt. Die erste grundsätzliche Feststellung diesbezüglich wird im Zusammenhang der Untersuchung der Berichte vom Auftreten des Täufers getroffen: »Es ist wahrscheinlich, daß hinter den über Mk I überschießenden Aussagen von Q über die Predigt des Täufers gute und eigne mündliche Überlieferung steckt. Der Inhalt der Rede Matth 3 7–10.12 enthält außerordentlich kräftige und eigentümliche Prägungen, die nicht wie nachträgliche Erfindungen aussehen.« Daraus folgt, »daß Q Elemente in sich trägt, in denen es als ein Niederschlag eigner Überlieferung für unsre geschichtliche Erkenntnis Jesu eine selbständige Bedeutung neben Mk I beanspruchen kann« (II, 35). Später heißt es dann: »Mit Kritik benutzt ist Q nach Mk I unsre beste — und für das Wort Jesu eine unentbehrliche — Quelle der Erkenntnis Jesu und seines Worts« (II, 345).

Eine merkwürdige Ambivalenz liegt über dieser Schrift, so wie H. sie charakterisiert. Das zeigt besonders der dritte Teil des zweiten Bandes, wenn dort nach den Einzelanalysen das historische Urteil gefällt werden soll. Es mündet schließlich in den Satz: »Q beruht vielfach auf guter und eigenständiger Überlieferung, aber es bietet sie nicht mehr in frischer Unberührtheit dar« (II, 94).

Infolgedessen ist es nicht verwunderlich, wenn im Verlauf der Analysen des Q-Stoffes doch nur ein verhältnismäßig kleiner Teil des umfangreichen Materials der Quelle vorbehaltlos als von Jesus selbst stammend bezeichnet wird[8]. Oft wird die Frage nach dem »geschichtlichen Gehalt« (II, 93), bzw. dem »geschichtlichen Wert« (II, 345) der Überlieferung überhaupt nicht gestellt, oft wird sie summarisch für einen ganzen Komplex erhoben und zwangsläufig ambivalent beantwortet. Diese Ambivalenz entspricht zweifellos vielfach dem tatsächlichen Sachverhalt. Denn viele Logien muten ihrer Aussage nach ausgesprochen alt an und könnten, danach beurteilt, auf Jesus zurückgehen. Andererseits

---

[7] So, teils wörtlich, II, 366.
[8] Daß es sich dabei, trotz der Bestreitung der Existenz von Sammlungen aller Art — insbesondere einer Logiensammlung —, ausschließlich um Jesusworte aus Q handelt, bemerkt man mit Interesse. Ebenso, daß die Quelle auch sonst eigentlich nur als Redenkomposition in der Analyse Konturen gewinnt.

spiegeln sie in ihrer Formulierung häufig Anschauungen und Terminologie der christlichen Gemeinde[9], und zudem begegnen sie in Kontexten, die als Kompositionen erkennbar sind, in welche die Logien sekundär eingefügt worden sind. Für diesen Tatbestand beweist H. einen bemerkenswerten Scharfsinn, der allerdings recht enge Grenzen dessen zieht, was er als echtes Jesusgut anerkennen kann.

Alles in allem steuert Q dennoch einen ganz erheblichen Teil zum Bilde des geschichtlichen Jesus bei, zu dessen Bestimmung auch die quellenkritische Arbeit des zweiten Bandes dient. Jedenfalls erkennt die abschließende Würdigung an, daß wir uns »ohne den von ihm (scil. dem Urheber von Q) überlieferten und geformten Stoff ... überhaupt kein Bild von Jesu Wort machen« könnten (II, 343).

2. Das authentische Jesusgut aus Q bei Hirsch

a) Für dieses Bild vom Wort Jesu stehen uns zunächst die Überlieferungseinheiten zur Verfügung, die im Verlauf der Analyse mehr oder minder deutlich als von Jesus stammend bezeichnet worden sind. Es sind 14 Stellen. Wir notieren ihre Beurteilung und die eventuell benannten Kriterien oder Argumente für die Echtheit.

1. Jesu Antwort auf die Anfrage des Täufers in Lc 7 22 f. par. — allerdings in der historisch allein wahrscheinlichen Kurzfassung »Geht hin und meldet Johannes, was ihr seht und hört. Die Blinden sehen, und den Armen wird das Evangelium verkündet. Und selig ist, wer keinen Anstoß nimmt« (II, 93). Es wird zunächst dem Ermessen des Lesers anheimgestellt, ob er die Episode überhaupt für historisch halten will. Wer es will, der muß dann allerdings Umformungen der Überlieferung durch Q in Rechnung stellen. Insbesondere kann die Antwort Jesu nur so ausgefallen sein, wie oben zitiert, weil sich die Verse Lc 7 22 und Mt 11 5 in ihrer heutigen Gestalt »auf die Wunder in dem Umfang, in dem sie nur die Legende kennt« beziehen (II, 93). Wenige Zeilen später wird die rekonstruierte Antwort Jesu als echtes Jesuswort bezeichnet. Eine Begründung für diese Entscheidung findet sich nicht[10].

2. Eindeutig sagt H. dagegen an der zweiten Stelle, Lc 9 60a: »›Laß die Toten ihre Toten begraben‹ ist ein echtes Jesuswort voll schneidender Ironie« (II, 97).

3. Bei dem Wehe über die galiläischen Städte, Lc 10 13–15, gibt erst der Zusammenhang der Ausführungen Aufschluß über die Ansicht des Analytikers. Zwar gebraucht er den Namen Jesu bei seiner beschreiben-

---
[9] Bultmann spricht von einem »unbewußten Abfärben christlicher Anschauungen«, Trad. S. 98.
[10] Die einzelnen Begründungen der Authentizität werden später in diesem Kapitel unter der Frage nach den von H. angewandten Kriterien zusammengefaßt. Um Wiederholungen zu vermeiden, gebe ich während dieses Referates nicht alle Begründungen wieder, vermerke es aber, wenn keine angeführt ist.

den Charakterisierung der Wehe-Worte, doch kann das als Indiz für seine Meinung nicht ausreichen, weil man nicht weiß, wann er textimmanent redet und wann historisch urteilend. Wohl sagt er, »das Wehe über Kapernaum ... ist ein leidenschaftlicher Ausruf, der kein Gleichmaß mit dem über Chorazim und Bethsaida Gesagten hat, entsprechend dem ganz andern, viel näheren Verhältnis Jesu zu Kapernaum« (II, 98). Doch da im Kontext von den Gründen die Rede war, die den bei Mt 11 23 überschießenden Versteil als redaktionell ausweisen, sowie davon, wie man den Spruch über Kapernaum richtig übersetzt, kann man das angeführte Zitat nicht als ein historisches Urteil bewerten. Es ist vielmehr ein Argument zugunsten der Lukasversion des Kapernaumspruches. Erst der kleingedruckte Absatz auf der gleichen Seite gibt weiteren Aufschluß, obwohl auch er nicht volle Klarheit schafft. Dort weist H. darauf hin, daß »ein Gefühl für Jesu eigne kühle und knappe Diktion« erwirbt, wer »sich an solchen Kleinbeobachtungen schult«, wie sie zu den leichten redaktionellen Abwandlungen der Wehe-Worte durch die beiden Evangelisten angestellt werden können. Er hält also die Sprüche in ihrer Lukas und Matthäus gemeinsam zugrunde liegenden Form offenbar für authentisch. Eine Begründung gibt er nicht.

4. In Lc 11 36 meint H. »Jesus selbst reden zu hören«, wenngleich man »die Form, die Jesu Gleichnis vom Auge hatte, nur noch durch das Medium von Q erschauen kann« (II, 105). Obwohl H. in diesem Zusammenhang ausdrücklich konstatiert, daß man über eine Wahrscheinlichkeit für die Annahme guter Überlieferung hinter diesem Vers nicht hinauskäme, begründet er später (II, 160) die Authentizität von Lc 17 24 mit dessen Verwandtschaft zu 11 36.

5. Lc 12 39 »sieht echt aus«. Es war ursprünglich wohl ein freies Einzellogion, das Q dann »in eine alte Vorlage eingelegt hat« (II, 121).

6. Unter den Lc 13 18—35 stehenden Worten vom Reich Gottes »bleibt nur der Spruch 24 als mögliches verläßliches Jesuswort neben dem Gleichnis vom Senfkorn übrig« (II, 133). Das ist jedoch in seiner Markusfassung authentisch, denn es gehört zu Mk I. Eine Begründung für v. 24 ist höchstens negativ vorhanden, indem nämlich vv. 25—30.34f. als christliche Prophetensprüche ausgegrenzt werden[11].

7. Für das Gleichnis vom großen Abendmahl, Lc 14 15—24, wird eine Grundform rekonstruiert, die in Q stand und für die Gleichnisse des Matthäus und Lukas die gemeinsame Grundlage gebildet hat (II, 138 f.). Jenes Urgleichnis stammt »sicher« von Jesus (II, 142).

8. Lc 14 34 f. wird als eigenständige Überlieferung anerkannt: »Der Spruch vom Salz 34.35 ist, wenn man aus Markus 9 50 die durch Erinnerungen an unsern Q-Spruch bestimmten spätern Glossen entfernt ..., dem dann bleibenden Markusspruch völlig unähnlich. Es handelt sich

---

[11] aaO. Lc 13 20.31—33 gehören einer anderen Quellenschicht — Lu II — an, vgl. II, 131.

um zwei verschiedne Gleichnisse vom Salz, die nebeneinander bestehen können. Der Gehalt des Spruchs hier in seiner Anwendung ist so eigentümlich, daß man gerne annimmt, hier stehe eine echte Erinnerung an ein Wort Jesu hinter den Q verfügbaren Überlieferungen« (II, 151).

9. »Die Verse Luk 16 16 und 17, die Matth auseinander gerissen hat ..., gehören als zwei Teile eines einheitlichen Ausspruchs Jesu zusammen« (II, 66).

10. Lc 17 6 »muß als echt gelten« (II, 154).

11. Lc 17 21 und

12. Lc 17 24 sind »zweifellos echte Jesusworte« (II, 160).

13. In der Schwebe bleibt die Entscheidung hinsichtlich der übrigen Worte zum Tag des Menschensohns aus Q in Lc 17 22–37. Es handelt sich dabei gemäß der Aufzählung von II, 159 um die Verse 23.26 f.34 f.37b. Das Urteil über sie lautet: Die »Härte der Gerichtserwartung« mag befremden. »Es ist aber nicht schlechthin unmöglich, daß Jesus Ähnliches gesprochen hat gegen den Unglauben seiner Umwelt. Die Worte atmen herbe Geistigkeit. Wir haben ihresgleichen in der jüdischen Literatur nicht« (II, 160).

14. Aus dem Gleichnis von den Minen, Lc 19 11–17 par., werden neben einem Q fremden Rachegleichnis vom verreisten Edlen (II,161) zwei Vorformen rekonstruiert, eine Fassung der Quelle Q (II, 166) und eine Urform, die nur von dem Herrn und einem Knecht handelt, der sein Geld vergräbt[12]. Dieses »ursprüngliche Gleichnis, das wohl das vom argen Knecht heißen könnte« (II, 164), wird als »eines der größten Gleichnisse Jesu« bezeichnet (II, 165). Ein solches Urteil über ein Gleichnis hängt natürlich an der Sinndeutung, die man vornimmt. Und wenn man hört, daß der arge Knecht hier der Jude ist, dem Gott die anvertraute Offenbarung wieder abnimmt und den er aus seinem Dienste stößt, weil er mit seiner Gesetzlichkeit die Offenbarung unfruchtbar gemacht hat, dann empfindet man, daß hier das zugrunde liegende Jesusbild, eine bestimmte Sicht des Judentums, die Rekonstruktion des Urgleichnisses sowie seine Deutung sich gegenseitig bedingen. Die nachfolgenden Sätze über den Charakter der Gleichnisse Jesu bestärken diesen Eindruck noch. Indem sie — nebenbei wohl polemisch gegen Jülicher und Bultmann — thetisch behaupten, was Jesu Gleichnisse seien und was sie nicht seien, wollen sie die Zugehörigkeit dieses Stückes zu den »großen erzählenden Gleichnissen Jesu« beweisen und so die Deutung rechtfertigen. Belege dafür, daß Jesu Gleichnisse »lebendige Bilder« sind, »in denen das Leben, das sie abbilden, selber da ist und auf seltsame Weise durchsichtig wird« und daß sie »auf einem durchaus unjüdischen tiefen Gefühl für letzte Einheit des Lebens unter verschiedenartigen Gestalten beruhen« (II, 165), werden jedoch nicht beigegeben.

---

[12] Im Wortlaut II, 164.

b) Anhang

Mehr eine Sache des Empfindens ist es, wenn wir zu dem von H. für echt gehaltenen Jesusworten auch die Seligpreisungen und das Vater Unser — jeweils nach Lukas — rechnen (Lc 6 20—26 11 2—4). In beiden Fällen trifft H. keine ausdrückliche Entscheidung. Bei seinen Ausführungen zu den Seligpreisungen geht es hauptsächlich um die Frage, ob auch die Wehe-Sprüche zur Quelle Q zu rechnen sind. Zwei Sätze aus dieser Argumentation geben den einzigen Anhalt: »In den Seligpreisungen für sich allein genommen hat Jesus bloß mit seinen Jüngern zu tun, und er sagt ihnen, daß Armut, Leid und Verfolgung Vehikel der göttlichen Gnade sind. Die vorausgesetzte Lage, daß sie verfolgte religiöse Minderheit im jüdischen Volke sind, bildet nur den Hintergrund« (II, 83). Die Hinzufügung der Wehe sprenge diesen Rahmen, da sie das jüdische Volk in zwei Gruppen gespalten und Jesus als den »nach zwei Seiten Richtenden und Vergeltenden« erscheinen lassen. Das ist eine rein immanente literar- und sachkritische Argumentation. Trotzdem dürfte die Tatsache, daß kein Wort gegen die Echtheit der Seligpreisungen fällt, für diese ins Gewicht fallen.

Beim Vater Unser wird während der Analyse nur die Quellenzugehörigkeit geklärt, über seine Herkunft jedoch kein Wort verloren. Eine einzige Äußerung im Verlauf der zusammenfassenden Würdigung der Quelle Q unter den »geschichtlichen Ergebnissen« bietet einen Anhalt für die Sicht des Autors. H. sagt dort: »Und auch das darf nicht vergessen werden, daß wir allein aus Q das Vaterunser besitzen, allein aus Q Jesu Vorstellung von dem vorzeichenlosen blitzartigen Hereinbrechen des Gottestages kennen« (II, 343). Die Parallelität zu der genannten Vorstellung Jesu legt den Schluß nahe, daß H. für das Vater Unser die Urheberschaft Jesu voraussetzt.

c) Auf diese im Vergleich zum Umfang der Wortüberlieferung in der Quelle Q verhältnismäßig wenigen Stellen bleibt H. jedoch nicht angewiesen, wenn er aus ihr ein Bild vom Wort Jesu — und damit von Jesus selbst — gewinnen will. Denn der Gehalt an alter Überlieferung ist größer als die Zahl der ausdrücklich als echt gekennzeichneten Jesusworte. Oft nur noch dem Sinne nach unter den Formulierungen und den Kompositionen der urchristlichen Tradenten und der frühchristlichen Schriftsteller erkennbar, fügen sich diese Gedanken Jesu mit den echten Aussprüchen zu einem Bild der Predigt Jesu zusammen, das als Ergänzung zu dem Erlebnisbericht des Mk I unentbehrlich ist. Das gilt neben den »geschichtlichen Erinnerungen«, welche die Sondergutquellen Ma S und Lu II enthalten, in hervorgehobenem Maße auch für Q. Denn es »kommt in Q ein Stück von Jesu Person und Wort zur Geltung, das bestimmt zu fassen und wiederzugeben der letzte Urheber von Mk I, Petrus, nicht in der Lage gewesen ist« (II, 87).

Dieses Urteil, im Zusammenhang der Bewertung der »Rede von der Liebe« in Q (Lc 6 20—49) ausgesprochen, bezieht sich ausschließlich auf die Teile der Quelle, in denen sie Aussprüche Jesu sammelt und zu Reden zusammenfügt. Man mag auf diese Beobachtung mit der Feststellung reagieren wollen, daß Q sich also auch diesem Analytiker nur als Logiensammlung erschließt. H. selbst läßt sich hiervon allerdings nicht überraschen. Denn in den vorausgesetzten erzählenden Partien ist Q natürlich, wie jedes Evangelium nach Mk I, von diesem abhängig und ihm gegenüber sekundär[13]. Insofern ist aber etwas Richtiges an dieser Feststellung, als H. bei der Rekonstruktion der Quelle eben doch fast nur Redestücke nachweisen kann. Er bewertet diesen Tatbestand so, daß er sagt, vom Bestand der Quelle sei nur etwa die Hälfte erhalten, eben nur das, was gegenüber den Q-Vorlagen Mk I und Zw eigenständig war. Und das ist eben die Wortüberlieferung (II, 341).

Wer nun das Jesusbild, das H. aus diesen Stoffen gewinnt, Zug um Zug nachprüfen will, befindet sich in einer schwierigen Lage. Denn jetzt wird nicht mehr präzis gesagt, was dafür in Frage kommt, sondern es begegnen nur pauschale Urteile. Charakteristisch ist die geradezu exemplarische Erörterung der Frage des Verhältnisses von sekundärem Charakter der Komposition und geschichtlichem Wert der verarbeiteten Stoffe bei der Predigt von der Liebe. Da wird zunächst bemerkt, daß von einem Mann der palästinischen Gemeinde aus überlieferten Sprüchen eine Rede Jesu »aus einem Guß« geformt worden sei, die »sichtlich bestimmt (ist) durch die Lage dieser Gemeinde im jüdischen Volke« (II, 87). Ist die Rede deswegen ungeschichtlich? Nein, antwortet H., denn sie geht insofern auf Jesus zurück, als »der Jünger, der sie niederschrieb, ... so unter Jesu Gewalt (stand), daß ihm jüdisches ethisch-religiöses Denken völlig zerbrochen ist«, wie man aus einem Vergleich mit »Unschulds- und Rachepsalmen« erkennen kann. »Indes, man darf noch weit mehr sagen. Wenn Jesus unter Entzweiung mit den jüdischen Autoritäten die Seinen lehrte, die Seinen, die sowieso den von diesen Autoritäten verachteten und unterdrückten Kreisen des armen galiläischen Landvolks zugehörten, dann wird er mehr als einmal unter der Notwendigkeit gestanden haben, dem Geist des Hasses, dem Wunsch nach Vergeltung, der Neigung zur Gegenwehr entgegenzutreten. So kann es gar nicht anders sein, als daß Gedanken und Prägungen, wie sie diese Predigt bietet, von ihm häufig ausgesprochen sind. D. h. so gewiß die Predigt als Ganzes nie so von Jesus gehalten worden ist, so gewiß ist sie doch als ein in bestimmter Lage niedergeschriebnes Summarium so mancher Worte und Reden von ihm eins der kostbarsten Stücke der evangelischen Überlieferung« (II, 87).

Der Begriff Summarium scheint hier charakteristisch zu sein, und an seinem Verständnis dürfte einiges hängen. Aufschluß gibt eine andere Stelle. Zu Lc 7 24–35 heißt es, die Worte Jesu über den Täufer »mögen eine Art Summarium sein von dem, was Jesus da und dort gesagt hat« (II, 93). Dabei scheint Summarium im Sinne einer Zusammenstellung disparater Äußerungen zum gleichen Thema verstanden zu sein. Bei Überlegungen zum geschichtlichen Wert von Überlieferungsgehalten würde man eher erwarten, daß der Begriff Summarium eine nur allgemeine und zusammenfassende Wiedergabe von Ereignissen oder Aus-

---

[13] Ausnahmen wie die Überlieferung vom Auftreten des Täufers sind natürlich denkbar.

sprüchen bezeichnet. Dieses Verständnis läßt der Wortlaut bei H. aber nicht zu. Außerdem sind bei beiden Komplexen, auf die er ihn anwendet, die Reden zu lang ausgeführt und die in ihnen vereinigten Stoffe zu divergierend, um den Gebrauch des Begriffs im zweiten Verstand sinnvoll erscheinen zu lassen.

Wenn diese Interpretation richtig ist, sieht H. in der Predigt von der Liebe nicht nur so etwas wie den Geist Jesu weiterwirken. Jesus ist hier nicht nur richtig verstanden und in der für die palästinische Gemeinde neu verfaßten Rede richtig interpretiert worden, sondern die Teile, aus denen sich das Neue zusammensetzt, sind selbst echtes, altes Gut. Die Bausteine gehören zum Urgestein. Aber wie erklärt sich dann die seltsame Zurückhaltung in der Bewertung der Einzelstücke, wenn das Gesamturteil so positiv ausfällt? Sollte es daran liegen, daß H. nicht grundsätzlich und konsequent differenziert zwischen der kompositorisch-redaktionellen Gestaltung durch den Verfasser der Quellenschrift und dem von ihm verarbeiteten Überlieferungsmaterial? Nur so scheint es verständlich, warum der Nachweis einer sekundären Kompositionsarbeit an dieser Stelle eine derart grundsätzliche Erörterung des geschichtlichen Wertes gerade der Komposition selbst auslösen konnte, bei der auch noch der Grad der Beeinflussung des Redaktors durch Jesus als Argument verwendet werden muß.

Der Ertrag für H. ist jedenfalls der, daß er, ohne sich im einzelnen genau festlegen zu müssen, aus dieser Rede seine Kenntnis Jesu, vermittelt durch sein Wort, anreichern kann. Damit sind aber auch hier seine Entscheidungen letztlich der objektiven wissenschaftlichen Nachprüfung entzogen, weil er keine Rechenschaft darüber ablegt, auf welche Teile dieser Komposition er sich beruft.

Analoges gilt für die »Rede über das Verhältnis des Jüngers zur Welt«, d. h. für die Q-Stücke aus Lc 12 1–59. Während der Analyse wurde nur ein einziger Vers als echt bezeichnet, 12 39 (II, 121), und die Versgruppe 49–53 »als Ganzes ein — durch eigne Erfahrungen der Gemeinde im Ausdruck bestimmter — Niederschlag von dem, was Jesus im Vorblick auf seinen Tod den Jüngern gesagt hat«, genannt (II, 123). Am Ende heißt es dann jedoch ganz lapidar über die Rede: »Auch überwiegen in der Zusammenstellung die Jesusworte mit echtem geschichtlichem Kern die in der Gemeinde neu gebildeten erheblich« (II, 127). Sie alle sind H. fortan für seine Sicht Jesu zur Verfügung, ohne daß der Leser die Möglichkeit hätte, nachzuprüfen, um welche Sprüche es sich handelt und aus welchem Grunde.

Nicht ganz gleich aber ähnlich liegen die Dinge bei Lc 10 21–24. H. dekretiert, in diesem Abschnitt sei »dem Gehalte nach« nichts enthalten, »was nicht mit Jesu Geschick und Jesu Gottesverhältnis in guter Übereinstimmung wäre« (II, 100). Vorbereitet wird diese Behauptung durch zwei Argumente: a) Der Gegensatz Weise, Verständige — Unmündige hat einen Anhaltspunkt in Jesu eigener Umwelt »an dem jüdischen Gegensatz von Gesetzeslehrern und einfachem Volk« (II, 99 f.). Die Analogie ist für die Echtheitsbestimmung aber nicht schlagend, weil auch in der christlichen Gemeinde nach I Cor 1 18–31 eine Basis für ein Wort wie 10 21 gegeben war, zumal H. die Formulierung des Spruches ohnehin der christlichen Überlieferung zuschreibt. b) Der Sohn-Vater-Gedanke gehört, im Gegensatz zur Gottessohn-König-Vorstellung, zu Jesu eigener »Denk- und Empfindungswelt« (II, 100). Dagegen ist methodisch einzuwenden, daß etwas thetisch als Beweisargument angeführt wird, was sonst nirgends entwickelt und nachgewiesen ist. Weder beim Vater Unser, noch bei den Sprüchen vom Sorgen, noch auch bei der Gethsemaneperikope oder bei den Worten am Kreuz im ersten Bande handelt H. über das Gottesverhältnis Jesu, über den Vatergedanken oder gar das hier zitierte Vater-Sohn-Verhältnis. Ein solches *ad hoc*-Argument, das nirgends erwiesen und auch nicht durch Stellenhinweise unterstützt ist, kann keine Beweislast tragen.

Völlig untauglich ist das folgende Schlußverfahren: »Nimmt man hinzu, daß das Wort in Q dem Wehe über die Städte unmittelbar angeschlossen ist, so bekommt es darüber hinaus noch etwas von einem Zeugnis dafür, wie sich äußerer Mißerfolg und innere Gewißheit in Jesus verhalten haben. Insofern sind wir mit dem Wort auf geschichtlichem Boden« (II, 100). Wenn die Herkunft eines Wortes aus Q nicht gleichbedeutend ist mit seiner Authentizität, dann muß das Gleiche auch für die Wortfolge und die Anordnung der Perikopen gelten. Infolgedessen kann man nicht mit der Reihenfolge von Spruchgruppen in Q historisch im Blick auf Jesus argumentieren, selbst dann nicht, wenn die Einzelsprüche der Gruppen echte Jesusworte sein sollten. Darum kann man aus der Anordnung in Q keine Schlüsse auf Verhalten und Seelenleben Jesu ziehen. Sie ist höchstens ein Zeugnis dafür, wie Q Jesus gesehen hat bzw. gesehen wissen wollte, falls solche Gesichtspunkte schon für die Komposition maßgebend gewesen sind. Zudem steht noch die Ursprünglichkeit der Verbindung von 10 22 und 23b in Frage, die H. für Q behauptet, indem er 23a für einen redaktionellen Neueinsatz des Lukas erklärt[14]. Danach erst wäre gesondert die historische Frage zu stellen, ob die beiden Spruchgruppen der gleichen geschichtlichen Situation bei Jesus entstammen — oder wenigstens zwei aufeinander beziehbaren Situationen —, d. h. ob die Anordnung bei Q der Ursprungssituation entspricht. Tatsächlich sind für H. der Aussagegehalt der Sprüche und ihre Verknüpfung mit dem Wehe über die galiläischen Städte das, was ihren Ursprünglichkeitscharakter ausmacht. Das zeigt sich daran, in welcher Richtung

---

[14] II, 99. — Zur Zusammengehörigkeit von v. 21 und 22 vgl. Bultmanns gegenteilige Meinung. Er hält 21 zwar für authentisch, 22 aber mit Dibelius und anderen für ein hellenistisches Offenbarungswort (Trad. S. 172, weitere Hinweise zum Problem im Ergänzungsheft S. 24).

er die Geschichtlichkeit des Jubelrufes einschränkt, nämlich hinsichtlich der Formulierung. Jesus wird nicht »in dieser formellen Bindung an einen Weihestil« gesprochen haben. Vielmehr drücken die Worte »in eigner, nicht von Jesus stammender Prägung aus, was Jesu Begleiter über seine Stellung zu seinem Geschick, über das Grundgeheimnis seines Gottesverhältnisses, über sein Bewußtsein des den Seinen Gewährten aus seinen Worten sich entnehmen konnten. Wie weit die sachliche Treue dabei auch etwas vom Ausdruck wiederzuspiegeln vermocht hat, wird immer zweifelhaft bleiben. Diese Grenze der Q-Überlieferungen zu durchbrechen ist uns selten möglich« (II, 100). M.a.W. wir haben in Lc 10 21–24 Worte vor uns, die so deutlich christliche Formulierungen sind, daß man nur von der Kenntnis Jesu und seines Bewußtseins her bestimmen kann, daß ihr Aussagegehalt wirklich auf ihn zurückgeht.

Auch zu Lc 12 49–53 argumentiert H. mit der kompositionellen Einheit des Stückes, die er »recht alt« nennt, »weit älter als Q« (II, 123). Allerdings läßt er alles offen, indem er es für »nicht mehr möglich« erklärt, das, »was an ihm echte Erinnerung ist, scharf gegen das andre abzugrenzen«.

Die Sprüche von der Vergebungsbereitschaft, Lc 17 3 f., sind zwar »selbstverständlich . . . christliche Gemeindeordnung«, aber »es ist gut möglich, daß die Sprüche auf Worte Jesu zurückgehn« (II, 153).

Schließlich sind die Sprüche über das Hassen der Angehörigen und das Kreuztragen, Lc 14 26 f., »Worte nicht des geschichtlichen Jesus, sondern des durch seinen Geist redenden Erhöhten; aber das, was die Verse sagen, ist Jesus nicht innerlich fremd; es ist lebendiges Weiterwirken Jesu in der bestimmten Lage der palästinischen Gemeinde« (II, 151).

Wenn es bei der abschließenden Bewertung der Quelle Q unter den geschichtlichen Ergebnissen heißt, »ohne den von ihm überlieferten und g e f o r m t e n [15] Stoff würden wir uns überhaupt kein Bild von Jesu Wort machen können«, obwohl er »manches abgestreift (hat), was zum geschichtlichen Bilde dieses Worts gehört« (II, 343), dann bezieht sich das offensichtlich auf die zuletzt zusammengestellten Stücke aus Q für die sowohl die Urheberschaft Jesu als auch die Gestaltung durch Tradenten sowie den Verfasser der Quelle angenommen wird. Merkwürdigerweise stellt nun aber die Schlußbeurteilung gar nicht die positiven Züge des gewonnenen Bildes heraus, sondern viel eher die verbleibenden Unvollkommenheiten. Dabei wird Q an Mk I gemessen. Wie sieht also das durch Q vermittelte Bild des Wortes Jesu aus? — »Von der unmittelbaren Lebendigkeit, Anschaulichkeit, Augenblicksbedingtheit der Rede Jesu, von der Bedeutung vor allem, die die Replik für Jesus hatte, gewinnen wir aus Mk I immer noch eine klarere Vorstellung als aus Q. Was in Q von Jesu Wort gegeben wird,

---

[15] Gemeint ist »der Urheber von Q«. — Sperrung von mir.

sei es als kurzer Spruch, sei es als längere Rede, ist immer in die Form der vom Augenblick gelösten absoluten Thesis gebracht. Jesus spricht wie ein Gottesmann, der Gesetze gibt« (II, 343).

Mit diesen Bemerkungen ist die Formalstruktur von Logiensammlungen recht zutreffend charakterisiert, wobei zwischen Jesusworten und Rabbinensprüchen kein grundsätzlicher Unterschied besteht. Ungewollt liefert H. ein weiteres Argument dafür, daß Q als eine Spruchsammlung anzusehen ist, vergleichbar dem uns jetzt mit dem Thomasevangelium vorliegenden Vertreter dieser Gattung[16].

Auch das Verhältnis Jesu zu den Sündern tritt für H. in Q nicht scharf genug heraus. Diese Unzulänglichkeiten werden als solche offenbar von dem Vergleich mit Mk I her. Was H. hier tut, ist dieses: er mißt die Überlieferung der Herrenworte an der Apophthegmenüberlieferung, denn das sind seine anschaulichen Szenen mit kurzer Replik aus Mk I, und spielt deren Priorität gegen die Logienüberlieferung aus. Für die historische Bewertung eines selbständigen Überlieferungsstranges, der Q ja hinsichtlich der Worte Jesu für H. auch ist, kann dieses Verfahren nicht als zulässig gelten.

d) Was sich bei dieser abschließenden Beurteilung von Q unter dem Vergleich mit Mk I herausstellte, daß nämlich letztlich ein bereits vorhandenes Jesusbild an die Stoffe herangetragen wird, das scheint sich durchgehend bei der Einzelanalyse zu bestätigen, wenn dort Kriterien für die Authentizität oder für die Urheberschaft Jesu genannt werden. Wir gehen die Frage nach den von H. verwendeten Kriterien so an, daß wir zunächst seine Begründungen für die Echtheit der am Anfang dieses Kapitels zusammengestellten Stücke untersuchen, die er mehr oder weniger ausdrücklich als echt gekennzeichnet hat.

Hervorstechendes Echtheitskriterium ist bei H. die E i n z i g a r t i g k e i t Jesu, die sich in der individuellen Eigentümlichkeit seiner Rede niederschlägt. Sie äußert sich sowohl im Aussagegehalt wie im Ausdruck, speziell einer eigenartigen Bildhaftigkeit.

1. Der Aussagegehalt, an dem ein Jesuswort erkennbar ist, kann ganz allgemein als »eigentümlich« bezeichnet werden wie bei dem Spruch vom Salz in der Q-Version Lc 14 34f. (II, 151). Meist wird jedoch Jesu Besonderheit genauer hervorgehoben, indem er abgegrenzt wird:

a) Gegen jede Religiosität, Lc 9 60a. »Religionsgeschichtlich ist der Durchbruch durch alle Totenbräuche, den das Wort vollzieht, von weit-

---

[16] J. M. Robinson hat in seinem Aufsatz in »Zeit und Geschichte« die Existenz einer solchen Gattung und eine gewisse Verbreitung von Logiensammlungen durchaus wahrscheinlich gemacht. Als Gegenthese zu H. vgl. H. Schürmanns interessanten formgeschichtlichen Versuch, die Anfänge der Logientradition in das Gemeinschaftsleben Jesu mit seinen Jüngern zurückzudatieren. Danach habe Jesus seinen Logien »eine geprägte Form ... direkt zum Zwecke der Einprägung« gegeben (HJkC. S. 363).

tragender Bedeutung. Es kündet sich darin eine Art von religiösem Empfinden an, die jeder damals vorhandnen Religiosität gegenüber, heidnischer wie jüdischer, etwas schlechthin Neues ist« (II, 97).

b) Gegen das Judentum, Lc 17 23–37. Die zu Q gehörigen Worte Jesu vom Tag des Menschensohns »atmen herbe Geistigkeit. Wir haben ihresgleichen in der jüdischen Literatur nicht« (II, 160).

c) Gegen das Urchristentum, Lc 17 21. Ein echtes Jesuswort, »weil es mit seinem besondern Inhalt den Erwartungen der Gemeinde nicht gemäß ist« (II, 160).

Entsprechend erweist sich das Gleichnis vom Knechtslohn, Lc 17 7–10, als das einzige echte Jesusgut der Quelle Lu I (erweiterte Q-Vorlage des Lukas), weil seine Aussage »nicht nur der jüdischen Frömmigkeit (widerspricht), welche Sonderleistungen kennt, sondern auch der vulgär christlichen Frömmigkeit der jungen Heidenkirche« (II, 154).

2. Auch im Ausdruck, vor allem im bildhaften Ausdruck, dokumentiert sich die Individualität Jesu. So bedarf es einer gewissen Schulung, um seine »kühle und knappe Diktion« zu erspüren (II, 98).

Deutlicher gibt Jesus sich in seinen Bildern zu erkennen. Begründend heißt es bei Lc 17 6: »Dem Manne, der das groteske Gleichnis vom Kamel und Nadelöhr nicht scheute, ist auch dies Gleichnis von der Macht des Glaubens zuzutrauen.« Das gebrauchte Bild offenbart sich durch sich selbst als ein weiteres Bild zur Kennzeichnung einer Unmöglichkeit (II, 154). Lc 11 36 verrät die Steigerung des Bildes eine tiefe Eigentümlichkeit (II, 105), und das »unvergleichlich schöne Bild« von Lc 17 24 hat »die gleiche Individualität zum Urheber wie Luk 11 36« (II, 60). Der Spruch Lc 12 39 wird dagegen durch die »anstößige Derbheit« seines Bildes als echt ausgewiesen (II, 121).

Ein weiteres Kriterium deutet sich an, wenn bei diesem letzten Wort festgestellt wird, die Auffassung vom vorzeichenlosen plötzlichen Hereinbrechen der Gottesherrschaft sei diejenige Jesu gewesen. Damit eröffnet sich die Möglichkeit, ein Logion in ein Gesamtbild von der Person, der Botschaft und der Vorstellungswelt Jesu einzuordnen. Das geschieht bei Lc 16 16 f., das auf Jesus als den »Verkünder der endlichen Überwindung des Gesetzes« bezogen wird. So verstanden, ist es eins »der tiefsten ... Worte Jesu, das den Zusammenhang, in dem die Überwindung des Gesetzes durch das Evangelium mit der Erwartung der Endvollendung steht, aufs hellste durchleuchtet« (II, 66). Auch die Einschätzung des Gleichnisses vom argen Knecht nach Lc 19 11 ff. wird von hier aus zu verstehen sein. Denn zu den großen Gleichnissen zählt es wohl weniger wegen des allen Gleichnissen gemeinsamen »durchaus unjüdischen tiefen Gefühls für die letzte Einheit des Lebens«, von dem wir schon hörten, als deswegen, weil es in das Gesamtbild der Verkündigung Jesu paßt. Der Jesus, der als ein scharfer Gegner der jüdischen Gesetzesreligion aufgetreten ist (I, 162), der den jüdischen Messianismus verneinte, indem er der Messiasidee einen eigenen neuen Inhalt gab (I, 89. 211), der die Zerstörung des Tempels und das Gericht über das gottwidrige Israel und sein gottwidriges Religionswesen (I, 142) sowie die Verwerfung des Volkes (I, 211) angekündigt hat, bleibt mit diesem Gleichnis im Zentrum seiner Botschaft, wenn er den Juden darstellt, wie er sich aus Furcht vor Gott an das Gesetz klammert und dabei die anvertraute Offenbarung verspielt (II, 165).

Diese Auslegung des Gleichnisses ist fraglos von einer Gesamtsicht Jesu und des Judentums abhängig. Denn H. hätte nicht unbedingt darauf verfallen müssen, wie seine Bewertung des Gleichnisses vom großen Abendmahl zeigt (II, 142). Dort hatte er für die vorausgesetzte Situation in Jesu Umwelt treffend ausgeführt, daß es sich bei dem Gegensatz zwischen den Geladenen und den dann hereingeholten Bettlern und Landstreichern nicht um das Gegensatzpaar Juden — Heiden handelt, sondern um den zwischen den »sich fromm dünkenden führenden pharisäischen und priesterlichen Kreise(n)« und dem von ihnen verachteten einfachen Volk. Analog hätte es auch bei der Parabel Lc 19 11 ff. nahegelegen, wenn man sie für authentisch hielt, die Adressaten bei den geistlichen Führern des Volkes zu suchen, wie es auch bei J. Jeremias geschieht[17], anstatt gleich das gesamte Judentum darin abgekanzelt zu sehen. Gerade bei Hirschs Rekonstruktion, nach der nur noch ein Knecht Geld zur Verwaltung erhält, hätte dieser Bezug durchaus auf der Hand gelegen.

Rückblickend ist zu den Begründungen zu sagen, die H. für die Echtheit der behandelten Stellen angeführt hat: Sie applizieren allesamt von einem vorhandenen Jesusbild her. Nur weil das entsprechende Jesusbild vorhanden ist, konnten Sprüche und Perikopen unter den angeführten Begründungen für echt erklärt werden.

Auf die Frage, welches Bild von Jesus im Hintergrunde steht, gibt die vorgenommene Bestimmung der authentischen Jesusworte aus Q eine klare Antwort. Jesus ist hier vorgestellt als das einzigartige religiöse Individuum, das mit den herkömmlichen Kategorien nicht begriffen werden kann und das aus der Unmittelbarkeit eigenen religiösen Erlebens noch nicht und nicht mehr Dagewesenes gestaltet, souverän sowohl in der Überlegenheit des geistigen und geistlichen Standortes, als auch in der Freiheit dichterisch bildhaften Ausdrucks.

3. *Die Frage eines literarkritischen Zugangs zu Jesus im Blick auf Q*

Unsere Fragestellung, ob Hirsch auf literarkritischem Wege durch seine Quellenanalyse einen Zugang zum historischen Jesus gefunden hat, konkretisiert sich bei ihrer Anwendung auf die Quelle Q in zwei Fragen:

a) Hat H. durch seine Rekonstruktion und Analyse von Q einen Zugang zu Jesus bzw. zu echten Jesusworten gewonnen?

b) Hat H. aus dem authentischen Jesusgut der Quelle Q, das er identifiziert hat, Wesentliches über den historischen Jesus in Erfahrung gebracht, das für ein zu gewinnendes Jesusbild von Bedeutung wäre?

---

[17] Gleichnisse S. 59.

Zu a): Die Frage ist zu verneinen. Die Rekonstruktion der Quelle Q nach ihren noch erkennbaren Teilen hat als solche keinen neuen Zugang zu Jesus eröffnet. Bei den Redestücken hat H. als Vertreter der Zwei-Quellen-Theorie mit Hilfe des synoptischen Vergleichs für Q nichts anderes erheben können als die Forschung vor und nach ihm. Was er darüber hinaus an Erzählungsstücken für Q in Anspruch genommen hat, blieb bruchstückhaft und mußte ohnehin zu Mk I sekundär sein. In der Tat legt die schon zitierte Bemerkung, es sei mit dem Dogma aufzuräumen, als bedeute Herkunft aus Q die Authentizität eines Wortes, die Vermutung nahe, H. habe bei Q gar keinen besonderen Zugang zu Jesus gesucht. Seine analytische Arbeit war hier ja vorwiegend darauf ausgerichtet, den sekundären Charakter der Quelle, ihre spätere Abfassung und die theologisch fortentwickelte Terminologie nachzuweisen. Die Rekonstruktion der Sekundärquelle Q hat ihren Platz im Gesamtsystem der Quellenscheidungen. Das Interesse an ihr ist rein literarhistorischer Art, weil sie ihrerseits die Priorität des Mk I stützt, wenn sie als sekundär erwiesen werden kann. So liegt eine suggestive Wirkung darin, daß die Quelle Q, mit deren Existenz die große Mehrheit der Forscher rechnet, nun in H.s System über sich hinausweist auf jenen Mk I, obwohl die gesamte Rekonstruktion von Q keinen einzigen unabhängigen Beleg für die Existenz eines Mk I erbracht hat.

Das wiederhergestellte »Evangelium« Q, das eine Täufererzählung und auch eine Leidensgeschichte gehabt hat, wird zwar in den von Mk I ausgehenden Stammbaum der Evangelienbildung eingefügt. Weil dabei aber alles von Mk I her konzipiert ist, von der Existenz und dem spezifischen Charakter dieser Urschicht, kann Q nicht als ein eigenständiger Beleg für Mk I in Anspruch genommen werden, als dessen erweiterte Bearbeitung es nach H. anzusehen ist. Es verdankt ja doch alles, was es nach H. über eine Spruch- und Redensammlung hinaus ist, allein der Beschaffenheit der vorausgesetzten Grundschrift. Zudem ist viel zu wenig aus Mk I stammendes oder mit ihm vergleichbares Erzählungsmaterial für Q nachgewiesen worden, als daß ein solches Abhängigkeitsverhältnis behauptet werden könnte.

Hier scheint wirklich eine Lücke im System zu klaffen: Im ersten Buch hatte H. vermittels des Lukasvergleichs die Scheidung der Markusschichten durchgeführt und Mk II bestimmt. Als Grundsatz galt dabei, daß Lukas nur Mk II benutzt hat; und so konnten dann die Markusstücke, die sich bei Lukas nicht fanden, als zu Mk I gehörig bestimmt werden, sofern sie nicht an R oder Gl zu geben waren. Jedenfalls stand fest, Lukas hat keinen Stoff des ersten Erzählers, den Mk II getilgt hatte. Die Quelle Q, die ja Lukas ebenfalls vorgelegen hat, ist nun aber nach H. ein Konglomerat aus der urmatthäischen Spruchüberlieferung, Mk I und Zw. Warum tauchen dann Mk I-Stoffe, die Mk II getilgt oder verwandelt hatte, bei Lukas nicht wieder auf, vermittelt durch Q? Darauf gibt H. keine Antwort. Es ist freilich merkwürdig, daß der seine Quellen so wortgetreu reproduzierende Lukas diese ihm sonst nicht verfügbaren Erzählungseinheiten aus Q fallen gelassen haben sollte. Die Annahme ist aber erforderlich, wenn nicht das Gesamtsystem gefährdet werden soll. Denn einmal ließe sich sonst das Postulat von der Evangelienform aller Quellen nicht mehr aufrecht erhalten und zweitens ließe sich, müßte man mit der Aufnahme solchen durch Q vermittelten Mk I-

Stoffes durch Lukas rechnen, von ihm her nicht mehr Mk II bestimmen bzw. aus seinem Schweigen auf Mk I schließen. So wäre er als Garant der Quellenscheidung bei Markus unbrauchbar. Es zeigt sich also erneut, daß die »Evangelienform« ein unbewiesenes Postulat ist, das auf die Quellenscheidung Einfluß ausübt, anstatt aus ihr bewiesen zu werden, und es wird deutlich, daß die Abhängigkeit der Quelle Q von Mk I nur systemimmanent abgeleitet ist[18].

Zu b): Andererseits fand sich in Q eine Anzahl echter Jesusworte aus einer von Mk I unabhängigen Quelle, und zudem räumte H. selbst ein, daß man nur aus Q ein Bild vom Wort Jesu gewinnen könne. Wird also die zweite Frage positiv zu beantworten sein? Nein, vielmehr hat zumindest der Leser des zweiten Buches aus Q überhaupt kein Bild Jesu ableiten können. Statt dessen beobachtete er, daß für die ihm vorgelegten Entscheidungen über die Authentie einer Anzahl von Logien ein fertiges Jesusbild herangetragen wurde, an dem der Aussagegehalt der Sprüche oder ihre Form gemessen wurde. Im übrigen fand er zu der Mehrzahl des Redenstoffs ambivalente Stellungnahmen, die eine Echtheitsdiagnose vermieden und doch gleichzeitig betonten, es sei ein Einblick in das Wesen des Wortes Jesu möglich.

Überprüfbar sind infolgedessen Hirschs Kriterien nur dort, wo er ausdrücklich die Echtheit eines Spruches bestätigt und begründet. An diesen Stellen zeigt sich wiederum, daß die Echtheitsdiagnose nichts mit der Literaranalyse selbst zu tun hat, denn sie wird von bereits vorhandenen Kriterien her durchgeführt, die nicht aus der Analyse der Quelle Q genommen sind. Die Rekonstruktion der Quelle Q und ihres Jesusgutes hat H. also in der Tat keinen Schritt vorangebracht, weil er die Quelle von vornherein mit der Elle des Mk I gemessen hat. Das gilt auch von den Kriterien, die zur Aussonderung des echten Jesusgutes in Q angewendet werden.

---

[18] Dem aufgezeigten Mangel hat wiederum Helmbold abzuhelfen versucht, der bemerkt hat, daß es nunmehr fraglich erschien, ob Q Stoffe aus Mk I enthalten hat, zumal es in Q einige unabhängige Parallelstoffe zu solchen aus Mk I gibt. Helmbold stellt auf S. 67—69 eine Liste von solchen Stücken zusammen, die auf keinem der beiden möglichen Wege (über Mk II oder über Q) aus Mk I an Lukas gelangt sind. Er hat dafür eine Erklärung zur Hand, die allerdings nur dem einleuchtet, der davon überzeugt ist, daß die hier intendierte Gesamtlösung der synoptischen Frage dem tatsächlichen Sachverhalt allein entsprechen kann. Helmbold führt die Tatsache, daß die Stücke auch durch Q nicht zu Lukas gekommen sind, auf die willkürliche Quellenbenutzung des Redaktors von Q zurück, der »nur einige, die Höhepunkte des Evangeliums tragende Geschichten ausgewählt« hat. »Der Rest wird auf Herrenworte hin ausgeschlachtet oder als nicht mehr verwendbar fallen gelassen« (S. 65). Der Grund für dieses Verhalten des Redaktors: Er brauchte Platz für altes und neues Spruchgut und mußte daher »den Umfang des Erzählungsstoffes ... beschränken«. Außerdem entsprach vieles nicht mehr »den gewandelten Auffassungen einer späteren Generation« (S. 69). Das sind nichts als Mutmaßungen, die plausibel machen sollen, was man nicht belegen kann.

Mk I ist somit der einzige Zugang zu Jesus und seinem Wort, den H. auf literarkritischem Wege gewonnen hat. Entsprechend hebt H. auch am Ende seines ersten Bandes vorausweisend hervor, daß man selbst für die Jesusworte, die Matthäus und Lukas überliefern, auf das »an Mk I erworbene Gefühl für das Echte und Ursprüngliche« angewiesen bleibt (I, 211). Als Rahmen und Orientierungshilfe für dieses Gefühl, das den letzten Ausschlag bei der Analyse gibt, nennt er die »Regel, ... daß alles, was dem ersten Erzähler gegenüber fremd und widersprechend ist, was mit dem von ihm Berichteten nicht zu einem Bilde vereint werden kann, oder dessen Nichterzähltsein durch ihn ein unbegreifliches Rätsel wäre, als legendär auszuscheiden ist« (I, 210). Damit ist für die Erkenntnis echten Jesusgutes in der synoptischen Wortüberlieferung ebenfalls die maßgebliche Rolle des Mk I festgestellt. Augenscheinlich wird überhaupt nicht erwartet, daß sich die Kenntnis Jesu von den übrigen Quellen her noch erweitern könnte. Daran ändert auch die Versicherung nichts, daß nicht »alle Überlieferungen jenseits des ersten Erzählers für Legende zu erklären« seien und daß man »für die Rede Jesu ... auf die Nachrichten bei Matth und Luk geradezu angewiesen« sei (I, 210). Denn erstens muß doch alles auf Mk I bezogen werden (II, 377) und zweitens meinen diese Aussagen doch nur die materielle Füllung dessen, was sachlich im Prinzip von Mk I her bekannt ist. Wenn wir für die Rede Jesu auf die Nachrichten aus Q angewiesen sind, dann heißt das, wir sind hinsichtlich des Materials seiner Reden auf sie angewiesen, nicht aber in der Erwartung, daß sich von Jesu Wort aus Q her neue Wesenszüge Jesu eröffnen oder andere Aspekte seines Selbst-, Welt- und Gottesverständnisses hervortreten könnten.

Die angeführten Echtheitskriterien stehen tatsächlich im Einklang mit dem, was im ersten Band über Jesus ausgesagt wurde. Jesus war dort der unverstandene Einsame, der von einer »geheimnisvolle(n) Hoheit« umgeben ist (I, 209). Er erschien als der zornige Kämpfer gegen den Pharisäismus (I, 68), der als ein Gegner der jüdischen Gesetzesreligion auftritt (I, 162), der das »nationale und religiöse Dogma der Juden von der Unrechtmäßigkeit der römischen Herrschaft zu verneinen« wagt (I, 131). In Messiasbewußtsein und Leidensgeheimnis tritt er vor uns als der, »der im zerbrechenden Aneignen jüdischer Denkformen eine die alttestamentlich-jüdische Religion unter sich lassende Weise des Glaubens und Gottesdienstes prägt und verwirklicht« (I, 212)[19]. Andererseits wird

---

[19] Ob man den Hinweis auf Jesu nichtsemitische rassische Eigenart (I, 121) als Konsequenz dieser theologischen Beurteilung anzusehen hat? Oder ist das nur ein, letztlich nicht ganz ernst gemeinter (freilich in der 2. Ausgabe von 1951 beibehaltener), Tribut an die Geister der Zeit? Immerhin wurde schon bei den Gleichnissen von unjüdischen Zügen Jesu gesprochen, und die Lage des Verklärungsberges »außerhalb des heiligen Landes der Israeliten« wird als symbolisch für Jesu Verhältnis zum Alten Testament gewertet (I, 100).

an seinem Wort die »reine Menschlichkeit« gerühmt, mit der er die Freiheit vom Sabbatgebot begründet (I, 15), oder auch »leidenschaftliche Schärfe« und volkstümliche Grobheit beobachtet (I, 70). Und schließlich ist die Abgrenzung Jesu von der Vorstellungswelt des Urchristentums ja einer der Hauptgesichtspunkte für die Unterscheidung der beiden Schichten im Markusevangelium. Wenn dieses Kriterium aber schon bei der Quellenscheidung innerhalb des Markusevangeliums Anwendung fand, dann ist deutlich, daß es auch dort schon als ein vorlaufendes Sichtungsprinzip appliziert wurde und nicht erst aus der Literaranalyse gewonnen worden ist. An und für sich ist bei der Frage nach authentischen Jesusüberlieferungen die Ausgrenzung von Stoffen, die Gemeindetheologie repräsentieren, legitim. Wenn H. dieses Prinzip jedoch innerhalb der literarkritischen Analyse zum Zweck seiner Quellenscheidung anwendet, dann setzt er voraus und verwendet als Kriterium, was die Analyse erst erbringen müßte, nämlich: daß die eine Quelle frei ist von der Gestaltung der überliefernden Gemeinde, während bei der anderen die Glaubens- und Vorstellungswelt der Gemeinde den gesamten Stoff durchdrungen und geformt hat. Das Kriterium der Ausgrenzung Jesu aus der von Vorstellung und Theologie geprägten Überlieferung der Gemeinde ist also seinerseits nicht aus der Literaranalyse gewonnen, sondern hat bei dieser selbst schon Pate gestanden. Es zeigt sich damit erneut, daß H.s Literaranalyse von Prämissen her durchgeführt ist, die von der Literarkritik unabhängig sind, ja sich ihrerseits auf deren Durchführung auswirken.

Fragt man weiter, ob vielleicht noch andere Kriterien, die zur Kennzeichnung des echten Jesusgutes in Q angewendet wurden, nicht erst aus der Analyse des ersten Bandes gewonnen worden sind, sondern bereits auf sie eingewirkt haben, so findet man das bestätigt.

Bei Mc 3 1–5 mag es noch fraglich sein, weil H. sich nicht weiter darüber äußert, warum »dies die zweite der beiden Sabbathgeschichten des ersten Erzählers« ist (I, 15). Immerhin kann man den unmittelbar folgenden Satz durchaus als Begründung dieser quellenkritischen Entscheidung verstehen. Er lautet: »Sie zeichnet sich ebenso wie die unmittelbar vorhergehende durch die reine Menschlichkeit der Begründung aus, die Jesus für die Freiheit vom strengen Sabbathgebot gibt.« Dann wäre die in der Geschichte gefundene Menschlichkeit Jesu ein Kriterium für ihre Zugehörigkeit zur Urschicht. Somit liegt der Sachverhalt deutlich am Tage. Mc 4 26–32 wird zum »Hauptstück der Gleichnisrede in Mk I« bestimmt mit der Begründung, daß in diesen beiden »eigentlich dichterischen Gleichnisse(n)« des Kapitels »ein (ganz unjüdisches) tiefes Empfinden für das göttliche Geheimnis des natürlichen Werdens sich ausspricht« (I, 29). Bei Mc 7 6–13 werden die Verse 6–8 an Mk II gegeben mit dem Hinweis auf Schriftzitat und würdevollen, vornehmen Ton, während 9–13 des »drastischen Inhalts«, der »leidenschaftlichen Schärfe« und des »volkstümlich grob(en)« Tons wegen an Mk I fallen (I, 70). Wie hier so bestimmt auch bei Mc 10 17—31 das vorhandene Bild von Jesus die Analyse. Wir haben davon schon gehandelt.

Besondere Beachtung verdient in diesem Zusammenhang eine Äußerung zur Analyse von Mc 8 27—33. Dort drückt H. zunächst die Überzeugung aus, es werde sich in der Forschung die Erkenntnis durchsetzen, daß Jesus nicht der Messias im alttestamentlich-jüdischen Sinne habe sein wollen, »ja, daß Messias im Sinne dieser Hoffnung sein für ihn etwas Gottwidriges, Satanisches bedeutete« (I, 89). Darauf folgt der entscheidende Satz: »Von da aus könnte man nun auf den Gedanken kommen, daß Vers 33 die Antwort Jesu auf das Wort des Petrus 29 sei, und dann diese Vermutung als L e i t g e d a n k e n d e r Q u e l l e n a n a l y s e v e r w e n d e n .«[20] Zwar verwirft H. diesen Gedanken, aber die Bemerkung ist trotzdem sehr aufschlußreich für sein Verfahren bei der Quellenscheidung. Er gibt damit zu, daß die Einzelentscheidungen bei dieser Quellenscheidung von Erwägungen abhängig sind, die außerhalb der Literarkritik liegen, ja daß eine ganze Quellenscheidung von einem vorgefaßten Gedanken her durchgeführt werden kann. In diesem Falle wäre es möglich gewesen, wenn es in das vorhandene Jesusbild gepaßt hätte, die Leidensansage gänzlich aus Mk I zu eliminieren, zumal es zu dem sonstigen Prinzip gestimmt hätte, nach dem alles, worin Markus und Lukas heute übereinstimmen, durch Mk II an Lukas vermittelt ist. Man hätte nur Mc 8 31 zum apologetischen Einschub des Mk II zu machen brauchen, der synoptische Vergleich hätte auch dies bestätigt. Allein, weil das nicht zum Gesamtbild Jesu paßt, wird die Quellenscheidung anders durchgeführt. Und fortan kann man, als läge ein gesichertes Ergebnis der Forschung vor, sich darauf berufen, daß nach Mk I Jesus die jüdische Messiaserwartung umgewertet hat[21].

Am Ende des zweiten Bandes bezieht sich H. schließlich auf ein analytisches »Leitgefühl« als das eigentliche Kriterium für die Erkenntnis Jesu unter den »Brechungen« der Überlieferung (II, 372 f.). Als »ein gewisses intuitives Erkennen des Ursprünglichen, ein Wahrnehmen des Lichtquells durch die Brechungen hindurch« entsteht es im Umgang mit den Texten. Wer sich dieses Leitgefühl nicht allmählich »erwirbt, das ihn die Wirklichkeit hinter dem Spiel der gebrochnen Lichter und Bilder erkennen läßt, dem kann auch keine wissenschaftliche Kunst helfen«. Zur Ausschaltung der Subjektivität wird es an der literarkritischen Arbeit »entwickelt« und »erzogen«. Durch die Erkenntnis der Überlieferungsgesetze und die Einsichten in die »geschehene phantastisch-mythische Reflexion der Wirklichkeit Jesu« wird es »geläutert« und »gesteigert«. An der Erfahrung der Grenzen lernt man es »kontrollieren und dadurch verfeinern«.

---

[20] Sperrung von mir.
[21] Vgl. I, 211 f.

Aussagen wie die letzten können natürlich den Unsicherheitsfaktor nicht aus der Welt schaffen, der für die gesamte analytische Arbeit H.s von der Subjektivität des Leitgefühls her grundsätzlich gegeben ist. Mit diesem liegt nämlich der Quellenscheidung, der Echtheitsdiagnose und der Rekonstruktion von Jesu Wort und Geschichte kein überprüfbares Kriterium zugrunde, sondern das Ermessen des Forschers gibt den Ausschlag, der von einem an die Texte herangetragenen Jesusbild aus entscheidet, über dessen Entstehung seine analytische Arbeit keine Rechenschaft abgelegt hat. Anhand einiger Proben hat sich uns auch die Willkürlichkeit der Rekonstruktion eines Mk I gezeigt, und wir müssen infolgedessen die Berechtigung der Quellenscheidung bei Markus grundsätzlich in Frage stellen. Und da nun die zur Echtheitsbestimmung von Jesusworten aus Q angewandten Kriterien entweder schon die Quellenscheidung bei Markus mit beeinflußt haben oder aus der konstruierten Schicht Mk I abgeleitet waren, bleiben sie dem Verdikt der Willkürlichkeit unterworfen. Der Versuch, über die Rekonstruktion eines ältesten Erlebnisberichts vom Wirken Jesu Zugang zu Jesu Wort und Geschichte zu gewinnen, ist als gescheitert anzusehen. Die gewünschte objektive Grundlegung für eine geschichtliche Erkenntnis Jesu wurde nicht gewonnen. Es stellt sich heraus, daß die Literarkritik bei diesem Vorhaben überfordert ist. Sie vermag nicht zu leisten, was hier von ihr erwartet wird, wie an der Vielzahl der zu ihrer Durchführbarkeit erforderlichen Prämissen deutlich wird. Als letzter gravierender Einwand hat sich ergeben, daß die »Wiederherstellung« des ältesten Berichtes von Jesus unter anderem von einem Jesusbild abhängig ist, das aus einer solchen Urschicht eigentlich erst als Ergebnis der Analyse zu gewinnen wäre.

Kapitel VIII

Geschichtliche Erinnerung und echte Jesusüberlieferung in den Sondergütern des Matthäus und des Lukas (nach Hirschs Analyse)

1. Grundsätzliches

Die beiden Sondergutquellen Ma S und Lu II enthalten nach H. verläßliche Überlieferung, d. h. geschichtliche Erinnerung an Vorgänge aus dem Leben Jesu und auf Jesus zurückgehende Wortüberlieferung, nur in sehr begrenztem Umfang. Im matthäischen Sondergut gibt es nur einigen Redestoff, nämlich Teile der Bergpredigt und die vier Gleichnisse vom Schatz im Acker, von der Perle, von den Arbeitern im Weinberg und vom Neinsager und Jasager. Das ist der Fall, obwohl für Ma S nach H. genau wie für Q »die Worte Jesu ... die Hauptsache sind« (II, 353). Aber es ist ja, wie schon im zweiten Kapitel zitiert wurde, wegen der vorgenommenen Umstilisierung der Worte Jesu »schlechterdings unmöglich, aus Ma S oder gar aus Matth den Redestil Jesu kennen zu lernen«. Denn es wurde auch sachlich uminterpretiert, und das nun hervortretende Jesusbild ist gerade das entscheidende Hindernis dagegen, Ma S geschichtlichen Wert zuzuerkennen. H.s Charakterisierung macht das offenkundig: »Nirgends ist Jesus so folgerichtig als Vollendung der letzten ethisch-religiösen Möglichkeiten verstanden, die der alttestamentlich-jüdischen Religion eigen sind, als in dem Sondergut des Matth. Würde Matth als echteste und ursprünglichste Überlieferung von Jesu Wort und Geschichte gelten müssen, so wäre Jesus nicht der Anfänger eines gegen die alttestamentlich-jüdische Religion schlechthin neuen Verständnisses des menschlichen Gottesverhältnisses, sondern nichts als der Vollender dieser Religion. Man müßte seinen Gegensatz gegen das Rabbinentum pharisäischer Prägung als innerhalb letzter gemeinsamer Prämissen liegend ansehen. Die Überwindung dieser irrigen Anschauung bekommt ihre letzte geschichtliche Bewährung in dem Nachweis, daß die Sonderstücke und Sonderprägungen des Matth nichts sind als das Endstadium eines geistigen Umwandlungsprozesses, dem Jesu Wort und Geschichte im palästinischen Judenchristentum unterworfen worden sind« (II, 353/4).

Demgegenüber enthält das Evangelium Lu II bessere Erinnerung an Ereignisse aus Jesu Wirkenszeit und auch an Jesusworte. Es ist insofern eine bedeutsame Quelle, als es »einige besonders kostbare Stücke aus dem Wort Jesu, die dem offiziellen palästinischen Christentum nicht des Bewahrens wert erschienen«, überliefert hat (II, 350). Wie kein anderes unter den urchristlichen Evangelien hat diese Quellenschrift »das Geheimnis der Verkündigung des Gottes, der den Sünder zum Kinde will, verstanden«. Sie hat Begebenheiten aus den Tagen Jesu und Äußerungen von ihm aufbewahrt, in denen gerade diese Seite des Evangeliums ans Licht tritt. Die Frage, wie es möglich war, daß »solch wertvolles Gut in der Überlieferungslinie von Lu II überhaupt noch vorhanden war«, findet folgende Antwort: »Der Grund liegt in der volkhaften, untheologischen Art des größeren Teils des Lu II-Stoffs. Lu II hat das nicht verschmäht, das zu beachten die Urheber z. B. von Q und Ma S zu vornehm waren: das Raunen und Flüstern kleiner bescheidner Leute außerhalb der führenden Gemeinde von diesem Jesus von Nazareth.« Zwar ist der Verfasser der Quelle »dadurch Opfer einer großen Masse von rein Legendärem geworden. Aber den einen großen Zug, daß Jesus einen Gott verkündigte, der gerade den Unfrommen, den Sünder zum Kinde begehrte, haben diese einfachen kleinen Leute schärfer als etwas Besondres aufgefaßt als die offiziellen Kreise mit ihrer theologischen Reflexion und ihrem Sinn für gute kirchliche Ordnung« (II, 350).

Dieser Sicht kommt insofern eine gewisse Berechtigung zu, als das lukanische Sondergut tatsächlich einen starken eigenen Akzent auf die Annahme der Sünder durch Jesus bzw. durch Gott legt. Andererseits erscheint H.s Formulierung, Jesus verkündigt einen Gott, der g e r a d e die Sünder zu seinen Kindern haben will, ein wenig überspitzt. Freilich spricht Jesus den Sündern die Gotteskindschaft zu, aber dem lukanischen Sondergut geht es dabei zentral um die Frage der rechten Umkehr des sündigen Menschen zu Gott (vgl. Lc 16 15). Es redet gegen eine Front solcher Menschen, die eine Umkehr nicht nötig zu haben meinen. Für das lukanische Sondergut heißt das, Gott nimmt mit den Sündern diejenigen zu Kindern an, die zu ihm umgekehrt sind. Gerade auch aus den Stellen von Lu II, die H. für echt hält, geht eben dies hervor: Lc 7 36–50 15 11–32 18 9–14. Beim historischen Jesus dürfte gleichfalls der Akzent ein wenig anders gelegen haben, als H. ihn setzt. Jesu Ansage der Nähe Gottes ist nämlich zugleich auch Aufruf zur Hinwendung zu ihm und zum Vertrauen darauf, daß Gott die Sünder annimmt, die sich zu ihm kehren. Wer dem zugleich werbenden wie zusprechenden Ruf Jesu folgt, dem spricht er die Gotteskindschaft zu. Für die Sünder ist damit Vergebung impliziert. Wenn dann gerade die Hoffnungslosen dem Angebot folgen, so zeigt sich doch in Jesu Auseinandersetzung mit seinen Gegnern und vor allem in seinen Gleichnissen, daß er sich grundsätzlich an alle wendet. Darum führt er die Seinen auch nicht aus der Welt hinaus. Er verkündet den Gott, der allen nahe sein will.

Die von H. benannten Stücke mit echter Überlieferung gliedern sich in die beiden Gruppen »geschichtliche Erinnerung« an Begebenheiten aus der Wirksamkeit Jesu und authentische Wortüberlieferung des irdischen Jesus. Sofern in der synoptischen Tradition auch komponierte Szenen letztlich der Wortüberlieferung dienen, könnte man eine weitgehende Überschneidung der beiden Gruppen voraussehen. Das ist jedoch deswegen nicht der Fall, weil bisweilen nur einzelne Bestandteile eines Überlieferungsstücks als ursprünglich oder als Träger echter geschichtlicher Erinnerung bezeichnet werden. Hinzuweisen ist in diesem Zusammenhang jedoch auf eine terminologische Differenz der vorliegenden Darstellung zu H. Während bei ihm gelegentlich auch authentische Wortüberlieferung unter den Begriff der geschichtlichen Erinnerung gefaßt werden kann und dieser dann als der Oberbegriff zur Bezeichnung der gesamten »echten« Überlieferung erscheint, wird hier durchgehend authentisches Jesusgut als Überlieferung echter Worte Jesu von geschichtlicher Erinnerung unterschieden, unter der allein die von H. als historisch benannten Situationen, Namen und Begebenheiten begriffen werden.

2. Geschichtliche Erinnerung:
Situationen, Namen, Begebenheiten aus Jesu Wirksamkeit

Das Urteil über den Gehalt einer Perikope an geschichtlicher Erinnerung fällt sehr unterschiedlich aus. Es reicht von ganz vagen Vermutungen hinsichtlich eines einzelnen Zuges bis zur gewissen Bestimmung des Ortes, den eine Szene im Leben Jesu hatte.

a) Um mit dem Allgemeinsten zu beginnen: Ein paar Namen sind es, die man aus einigen Stücken als geschichtlich bestimmen kann. Zu Lc 8 1–3 sagt H., »es wird die Johanna und Susanna, und es wird den Chuza gegeben haben; und durch irgendeine Person, die zur Gemeinde des Lu II gehörte, wird irgend eine Erinnerung an sie und das, was sie erzählten, versetzt mit vielen Legenden an Lu II gekommen sein«. »Bei Maria von Magdala aber können wir hier feststellen, was die Geschichte aller der Legendenbildung ausgesetzten religiösen Überlieferung zeigt: das Wissen wächst proportional dem Quadrat der Entfernung vom Ursprünglichen« (II, 207). Ein begrüßenswert vorsichtiges Urteil, das es — unter der Voraussetzung, daß die Namen auf historische Personen zurückweisen — nicht zu entscheiden unternimmt, ob es sich um Gestalten aus der Gemeinde oder schon aus der Umgebung Jesu gehandelt hat[1].

b) Ganz entsprechend bleibt von der Zachäusgeschichte (Lc 19 1–10), die H. der judenchristlichen Gedankenwelt zuschreibt — wahrscheinlich zu Recht —, der Name übrig, um dessentwillen freilich mit einem geschichtlichen Kern des Ganzen gerechnet werden muß (II, 232). Die Exi-

---

[1] Über die Rolle der Frauen im Rahmen des lukanischen Verständnisses der Zeugenschaft des Weges Jesu äußert sich Conzelmann, Mitte S. 36 f.

stenz eines Zöllners mit Namen Zachäus, von dem man wußte, daß Jesus bei ihm in Jericho eingekehrt war, muß nach H. vorausgesetzt werden. Dieser Meinung schließt sich Grundmann an². Für Bultmann liegt dagegen eine ideale Szene vor, »eine weitergesponnene Variante von Mk 2 14, zu der vielleicht die Verbindung von Mk 2 14 mit 15–17 den Anstoß gegeben hat«³. An anderer Stelle erhebt Bultmann im Zusammenhang der überlieferungsgeschichtlichen Beobachtung, daß ein bestimmtes historisches Interesse oder auch ein weiterentwickeltes Erzählinteresse gewisse Züge der Tradition zu konkretisieren neigt, die Frage, ob nicht die im synoptischen Traditionsgut enthaltenen Namen besser unter diesem Blickwinkel zu betrachten wären⁴. Entsprechend möchte er bei den Geschichten von Maria und Martha wenigstens »mißtrauisch sein, und zwar gegen den frühen Ursprung der Stücke«⁵. Wenn schließlich M. Dibelius von einer echten Personallegende spricht⁶, dann meint er damit zunächst, daß das Hauptinteresse der Erzählung auf der Person des Zachäus ruht und an seinen »individuellen Eigenschaften« haftet, »seiner kleinen Gestalt, seiner relativen Frömmigkeit trotz seines anstößigen Berufes«⁷. Zugleich wird für ihn damit aber auch wahrscheinlich, daß im Hintergrund eine geschichtliche Person steht, weil die Personallegenden meist von historischen Gestalten handeln⁸. Dibelius sagt denn auch ausdrücklich, daß nach seiner Ansicht die Legende von Zachäus — und ebenso die nicht ganz reine Personallegende von Maria und Martha⁹ — »gewiß ihren letzten Grund in geschichtlicher Wirklichkeit« hat¹⁰. Mit seiner Einschätzung des Sachverhaltes wird H. etwa übereinstimmen, und sie überzeugt mehr als diejenige Bultmanns.

c) Ähnlich wie Dibelius urteilt H. auch hinsichtlich der Szene von Maria und Martha und ihrem geschichtlichen Gehalt (Lc 10 38–42). Er hält »die Geschichte, wenn man die Ausmalung ... abzieht, für die Trägerin einer Erinnerung an wirklich Geschehenes« (II, 213). Und er besitzt noch erheblich weitergehende Informationen. Danach handelt es sich um »eine lange mündlich umlaufende Anekdote, von später Hand aufgezeichnet«, womit er wohl den Umstand erklären will, daß das Stück sonst in der synoptischen Überlieferung nicht mehr begegnet. Er kennt sogar noch die Ursache für das lange mündliche Umlaufen, sie liegt darin, daß die beiden Schwestern Samariterinnen gewesen sind. Darauf

---

² Lk. S. 359.
³ Trad. S. 34.
⁴ aaO. S. 72.
⁵ Ebd.
⁶ Formgeschichte S. 115.
⁷ Ebd.
⁸ Vgl. aaO. S. 101.
⁹ aaO. S. 115.
¹⁰ aaO. S. 293.

hat ihn die Perikopenfolge seiner Quelle Lu II gebracht; sie hatte 9 51—56 von Jesu Reise durch Samarien berichtet, hatte an diesem Punkt — sehr sinnig — Jesus angesichts seiner neuen Gastgeber das Gleichnis vom barmherzigen Samariter erzählen lassen (II, 211), an das sich die Szene ja anschließt. Aus diesem Quellenbefund folgt, »Maria und Martha sind als Samariterinnen gedacht« (II, 212). Zunächst sieht diese Folgerung noch wie eine interpretierende Wiedergabe der Sicht der Quelle aus, denn H. setzt voraus, daß die Reihenfolge der Sondergutstücke in der verarbeiteten Quelle schon dieselbe war wie im heutigen Lukasevangelium, und er kann deswegen von den einzelnen Sonderperikopen auf die Quelle zurückschauen, in der sie eine auf die andere gefolgt sind[11]. Der nächste Schritt erhebt jedoch bei H. das so erschlossene Verständnis der Vorlage auch zur historischen Gewißheit, denn nun wird festgestellt, »Martha ist aramäischer Name und hat nichts speziell Jüdisches; Maria ist den Samaritern aus der Thorah ebenso bekannt wie den Juden« (II, 212).

Abgesehen davon, daß die vorausgesetzte Perikopenfolge für die Sonderquelle nicht erwiesen ist, liegt auch ein methodischer Bruch vor. Die dargestellte Komposition einer literarischen Schicht kann nicht zur gleichen Zeit interpretiert und als historischer Sachverhalt gewertet werden. Die literarische und die historische Fragestellung sind also wiederum in unzulässiger Weise verquickt, und das noch, obwohl H. für Lc 10 11—37 sogar voraussetzt, daß der literarische Ort nicht dem historischen entspricht, sondern daß die Perikope durch den Redaktor der Quelle Lu II als besonders passend an ihren jetzigen Platz gestellt worden ist. Überdies mutet das Argument mit dem Namen der Martha etwas mutwillig an. Wenn nämlich die Sprache Jesu und seiner Umwelt das Aramäische gewesen ist, dann kann der Name Martha nicht als zwangsläufig nur nach Samarien weisend aufgefaßt werden. Und da in breitester Bezeugung eine Martha als Frau des Hohenpriesters Josua ben Gamla (um 63—65 n. Chr.) erwähnt ist[12], dürfte H.s Behauptung entkräftet sein. Was es darüber hinaus noch bedeuten soll, daß der Name nichts speziell Jüdisches an sich habe, bleibt dunkel.

Mit alledem ist H.s Wissen noch nicht erschöpft, vielmehr konstatiert er noch, »Jesus kennt die Frauen nicht; er genießt die Gastfreundschaft, die religiös empfängliche Frauen wandernden Propheten zu gewähren pflegen« (II, 212). Das mag sein, immerhin ist es eingetragen. Freilich steht auch nicht im Text, daß Jesus die Frauen gekannt hätte. Die beiden Namen gehören jedenfalls zur Komposition der Geschichte hinzu, weil sie im Jesuswort v. 41 f. verankert sind[13]. Ob man infolgedessen an eine Begebenheit aus dem Leben Jesu denken kann, erscheint

---

[11] Vgl. II, 211. 212. 213 ausdrücklich.
[12] Vgl. Str.-Billerbeck II, S. 184.
[13] Darauf hat Dibelius mit Recht hingewiesen, aaO. S. 48.

trotzdem nicht sicher, weil einerseits eine gesonderte Überlieferung des Logions kaum vorstellbar ist[14] und die Szene andererseits im ganzen artifiziell anmutet. Der Gebrauch des Kyriostitels und die Vorstellung, daß eine Frau zu Füßen eines Lehrers sitzen kann, weisen doch wohl in den hellenistischen Bereich.

d) Lc 9 51–56, genauer »in 51–53.56 kann sehr gut alte geschichtliche Erinnerung durchschimmern« (II, 207). Diese Vermutung richtet sich hauptsächlich auf Jesu Aufenthalt in Samarien überhaupt. Dazu allein äußert sich H. im folgenden. Er führt ins Feld, als Reiseroute von Galiläa nach Jerusalem sei der Weg durch Samarien »der einfachste und natürlichste«. Die Schwierigkeit, die sich durch den Aufenthalt in dem dann etwas abgelegenen Jericho ergibt, kann ihm als Einwand »nicht stichhaltig« sein. Denn schon die Analyse des ersten Buches hatte ja aus Mk I die Nachricht entnommen, Jesus sei durch Samarien nach Jerusalem gezogen. Diese Feststellung erstaunt zwar zunächst, weil Samarien und die Samariter im ganzen Markusevangelium nicht genannt werden. Aber H. führt zu Mc 10 1 aus, dort sei unter dem Ausdruck »Gebiet von Judäa« nicht bloß die Landschaft Judäa verstanden, sondern der ganze »Machtbereich des römischen Prokurators, d. h. das, was wir unter den getrennten Namen Judäa und Samaria auffassen, als eine Einheit« (I, 108). Nun ist es immer mißlich, etwas aus einem Text herauslesen zu müssen, was dieser zwar nicht sagt, aber meint. Im vorliegenden Fall ginge es vielleicht an, wenn man zuvor nachgewiesen hätte, daß der Evangelist generell vom Standpunkt des Römers aus denkt. Tatsächlich gibt es ja im Evangelium Anzeichen für diese Perspektive, eins sogar in der gleichen Perikope, wenn das römische Eherecht vorausgesetzt zu sein scheint. Daß H. jedoch damit ausgerechnet für seinen Mk I und dessen Bericht von der Reise Jesu argumentieren will, mutet seltsam an. Demnach soll nicht der in Rom schreibende Mk II dieses Verständnis Judäas als der gesamten römischen Prokuratur eingetragen haben, sondern es soll von Mk I stammen, letztlich also von Petrus, dem Juden aus Galiläa. Was mag ihn nur dazu bewogen haben, die gewohnte Unterscheidung der drei Gebiete zugunsten eines Denkens in römischen Statthalterschaften aufzugeben? Und ausgerechnet Mk II, der Römer, sollte das nun wiederum nicht verstanden haben, so daß er in »jenseits des Jordan« änderte, weil er sich daran stieß, daß Jesus von Galiläa aus sofort in die Landschaft Judäa gelangt sein soll?[15] Das ist reichlich konstruiert und unwahrscheinlich.

Damit ist zunächst nur H.s Urteil über Mc 10 1 bestritten. Daß Jesus durch Samarien nach Jerusalem gezogen ist, kann von jener Stelle

---

[14] Vgl. Bultmann, aaO. S. 33.
[15] Vgl. aaO. — Daß R beides nebeneinander gestellt hat, ist klar. Über die Bedeutung der Ortsangabe in Mc 10 1 vgl. Schmidt, Rahmen S. 238 f.; Grundmann, Lohmeyer z. St.

aus also nicht mehr behauptet werden. Historisch mag es wahrscheinlich sein, läßt sich aber kaum verifizieren. Auch um die Annahme von vornherein auszuschließen, ist die textliche Basis zu klein. Mt 10 5 kann kaum dagegen angeführt werden; seine Echtheit ist trotz des unzweifelhaften Gegensatzes gegen die Missionspraxis der Urgemeinde sehr fraglich, weil es zu Jesu Verhalten im Widerspruch steht[16]; und über den Weg, den Jesus selbst nach Jerusalem genommen hat, sagt es gar nichts, weil es eine Anweisung für die Missionspredigt ist und sich nicht auf Reisen bezieht. Da ferner aus den Belegstellen bei Billerbeck nicht hervorgeht, daß die Juden die Wege durch Samaria gemieden hätten, liegt kein äußerer Anlaß vor, diesen Weg als unüblich auszuschließen. Ganz im Gegenteil spricht Josephus ant. 20, 118 bei seinem Bericht über den blutigen Zusammenstoß von galiläischen Festpilgern mit Samaritern ausdrücklich davon, daß die Galiläer zum Fest nach Jerusalem durch samaritisches Gebiet zu ziehen pflegten. So bleibt im Grunde neben der vielleicht als redaktionell zu verstehenden Stelle Mc 10 1 doch nur die Überlieferung, nach der Jesus in Jericho gewesen ist, als ein gewisses Hindernis für die Annahme der Wanderung durch Samarien bestehen. Das Fehlen samaritanischer Lokaltraditionen selbst muß nicht allzu schwer wiegen, denn sie könnten ja auch bei der Sammlung nicht erfaßt worden sein, wie Joh 4 vermuten läßt. Die beiden Geschichten, in denen Samariter genannt werden, sind jedenfalls in Jerusalem verankert, wie der kultische Hintergrund zeigt[17] (Lc 10 29–37 17 11–19). Wenn man nun einzig und allein aus Lc 9 51–56 eine Reise Jesu durch Samarien ableiten könnte, so relativiert sich das Ganze wieder dadurch, daß bislang keine Klarheit darüber besteht, ob Jesus überhaupt nur einmal nach Jerusalem gezogen ist[18]; sehr wahrscheinlich ist das nicht. Die Frage nach dem Berichtswert von Lc 9 51–56 bleibt davon allerdings unberührt. H. Conzelmann meint, »da es sich um eine Abweisung handelt, entfällt auch dieses Argument« für eine samaritanische Wanderung[19]. Das ist nicht ganz stichhaltig, denn v. 56 redet nicht davon, daß Samarien nun verlassen würde; das andere Dorf könnte sehr wohl ein samaritisches sein. Zwar setzt der weitere Ablauf des lukanischen Reiseberichtes Jesu Anwesenheit auf jüdischem Terri-

---

[16] Vgl. W. Bauer, Aufs. S. 103.

[17] Darauf weist Conzelmann mit Recht hin, aaO. S. 58 f. Indes hat das auch H. für 10 29–37 betont, das er für ein echtes Jesusgleichnis hält. Er läßt es nur von Lu II in den samaritischen Reisebericht versetzt sein (II, 211). Conzelmann hat H.s Differenzierung in diesem Punkt nicht berücksichtigt und widerlegt ihn deshalb nur vermeintlich mit dem Satz: »Von Jerusalem aus wird über Samaritaner gesprochen. D. h. diese Stoffe beweisen das Gegenteil dessen, was z. B. Hirsch will« (aaO. S. 59). Daß von der lukanischen Verwendung Samarias nicht auf die historische Wirklichkeit geschlossen werden kann, darin ist Conzelmann zuzustimmen.

[18] Damit hängt die Frage nach der Länge der öffentlichen Wirksamkeit Jesu eng zusammen.

[19] aaO. S. 58; anders Jeremias, ThW. VII S. 93 A. 31.

torium voraus[20], aber über die Implikationen von 9 56 als Teil einer selbständigen Überlieferungseinheit ist damit nicht entschieden. Die Annahme der Historizität des Abschnitts folgt daraus freilich auch nicht notwendigerweise. Man wird in dieser Frage wohl über ein *non liquet* nicht hinauskommen.

e) Bei H.s Beurteilung der Erzählung von der Sünderin im Hause des Pharisäers (Lc 7 36–50) begegnen mit der »Menschlichkeit Jesu« und der Lebensnähe der Situation schon bekannte Echtheitskriterien. Die erste zurückhaltende Formulierung, »was hinter einer solchen Erzählung nun an nackter geschichtlicher Wirklichkeit steht, darüber ist schwer zu urteilen«, bleibt nicht sein letztes Wort, denn »das Erzählte liegt innerhalb der Möglichkeiten des geschichtlichen Jesus« (II, 202). D. h., wie Jesus sich in dieser Geschichte verhält, das entspricht dem, was man über das Verhalten des geschichtlichen Jesus kennt bzw. voraussetzen kann und was H. mit »Menschlichkeit« bezeichnet. Er beschreibt sie sofort genauer: »Vor allem die ferne Kühle, die er bei aller Güte dem Weibe gegenüber wahrt, ist mit der Art von Jesu Menschlichkeit in gutem Einklang.« Zudem bleibt die ganze Episode auch im Rahmen des historisch Möglichen, und zwar deswegen, weil »das Tun der Frau (ganz anders als die Geste des Petrus beim Fischzuge) nicht nach Erfindung« aussieht; denn »auf dergleichen kommt eine lebendige Seele im Augenblick des Tuns eher als Legende und Schriftstellerei« (II, 202).

Ursprünglich war die Geschichte nach H.s Analyse von der Salbung in Bethanien (Mc 14 3–9) völlig unabhängig. Erst Lukas hat aus der ihm vorliegenden Version von Mk II aus Mc 14 3–9 den Namen Simon und die Salbung der Füße Jesu übernommen. Er hat auch die beiden Züge eingefügt, daß die Frau dem Pharisäer als Vorbild hingestellt wird und daß die Vergebung der Sünden eine »Folge der großen Liebestat der Frau« war (II, 201). Diese eindringende Analyse könnte dem traditionsgeschichtlichen Sachverhalt durchaus gerecht werden. Nur läßt sich nicht mit der Sicherheit, die H. hier bekundet, ausschließen, daß es sich bei den beiden Geschichten um Varianten einer Erzählung oder um Dubletten handelt, zumal das Gleichnis von den beiden Schuldnern (v. 41–43) als ein selbständiges Traditionsstück angesehen werden kann, das den Kern einer sekundär gebildeten Szene darstellt[21].

Nicht unwidersprochen bleiben kann dagegen das hier vorliegende Echtheitskriterium der Menschlichkeit Jesu. Die Evangelien zeichnen kein einheitliches Bild Jesu, wenngleich sie in großen Zügen durchaus konform gehen. Selbst wenn ein solches Bild aus ihnen zu entnehmen wäre, hätte

---

[20] Wahrscheinlich schon 9 57 oder 10 1, spätestens 10 13.
[21] Vgl. Jülicher II, 299—302; Bultmann, aaO. S. 19 f. und Ergänzungsheft. Jeremias hat die Situation, wie sie geschildert ist, auf ihre Voraussetzungen befragt und aus der Kenntnis der damaligen Bräuche ein lebensvolles und eindringliches Bild zu zeichnen vermocht (Gleichnisse S. 126 f.).

man damit über den historischen Jesus noch nicht viel in Erfahrung gebracht. Das Jesusbild der Evangelien ist zu allererst ein Reflex der urchristlichen Überlieferung, seine Konturen sind bedingt durch die Formen, deren sie sich bediente. So ist z. B. Hirschs Jesus der kurzen und kühlen Replik kein anderer als der bloß einzelne Logien äußernde Jesus der Apophthegmen- und anderer Überlieferungsformen. Den Logien stehen ja andererseits die Gleichnisse zur Seite, und es fragt sich, ob die Logienform nicht in viel größerem Umfang eine Überlieferungsform gewesen ist, als sie eine Redeform Jesu war[22]. Auch die christologischen Anschauungen der Gemeinde haben an dem Jesusbild der Evangelien mitgezeichnet[23]. So kann man also nur umgekehrt versuchen, aus Gleichnissen und Logien, die man nach bestimmten Kriterien als wahrscheinlich echt bewertet hat, so etwas wie die Umrisse eines Bildes vom Verhalten Jesu zu gewinnen. Erfaßt man so gewisse Teile der Überlieferung, in denen sich Schwerpunkte der Botschaft Jesu niedergeschlagen haben, so ist es immer noch fraglich, ob man von ihnen aus verallgemeinernd Schlüsse auf die Wesenszüge des historischen Jesus ziehen kann. Bestimmte Aspekte des Verhaltens Jesu, die unlösbar mit der Ausrichtung seiner Botschaft zusammenhängen, wie z. B. die Annahme von »Sündern«, dürfen nicht zu einem Bild seiner Wesenszüge verallgemeinert werden, das seinerseits wiederum als Kriterium an einzelne Stoffe herangetragen wird.

f) Bei H. folgen noch die beiden Szenen Lc 13 31–33 und 22 35–38, die er an ganz bestimmten Punkten in den Ablauf der Geschichte Jesu einfügt. Beide Male handelt es sich hauptsächlich um Spruchgut. Weil von H. jedoch ganz bestimmte Augenblicke im Leben Jesu markiert werden, auf die er aus den Äußerungen zurückschließt, sollen sie noch unter den geschichtlichen Erinnerungen gleichsam als Übergang zur zweiten Gruppe wiedergegeben werden.

1. Die in der Synopse mit »Abschied von Galiläa« überschriebene Perikope Lc 13 31–33 gehörte nach H. »einmal in den von Mk I so scharf bezeichneten Augenblick der Verbindung der Pharisäer (von Galiläa) mit den Herodesleuten gegen Jesus« (II, 131). Aber dieser Einordnung in die Mc 3 6 angezeigte Situation steht wenigstens das eine Bedenken entgegen, wie man den Widerspruch auflösen will, der zwischen dem Tötungsratschlag der Pharisäer in Mc 3 6 und der Aufforderung aus Pharisäermund an Jesus besteht, das Land zu verlassen. Der Widerspruch ist auch in dem von H. behaupteten Fall nicht aufgehoben, daß Mc 3 6 in

---

[22] Auf die Frage, ob Jesus selbst Logien zum Zweck des Tradierens prägnant formuliert hat, verwendet Schürmann großen Scharfsinn (HJkC. S. 342 ff.).
[23] Vgl. O. Michels Hinweis auf die komplizierten Vorgänge der Entfaltung der Christologie als Entgegnung zu Kählers These, das Jesusbild der Evangelien sei authentisch, weil sich darin Jesu »eigenes Wesen unvergänglich abgeprägt« habe, Kähler, Hist. Jesus S. 58; Michel, ETh. 1955, S. 355 f.

die Situation von Mc 6 16 gehört (I, 16. 45). Haben die Pharisäer nur ein Interesse daran gehabt, Jesus loszuwerden, dann könnte H.s Kombination zutreffen. Dem Markusevangelium ist jedoch an dem unbedingten Tötungsvorsatz gelegen, den H. ja auch nach Mk I für historisch ansieht. An der Lukasstelle trachtet wiederum Herodes selbst Jesus nach dem Leben, während in Mc 3 6 die Pharisäer mit den »Herodesleuten« den Anschlag beraten. Um das auszugleichen, wären weitere historische Kombinationen oder Identifikationen erforderlich, die an dem, was die Texte sagen, keinen Anhalt mehr hätten. Nach allem, was die beiden Stellen erkennen lassen, wird es sich um zwei von einander unabhängige Traditionsstücke handeln. Vielleicht könnte man fragen, ob Lc 13 31–33 nicht mit Mc 6 16 zusammengehört; immerhin mußte H. Mc 3 6 erst nach 6 16 verpflanzen und daraus eine Tötungsabsicht des Herodes herauslesen, um Lc 13 31 ff. damit in Verbindung bringen zu können. Denkbar wäre es, daß er damit sogar den historischen Sachverhalt getroffen hat, nur geben die Texte keine ausreichende Grundlage für die Rekonstruktion des geschichtlichen Hintergrundes ab. H.s »literarkritische« Rekonstruktion, die ihm den wahren Sachverhalt aufschließen soll, ist nichts anderes als eine Zusammenstellung der Texte nach dem Stichwortverfahren, bei der die verbleibenden Fugen durch Hilfskombinationen gekittet werden. Kann aber das gemeinsame Stichwort Herodes wirklich dafür bürgen, daß alle Texte in die gleiche Situation gehören, so daß ihre geschickte Zuordnung zu einander den wahren historischen Sachverhalt ans Licht treten läßt?

Der Text selber bereitet nun auch noch eine weitere Schwierigkeit, denn die Verse 13 31 und 32 stehen zu einander in Spannung. Wahrscheinlich hat es Jesus hier doch mit von Herodes gesandten Boten zu tun, wie Grundmann mit Recht vermutet[24]. Jesu Antwort legt das nahe, denn sie ist selbst eine Botschaft an Herodes. Dann sind aber sowohl die Pharisäer als auch die Tötungsabsicht des Herodes sekundär in die Exposition der Szene hineingewachsen oder als Exposition hinzugewachsen. Grundmann, der unkritisch historisiert, geht davon aus, daß Herodes als der Mann geschildert wird, »der ungestörte Ruhe liebt« und deshalb wohl »den ihm unangenehmen Jesus aus dem Lande verdrängen will«[25]. Seiner Sicht entsprechen die literarischen Verhältnisse jedoch eher als der Konstruktion H.s. Denn im Logion v. 32, dem Kern der ganzen Perikope, ist weder von einem Anschlag auf Jesu Leben noch auch vom Sterben Jesu die Rede; beide Motive werden erst durch die Rahmenverse eingespielt. K. L. Schmidts Analyse, die v. 33 als sekundären Zusatz zum alten Logion bezeichnet, wird zutreffen[26]. Das Moment des Sterbens Jesu scheint durch eine hinter v. 32c und 33 stehende alte christliche Leidens- und Osterweis-

---

[24] Lk. S. 288.
[25] Ebd.
[26] Rahmen S. 267, vgl. Bultmann, aaO. S. 35.

sagung eingebracht zu sein, die sekundär mit dem Wort an Herodes verbunden wurde und von Lukas wahrscheinlich redaktionell interpretiert und für seinen Handlungsfortgang genutzt worden ist[27].

Wenn die auf die Kombination von Mc 3 6 6 14—16 und Lc 13 31—33 aufgebaute Konstruktion nicht trägt, dann stürzt bei H. noch einiges mehr zusammen. Es fällt der so groß herausgestrichene äußere Grund für Jesu Weggang aus Galiläa und für seine Nordreise dahin[28]. Es fällt weiter die davon abhängige Interpretation von Mc 9 30, der zufolge Jesus »still und unauffällig« durch Galiläa eilt, um nach Jerusalem zu gelangen und nicht vorher von Häschern des Herodes ergriffen zu werden[29].

2. Schließlich entfällt so auch die Möglichkeit, die andere zuvor erwähnte Szene Lc 22 35—38 in den gleichen Zusammenhang einzufügen, wie H. es versucht. Gleichwohl mag man noch das großartige Einfühlungsvermögen und die Vorstellungskraft bewundern, die er beweist. Er schreibt: »Die Szene paßt in einen bestimmten Moment des Lebens Jesu. Als er vom Norden her heimlich durch das Land des Herodes von Galiläa zog, um nach Jerusalem zu kommen, mußten die Seinen um der Unabhängigkeit von der Umgebung willen mit Beutel und Ranzen versehen sein, und mußte er auch das Bedürfnis haben, sich gegen einen Überfall[30] zu sichern: er wollte sein Ziel und Ende allein in Jerusalem finden. Die Wiedergabe der Szene mag Übermalungen zeigen; in ihrem Kern ist sie, an den richtigen Platz gestellt, geschichtlich« (II, 260). Dabei erfährt v. 37 noch eine originelle Deutung. Er wird als »eine geistreiche Ironie Jesu« verstanden, und dadurch erhält das ganze Stück einen besonderen Akzent. Denn nun erscheint Jesus als jemand, der seine Lage und seine Maßnahmen kritisch ironisiert. Hatte ihn die von H. vorausgesetzte Lage gar dazu bestimmt, seine Begleiter Waffen führen zu lassen, so beweist er doch reflektierten Abstand von seinen Maßnahmen. Er kann sich gewissermaßen von außen betrachten und halb scherzhaft, mit seiner Lage kokettierend, das Schriftwort aus Jes 53 12 als Weissagung auf sich anwenden. H. sagt: »Als bewaffnet durchs Land Ziehender ist er scheinbar so etwas wie ein Räuber. Und er sagt lächelnd: ›Nun erfüllt sich an mir das Wort Jes 53 12: Er ist unter die Gesetzesbrecher gerechnet‹« (II, 260).

Die Erklärung der Perikope durch H. läßt indessen verschiedene Fragen offen, die es unmöglich machen, seiner geistreichen Deutung zu folgen. Einmal steht in v. 34 gar nicht, daß Jesus das Jesajawort auf seine gegenwärtige Lage bezogen hätte. Vielmehr ist dort das eschatologische δεῖ gebraucht, das auf bevorstehende Ereignisse als im göttlichen Plan

---

[27] Vgl. Schmidt, aaO. S. 266; Conzelmann, aaO. S. 171.
[28] Vgl. I, 68. 75-78; dort der Entschluß Jesu, in Jerusalem den Tod zu erleiden.
[29] Vgl. I, 105 mit I, 77.
[30] Über die Begründung des Schwertkaufs mit diesem Gedanken bei Pfleiderer und in Romanen vgl. Schweitzer, Leben-Jesu-Forschung S. 344 f.

beschlossen vorausweist und das zudem noch ein ausgesprochenes Theologumenon der christlichen Gemeinde ist[31]. Dazu hat H. sich nicht geäußert. Zwar unterscheidet er von der ursprünglichen Situation der Szene ihre jetzige Aussage, die sich aus der Einfügung in den heutigen Kontext ergibt. Danach stellt sie symbolisch den Frieden, den man mit Jesus genossen hatte, den Entbehrungen, der Unrast und den Verfolgungen in der Zeit des Christuszeugnisses gegenüber. »Das Wort Jesu im Ganzen ist also eine Weissagung geworden auf den Zusammenstoß der jungen christlichen Gemeinde mit dem verfolgungssüchtigen Judentum«. Bei dieser Interpretation ist aber v. 37 nicht einbezogen, der auf Geschehnisse vorausweist, die sich schriftgemäß an Jesu Person erfüllen sollen, und der Vers fügt sich H.s Verständnis auch nicht ein. Er sperrt sich sowohl gegen H.s Deutung der vorgestellten historischen Situation bei Jesus, als auch gegen sein Verständnis der Perikope gemäß der Umdeutung durch Lu II, denn er redet von etwas, was Jesus widerfahren muß und wird. Für die Überarbeitung und Einfügung in den heutigen Kontext ist nach H. Lu II verantwortlich, denn »Luk selbst ist es — auch abgesehen davon, daß für die Heidenchristen seiner Zeit Verfolgung nicht bestand, also der symbolische Sinn nicht voll zutraf — nicht zuzutrauen, daß er eine so gewaltsame Umdeutung und Umsetzung aus Eignem vollbracht hätte« (II, 260).

Welchem Überlieferungsstadium man dieses letzte Stück der lukanischen Abschiedsrede zuweisen soll, ist wirklich schwer zu entscheiden. Zunächst sieht es so aus, als wäre die Endredaktion des Lukasevangeliums anzusetzen, weil v. 35 auf die Aussendung der Jünger zurückschaut. Diese war in doppelter Form berichtet, einmal nach Mc 6 6–13 in Lc 9 1–6 als Aussendung der Zwölf und einmal nach Q als Aussendung der Siebzig in Lc 10 1–12. Der Vers 22 35 könnte demnach auf die Stufe der gemeinsamen Rezeption des Markusstoffes und der Logienquelle zurückblicken. Vielleicht wird man aber doch vorsichtiger sein müssen. Zwar richtet sich das Wort im Munde Jesu v. 35 an die Zwölf, denn die Situation von 22 14, wo sich die Apostel mit Jesus zum Mahle niederlassen, ist noch nicht verlassen, und nach Act 1 21–26 sind für Lukas die Zwölf Apostel[32]. Indessen nimmt v. 35 nach Wortlaut und Ausdrucksfolge eigentlich doch nur den Spruch Lc 10 4 aus der Aussendung der Siebzig auf[33]. Lediglich

---

[31] Vgl. Grundmann, ThW. II, S. 21-25 und ergänzend Conzelmann, aaO. S.132 A. 2. Es liegt offenbar *ex eventu* ein Schriftbeweis für die Kreuzigung Jesu vor.

[32] Da Lc 22 23 noch ein ratloses Herumfragen der Jünger notiert, wer wohl der Verräter sei, wird Lukas die Anwesenheit des Judas voraussetzen.

[33] Allein dort stehen βαλλάντιον, πήρα und ὑπόδημα, zudem in der gleichen Reihenfolge. Ob in 10 4 βαλλάντιον evtl. von Lukas oder einer anderen Hand aus 22 35 um der Entsprechung willen eingetragen ist, ob es in beiden Fällen Redaktion ist oder in 10 4 ursprünglich, wie Schürmann vermutet (Abschiedsrede S. 118), kann hier unentschieden bleiben.

das ἀπέστειλα aus v. 35 könnte ebenso auf das ἀπέστειλεν aus 9 2 wie aus 10 1 und das ἀποστέλλω aus 10 3 Bezug nehmen. Damit dürfte jedoch kein Beweis in der einen oder anderen Richtung zu führen sein. Nur wer meint, Wortüberlieferung könne sich grundsätzlich nur auf Wortüberlieferung zurückbeziehen, wird 22 35 allein mit 10 3 f. in Verbindung bringen und daraus für beide die Zugehörigkeit zur gleichen Quelle ableiten wollen[34]. Wie immer der durch die Wortwahl angezeigte Rückverweis auf Kapitel 10 auch bezogen werden mag, auf den Rahmenvers 1 oder auf das Logion v. 3 oder auf beide, es bleibt die Schwierigkeit bestehen, daß in Lc 22 die Zwölf angeredet sind, während Kapitel 10 die Aussendung der Siebzig berichtet. H. Schürmann argumentiert, dem Lukas hätte solch ein unkorrekter Rückverweis nicht unterlaufen können, deshalb sei für 22 35 und seine Umgebung vorlukanische Tradition anzunehmen und sogar schon eine vor Lukas liegende Redaktionsstufe, die das Überlieferungsstück in den Passionsbericht eingefügt hat[35]. Das ist nicht schlüssig, weil die Schwierigkeit so gar nicht behoben wird; denn die genannte Diskrepanz bleibt trotzdem und ist auch von Lukas nicht beseitigt. Für ihn muß also in jedem Fall eine Inkorrektheit in Ansatz gebracht werden. Denn wenn er das Ganze übernommen hat, dann hat er die Diskrepanz zwar nicht selbst verursacht, sie aber auch nicht beseitigen zu müssen gemeint. Ob nun v. 35 vorlukanische oder lukanische Redaktion ist, die verbliebene Unstimmigkeit zwischen 10 1 ff. und 22 14.35 ff. geht in jedem Fall auf sein Konto. Das gilt sowohl für den Fall, daß 10 1 seine redaktionelle Bildung ist, mit der er der Aussendung der Zwölf nach Markus eine von siebzig Jüngern gegenüberstellt, für die er Stoff aus Q verwendet, der ursprünglich ebenfalls eine Aussendung der Zwölf — oder einer nicht genannten Zahl von Jüngern — meinte, als auch für den Fall, daß 10 1 schon die Einleitung der Vorlage gewesen sein sollte. Jedesmal ist für Lukas eine Ungenauigkeit anzusetzen, und so entfällt Schürmanns Argument. Schwerer fällt seine wortstatistische Untersuchung ins Gewicht. Sein Urteil, es liege ein von Lukas stark überarbeitetes Traditionsstück vor, leuchtet ein. Nur ist damit nicht das Postulat der ursprünglichen Bindung an 10 3 f. gekoppelt.

Zunächst wird man das Stück als Sondergut zu betrachten haben. Auf seine Einheitlichkeit hat Schürmann es nicht untersucht. Es ist jedoch deutlich als eine Komposition erkennbar, die um v. 36 gruppiert ist. Das zeigt sich daran, daß jede einzelne Zuordnung eines der übrigen Verse zu v. 36 für diesen eine unterschiedlich akzentuierte Aussage ergibt: Mit v. 35 zusammengenommen vollzieht v. 36 mit dem Rückgriff auf 10 1 ff. die auch von H. empfundene Gegenüberstellung der Zeit der Jünger mit

---

[34] In dieser Richtung gehen wohl Schürmanns Gedanken, wenn er erklärt, 22 35 ff. könne nur in irgendeiner Beziehung zu 10 3 f. und seiner Aussendungstradition überliefert gewesen sein, aaO. S. 117. 119.

[35] aaO. S. 138.

Jesus und der Zeit nach der Trennung. Auf diese Aussage hat H. Conzelmann speziell sein Interesse gerichtet; er hält die Abgrenzung der beiden Epochen, der Jesuszeit und der Zeit der Kirche, die unter verschiedenen Voraussetzungen stehen, für ein redaktionelles Motiv des Evangelisten[36].

Ein Bruch liegt zwischen v. 36 und 37, weil der Sinn der anfänglichen Gegenüberstellung nicht fortgeführt wird. Außerdem wird nun eine Anweisung an die Jünger mit einer Weissagung auf Widerfahrnisse begründet, die Jesus persönlich treffen werden. Jesus und sein Schicksal stehen für v. 37 im Mittelpunkt, es handelt sich um eine Leidensweissagung mit Schriftbeweis. Dadurch wird die Eigenaussage von v. 36, daß es gilt, gewappnet und ausgerüstet zu sein, mit dem bevorstehenden Tode Jesu begründet. Dieser Begründungszusammenhang mutet sekundär an. Er vollzieht, vielleicht unter Aufnahme einer älteren Leidensweissagung, die Eingliederung in den Rahmen der Passionserzählung und weist auf bestimmte Züge in ihr voraus (Lc 22 52 23 33)[37]. Daß in v. 37 die redigierende Hand des Lukas eingegriffen hat, zeigt Schürmanns sprachliche Untersuchung[38]. Gleichwohl verdient der Einwand Grundmanns Beachtung, die Nähe zum hebräischen Text[39] und die sonst in der Lukas eigenen Redaktion nicht begegnende Gottesknechtschristologie ließen eine lukanische Urheberschaft fraglich erscheinen[40]. Schürmann läßt die Frage, ob das Zitat von Lukas stammt, unentschieden, neigt aber eher dazu, sie zu verneinen[41]. Daß v. 36 selbst »nur schriftstellerische Einleitung zur Schwertepisode«[42] sein sollte, weil er aus der Missionsarbeit der Gemeinden heraus nicht verständlich sei, überzeugt nicht. Einmal umfaßt seine Aussage mehr als bloß die Aufforderung zum Schwertkauf[43], und außerdem kann er ursprünglich durchaus ein Einzellogion mit in sich geschlossenem Sinn gewesen sein[44]. Als Sitz im Leben für Logien kommt ja nicht nur die Missionsarbeit in Frage, es könnte sich hier ursprünglich um ein apokalyptisches Wort gehandelt haben.

V. 38 interpretiert v. 36 wiederum als eine Anweisung für den

---

[36] aaO. S. 5. 8. 40. 66—68 und öfter. Leider hat Conzelmann die für ihn so bedeutsame Perikope (vgl. Stellenindex) keiner quellenkritischen und traditionsgeschichtlichen Analyse unterzogen, sondern sie nur unter dem Gesichtspunkt der vorausgesetzten lukanischen Endredaktion ausgewertet.
[37] Vgl. Finegan, Überlieferung S. 16.
[38] aaO. S. 124—129.
[39] LXX lesen ἐν τοῖς ἀνόμοις, also liegt wahrscheinlich kein LXX-Zitat vor (gegen Conzelmann, aaO. S. 76).
[40] Lk. S. 409.
[41] aaO. S. 128. 134.
[42] Finegan, aaO. S. 16.
[43] Im ersten Teil des Verses scheint der Ruf zu eschatologischer Bereitschaft zu stecken, und so wäre auch der Auftrag zum Schwertkauf zu interpretieren.
[44] Diese Ansicht vertritt Grundmann (aaO.), dem »noch die Form des Parallelismus membrorum erkennbar« zu sein scheint.

Augenblick des Lebens Jesu und erscheint schon wegen der prompten Einlösung als sekundär. Der Vers stellt seinerseits die Verbindung zur Gefangennahme Jesu und zum Schwertschlag her (22 49 f.), denn dort wollen im Unterschied zu Mc 14 47 mehrere mit dem Schwert dreinschlagen. Andererseits läßt die dortige Haltung Jesu den Schluß zu, daß die Aussage von v. 36 durch v. 38 tatsächlich »als nur bildlich gemeint«[45] deklariert werden soll. V. 38 hat keinen selbständigen Aussagegehalt, ist also nicht isoliert denkbar, so daß in diesem Fall der Kyriostitel wohl doch nicht auf die vorlukanische Traditionsstufe weist, wie Rehkopf meint[46] und Schürmann erwägt[47]. Allenfalls wäre an eine vor Lukas liegende Einordnung der ganzen Perikope in die Passionsgeschichte zu denken[48].

Mögen die überlieferungsgeschichtlichen Verhältnisse undurchsichtig sein, im Blick auf H. ist soviel deutlich: Der Kompositionscharakter der Perikope verhindert schlechthin die Einordnung der Szene in das Leben Jesu, so wie H. sie vorgenommen hat — ganz abgesehen davon, daß die vorausgesetzte Situation bei Jesus nicht verifizierbar ist. Aber auch Lu II wird kaum die Redaktionsstufe sein, auf der das Stück seine Gestalt vor der Übernahme durch Lukas bekommen hat, weil es ja die Redaktionsstufe voraussetzt, in der wenigstens Sondergut und Logienquelle in weitem Umfang zusammengearbeitet wurden. Das trifft für das relativ selbständige Evangelium Lu II, in das nur einiges wenige aus der Überlieferung von Mk I Eingang gefunden hat, nicht zu. Eher wäre an eine dem Proto-Lukas Streeters[49] entsprechende Stufe zu denken. Solange v. 35 als vorlukanisch angesehen wird, muß mit einer solchen Redaktionsstufe gerechnet werden, die Q und Sondergut verbunden hat, allerdings einschließlich der lukanischen Sonderüberlieferung zur Passionsgeschichte[50]. Hinfällig würden diese Überlegungen, wenn v. 35 als Bildung des Evangelisten zu erweisen wäre[51], mit der er selbst die beiden Epochen einander gegenüberstellt. Die Verse 36—38 könnten dann als ein von Lukas überarbeitetes Traditionsstück aus der Passionsüberlieferung des Sondergutes verstanden werden.

---

[45] Finegan, aaO.; vgl. Schürmann, aaO. S. 131.
[46] Sonderquelle S. 58 f.
[47] Für Schürmann ist das nicht so eindeutig, vgl. aaO. S. 130 mit 28.
[48] Das setzt Schürmann voraus; vgl. aaO. S. 131 f. und vor allem seine Vermutung zur Überlieferungsgeschichte, S. 131 A. 460 und S. 137 ff.
[49] Gospels S. 199—270.
[50] So sieht sich Schürmann veranlaßt, an ein Evangelium hinter Lukas zu denken, aaO. S. 138. 140. Auch Streeter sagt »a complete Gospel«, aaO. S. 199.
[51] Das erwägt Bultmann, aaO. S. 360, Conzelmann scheint diese Ansicht zu teilen. Schürmann hält den Vers für vorlukanisch und kaum überarbeitet, aaO. S. 133. Da die Wortuntersuchung keine Klarheit schafft, geben Inhalt und Tendenz den Ausschlag für die Annahme lukanischer Herkunft.

3. Authentische Jesusworte und die Echtheitskriterien

Bei der Überlieferung authentischer Jesusworte aus den Sondergütern des ersten und dritten Evangeliums liegt der Sachverhalt ähnlich wie bei H.s Bestimmung der Jesustradition aus Q. Einigen Stellen, an denen die Echtheit überhaupt nicht oder nur mit unzulänglichen Hinweisen auf eine hypothetische Ursprungssituation begründet wird, stehen andere mit ausführlicher und teilweise methodisch scharfsinniger Erörterung gegenüber.

a) Zu der Parabel von den Arbeitern im Weinberg (Mt 20 1–16) hat H., nachdem er ein paar Verse bei der Rekonstruktion einer Urgestalt der Parabel eliminiert hatte, nur zu sagen: »Es ist kein Zweifel, daß auch hier Matth durch Ma S eine echte gute Überlieferung zugekommen ist.« (II, 316).

b) An anderen Stellen wird die Herkunft aus der Predigt Jesu entweder stillschweigend vorausgesetzt, wenn H. hervorhebt, sie wären nur aus der Jerusalemer Situation zu verstehen, oder diese Feststellung soll eine Begründung als überflüssig kennzeichnen. So gewinnt die »Rede von der wahren Gesetzeserfüllung« (die größten Teile der Bergpredigt aus Ma S und Q) aus dem »Nachklingen echter geschichtlicher Erinnerung ... ihre Wucht« (II, 88). Während der Analyse werden allerdings nur Mt 5 23 f., wo nach H.s Meinung »niemand bezweifeln wird, daß sie allein im Tempel von Jerusalem gesprochen sein können«, und 6 2.5, die ebenfalls nur in die Jerusalemer Lage passen, ausdrücklich als authentisch bezeichnet. Offenbar ist für H. mit diesen Erklärungen die Echtheit der Überlieferung ausreichend begründet, denn sonst folgt nichts weiter (II, 87 f.). Am Ende im zweiten Buch begegnen dann bei der Wiedergabe des Wortlautes von Ma S noch Verse und ganze Kompositionen aus der Bergpredigt, die dort als echte Jesusworte gekennzeichnet sind, ohne vorher in der Analyse überhaupt erwähnt worden zu sein. Nach der Reihenfolge der Wiedergabe sind das Mt 6 7 f. (II, 428) 5 21–24 6 14 f. 5 27–30. 33–37 6 1–6 6 16–18 (II, 432 f.).

c) Auch die Beispielerzählung vom barmherzigen Samariter (Lc 10 29–37) gehört für H. in die Tempelpredigt Jesu, wo Priester und Levit gleichsam als Anschauungsmaterial zur Verfügung stehen und die Straße nach Jericho »nur wenige Schritt weit entfernt« liegt (II, 211). Hinsichtlich des Ursprungsortes überzeugt H.s Urteil auch. Ob das aber schon ausreicht, um die Beispielerzählung als echt zu betrachten, ist zweifelhaft; es müßten schon noch andere Kriterien angewendet werden[52].

---

[52] Auffälligerweise kann H. an dieser Stelle zwischen dem redaktionellen Ort der Perikope bei Lu II und der Ursprungssituation unterscheiden (II, 211). Er läßt Lu II die Erzählung nach Samarien verpflanzen. Bei der Szene mit Maria und Martha hat er diese Möglichkeit nicht in Erwägung gezogen, sondern aus ihrem Platz auf die

d) Auch bei der Beispielerzählung vom Pharisäer und Zöllner, die H. hier ebenfalls anführt (Lc 18 9–14), leuchtet seine Beurteilung ein, wenngleich die Einengung auf den Tempel als den einzig möglichen Ort, an dem Jesus die Geschichte erzählt haben kann, zu überspitzt ist. Nicht nur im Tempel, sondern in Jerusalem überhaupt »gewinnt sie ihre aktuelle Zuspitzung« (II, 230). Und trotzdem ist damit, daß man an den Tempel oder an Jerusalem als Entstehungsort denkt, der solcher Erzählung ihre Schärfe verleiht, diese Lokalisierung nicht zweifelsfrei bewiesen. Denn die Aussage der Geschichte wäre jedem Juden, auch in Galiläa, ohne weiteres deutlich gewesen. Und die Urheberschaft Jesu ist damit natürlich auch noch nicht bewiesen[53].

e) Ebenso kann die Parabel von den ungleichen Söhnen (Mt 21 28–32) nach H. »niemals unabhängig von einer bestimmten Situation gesprochen sein« (II, 317), und sie ist die der Jerusalemer Streitgespräche. Sie markiert genau die Stelle, an der sich die Scheidung zwischen Jesus und den Oberen des Volkes vollzieht, und zwar »von beiden Seiten her«. H. stützt seine Interpretation auf die von ihm als ursprünglich angesehene Version des Textes, in der die Befragten für den Sohn votieren, der zwar zusagt, aber nichts tut[54]. Erst diese Antwort erklärt nach seiner Meinung den »Zornesausbruch« Jesu, in dem er jede Verbindung zu ihnen abreißt. Die Logik ihrer Antwort ist andererseits von daher zu verstehen, daß es für einen frommen Juden »ein unsühnbarer Frevel« war, die gebietende göttliche Autorität zu negieren, während für ein zwar bejahtes, aber nicht erfülltes Gebot »Genugtuung möglich« war. Insofern ist die Antwort tatsächlich »nur im Sinne Jesu völlig verkehrt« gewesen (II, 317).

Ob hier vielleicht doch die größere Sophistik auf der Seite H.s liegt? Mußte denn überhaupt, wer die Parabel vernahm und durch die Bildhälfte und auf ihrer Basis zur Stellungnahme aufgefordert wurde, dabei unbedingt an Gottes dem Menschen gebietende Autorität denken[55]. Sollte das aber tatsächlich der Fall gewesen sein, so zeigen die Beispiele bei Billerbeck z. St., wie man im Judentum derartige Probleme angesehen hat, nämlich genau im Sinne der nach H.s Ansicht verderbten Textüber-

---

samaritische Herkunft der beiden Frauen geschlossen. Daß die Folge der beiden Perikopen aufeinander in der katechetischen Absicht des Redaktors gründen könnte, bleibt außer Betracht.

[53] Ergänzend zur vorigen Anmerkung vgl. S. 230: »Auch hier erweist sich der Platz, den Lu II dem Gleichnis gibt, als durch sachlich-theologische Reflexion bestimmt und nicht als durch Überlieferung gegeben.«

[54] »Demnach muß man die Reihenfolge der Söhne wie in S D sich denken, die Antwort der Befragten so wie in B oder D«, aaO.

[55] Vgl. E. Fuchs über die »Bildhälfte« im Gleichnis (Hermeneutik S. 222): »Das Gleichnis ... versetzt also dadurch in Spannung, daß es eben n i c h t von vornherein verrät, wo der Sprecher hinauswill. Das besagt, daß die Bildhälfte ... die Sachhälfte in keiner Weise vorwegnimmt« (Hervorhebung im Original).

lieferung der Parabel: Dem, der jasagt und es nicht tut, wird der König bzw. Gott zürnen. Weder die von H. vertretene Urform der Szene noch ihre Einordnung in die Streitgespräche der Jerusalemer Tage können als solche schon die Historizität der Szene oder die Echtheit der Parabel erweisen.

Darin besteht kein Unterschied zu den vorigen Stellen. Er liegt erst in einer stilistischen Beobachtung, die H. noch anführt. Er weist auf die Stilform hin, daß Jesus aus einem erzählten Gleichnis eine Frage ableitet. Dieselbe Form begegne in Lu II (Lc 7 41 f.) und entspräche »als Abwandlung der in Q und Lu I vorkommenden, in der Jesus selbst aus einem Beispiel die Antwort und die allgemeine Folge ableitet«. H. folgert, daß sich darin »eine bestimmte Weise der Gesprächsführung durch Jesus gut widerspiegeln« wird (II, 317). Bezeichnenderweise beschränkt sich H. auf diese nur mit einem kurzen, unspezifizierten Querverweis versehene allgemeine Feststellung. Er verzichtet darauf, seine Beobachtung durch einen ausführlichen Stellennachweis zu erhärten und zu einem formalen Kriterium zu erheben, das neben anderen zur Klärung der Echtheitsfrage anwendbar wäre. Dieses typische Verfahren, das nach einer bereits vorhandenen Kenntnis Jesu aussieht, verleiht seinen Äußerungen so häufig den Anschein des Willkürlichen. Die Form, auf die H. sich hier bezieht, haben übrigens auch viele der bei P. Fiebig gesammelten jüdischen Gleichnisse; auch sie schließen an das Bild eine folgernde Anwendung an[56].

f) Aus der Untersuchung des Jesusgutes in der Logienquelle bekannte Wendungen tauchen bei der Bestimmung der Gleichnisse vom Schatz im Acker und von der Perle (Mt 13 44–46) auf. H. stellt als den einzigen Vergleichspunkt die »Verzauberung des Herzens durch ein Einziges« heraus und zwar als Gleichnis für das, »was dem Menschen mit hinnehmender Gewalt widerfährt, wenn das Gottesreich ihm im Glauben sich zeigt«, und er urteilt: »Das alles ist so eigenartig, so tief gedacht und so wortkarg zusammengedrängt, daß die Urheberschaft Jesu gesichert ist. Keine einzige Bereicherung des Worts Jesu durch die Überlieferung hat ähnliche Gestalt« (II, 315). Obwohl H. weiter kein Gewicht darauf legt, ist hier wiederum ein formaler Gesichtspunkt mit im Spiel, der sich möglicherweise als ein Kriterium anbieten könnte. Von H.s Denken her wäre es so zu formulieren: Der Einzigartigkeit Jesu und seiner Botschaft entspricht ein eigentümlicher Ausdrucksstil, eine eigentümliche Form, in die er seine Aussagen kleidet. Zwar ist H. vornehmlich an den einzigartigen Aussagen Jesu selbst gelegen, sowohl nach ihrem Gehalt, wie nach den verwendeten Begriffen und Bildern, wie die Untersuchung am Gut der Spruchquelle gezeigt hat[57]. Wenn er hier aber als Echtheitskenn-

---

[56] Vgl. auch Bultmann, aaO. S. 197 ff.
[57] Vgl. II, 151 zu Lc 14 34 f.; II, 154 zu Lc 17 6; II, 160 zu Lc 17 24; II, 105 zu Lc 11 36 etc.

zeichen anführt, daß alles »so wortkarg zusammengedrängt« ist, dann erinnert das an frühere Ausführungen, in denen es hieß, daß man durch Schulung allmählich »ein Gefühl für Jesu eigne kühle und knappe Diktion« erwirbt (II, 98).

Nun beruft sich an dieser Stelle das »wortkarg zusammengedrängt« auf eine Beobachtung zur Gestaltung des Gleichnisses, die beiden gemeinsam ist. Beide nehmen »beliebte Anfangsmotive orientalischer Geschichten« auf, die den Hörer Weiteres über den Fortgang des Falles und das Schicksal der betroffenen Personen erwarten lassen; man erwartet Zwischenfälle, Verwicklungen und eine endliche glückliche Lösung. Nun sagt H., »die Gleichnisse wecken dies Interesse auf, um es durch plötzlichen Abbruch der Geschichte zurückzustoßen. Durch diesen Rückstoß soll die Aufmerksamkeit auf das gelenkt werden, was das wahrhaft Verwundernswerte ist«, nämlich die schon zitierte Verzauberung des Herzens. Diese Beobachtung zum Korrespondenzverhältnis von Aussagegehalt und Form in den beiden Gleichnissen trifft insofern zu, als die Abweichungen der Gleichnisse Jesu von denen seiner Umwelt oder auch ihren Erzählungen die Besonderheit seiner Botschaft deutlich hervortreten lassen. Sie träfe im vorliegenden Fall ganz besonders zu, wenn wirklich eine bewußte Abgrenzung gegen einen solchen Hintergrund beliebter Erzählungen vorläge, wie H. es annimmt[58]. Dann läge das Entscheidende bereits in der Tatsache, daß an Stelle solcher Geschichten Gleichnisse erzählt werden[59]. Die knappe Ausführung wird man allerdings angesichts anderer, längerer Gleichnisse nicht als Echtheitszeichen werten können, wohl aber die Stringenz des Zusammenspiels von Form und Aussage.

g) Das formale Kriterium der Stileigentümlichkeit Jesu bringt H. auch bei der Parabel vom verlorenen Sohn (Lc 15 11–32) zur Anwendung. Dort konstatiert er nämlich unter dem »unbedingt Sicheren«, mit dem er die Analyse beginnt: »Die ganze Ausschmückung zu einer schönen, an das Gefühl sich wendenden Geschichte widerspricht der herben und knappen Erzählweise Jesu« (II, 221). Man muß also von allen Ausschmückungen absehen, um als Jesusgleichnis »von den zwei Söhnen« ungefähr die Stücke 15 11–14. 17–20. 24b. 25–28a zu erhalten. Allerdings ist bei diesem Verfahren die Urheberschaft Jesu letztlich von Anfang an vorausgesetzt, und durch Kürzung wird nur eine Form hergestellt, die zu seinem Redestil in besserem Einklang steht als die vorliegende Gestalt

---

[58] Man kann dafür die Beispiele bei Billerbeck und Lohmeyer z. St. anführen.

[59] Die Ansicht Bultmanns, für den die beiden Gleichnisse weiterentwickelte Vergleiche sind (aaO. S. 186 f.), ist damit nicht unvereinbar. Da von der Basileia geredet werden soll, war ein einfacher Vergleich nicht am Platze, vielmehr die Gleichniserzählung konstitutiv. Gerade dann kann aber die gewählte Form gegenüber den Erzählungen eine Beschränkung um des von H. vermuteten Effekts willen sein.

der Parabel. Daß sich eine solche Form tatsächlich herauskristallisieren läßt, kann allein nicht als ausreichendes Echtheitskriterium gelten.

Anders stellt sich die Sache von der folgenden Bewertung der ursprünglichen Parabel aus dar: »Die so hinter dem heutigen Gleichnis sichtbar werdende ältere Geschichte trägt die Wahrheit des Evangeliums herb verschlossen in sich« (II, 222). H. läßt sich nicht weiter darüber aus, doch kann das kaum etwas anderes heißen, als daß die Aussage der Parabel in den Gesamtrahmen der Verkündigung Jesu paßt, ja seine Botschaft in prägnanter Form darbietet. Damit liegt aber ein sachliches Kriterium vor, das mit Fug und Recht für die Ursprünglichkeit eines Stückes ins Feld geführt werden kann. Freilich, so muß eingeschränkt werden, nur dann, wenn schon ein gewisser Rahmen dessen abgesteckt ist, was zur Verkündigung Jesu gehört, wenn mit Hilfe anderer Kriterien schon eine gewisse Kenntnis der Botschaft Jesu gewonnen ist.

h) Eine sehr besonnene Erörterung legt H. schließlich zu Lc 12 13–21 vor. Als Begründung, warum v. 13 f. »verläßliche Erinnerung« sind, führt er folgende Gedanken an: »Die christliche Gemeinde hat von Anfang an ein Schiedsrichteramt in den Streitigkeiten ihrer Glieder in Anspruch genommen (vgl. I Cor. 6 4 f.). Damit aber ist Jesus als der Erhöhte unter den Christen auch Schiedsrichter (und Erbschlichter) geworden. Wenn diese Geschichte ihn solch Amt ablehnen läßt, so steht das in Spannung mit dem in der Gemeinde sich bildenden Brauch. Nur echte Erinnerung kann erklären, daß sie erzählt wird.« Daraus folgt die Erkenntnis eines »sehr wesentlichen Zug(es) im Bilde des geschichtlichen Jesus«: »Er hat sich bewußt anders gehalten, als Lehrer und Propheten, in seiner Umwelt es taten« (II, 215).

Unter der Voraussetzung, daß die historische Beurteilung des Sachverhalts für die frühe christliche Gemeinde zutrifft, wäre die Schlußfolgerung für das Verhalten Jesu sachgemäß. Mit Recht könnte man die so gewonnene Erkenntnis über Jesu Haltung auch bei anderen Stellen in Ansatz bringen. Methodisch korrekt ist auch der Weg, auf dem die Erkenntnis herbeigeführt wird. H. grenzt die in dem Traditionsstück erkennbare Haltung Jesu gegen einen nach seinem Dafürhalten allgemeinen Brauch der Urgemeinde ab, der aus ihrer Christologie resultiert. Da also eine Diskrepanz zwischen der Sicht und dem Verfahren der überliefernden Gemeinde auf der einen Seite und der Aussage des Überlieferungsstücks auf der anderen Seite besteht, schließt H. zu Recht auf Ursprünglichkeit. Und das um so mehr, als er zuvor ausgeführt hatte, ein Ansinnen wie die hier angetragene Schlichtung einer Streitfrage sei »im Orient dem Propheten und Gottesmann gegenüber doch ganz natürlich« (II, 214). So schält sich aus dem Unterschied zur Praxis der Umwelt Jesu wie auch der christlichen Gemeinde die Haltung des historischen Jesus heraus. Das Verfahren ist korrekt, zu überprüfen bliebe nur die Anwendung in diesem speziellen Fall. Es wäre zu fragen, ob H.s Sicht von der Praxis in der Umwelt Jesu und in der Urgemeinde zutrifft, ob also die historische Grundlage, auf der sein Urteil steht, tragfähig ist. Das würde jedoch über den Rahmen dieser methodologischen Untersuchungen hinausführen[60]. Zur Beispielerzählung vom reichen Kornbauern selber stellt H. zunächst fest, sie könnte gut aus der Gemeinde stammen. Zwar entspricht sie ganz dem Geiste Jesu, doch könnte durchaus »ein Jünger Jesu aus seinem Geiste« gesprochen haben (II, 215). Diese Möglichkeit sei neben der der Urheberschaft Jesu deshalb einzuräumen, weil Jesus die Haltung zum irdischen Besitz, die in der Erzählung zum Ausdruck kommt, seiner Gemeinde nachdrücklich aufgeprägt hat. Es liegt also sachliche Übereinstimmung vor, und so kann von der Sache her in diesem Fall nicht entschieden werden. H. vermag dennoch zwei Gründe für die Echtheit zu nennen. Der erste liegt wieder auf dem formalen Sektor, diesmal im Bereich des Ästhetischen. Er sagt: »Die Darstellung des Reichen ist von starker künstlerischer Originalität. Ein kurzer Monolog, eine knappe Notiz über das Schicksal — und das Bild der in sich gebannten Besitzesfreude mit all ihrer Torheit lebt.« Daran schließt sich die typische Folgerung an: »Das ist so ohne jedes Vorbild und ist darum nicht von irgendwem erzählt« (II, 215).

Welch ein Argument! Es klingt nach der kurzschlüssigen Vorstellung, als könnten originelle Bildungen mit künstlerischem Wert nur von uns bekannten Autoren stammen. Diese Konsequenz seiner Äußerung wird H. kaum bedacht haben, sonst hätte er sie wohl nicht getan. Bei ihm steht natürlich der Gedanke im Hintergrund, daß in der fraglichen Epoche, aus der die Überlieferungen stammen, Jesus die eine große, alles überschattende und einzigartige Persönlichkeit gewesen ist, der darum alles Originelle und Einzigartige in der Tradition zugesprochen werden muß. Zugleich wehrt er sich mit dem »nicht von irgendwem erzählt« offensichtlich gegen die formgeschichtliche Methode. Denn für ihn würde es ein Versinken einer so originellen Individualität, wie er sie hier spürt, in die Anonymität und damit ins Wesenlose bedeuten, wollte man hier auf »Gemeindebildung« erkennen. Die Möglichkeit, daß auch die Gene-

---

[60] Für die jüdische Umwelt bejaht Grundmann die Frage mit dem Hinweis auf die Erbgesetzgebung in Num 27 8 ff. Dtn 21 27 (Lk. S. 256). Ähnlich urteilen Klostermann, Lukas z. St., und Wellhausen, Lc. S. 64. Grundmann fügt hinzu, der Schriftgelehrte sei darum »der geeignete Mann zur Entscheidung von Streitfällen«. Damit präjudiziert er, daß Jesus Schriftgelehrter war und als solcher befragt wurde. Auch hinsichtlich der aus I Cor 6 4 f. abgeleiteten Gemeindepraxis stimmt Grundmann H. zu. Wellhausen bemerkt lapidar, aber ohne es näher zu erläutern: »Jesus lehnt ab. Aber die Kirche verfuhr anders« (Lc. S. 64/5). Der Hinweis auf I Cor 6 wird allerdings die Beweislast kaum tragen können, denn aus der Stelle geht ja gerade hervor, daß die Gemeinde wenigstens bis zur Intervention des Paulus keine eigene Jurisdiktion geübt hat.

rationen der überliefernden Gemeinde dichterische Begabungen hervorgebracht haben könnten, bleibt außerhalb des Horizontes seiner Erwägungen.

Das zweite Argument ist eines *e silentio*. H. will aus dem Fehlen der Vorstellungskreise von »Vergeltung, Gericht und Hölle« auf die Urheberschaft Jesu schließen. Seine Begründung, »die Jünger Jesu aus Lu II haben das durchaus nicht getan« — nämlich auf so etwas zu verzichten[61] — kann freilich nicht überzeugen. Denn es besteht keine Notwendigkeit zu der Annahme, daß derlei bei jedem nur möglichen Anlaß vorgebracht wurde. Beide Begründungen für die Echtheit der Beispielerzählung sind also nicht stichhaltig.

4. Überblick über die bei H. gefundenen Kriterien

Zum besseren Vergleich mit den im nächsten Kapitel erörterten Kriterien der Jesusforschung soll ein zusammenfassender Überblick über H.s Kriterien, wie sie aus seiner analytischen Arbeit zutage treten, dienen.

Das übergreifende Sichtungs- und Echtheitskriterium war mit der Einzigartigkeit Jesu gegeben. Es leitet sich von einem Persönlichkeitsbegriff her, der schon vor der analytischen Arbeit auf Jesus angewendet ist und durch diese darum bestätigt wird, weil er eben als Kriterium auf sie einwirkt.

Die Einzigartigkeit Jesu wird in allerlei Eigentümlichkeiten der Überlieferung greifbar, man findet sie nach der formalen und nach der inhaltlich-sachlichen Seite hin ausgeprägt.

1. In formaler Hinsicht erkennt man das echte Jesusgut an einem spezifischen knappen Stil, an der Originalität oder der Anstößigkeit der verwendeten Bilder und Vergleiche und an einer gewissen Derbheit des Ausdrucks (II, 105. 154. 160. 215. 221. 315).

2. Im Aussagegehalt ragen die Worte Jesu über jede Religiosität hinaus. Seine Person ist weder aus dem Judentum begreifbar, noch hat die urchristliche Gemeinde sie voll zu erfassen vermocht. Infolgedessen wird authentisches Jesusgut auf dreierlei Weise aus der Überlieferung ausgegrenzt:

a. Indem der Gegensatz einer Aussage zum jüdischen Denken oder zur jüdischen religiösen Praxis betont wird (II, 160).

b. Indem die Inkongruenz eines Gedankens mit den Vorstellungen der tradierenden Gemeinde festgestellt wird (II, 160).

c. Indem die Unvereinbarkeit sowohl mit jüdischem als auch mit urchristlichem Denken herausgestellt wird (II, 154. 215).

---

[61] H. wird vornehmlich an Lc 16 19—31 denken.

Alle diese Wege sind auch schon im ersten Band beschritten worden, wo sie als sachkritische Argumente neben die literarkritische Analyse traten und die älteste Erzählerschicht Mk I rekonstruieren halfen. Genauso verhält es sich mit dem gelegentlich verwendeten Kriterium der Lebensnähe einer geschilderten Situation oder der menschlichen und doch Distanz bewahrenden persönlichen Art Jesu. Sonst wurde im ersten Band durchgehend von der Suffizienz der rekonstruierten Markusquelle ausgegangen.

Schließlich begegnete als Bewertungsmaßstab für die Echtheit, daß ein Überlieferungsstück sich in den Gesamtrahmen der Anschauungen und der Verkündigung Jesu einfügen lassen muß.

Exkurs: H. Riesenfeld und B. Gerhardsson

Eine Art modernes Pendant zu dem Unternehmen Hirschs, die Kenntnis des irdischen Jesus auf eine literarische Primärquelle zu gründen, die als Wiedergabe des Erlebnisberichtes des Petrus aus der Erinnerung gespeist ist, kann man in dem Programm erblicken, mit dem H. Riesenfeld[62] und B. Gerhardsson[63] hervorgetreten sind. Ungeachtet der völlig verschiedenen Art der Durchführung, bestehen hier einige auffällige Analogien, die zu notieren im Rahmen unserer Fragestellung von Interesse ist. Sie betreffen einmal den grundsätzlichen Impetus des Ganzen, der sich auch hier ausgesprochenermaßen gegen die Formgeschichte richtet, und zwar wiederum nicht so sehr gegen die formgeschichtliche Methode selbst, als vielmehr gegen ihre Voraussetzungen, ihre Konsequenzen und ihre vermeintlichen dogmatischen Implikationen. Ähnlich wie Hirsch verwahrt sich Riesenfeld dagegen, daß die anonyme Masse der Urgemeinde zum entscheidenden Faktor der Traditionsbildung im frühen Christentum gemacht wird[64]. Dagegen wird ein festes Bild von den Aposteln als den Tradenten einer von Jesus inaugurierten Überlieferung gestellt.

Die früher zitierte Charakterisierung solcher Gegnerschaft gegen die Formgeschichte durch G. Iber[65] kann auch in diesem Fall Anwendung finden: Man will »zu einem positiven Vorurteil über die historische Glaubwürdigkeit« der Überlieferung kommen.

Das Anliegen im Hintergrund wird aus B. Gerhardssons Kritik an M. Dibelius und R. Bultmann deutlich. Er ist nämlich der Meinung, die Ergebnisse, welche die beiden »pioneer form-critics« hinsichtlich des Ursprungs der Evangelienüberlieferung erzielt haben, seien letztlich von einer bestimmten Vorstellung über Jesu Person und die Art seines Wirkens abhängig[66].

---

[62] Vgl. The Gospel Tradition and its Beginnings, TU 73, 1959, S. 43—65.
[63] Vgl. Memory and Manuscript, 1961.
[64] »The very existence of such an anonymous creative generation in primitive Christianity presupposes, in view of what we know from the New Testament about the apostles and the other members of the early Christian community, a truly miraculous and incredible factor in the history of the Gospel tradition«, aaO. S. 47; zu Hirsch s. o. S. 12 f.
[65] ThR. NF. 24, S. 320 (vgl. oben S. 13).
[66] aaO. S. 11 f.

Und wenn dem dann entgegengehalten wird, daß nur derjenige, der eine ähnliche Vorstellung von Jesus hat, ihre Ansicht über den Ursprung der Evangelienüberlieferung teilen könne[67], so ist offenkundig, daß die angemeldete Kritik selbst wenigstens von einem bestimmten Jesusbild her geführt wird, das durch die formgeschichtliche Position in Frage gestellt ist.

Darin zeigt sich eine weitere Analogie zu Hirsch. Denn wenn nun die gesamte synoptische Jesusüberlieferung für grundsätzlich echt erklärt werden kann, weil man sie, belehrt durch die Methoden rabbinischer Memoriertechnik und Traditionsweise (das ist der sachlich neue Beitrag des Programms), auf Jesus selbst zurückzuführen hat, der seine Jünger auswendig lernen ließ, mit ihnen repetierte und seine Handlungen nachbesprach[68], so daß sie sich später erinnern konnten, wie er sich in verschiedenen Situationen verhalten hat[69], dann kann diese Sicht ihrerseits wiederum nur durch ein ganz bestimmtes Jesusbild gewährleistet werden. Das Jesusbild steht also auch hier vor den Ergebnissen der analytischen Arbeit und präjudiziert sie. Und es fragt sich, ob nicht der letzte Anstoß für das Programm der Wunsch ist, das traditionelle Jesusbild (und vielleicht auch die Idee der apostolischen Sukzession) auf eine als von den Aposteln memorierte, authentische Überlieferung zu gründen, die direkt von Jesus herkommt. Aus dem postulierten messianischen Bewußtsein Jesu jedenfalls wird sowohl die grundsätzliche Echtheit der gesamten Jesusüberlieferung abgeleitet — mögliche Einschränkungen können hier außer acht bleiben —, als auch das Faktum einer bewußten Inaugurierung des Traditionsvorganges nebst seiner Methode durch Jesus selbst erschlossen:

»Granted the Messianic consciousness, then the circle of the disciples formed the kernel of the corresponding eschatological community. In view of the Old Testament background and the Messianic hopes of the Jews, we can legitimately assume that Jesus entrusted to this diciples, and hence to the eschatological People of God, an already formulated holy word for it to transmit, and that this was the starting point of a tradition.«[70]

Aus dem methodischen Zirkel, die Echtheit der Texte, aus denen man dieses Jesusbild gewinnt, wiederum erst von diesem Jesusbild her erweisen zu können, versucht man dadurch herauszukommen, daß man die Analogie zum rabbinischen Judentum absolut setzt. An dem Schema, das man von seinen Tradierungsgewohnheiten zeichnet, mißt man die Anspielungen, die man im Neuen Testament beobachtet, bis der

---

[67] aaO. S. 12: »... but so much is clear: only the one who has a conception of Jesus s i m i l a r to that produced by Dibelius and Bultmann can accept their view of the origins of the gospel tradition without reservation« (Hervorhebung von G.).

[68] Vgl. bes. Riesenfeld, aaO. S. 59—65, auch 55.

[69] Vgl. Gerhardsson, aaO. S. 332.

[70] Riesenfeld, aaO. S. 64. — Schon an diesem Zitat wird deutlich, daß ein solches Verfahren einen Großteil der Unbekannten neutestamentlicher Forschung als Bekannte setzen muß, um das intendierte Ergebnis zu erzielen. Und so sieht es faktisch bei Gerhardsson aus: Der Vorgang des Tradierens, die damit verbundenen Institutionen der Urgemeinde, schließlich auch der Ursprung der Überlieferung wird erhellt, indem eine Unzahl unbekannter und umstrittener Größen des Neuen Testaments und der Urchristenheit fixiert und zur Voraussetzung der Rekonstruktion gemacht werden.

Nachweis erbracht erscheint, daß die Urgemeinde sich genauso verhalten habe wie das rabbinische Judentum. Und da die Jünger ihrerseits Nachahmer ihres Meisters gewesen sein dürften, kann man von ihrem Verfahren wiederum auf Jesus zurückschließen[71]. Ein recht fragliches Unternehmen[72].

---

[71] Vgl. Gerhardsson, aaO. S. 334: »Jesus' teaching methods were certainly imitated by his disciples. It ought therefore to be possible, on the basis of the practice of these disciples, to draw certain conclusions as to the methods applied by their Master.«

[72] Daß die Fragestellung auch formgeschichtlich relevant gemacht werden kann, zeigt H. Schürmanns Aufsatz über »die vorösterlichen Anfänge der Logientradition« (HJkC. S. 342 ff.), der sich aber mit Recht auf bestimmte Logien beschränkt. Die größere Konsistenz der Logienüberlieferung innerhalb der synoptischen Tradition kann eine solche Fragestellung rechtfertigen. — Zur Kritik der Voraussetzungen des Programms hinsichtlich der Tradition im zeitgenössischen Judentum sowie der Verfassung der Urgemeinde vgl. W. G. Kümmel, ThR. N.F. 31, S. 24—26 und die dort genannte Literatur.

Kapitel IX

Kriterien der Jesusforschung

1. Vorbemerkung

Dieses Kapitel will die bei Hirsch beobachteten Kriterien in einen weiteren forschungsgeschichtlichen und methodologischen Rahmen hineinstellen. Dabei werden anhand einer Auswahl, die freilich möglichst repräsentativ und für die neuere Zeit breiter gehalten ist, vorwiegend die im Umkreis der deutschen Jesusforschung der letzten sechs Jahrzehnte benannten Kriterien für die historische Erfassung Jesu und seiner Botschaft zusammengestellt. Die gegebene Anordnung ist primär an H. orientiert. Dabei werden auch Querverbindungen gezogen, um den theologiegeschichtlichen Standort des Autors der Frühgeschichte erkennbar werden zu lassen. Auf diesem Hintergrund tritt andererseits auch die individuelle Lösung, die er der Frage nach dem historischen Jesus und besonders der Kriterienfrage gegeben hat, deutlich hervor. Was für H. spezifisch ist, und das erstreckt sich vornehmlich auf das Verfahren, wird nicht mehr besonders hervorgehoben oder diskutiert. Diagnose und Beurteilung haben im Vorangegangenen ihren Ort gehabt. Die sachlichen Grundsätze, die H. mit der Forschung vor, neben und nach ihm teilt, werden der Reihe nach behandelt. Allerdings wird dabei wiederum darauf verzichtet, die individuelle Handhabung durch H. nochmals anzuzeigen. Nur sein Hauptkriterium, Mk I, wird hier ausgenommen, weil dieser sein wesentlichster Beitrag am deutlichsten seinen theologiegeschichtlichen Ort kenntlich macht und auch die charakteristischen Differenzen sichtbar werden läßt.

2. Erörterung der Kriterien

a) Die älteste Überlieferungsschicht

H.s alleiniger Zugang zum historischen Jesus im ersten Band und zugleich im Blick auf das ganze Werk der umfassende Zugang ist Mk I. Mit der Rekonstruktion dieser Schicht befindet er sich im Gefolge der älteren Vertreter der Zwei-Quellen-Theorie, deren entscheidende Prämissen er teilt: die historische Suffizienz der Literarkritik und der primäre Quellenwert des Markusevangeliums. Durch seine Quellenscheidung innerhalb des Markusevangeliums wird der gleiche Sachverhalt nur etwas diffiziler. Die Rolle einer Primärquelle, die in der älteren Forschung das Evangelium gespielt hatte, übernimmt jetzt der aus diesem Evangelium rekonstruierte Erlebnisbericht Mk I. Auf der anderen Seite vereinfacht H.s Verfahren die Problemlage gegenüber jener Epoche.

Die alte literarkritische Schule mußte, trotz der grundsätzlichen Bejahung der Zuverlässigkeit der Markusquelle — gegebenenfalls auch der Logienquelle —, bei der Frage nach dem Leben und der Predigt Jesu letztlich doch noch zwischen der Quellenredaktion und dem historischen Stoff in ihr differenzieren und infolgedessen wiederum nach Kriterien für das Historische suchen. So sagt etwa O. Holtzmann[1]: »Die geschichtlichen Worte und Erlebnisse Jesu müssen wir aus der Vermengung mit mancherlei ungeschichtlicher Überlieferung lösen, keines seiner Worte haben wir im ursprünglichen Sprachgewand.« Läuft es bei Holtzmann auf eine Scheidung von Legendärem und Historischem heraus, so sieht P. Wernle seine Aufgabe darin, den historischen Stoff von seiner redaktionellen Bearbeitung zu lösen. Er sagt: »Will man von Mc aus noch näher an den geschichtlichen Jesus heranrücken, so gilt es, sich sowohl von den Ideen des Mc, als von der Anordnung seiner Stoffe möglichst frei zu machen. Nur der Stoff selbst, nicht was Mc aus ihm gemacht hat, ist geschichtlich wertvoll.«[2] Diese Urteile sind freilich umstellt von einer äußerst positiven Einschätzung des Wertes der Überlieferung selbst[3], wie auch der eigenen Möglichkeiten des Forschers, das Ursprüngliche zu erheben. Das alles liegt bei P. Wernle in so ausgereifter Form vor, daß man seine Arbeit als die reife Frucht dieser Forschungsepoche bezeichnen kann[4].

Bei aller Wertschätzung der Quellen — und auch Q wird von ihm allergrößter Geschichtswert zuerkannt[5] — führen P. Wernles Grundsätze über die einfache Rezeption der Quellen weit hinaus. Vergleichung, Sichtung und Beurteilung der Tradition werden notwendig, um an die

---

[1] Christus S. 60; Holtzmann hält Q für die allererste und Markus für die zweite Quelle des Lebens Jesu, vgl. Leben Jesu S. 24.

[2] Quellen des Lebens Jesu S. 67; auch hinter A. Schweitzers Skizze des Lebens Jesu steht derselbe Standpunkt.

[3] Vgl. Wernle, aaO. S. 70: »Aber wie anspruchslos und tendenzlos, wie frisch und freudig Mc das alles wiedergibt, das spricht in hohem Grad dafür, daß er hier der reine Mund guter Überlieferung ist und nicht anders schreibt, als Augenzeugen selbst ihm berichteten.«

[4] Das bestätigt W. Bousset in seinem Jesusbuch, wenn er im Vorwort (ohne Seitenzahl) schreibt: »Die Art und Weise, wie ich die Evangelienliteratur benutze, beruht ganz und gar auf den allgemeinen Grundsätzen, wie sie von Wernle übersichtlich dargelegt sind.«

[5] Vgl. aaO. S. 74.

älteste Gestalt der nicht legendären Überlieferungen zu gelangen[6]. Wernle ist dabei nicht dem »eigenen genialen Gefühl« gefolgt, wie das J. Weiß anderwärts beobachtet. Seine methodischen Grundsätze haben ihn konsequent bis zur Sichtung der Sondergüter bei Matthäus und Lukas geführt, die er genau wie die Quelle Q traditionsgeschichtlich mit der Markusüberlieferung vergleicht und dem Gehalt nach von jüdischem oder judaistischem und vom legendären Gut abgrenzt, um festzustellen, was authentisch wäre. Ob dabei im einzelnen ein rationalistischer Standpunkt letztlich ausschlaggebend gewesen ist, braucht hier nicht untersucht zu werden; nur nebenbei sei notiert, daß Wernle auf diesem Wege ein Ergebnis erzielt hat, das die formgeschichtliche Methode für ihren eigenen Ansatz nur noch wie eine reife Frucht zu pflücken brauchte[7]. H. erreicht nun eine Vereinfachung der Problemlage dadurch, daß er mit seinem Mk I eine Quelle rekonstruiert, hinter die er nicht wiederum erst mit anderen Sichtungskriterien zurückfragen muß. Mit dem Erlebnisbericht des Petrus befindet er sich unmittelbar am Ursprung der frühchristlichen Überlieferung und ganz nahe beim historischen Jesus. So scheint er unabhängig geworden zu sein von den möglichen Irrtümern und Fehlinterpretationen, denen historische Beurteilung auf der Basis von Kriterien infolge der Subjektivität des jeweiligen Standpunkts ausgesetzt ist. Das scheint aber nur so, in Wirklichkeit ist er nicht freier davon als andere, wie die vorstehende Untersuchung gezeigt hat. Denn auch er kommt nicht ohne besondere Kriterien aus, weil seine Quellenscheidung nicht rein literarkritischer Art ist, sondern von sachkritischen Momenten bestimmt wird. Faktisch muß H. den gesamten Arbeitsgang der kritischen Sichtung der Überlieferung und der Bestimmung des Ursprünglichen in die Quellenanalyse selbst hineinverlegen, so daß dann erst aus der Vermischung historischer und literarischer Gesichtspunkte die Rekonstruktion einer literarischen Primärquelle erwächst.

Ein zweiter Aspekt der Vereinfachung erstreckt sich auf Q und die Sondergüter. Sie kommen bei der von ihm postulierten Lage der Dinge als historische Quellen nicht mehr ernsthaft in Betracht. Infolgedessen braucht er keine Kriterien zu entwickeln, sondern er kann sich bei den

---

[6] Vgl. das schöne Bild von J. Weiß: »Wie der Fluß die Kiesel schleift und rundet, die er mit sich führt, wie er einzelnes von dem, was auf der Welle treibt, auswirft und liegen läßt und dafür anderes vom Ufer losreißt und mitnimmt, so ist es auch mit der Überlieferung der Worte Jesu zugegangen. Darüber sind alle gewissenhaften und unbefangenen Exegeten seit lange einig und bemühen sich, durch sorgfältigste Vergleichung zu ermitteln, was als ursprünglich gelten darf.« Predigt Jesu S. 36.

[7] Vgl. Quellen S. 55—82: a) Markus ist Sammler und Redaktor von Traditionsstücken b) Diese sind letztlich Einzelperikopen in mündlicher Überlieferung c) Der Glaube der Urgemeinde gestaltete diese Tradition d) So ist keine Biographie Jesu mehr möglich.

Sekundärquellen auf gefühlsmäßige Entscheidungen und unsystematisch und apodiktisch applizierte Einzelindizien beschränken. Hinter ihnen steht das aus Mk I gewonnene Jesusbild als Maßstab für die Beurteilung, das sich jedoch als eine Projektion erwiesen hat, die durch die Vermengung von Vorstellungen und sachkritischen Argumenten mit der Literarkritik entstanden ist. Da diese literarkritische Lösung gescheitert ist, bleibt also die Frage nach möglichen Echtheitskriterien weiter bestehen.

Auch die **formgeschichtliche Schule** hat, nunmehr nach ihren methodischen Prinzipien, die älteste Überlieferungsschicht herauszukristallisieren unternommen im Bewußtsein, damit zwar noch nicht bei Jesus selbst zu sein, wohl aber beim Ursprung der Überlieferungsgeschichte. Damit befand sie sich immerhin in der auf ihrem spezifischen Wege größten erreichbaren Nähe zu Jesus. Daß diese Nähe immer noch fern genug war, um der jeweiligen Interpretation des Forschers von seinen Voraussetzungen und seinem theologischen Ort her genügend Spielraum zu lassen, das haben die Ergebnisse in der Beurteilung dessen, was historisch ursprünglich ist, gezeigt. In ihren Jesusdarstellungen gehen K. L. Schmidt und R. Bultmann ganz ähnliche Wege. Beide verzichten darauf, Kriterien zu entwickeln oder zu nennen, nach denen innerhalb der ältesten Überlieferungsschicht authentisches Gut diagnostiziert werden könnte[8]. M. Dibelius äußert das allgemeine Urteil: »Die Gemeindetradition, die wir auf formgeschichtlichem Wege erschließen, erweist sich relativ frei von den Fehlerquellen einer späteren Zeit; die spröden, knappen, unweltlichen Erzählungen, die pointierten Sprüche bezeugen, daß ihre Formung in eine Periode fällt, da das Christentum noch nicht vom Geist der Welt und ihres Schrifttums berührt war. Das aber ist eine Zeit, da die wesentlichsten Augenzeugen, die Jünger, zum Teil noch leben. Eingeschränkt wird diese Sicherheit nur noch durch die Erwägung, daß auch diese Augenzeugen ihre eigenen Erinnerungen vom Osterglauben aus betrachten und deuten.«[9]

Ist M. Dibelius damit näher an den historischen Jesus herangekommen?[10] Offensichtlich nicht, denn er hat die Notwendigkeit der

---

[8] Bultmann, Jesus S. 15 f.; zu B.s Kriterien in der Geschichte der synoptischen Tradition s. u.; — K. L. Schmidt, Jesus Christus, RGG²; dort mahnt er (Sp. 116/17): »Auf der anderen Seite muß immer die Frage wach bleiben, ob nicht gerade in einer literarisch später festgelegten Evangelienperikope sachlich bessere, ursprünglichere Überlieferung vorliegt.« Vgl. H. Weinel, Bibl. Theologie, 4. Aufl. 1928, S. 41: »Die beste Überlieferung entbindet so wenig von der Frage nach ihrer Echtheit, wie eine schlechte und spätere Überlieferung eine Erzählung an sich verdächtig macht.«

[9] ThR. NF. 1, 1929, S. 213 f.

[10] Hier muß daran erinnert werden, daß die Formgeschichtler eine bewußte Beschränkung auf die »Erforschung jener im Dunkeln liegenden Entwicklung, die von Wort und Tat Jesu zur Wiedergabe von Wort und Tat in den Evangelien führte«

Sachkritik für die historische Forschung neben der Formgeschichte ausdrücklich anerkannt[11]. Gleichwohl hat er auch in seinem Jesusbuch nur eine Anzahl Gründe zugunsten einer r e l a t i v e n Zuverlässigkeit der ältesten Überlieferungsschicht genannt. Es sind die folgenden:

»Sie ist entstanden in der Zeit zwischen 30 und 70 n. Chr., also, wenn nicht durch Augenzeugen, so doch nicht ohne Zusammenhang mit ihnen.«

2. »Sie ist relativ frei von außerchristlichen Einwirkungen; die Sprüche klingen weder gnostisch noch gesetzlich, die Erzählungen zeigen noch nicht die ›weltliche‹ Technik, die Gleichnisse lassen ihren ursprünglichen Sinn trotz späterer ›Überdeutung‹ erkennen.«

3. »Kürze und Prägnanz dieser Überlieferungsstücke verleihen ihnen Einprägsamkeit in hohem Maße.«

4. »Die ältesten Überlieferungsstücke sind ihrer Formung nach geeignet, in die Predigt aufgenommen zu werden; ja diese Beziehung zur Predigt hat die Form oft wohl erst bedingt ... Das bedeutet freilich im einzelnen eine gewisse Einschränkung der Geschichtlichkeit, aber, aufs Ganze gesehen, auch ihre Verbürgung.«[12] Speziell von den Worten Jesu heißt es noch an anderer Stelle: »Schon Paulus, und erst recht die Kirche nach ihm, hat andere Ausdrucksformen und eine neue Begriffswelt: wenn in der Tradition der Worte Jesu davon nichts oder doch nur wenig zu spüren ist, so bietet das Gewähr für eine relative Ursprünglichkeit der Überlieferung. Wohl mögen sich gelegentlich andere ähnliche Worte, vor allem aus der Spruchweisheit des Judentums, zu den echten Worten Jesu hinzugefunden haben; aber sie verändern nichts am wesentlichen Inhalt. Von unechten Worten wird man nur dort reden können, wo deutlich spätere Verhältnisse, Zustände oder Fragen der bereits bestehenden Kirche vorausgesetzt werden.«[13]

Wie das wiederholt auftauchende »relativ« anzeigt, kann es sich nur mehr um ein pauschales Urteil über den möglichen oder wahrscheinlichen Gehalt echter Überlieferung innerhalb dieser ältesten Traditionsschicht handeln. Weder kann diese allgemein als echte Überlieferung charakterisiert werden, noch sind damit — außer der Abgrenzung von den deutlich vorausgesetzten Situationen der späteren Kirche — Merkmale an die Hand gegeben, mit deren Hilfe hier noch Gemeindebildung

---

(Dibelius, aaO. S. 188) geübt haben, die allerdings in der Wahl der Methode lag; mit ihr konnte man allenfalls Stoffe ausgrenzen.

[11] aaO. S. 214.

[12] Jesus S. 27 (vgl. auch Evangelienkritik, BuG. I, S. 336 f.). Zum hohen Alter der Paradigmen und ihrer »relativen Geschichtlichkeit« s. S. 24, zu möglichen historischen Bestandteilen der Novellen S. 22 f., zum historischen Aufriß der Passionsgeschichte S. 25 f.

[13] aaO. S. 19.

und Jesusgut unterschieden werden könnten[14]. Auch für den Formgeschichtler Dibelius bleibt die formende und tradierende Gemeinde die letzte greifbare Größe. Ihren ältesten Überlieferungsstücken kann er wegen ihrer Nähe zu den Augenzeugen[15] eine relative Zuverlässigkeit zuerkennen. Aber ein Sichtungskriterium, das auf dieser Ebene noch einmal Gemeindegut oder Jesusgut erkennbar machte, bietet er nicht an. Die Formgeschichte hat es auch nicht zur Hand[16].

b) Die allgemeine Verläßlichkeit der Überlieferung

Es unterliegt keinem Zweifel, daß die formgeschichtliche Rekonstruktion der ältesten Traditionsschicht die unveräußerliche Vorbedingung für die Anwendung spezieller Kriterien bei der Frage nach dem historischen Jesus ist. Man könnte nun meinen, daß im Gefolge der formgeschichtlichen Arbeit allgemein aus ihr die Konsequenz gezogen worden ist, auch für die Jesusfrage grundsätzlich von der Geprägtheit der Überlieferung durch die Urgemeinde auszugehen. Es brauchte dies gar nicht der Ausdruck einer besonders kritischen Haltung zu sein, bedeutete es doch vielmehr ein Ernstmachen mit dem durch die Formgeschichte aufgedeckten Sachverhalt. Und eine gemeinsame Aufgabe aller, die historisch nach Jesus in und hinter der Überlieferung fragen wollten, wäre es gewesen, Kriterien auszuarbeiten, um »im Kerygma der Evangelien die Geschichte ... zu suchen«[17]. Diese im Rückblick so naheliegend erscheinende Konsequenz ist jedoch kaum gezogen worden, und wo es geschah, da wird es selbst heute noch weniger als der methodisch korrekte Ansatz formgeschichtlicher Arbeit, denn als Ausdruck eines übersteigerten Kriti-

---

[14] Vgl. jedoch H. Braun, ZThK. 54, S. 346: »Die älteste Schicht der Synoptiker, die die Anschauungen aus der Periode des historischen Jesus am treusten spiegelt, entbehrt einer expliziten Christologie«, ihr sind Jesu Worte das Entscheidende, das es zu tun gilt.

[15] Dies ist übrigens das durchgehend von P. Feine in seinem Jesusbuch verwendete Argument zugunsten der ziemlich unkritisch rezipierten Tradition.

[16] O. Cullmann sieht den Sachverhalt rückblickend so (Vorträge S. 148 f.): Ihrer ursprünglichen Intention nach sollte die Formgeschichte »haltmachen bei der ältesten erreichbaren Form, in der die Urgemeinde eine Erzählung oder ein Wort überliefert hat, also aufhören mit der so bequemen und naiven Methode, alles das als spätere Gemeindebildung zu bezeichnen, was nicht in ein vorgefaßtes Idealbild des historischen Jesus passen wollte. Gegenstand der Formgeschichte war eben die Gemeindebildung als solche, insofern sie die gesamte Evangelientradition umfaßt«. »So war man denn bestrebt, sich nicht nur aller positiven Aussagen über Historizität eines Ereignisses oder ›Echtheit‹ eines Wortes zu enthalten, sondern ebenso auf negative Verdikte über Ungeschichtlichkeit eines Ereignisses oder Unechtheit eines Wortes zu verzichten.« — Eine Ausweitung der Anwendungsmöglichkeit der formgeschichtlichen Methode auf die vorösterliche Situation versucht H. Schürmann, aaO. S. 350 ff.

[17] Bornkamm, Jesus S. 18.

zismus und also als Weltanschauung beurteilt. Den Anlaß dazu gab vor allem R. Bultmann, der in seiner »Geschichte der synoptischen Tradition« diese Position eingenommen hatte[18] und mit der formgeschichtlichen Arbeit bei der Rekonstruktion der Geschichte des synoptischen Traditionsgutes einen sachkritisch äußerst strengen, kritischen Standpunkt verband[19]. Zudem blockierte er selbst für einen längeren Zeitraum die Jesusforschung, die aus mancherlei bekannten Gründen mit den zwanziger Jahren unseres Jahrhunderts aus dem Zentrum der Forschung rückte, mit dem systematisch-theologischen Axiom der Illegitimität der Rückfrage nach dem historischen Jesus[20].

Es fällt demgegenüber die erstaunliche Tatsache auf, daß positive Pauschalurteile zugunsten der historischen Zuverlässigkeit der Überlieferung auch nach dem Aufkommen der formgeschichtlichen Forschung noch ebenso ausgesprochen werden können, wie man sie etwa bei H. Windisch aus dem Jahre 1910 liest. Das legt den Schluß nahe, daß es sich in dieser Frage offenbar doch mehr um eine Sache des theologischen (kritischen, liberalen, konservativen) Standortes handelt, als um ein methodisches Grundaxiom. Das zeigt auch der den jüngeren derartigen Äußerungen im Unterschied zu den älteren oftmals eignende konfessorische Beiklang. Bei H. Windisch war es selbst noch die Definition einer kritischen Grundposition, wenn er in Auseinandersetzung mit A. Drews die Notwendigkeit der Kritik an redaktionell umgestalteten Stoffen unterstrich, das kritische Mißtrauen jedoch dort als grundlos bezeichnete, wo »ein Verdacht der Umwandlung durch keinerlei Anzeichen veranlaßt ist«. »Ohne Begründung einem bestimmten Individuum die ihm zugewiesenen Worte abzusprechen«, bezeichnete er als naiv[21].

Die dahinterstehende Position umschrieb er so: »Wir haben also keinen Grund, der evangelischen Überlieferung in dem Maße zu mißtrauen; eine gesunde wissenschaftliche Methode berechtigt uns nur dazu, einzelne Worte dem geschichtlichen Jesus abzusprechen, sofern wir dazu in jedem einzelnen Falle einen Grund aufweisen können.«[22]

---

[18] »Demgemäß ist es unerläßlich, auch bei den Stücken, die es von vornherein nicht nahelegen, die Frage nach der Möglichkeit christlichen Ursprungs zu stellen« (S. 135). Oder: »Zunächst muß doch gefragt werden: nicht, was ist als geschichtlich denkbar? sondern: was ist als christliche Gemeindetradition verständlich? und dieser Frage ist die Frage nach dem geschichtlich Möglichen je nach dem einzelnen Fall ein- und nachzuordnen« (S. 291).
[19] Vgl. dazu Dibelius, ThR. 1929, S. 214.
[20] GuV. I, S. 208; vgl. S. 101.
[21] ThR. 1910, S. 177.
[22] aaO. S. 178; vgl. H. Weinel, Theologie S. 41: Nicht alles ist unecht, »was a u c h einer Überzeugung der Gemeinde entspricht. Wenn kein Grund dafür spricht, daß Jesus nicht so gedacht hat und denken konnte, ist die Überlieferung zu halten.« (Sperrung bei Weinel).

Unter Berücksichtigung der Wende, welche die Formgeschichte für die Erforschung der synoptischen Tradition bedeutet hat, erscheint E. Käsemanns Feststellung, daß bei der entstandenen Lage der Dinge »nicht mehr die etwaige Unechtheit, sondern gerade umgekehrt die Echtheit des Einzelgutes zu prüfen und glaubhaft zu machen« sei[23], als geradezu komplementär zu der von Windisch umrissenen Position. Die formgeschichtliche Forschung hat nach seinem Urteil eine so umfassende Gestaltung des Überlieferungsgutes durch die Urgemeinde erkennbar werden lassen, »daß die historische Glaubwürdigkeit der synoptischen Tradition auf der ganzen Linie zweifelhaft geworden ist«[24]. Käsemann nimmt die Position ein, die oben als in der Konsequenz der formgeschichtlichen Methode liegend bezeichnet wurde. Folgerichtig geht auch mit dieser Sicht die Frage nach Kriterien zur Aussonderung echten Jesusgutes Hand in Hand, wenngleich Käsemann hier nur den Mangel an Kriterien konstatieren und bedauern kann[25].

Dieser »kritischen« Haltung, die man als konsequent formgeschichtlich bezeichnen könnte, stehen sozusagen präventive Vertrauensvoten zugunsten der historischen Verläßlichkeit der Überlieferung gegenüber. O. Cullmann vertritt am explizitesten noch heute den Standpunkt, den wir bei Windisch gefunden hatten. Cullmann stellt drei Kriterien auf, nach denen man zu bestimmen hätte — nicht, was ursprünglich ist, sondern — was als Gemeindebildung zu betrachten sei. Überall, wo diese Kriterien nicht anwendbar sind, habe man von der historischen Zuverlässigkeit der Tradition auszugehen[26]. Cullmann will damit keinen »Konservatismus« verfechten, sondern nur verhindern, daß man »in uferlose Willkür« verfällt. W. G. Kümmel erklärt zwar ein positives Pauschalurteil über die historische Zuverlässigkeit der Evangelienüberlieferung für »unbegründbar«, meint jedoch andererseits: »Genausowenig besteht aber wirklicher Grund zu der Feststellung, daß ›nicht das Recht der Kritik, sondern ihre Grenze heute zu beweisen‹ sei«[27]. Was er anschließend im einzelnen über den Weg der Rekonstruktion ursprünglicher Jesus-

---

[23] Aufs. I, 203. Ebd.: »Nicht mehr das Recht der Kritik, sondern ihre Grenze ist heute zu beweisen.«

[24] aaO. S. 205; vgl. Fuchs, Aufs. II, 392: »Es läßt sich nicht einmal mehr entscheiden, ob uns ein unzweifelhaft echtes Jesuswort überliefert worden ist.« H. W. Bartsch betont die Notwendigkeit, in jedem Fall die Verwurzelung der Aussagen im Zeugnis der Gemeinde in Rechnung zu stellen« (Problem S. 14; vgl. S. 30).

[25] aaO. S. 204 f.

[26] aaO. S. 155. Ähnlich Kümmel, Heilsgeschehen S. 432: »Als Kriterium kann man ... die Beobachtung der Tendenzen verwenden, die für die urchristliche Glaubensentwicklung charakteristisch sind und darum verändernd auf die Jesusüberlieferung eingewirkt haben müssen.«

[27] Heilsgeschehen S. 402.

überlieferung ausführt, liegt gleichwohl in der Konsequenz des formgeschichtlichen Ansatzes[28].

N. A. Dahl ist derjenige, der sich auf dem Boden der formgeschichtlichen Position[29] neben Käsemann am eingehendsten um die Kriterien gemüht hat. Er verbindet damit freilich ein positives Gesamturteil über den Gehalt an Ursprünglichem in der Tradition. Er sagt, die Jesusüberlieferung »ist in ihrer Ganzheit Gemeindetheologie, zugleich aber auch in ihrer Ganzheit ein Reflex des Wirkens Jesu, ein Maximum, in dem alles enthalten ist, was für unser historisches Wissen von Jesus von Bedeutung ist.«[30] »Das mit der Jesusüberlieferung verbundene Glaubensinteresse wird nicht nur gestaltend, sondern auch konservierend gewirkt haben.«[31] Hierzu tritt noch die Überzeugung von der Richtigkeit des in den Evangelien gezeichneten Jesusbildes. Er weist die Annahme von der Hand, »daß die Jünger den Meister völlig mißverstanden oder gar sein Bild bewußt verzeichnet hätten«, denn »rein geschichtswissenschaftlich liegt die Annahme näher, daß der Meister aus seinem Jüngerkreis und seiner geschichtlichen Wirkung zu erkennen ist«[32].

In eine ähnliche Richtung weist vorsichtig J. M. Robinson, wenn er sagt: »Die Anwendung dieser Methode (sc. das Echte vom Unechten zu scheiden) wird nur dann illegitim, wenn man ihre Grenze nicht sieht. Denn man darf doch wohl annehmen, daß z. B. der Gründer einer Sekte etwas mit der Sekte gemeinsam hat, die er gründete.«[33] Von katholischer Seite wird »die Ehrfurcht vor der ipsissima vox Jesu« ins Feld geführt[34], eine »völlige Verzeichnung des Bildes Jesu« wegen der noch lebendigen Erinnerung während der ersten Jahrzehnte »ausgeschlossen«[35] und »eine zuversichtliche Beurteilung des Geschichtswerts der Evangelien« als der Wirklichkeit besser entsprechend bezeichnet, als es »eine allen, mehr oder weniger begründbaren, ja bloß möglichen Zweifeln stattgebende Minimalisierung unseres Wissens über den historischen Jesus« ist[36].

---

[28] Vgl. aaO. S. 403. Ob die von Kümmel genannten Erfordernisse für die Rekonstruktion materialiter ausreichen, muß offen bleiben.

[29] »Eine klare und scharfe Trennung zwischen echten Worten Jesu und Gemeindebildungen läßt sich auf keinen Fall erreichen« (Jesus S. 117).

[30] aaO. S. 119.

[31] aaO. S. 115. Vgl. Fuchs, Aufs. II, 212: »Man wird sagen dürfen, daß sich ein Teil dieses Glaubensgehorsams gerade darin bekundet hat, daß die Evangelien den vollen Anspruch des historischen Jesus zur Geltung brachten, indem sie einerseits von seiner Forderung nichts abzogen, andererseits aber die Zukunft der Gottesherrschaft als in Jesu Gekommensein selbst und nicht als nur im Glaubensgehorsam der Jünger angebrochen darzustellen vermochten.«

[32] aaO. S. 117.

[33] Kerygma S. 184.

[34] F. Mußner, Der historische Jesus, BZ. NF. 1, 1957, S. 229.

[35] Trilling, Geschichtlichkeit S. 163.

[36] Vögtle, Jesus Christus, LThK. V, Sp. 923.

Stellt man die Weiterentwicklung der Forschung seit M. Kähler und die veränderte geistesgeschichtliche Situation in Rechnung, so wird man feststellen können, daß sich der Sache nach sein Urteil durchzusetzen scheint, daß das biblische Jesusbild der Wirklichkeit entspricht, weil es von Jesus tief in die Seinen eingezeichnet worden ist[37]. P. Althaus bestätigt das durch direkte Bezugnahme auf Kähler. Er findet: »Jesus mit seiner Art drückt sich weithin auch in dem Sekundären aus, selbst in dem Legendären«, und er schließt: »So können wir von der Echtheit im h i s t o r i s c h e n Sinne der verba ipsissima und exakten Geschichtlichkeit der Erzählungen die s a c h l i c h e Echtheit unterscheiden. Auch das im ersten Sinne Unechte erweist sich weithin als echt im zweiten Sinne.«[38]

G. Ebeling hat zwar den christologischen Aspekt im Auge, aber seine Einschätzung des Verhältnisses des Kerygmas zum historischen Jesus kann auch in diesen Zusammenhang gestellt werden: »Das Urchristentum hat, so wenig die Art der Formulierung seiner Antwort von Jesus intendiert war, Jesus nicht mißverstanden, sondern verstanden. Das christologische Kerygma ist nicht eine willkürliche Verkleidung der Gestalt Jesu, sondern Explikation dessen, was in seiner Person, d. h. seinem Auftreten und seiner Verkündigung, impliziert war«[39]. Nahe bei Ebeling wie bei Kähler befindet sich G. Bornkamm mit seiner Bemerkung, »der Historiker gewinnt aus der Geschichte selbst das Recht zu der Behauptung, daß eben der geschichtliche Jesus selbst den Evangelien ihre historiographisch so anfechtbare und die Kritik herausfordernde Darstellungsweise aufgenötigt und abgezwungen hat«[40]. Bornkamms formgeschichtlich bestimmter Standort stellt durchaus die Intentionen der überliefernden Gemeinde in Rechnung. Er vermerkt ausdrücklich, daß alles Historische dem Bekenntnis der Gemeinde dienstbar gemacht ist[41]. Andererseits ist für ihn »die urchristliche Jesus-Überlieferung randgefüllt von Geschichte«[42] und der Weg zum historischen Jesus, dessen »geschichtliche Gestalt« die Evangelien »in unmittelbarer Mächtigkeit vor uns sichtbar werden« lassen[43], führt zwischen den beiden extremen und abzuweisenden Polen hindurch, weder »unkritisch alles Überlieferte im üblichen Sinn als historischen Bericht« hinnehmen zu können, noch »die Überlieferung kritisch auf das reduzieren« zu dürfen, »was mit keinerlei historischen Gründen sich mehr bezweifeln läßt«, weil damit »am Ende nur ein Torso« übrigbleibt[44].

---

[37] Der sog. hist. Jesus S. 58. 68 ff.
[38] Das sog. Kerygma S. 43 (Sperrungen im Original).
[39] Theologie und Verkündigung S. 72.
[40] Geschichte und Glaube, ETh. 1962, S. 14.
[41] Jesus S. 12.
[42] aaO. S. 23.
[43] aaO. S. 21.
[44] aaO. S. 12/13.

Vor dem Abschluß dieses Abschnitts ist noch ein Bogen zu Hirsch zu schlagen und eine Äußerung von ihm zum Vergleich neben das Vorige zu stellen. Dabei muß berücksichtigt werden, daß er historischer Kritik zwar sehr aufgeschlossen gegenübersteht, den ganzen formgeschichtlichen Forschungsweg jedoch ablehnt. Insofern befindet er sich von seinen Denkvoraussetzungen aus in ungebrochener Kontinuität mit der älteren Forschungsepoche. Wie sich gezeigt hat, gilt das auch für seinen Persönlichkeitsbegriff. H. sagt: »Jesu Wort und Geschichte ist uns eben von solchen Männern überliefert, die in diesem Oster- und Endglauben standen, und das ist von formendem Einfluß auf die Wiedergabe gewesen. Manchem Zweifel zum Trotz ist aber geschichtliche Forschung nicht an dem Urteil vorbeigekommen, Gestalt und Geschichte Jesu würden unverständlich, wenn man sich dem verschließe, daß jenes Bewußtsein der ersten Gemeinde im Letzten die Wahrheit trifft«[45]. »Jesus von Nazareth hat mit seinem Wort und seiner Geschichte ... die Jünger Jesu durch den Tod hindurch übermocht«[46].

Die historische Frage nach Jesus wird durch positive Generalurteile über den geschichtlichen Gehalt der Evangelienüberlieferung allerdings nicht sehr weit vorangetrieben, solange nicht — wie bei Dahl — Kriterien zur Aufdeckung des authentischen Gehaltes beigegeben sind[47]. Sie reichen dafür aus, auf der Basis der ältesten Überlieferungsschicht die existentiale Interpretation durchzuführen. Steht jedoch die Frage nach dem historischen Jesus im Dienst der historischen Frage nach der Kontinuität zwischen Jesu Verkündigung und dem Glauben der Urgemeinde,

---

[45] Auferstehungsgeschichten S. 41.

[46] aaO. S. 50. — Im Gegensatz zu allen diesen positiven Einschätzungen meint E. Heitsch, es könne »schwerlich die Rede davon sein ..., daß die Urgemeinde in ihrem Glauben primär auf die für Jesus selbst wichtigen sachlichen Gedanken antwortete« (ZThK. 53, S. 208). Hier ist an einer einzigen Stelle die Meinung expressis verbis geäußert, auf die O. Cullmann »die Bultmannschule« pauschal festlegen will, nämlich »daß die Tendenz der Urgemeinde von derjenigen Jesu im Prinzip verschieden ist« (aaO. S. 155 f.).

[47] Ein typisches neueres Beispiel dafür, daß eine positive Gesamteinschätzung der Überlieferung, ohne mit Einzelkriterien verbunden zu sein, zu einer weitgehend unreflektierten Rezeption einer großen Anzahl von Angaben führt, deren Authentie man sonst zu rechtfertigen, und also überhaupt zu überdenken hätte, ist das Jesusbuch V. Taylors. Hier wird der Markusaufriß zugrunde gelegt und mit Angaben aus Q, den Sondergütern und Johannes angereichert; zahlreiche Einzelheiten werden unhinterfragt übernommen. Das alles ist durch die sechs Grundsätze, die T. für die historische Verläßlichkeit der Evangelien anführt (S. 26 f.), kaum gerechtfertigt. Die Grundsätze sind folgende: 1. Mehrfach sich überschneidende Traditionen in Primärquellen (Markus und Q). 2. Vormarkinische »group-forms«, die vom Evangelisten kaum verändert sind. 3. Frühe Existenz einer Passionsgeschichte. 4. Nachweis aramäischer Originale. 5. Wertvolle unabhängige Tradition bei Johannes. 6. Nachweisbarkeit urchristlicher Modifikationen und ihrer Motive.

und damit zusammen auch der Frage nach der Gestalt und Eigenart des ältesten Kerygmas, dann bedarf es zur Rekonstruktion der Botschaft Jesu und ihrer möglichen unmittelbaren Auswirkungen auf den Glauben der Urgemeinde geeigneter Einzelkriterien. Denn nur vom »im historischen Sinne« Echten her kann man auch die »sachliche Echtheit« beurteilen und bestimmen, von der Althaus sprach.

Diese Position ist als solche noch keine besonders kritische. Ob sie das auch ist, kann sich erst an den Entscheidungen über die Kriterien und ihre Zulässigkeit erweisen. K. L. Schmidt hat R. Bultmann die bei ihm vorliegende Grundhaltung als möglich und berechtigt konzediert, wenn er auch gleichzeitig vor einem übermäßigen Skeptizismus warnt, der sich nach seinen Beobachtungen bei Bultmann findet[48]. Nachdem freilich einmal eine solche Position, wie sie von Bultmann und auch von Käsemann vertreten wird, überhaupt vorgetragen worden ist, kann man schwerlich noch von einer dahinter liegenden Stufe positiverer Einschätzung der Tradition aus operieren. Es erscheint als ein methodisches Erfordernis, für weiterführende Bestimmungen von dieser Basis den Ausgang zu nehmen, auch wenn das die Arbeit erschwert[48a].

c) Die spezifische Eigenart Jesu und die Unerfindbarkeit einzelner Züge des synoptischen Jesusbildes

Auch hier finden sich Analogien zwischen Hirsch und der übrigen Forschung. Die Formulierung der Überschrift ist gleichwohl weniger an H. als an den übrigen Beiträgen zur selben Sache orientiert. Mit H. wäre sonst eher von der Einzigartigkeit Jesu zu reden gewesen. Zwar spielt auch in der Forschung, die man als die unmittelbare Folie für H.s Standpunkt anzusehen haben wird, Jesu Einzigartigkeit eine hervorgehobene Rolle, jedoch mehr im Kontext resümierender Zusammenfassung des zuvor Dargestellten[49]. Daß sie als Kriterium auf die analytische Arbeit in so umfangreichem Maße zurückwirkt, ist dort nicht der Fall.

Unter diesem Abschnitt verdienen vor allem P. W. Schmiedels Prinzipien Erwähnung, die er bei der Aufstellung seiner berühmt gewordenen »Grundsäulen« (foundation-pillars for a truly scientific life of Jesus) in der Biblical Encyclopaedia von 1901 entwickelt hat. Der von Schmiedel gezeichnete methodische Weg sieht vor, zuerst alles das beiseite zu tun,

---

[48] Die Kirche des Urchristentums, Festgabe für A. Deißmann, S. 291 A. 1.
[48a] Zur extremen Gegenposition bei Riesenfeld und Gerhardsson s. o. S. 160—162.
[49] Vgl. Weinel, Jesusbild, RGG.² III, Sp. 154: »Wir finden denn in all den populären modern-theologischen Darstellungen Jesu, bei Bousset, Weinel, Jülicher, Rud. Otto, Arnold Meyer, K. König, aber auch in so streng wissenschaftlichen Werken wie H. Holtzmanns Nt.licher Theologie (1896 f.), O. Holtzmanns ›Leben Jesu‹ ... eine zusammenfassende Charakteristik der Persönlichkeit und Nachwirkung Jesu, die in einen Hymnus auf seine Größe, ja Einzigkeit ausläuft.«

was aus irgendeinem Grunde seines Inhalts wegen oder aus literarkritischen Erwägungen als zweifelhaft erscheint. Dem entspricht auf der anderen Seite die Suche nach solchen Angaben, die von ihrem Inhalt her unmöglich als Erfindungen betrachtet werden können[50].

Die Sätze, mit denen Schmiedel sein »Fundamentalprinzip« begründet und entfaltet, lauten: »When a profan historien finds before him a historical document which testifies to the worship of a hero unknown to other sources, he attaches first and foremost importance to the features which cannot be deduced merely from the fact of this worship, and he does so on the simple and sufficient ground, that they would not be found in this source unless the author had met with them as fixed data of tradition. The same fundamental principle may safely be applied in the case of the gospels, for they also are all of them written by worshippers of Jesus.«[51] Lassen sich solche Stücke oder Züge in der Überlieferung aufweisen, so fährt Schmiedel fort, dann garantieren sie nicht nur für ihre eigene Historizität, sondern auch für die von Stücken ähnlichen Charakters, sofern keine anderen Verdachtsmomente gegen diese sprechen[52]. Dieses Kriterium ist als sachgemäß zu bezeichnen. Es wird freilich nur im Verein mit anderen ertragreich angewendet werden können. Wie Schmiedels Ergebnisse zeigen[53], hat es nämlich den Nachteil, daß damit wirklich nur ein Minimum der Überlieferungsstoffe erfaßt werden kann. Zudem hängt es noch von dem jeweiligen Bilde ab, das der Forscher von der »Jesusverehrung« hat, wieviel oder wie wenig er in dieses Minimum hineinnehmen wird. Bei Schmiedel ist es die Betonung der Menschlichkeit Jesu, alle allzumenschlichen Züge, die er als frei von der Prägung durch die Jesusverehrung anerkennt; dazu kommt alles, was dem Bilde Jesu als des Wundertäters widerspricht. Mit Hilfe einer durch dieses Kriterium angeregten besonderen Interpretation kann er noch einige weitere Stoffe als zur gleichen Gruppe gehörig angliedern[54]. Unabhängig davon muß aber nach Schmiedel der unvoreingenommene Historiker, wenn er nach den Gründen »for this so great reverence for

---

[50] aaO. II, Sp. 1847.
[51] aaO. Sp. 1872.
[52] aaO. Sp. 1872 f.
[53] Vgl. aaO. Sp. 1881 f.
[54] Mc 8 14—21 bezeugt nach S. der Umstand, daß die Jünger mißverstehen konnten, zusammen mit dem Rückverweis auf die Speisung, daß die Speisungsgeschichte ein Gleichnis Jesu war. Mt 11 5 ist nur übertragen gemeint und bezieht sich nicht auf Wunder Jesu (vgl. Sp. 1882 f.). Zu Schmiedels Kriterien im ganzen vgl. das von F. Mußner verwendete Kriterium der »Unmessianität des Lebens Jesu«, das sich nach seiner Darstellung deutlich von dem Hintergrund des messianischen Anspruchs Jesu einerseits und der jüdischen Messiaserwartung andererseits abhebt. Dieser Hintergrund läßt die Stücke als echt erkennen, die Jesu Unmessianität widerspiegeln (HJCuG. S. 115).

himself which Jesus was able to call forth« forscht, zwei Tatbestände anerkennen: »That Jesus had compassion with the multitude and that he preached with power, not as the scribes«[55].

In der modernen Debatte betont N. A. Dahl, daß »Querschnitte durch die Überlieferung« die unverwechselbare Eigenart Jesu erkennbar machen, und zwar quer durch alle Formen, Gattungen und Traditionsschichten. Jesu Eigenart erkennt man nach Dahl an seiner Basileiaverkündigung und an seiner Stellung zum Gesetz, zum Pharisäismus, zu den Zöllnern und Sündern und zu den Armen[56]. F. Mußner bemerkt an Jesus »eine ganz bestimmte Reaktionsweise, die einmalig und nicht nachahmbar ist«[57]. Mußner nimmt Dahls Charakteristik auf und zählt zu den Eigentümlichkeiten Jesu schließlich noch die formale Struktur seiner »Predigt«, nämlich die prägnanten Sprüche des Weisheitslehrers. »Der Apostel redet anders als Jesus«, sagt er[58].

W. Trilling spricht von einer »innere(n) Glaubwürdigkeit« der synoptischen Jesuserzählungen, in denen Jesus »als eine Person von kraftvoller Eigenart« vor dem Leser steht. Folgende Momente machen diese Eigenart aus: »Seine Worte haben einen persönlichen Klang und eine unverwechselbare Farbe. Er liebt die konkrete, anschauliche, farbenreiche Schilderung, die scharfe Zuspitzung, den schneidenden Gegensatz, mitunter die groteske Übertreibung ..., das einprägsame Wortspiel, die schlagfertige und treffende Antwort, mitunter den feinen Humor.« Zwar ist »vieles einzelne davon« auch anderwärts anzutreffen, »aber alles zusammen ergibt doch einen charakteristischen ›Stil‹, der so nirgendwo zu finden ist. Vor allem aber bricht an vielen Stellen ein eigenartig hoheitsvolles ›Bewußtsein‹ hervor, das zu seinem ›Stil‹ in einem sehr anspruchsvollen Sinn gehört und ohne Parallele ist.«[59]

Ähnlich äußert sich auch P. Althaus[60]: »Martin Kähler wird recht behalten: dem unbefangenen Blicke drängt sich die Unerfindlichkeit der Grundzüge des neutestamentlichen Bildes Jesu in seiner Konkretheit unmittelbar auf. Diese Grundzüge seiner Haltung haben sich, wie die Grundgedanken seiner Verkündigung, durch alle Schichten der Überlieferung hindurch durchgehalten: seine Demut unter Gott, und untrennbar davon Anspruch und Ausübung der von Gott gegebenen Vollmacht, die Hingabe an die Sache des Vaters und im gleichen Atem die Hingabe

---

[55] aaO. Sp. 1873.
[56] aaO. S. 117.
[57] BZ. 1957, S. 228; vgl. die Differenz zu und die Übereinstimmung mit Kähler (aaO. S. 57): Das Jesusbild der Evangelien ist so plastisch und wirklichkeitsnah gezeichnet, daß man »sich vermessen (möchte) im voraus zu sagen, wie er in diesem oder jenem Falle gehandelt, ja selbst was er gesprochen hätte«.
[58] Ebd.
[59] Geschichtlichkeit S. 45.
[60] aaO. S. 43.

an die Menschen im ›Dienen‹; der radikale Ernst der Forderung, des Urteils, des Richtens der Herzen — und das grenzen- und bedingungslose Vergeben bei den Verschuldeten; die Zuwendung gerade zu den Bedürftigen, den ›Armen‹, den ›Sündern‹; die Gewißheit der Gottesstunde für sie — das sind einige der überall begegnenden durchfahrenden Züge. An ihnen erkennt man ihn überall wieder. Sie sind kein Wunschbild menschlicher Heilserwartung; dazu sind sie zu konkret und zu individuell berichtet, dazu widerspricht das Bild Jesu zu sehr aller Erwartung, es erschreckt und gibt Anstoß, den die späteren Texte schon mildern und beseitigen wollen.«

Die letzten Äußerungen weisen bereits darauf hin, daß diese schöne Zusammenstellung selbst nur ein Ergebnis der Anwendung verschiedener anderer Kriterien sein kann. Denn man kann zwar ohne weiteres die spezifischen Züge der synoptischen Jesusdarstellung zusammenfassen; aber wenn man sie als charakteristische Eigenarten des historischen Jesus ausgeben will, dann muß man das mit historisch-kritischen Argumenten begründen. Man muß anhand authentischer Überlieferungsstücke erheben, was Jesus besonders auszeichnete, was ihn von seiner Umwelt unterschied usw. Dazu braucht man wiederum Kriterien, die das ursprüngliche Überlieferungsgut als solches erkennbar werden lassen, wozu ein bereits vorhandenes Gesamtbild Jesu zunächst ungeeignet ist. Ein umfassendes Bild der Haltung und des Wirkens Jesu, wie es bei Althaus vorhanden ist, kann also erst das Ergebnis einer Untersuchung sein, die mit Hilfe geeigneter Echtheitskriterien durchgeführt wird. Andererseits springen die Grundzüge dieses Bildes bei den Synoptikern tatsächlich ins Auge[61]. Zudem ist die Unerfindbarkeit dieses konkreten Bildes in der Tat ein sehr starkes Argument, sekundär angefertigte *dicta* und *facta probantia* für Glaubensanschauungen geraten meist weniger lebensvoll, wie etwa die Mehrzahl der rabbinischen Gleichnisse bei P. Fiebig zeigt[62]. Und schließlich kann solch ein Gesamtbild, wenn es einmal in Umrissen gewonnen ist, durchaus als Kriterium fungieren, um anderes Gut auszusondern, das sich dem bereits bestehenden Bilde ohne Zwang einfügen läßt.

Ein letzter Gesichtspunkt, der in unterschiedlicher Formulierung immer wieder vorgetragen wird, bezieht sich auf die Historizität derjenigen äußeren Fakten des Lebens Jesu, die für die spätere Gemeinde in irgendeiner Weise anstößig und für ihre Mission hinderlich gewesen sind

---

[61] Vgl. G. Bornkamm, Jesus S. 21 f.: »Zu deutlich ist das, was die Evangelien über Jesu Botschaft, seine Taten und seine Geschichte berichten, noch immer gekennzeichnet durch eine Echtheit, eine Frische und eine auch vom Osterglauben der Gemeinde nicht bewältigte Besonderheit, die unmittelbar auf den historischen Jesus zurückweisen.«

[62] Entsprechend redet Fiebig auch von der »Unüberbietbarkeit« und »Unerfindlichkeit« der Gleichnisse Jesu, vgl. Gleichnisreden S. 277.

oder sein mußten und darum ganz sicher nicht von ihr erfunden worden sind. Trilling wendet dieses zutreffende Kriterium wohl am umfassendsten an, und zwar 1. auf den Kreuzestod Jesu, 2. auf den, wie er es nennt, schließlichen äußeren Mißerfolg des Werkes Jesu, 3. auf Jesu Herkunft aus Galiläa und — entsprechend dem Worte Nathanaels Joh 1 46 — aus Nazareth und schließlich 4. auf die Taufe durch Johannes[63]. Zwar sind damit nur zwei Fakten des Lebens Jesu historisch hinreichend gesichert; denn ob die beiden mittleren Punkte Trillings so gesehen werden müssen und auch solche Rolle gespielt haben, erscheint fraglich. Aber auch die Sicherung dieser zwei Tatsachen hat ihre Bedeutung im Blick auf eine totale Bestreitung der Historizität Jesu, wie sie zu Beginn des Jahrhunderts geübt wurde. Außerdem besteht die Möglichkeit, daß diese Fakten selbst kriterienbildend wirken[64]. Freilich reicht das hier erfaßte Minimum allein in keiner Weise aus.

Aufs Ganze gesehen hat aber der Gesichtspunkt der spezifischen Eigenart Jesu und der Unerfindbarkeit bestimmter Züge der synoptischen Jesusdarstellung beachtenswerte Momente an den Tag gebracht, deren Kriterienfunktion nicht gut bestritten werden kann. Im Zusammenspiel mit anderen werden sie eine konstitutive Rolle bei der Suche nach authentischer Jesusüberlieferung spielen können.

d) Die Abgrenzung Jesu von seiner jüdischen Umwelt und von der Urgemeinde

Ein systematischer Versuch, die einzelnen Wegschritte zu einer möglichst umgreifenden historischen Erfassung Jesu methodisch der Reihe nach zu entwickeln, hätte diesen Punkt vor dem letzten zu behandeln. Die hier eingehaltene Reihenfolge ist jedoch, soweit bei ihm Analogien vorliegen, an Hirsch orientiert, und bei ihm ist die Einzigartigkeit der Persönlichkeit Jesu die übergeordnete Leitidee, aus der sich die einzelnen Kriterien — sowohl diejenigen formaler Art als auch das der Abgrenzung Jesu vom Judentum, das bei H. eine hervorragende Rolle spielt, — erst ableiten. Neben H. bestimmt auch die weitere verwendete Literatur dieses Kapitel, und dort hat es sich gezeigt, daß das Gesamturteil auch vielfach nicht als das Ergebnis der Einzelschritte erscheint, sondern vor ihnen steht.

1. Im Gegensatz zu H., bei dem der Unterschied Jesu zu seiner jüdischen Umwelt die zentrale Kriterienfunktion erhält, begegnet in der zeitlich vor ihm liegenden Forschungsepoche vorwiegend das Ausgrenzungskriterium, mit dessen Hilfe echtes Jesusgut von den Erzeugnis-

---

[63] aaO. S. 46—50.
[64] Das geschieht bei Dahl in dem Aufsatz »Der gekreuzigte Messias« mit dem Kreuz Jesu, das unter einer ganz bestimmten Interpretation zum hermeneutischen Prinzip des Lebens Jesu wird.

sen urchristlicher Jesusverehrung unterschieden wird. Das aus P. W. Schmiedels Evangelien-Artikel Dargebotene zeigt das deutlich. Ihm entsprechen aus der ersten Auflage der RGG W. Heitmüllers Prinzipien, die er in dem Artikel »Jesus Christus« darlegt. Hiernach haben Elemente der Überlieferung »allgemein anerkannten Grundsätzen« gemäß dann als historisch »sicher zu gelten ..., wenn sich Bestandteile in ihr finden, die mit dem Glauben der Gemeinde ... nicht vereinbar sind«[65]. Heitmüller versucht, die Grenzen der Reproduktion von dieser Grundlage aus noch etwas weiter zu stecken, und so stellt sich ihm der Gesamtprozeß folgendermaßen dar: »Nachdem mit Hilfe der literarischen Kritik die erreichbar älteste Form einer Erzählung oder eines Wortes festgestellt ist, hat die geschichtliche Kritik ihr Urteil zu fällen. Zugrunde zu legen ist das Material, das etwa dem Glauben, der Theologie, der Sitte, dem Kultus der Urgemeinde zuwiderläuft oder wenigstens nicht völlig entspricht. Zu solchen Stücken dürfen wir unbedingtes Zutrauen haben. Das dürfen wir ausdehnen auf alles, was mit solchem Material in organischer Verbindung steht. Nicht selten wird der Fall eintreten, daß etwas sowohl den sicher echten Stücken der Predigt Jesu verwandt ist und zugleich dem Gemeindeglauben entspricht: in solchen Fällen werden wir in Anerkennung des Rechtes der Tradition mit Vorsicht auf Echtheit erkennen.«[66]

In der Praxis wurde freilich der Mangel dieses so akkurat anmutenden Grundsatzes offenbar. Er lag darin, daß man einseitig die im Neuen Testament leichter greifbare Christologie des hellenistischen Christentums generalisierend zum Maßstab alles dessen machte, was als Niederschlag von Glauben, Theologie und Kultus des Urchristentums zu gelten hatte. Infolgedessen konnte man den ganzen Strang dessen, was aus der palästinischen Urchristenheit und über diese aus dem Judentum eingeflossen ist, nicht erfassen. Und so wurde vieles als echt firmiert, was seine Entstehung sehr wohl der frühen judenchristlichen Gemeinde verdanken konnte. Eine intensive Bemühung um die Erforschung des Glaubens und der Theologie der Urgemeinde, insbesondere ihres judenchristlichen Zweiges, gehört also zu den Vorbedingungen für die Anwendbarkeit dieses Ausgrenzungskriteriums. Damit würde es sich auch von selbst in die Richtung des doppelten Ausgrenzungskriteriums entwickeln, von dem sogleich zu sprechen sein wird.

Nur allgemein programmatisch — und darum als Kriterium nicht verwendbar — ist bei Hans v. Soden die Begründung der von ihm als notwendig bezeichneten Schei-

---

[65] aaO. III, Sp. 359.
[66] aaO. Sp. 361. Weitere Indizien für echte Überlieferung sind bei Heitmüller die aramäische Färbung des Grundstocks der Tradition aus Q und Markus, die fehlenden christologischen Züge in Q und die konkreten Angaben über Personen und Orte in den Evangelien.

dung zwischen Jesus- und Gemeindeüberlieferung. Möglich wird sie nach v. Soden durch die Berücksichtigung der unterschiedlichen »geschichtlichen Lage« und der »daraus sich ergebende(n) verschiedene(n) Haltung«, allerdings wiederum nur dort, »wo sich ihre verschiedene Lage und Haltung unterscheidend kenntlich macht«[67]. Auch hier wird ein Großteil der früheren Gemeindeüberlieferung außer Betracht bleiben.

2. Analoges gilt, wenn man andererseits mit Hirsch großen Wert auf den Unterschied des Geistes Jesu und seiner Botschaft zum pharisäischen Geist oder zum Judentum allgemein legt[68]. Hier ist eine genaue Kenntnis und untendenziöse Beurteilung des Judentums und ebenso des Judenchristentums erforderlich. Denn die Möglichkeit liegt ja auf der Hand, daß gewisse scharfe Abgrenzungen Jesu vom Judentum in der Überlieferung, die man als für Jesus charakteristisch anzusehen geneigt sein könnte, ihre Entstehung der Auseinandersetzung zwischen einer Gruppe der Urgemeinde und dem Judentum verdanken.

Dieser letzte Einwand trifft z. T. auch W. G. Kümmel, der sich zwar sehr um die Erhellung der Umwelt Jesu bemüht hat, dann jedoch in der reinen Antithese dazu — wenn auch auf gemeinjüdischer Basis — ein Echtheitskriterium sieht. In seinem Aufsatz »Jesus und der jüdische Traditionsgedanke« entwickelt er aus dem im Gegensatz zur jüdischen Position stehenden Material der synoptischen Tradition eine Position, die er als diejenige Jesu ausgibt. Das von ihm hierbei angewendete Kriterium, Jesusgut sind solche Stoffe, die zwar in der Nähe des jüdischen Thora- und Traditionsverständnisses stehen, sich mit dessen Themen und Problemen befassen, sich aber von den jüdischen Auffassungen abgrenzen[69], ist nicht präzis genug gefaßt. Zwar geht Kümmel sehr besonnen vor, und es gelingt ihm von daher, Sprüche wie Mt 5 18 f. und 23 2 f. als »judenchristliche Sekundärbildungen« zu identifizieren, weil sie dem jüdischen Standpunkt entsprechen[70]. Auch könnte man der bei ihm an Beispielen gebotenen Explikation des Standpunktes Jesu durchaus zustimmen. Dennoch ist der methodische Einwand am Platze, daß man nicht grundsätzlich von der These ausgehen darf, Jesus habe im Gegensatz zum Judentum gestanden. Nicht einmal das Axiom, Jesus habe in einem größeren Gegensatz zum Judentum gestanden als die judenchristlichen Gemeinden, ist als solches grundsätzlich zulässig, auch wenn die Nähe des Judenchristentums zum Judentum in zahlreichen Fällen an den Tag tritt. Auf diesem Wege ist es nicht zu verhindern, daß unter den als echt an-

---

[67] Aufs. I, S. 211.
[68] Vgl. etwa Weinel, Jesus S. XIV. Nach Weinel ist z. B. nicht, »was Jesus mit seinem Volk und seiner Zeit teilt ... das, was geschichtliche Bedeutung gehabt hat, sondern was er über sie hinaus besaß« (Theologie S. 41). Vgl. damit Käsemann, Aufs. I, 206: »Immerhin ist es für uns ja fast noch wichtiger, wenn wir zu Gesicht bekommen, was ihn (sc. Jesus) von Gegnern und Freunden trennte.«
[69] Vgl. Heilsgeschehen S. 26—35.
[70] aaO. S. 33.

gesehenen Stoffen allerlei Erzeugnisse der urchristlichen Auseinandersetzung mit der jüdischen Umwelt subsumiert werden. Das unterstreicht die Problematik, die darin besteht, daß Jesusgut so schwer zu diagnostizieren ist, wo sich seine Stellungnahme mit der seiner Gemeinde berührt. Vorsicht und Zurückhaltung sind an dieser besonderen Stelle darum geboten, weil ein beträchtlicher Teil des traditionellen Bildes vom gesetzeskritischen Jesus bereits eine christologische Prägung der Gemeinde sein könnte, für die Jesus an die Stelle des Mose getreten war. Damit ist dieses Kriterium nicht disqualifiziert. Zur Sichtung des Stoffes eignet es sich nicht weniger als andere auch, und die Begrenztheit teilt es ebenfalls mit der großen Mehrzahl aller anderen. Das ist schon in der Forschungssituation von der Quellenlage her begründet.

Eine Orientierungshilfe steuert hier W. Bauers Aufsatz »Jesus der Galiläer« bei. Für ihn ist eine Unterscheidung Jesu vom pharisäisch geprägten zeitgenössischen Judentum schon mit der galiläischen Herkunft Jesu gegeben. Der dort aufwachsende Jude hat ständig Berührung mit der heidnischen Bevölkerung dieses Mischgebietes. Außerdem hat sich Galiläa sowohl »dem politischen Einfluß Jerusalems entzogen« als auch »dessen geistlicher Leitung ablehnend gegenüber« gestanden[71]. Weiter sagt Bauer, Schriftgelehrtentätigkeit sei für das Galiläa des ersten nachchristlichen Jahrhunderts nicht bekannt, und damit entfielen die spezifischen Gründe für die Annahme, Jesu Herkommen und Umwelt seien das gesetzesstrenge pharisäische Judentum gewesen. Von Hause aus sei damit für Jesus schon eine freiere Haltung gegenüber dem Gesetz impliziert, gerade auch hinsichtlich der Verunreinigung durch den Umgang mit »Sündern«, von denen etliche Heiden gewesen sein dürften. Das könne man aus seiner öffentlichen Wirksamkeit ablesen: »Wer damals am See Genezareth oder sonstwo in Galiläa unter freiem Himmel das Wort ergriff, war gar nicht imstande, heidnische Hörer auszuschließen. Gerade daß Jesus sich mit seiner Predigt nicht auf den Synagogenraum beschränkt hat, ist bezeichnend.«[72] Was für Jesus, positiv gesehen, charakteristisch ist, kann natürlich auf diesem Hintergrund des Herkommens allein nicht ausgemacht werden. Immerhin geht daraus hervor, daß seine Botschaft und seine Grundtendenzen nicht von der Antithetik gegen den Pharisäismus geprägt sind, sondern daß sie einen positiven Aussagegehalt eigenständig entfalten. Das läßt es zweifelhaft erscheinen, daß die Auseinandersetzung mit dem Pharisäismus, speziell die Auseinandersetzung über das Gesetz, so zentral und in dem Umfang zu seiner Wirksamkeit gehört hat, wie es die synoptische Überlieferung vorspiegelt. In der liberalen Stellung zum Gesetz, die den Menschen nicht aus dem Auge verliert, um den es Gott dabei letztlich geht, zeigt sich in dieser Über-

---

[71] Aufs. S. 100.
[72] aaO. S. 102.

lieferung der Galiläer Jesus, dem »auch der fromme Heide als Gottes Kind« galt[73], der seine Botschaft und seine Haltung jedoch nicht primär am Gesetz expliziert und exemplifiziert haben wird.

Bei P. Fiebig begegnet in Auseinandersetzung mit A. Drews eine Argumentation, die in diesem Zusammenhang ebenfalls Berücksichtigung verdient. Sie findet sich zwar im Rahmen der Untersuchung der Gleichnisse, erhebt aber offensichtlich, wie die Formulierung verrät, Anspruch auf allgemeinere Gültigkeit[74]. Fiebig hat eben von der Verwurzelung Jesu in seiner jüdischen Umwelt gesprochen, deren Ausdrucksformen er sich bediente und deren Anschauungsmaterial er verwendete. Nun sieht er sich dem Einwurf von Drews konfrontiert, daß daraus folge, daß »jeder Jude der damaligen Zeit das hätte sagen können, was hier von Jesus überliefert wird«[75]. Fiebig hält dem entgegen, daß die Behauptung von Drews unter einer Bedingung hinfällig wird, nämlich »wenn sich in dem als von Jesus herkommend Überlieferten originale Züge nachweisen lassen«. Dann werden »gerade alle d i e Züge, die beweisen, wie Jesus in seiner Zeit und in seinem Volke wurzelt, ein Beweismittel f ü r die Echtheit des betreffenden Jesuswortes ... ; denn nichts ist von vornherein, wenn solche Worte echt sind, eher zu erwarten, als dies, daß sie Zusammenhänge Jesu mit seiner Zeit und Umgebung zeigen werden«[76]. Der von Fiebig durchgeführte Vergleich der Gleichnisreden Jesu mit den rabbinischen Gleichnissen hat ihm in dieser Hinsicht völlig recht gegeben, weil hierbei die Unterschiede und die Originalität Jesu einfach ins Auge springen.

Schwieriger wird die Anwendungsmöglichkeit dieses Grundsatzes, wenn man ihn auf die gesamte Wortüberlieferung ausweiten will. Die Gefahr ist groß, daß dann leicht das Ermessen des einzelnen festsetzt, welches die originalen Züge sind, die auf Jesus hinweisen. Außerdem können auch hiermit unschwer Gemeindebildungen als echtes Jesusgut ausgegeben werden, solange sie nur jüdisch gefärbt sind, sich aber vom generellen jüdischen — und das würde für den heutigen Forscher faktisch heißen: vom rabbinischen — Standpunkt unterscheiden. Die Abgrenzung judenchristlicher Gemeindeüberlieferung vom Jesusgut befindet sich noch nicht in P. Fiebigs Gesichtskreis. Man merkt auch an seinen beiden Gleichnisbüchern, in denen er das Studium des rabbinischen Judentums als die einzig angemessene Voraussetzung für das Verstehen Jesu bezeichnet, daß er für diese Differenzierung keine Mittel zur Hand gehabt hätte.

Darin läge also der Mangel dieses Kriteriums, wenn man es verallgemeinernd heute anwenden wollte. Erst nachdem man einen gewissen

---

[73] Bauer, aaO. S. 102.
[74] Vgl. Fiebig II, S. 15 f.
[75] Formulierung von Fiebig, aaO. S. 15.
[76] aaO. S. 16 (Sperrungen im Original).

Rahmen der Anschauungen und der Begrifflichkeit Jesu gewonnen hätte, könnte es Verwendung finden. Denn dann würde es erinnernd den Finger darauf legen, daß Jesus als Jude nur aus den Voraussetzungen des Judentums schöpfen konnte und auch »nur als Jude (vielleicht deutlicher: als Israelit) das Judentum radikal überwinden konnte«, wie Bultmann es ausdrückte[77]. Bultmanns Einordnung der Verkündigung Jesu in das Judentum kann gar nicht ernst genug genommen werden, ungeachtet der Fraglichkeit seiner Entscheidung, sie deswegen nur zu den Voraussetzungen der neutestamentlichen Theologie zu rechnen. Denn Jesus ist wirklich nur aus den alttestamentlich-jüdischen Voraussetzungen und im Dialog mit dem Glauben und der Hoffnung seiner Zeitgenossen zu verstehen[78].

3. Alles bisher Gesagte läuft auf das Kriterium der doppelten Abgrenzung hinaus, wie es Bultmann in der »Geschichte der synoptischen Tradition« bereits gehandhabt hat und wie es für die neuere Diskussion bestimmend geworden ist[79]. E. Käsemann hat ihm seine erste prägnante Formulierung gegeben: »Einigermaßen sicheren Boden haben wir nur in einem einzigen Fall unter den Füßen, wenn nämlich Tradition aus irgendwelchen Gründen weder aus dem Judentum abgeleitet noch der Urchristenheit zugeschrieben werden kann, speziell dann, wenn die Judenchristenheit ihr überkommenes Gut als zu kühn gemildert oder umgebogen hat.«[80] Den großen Nachteil dieses Sichtungsprinzips hat Käsemann selbst noch auf der gleichen Seite genannt, nämlich »daß man von hier aus keine Klarheit über das erhält, was Jesus mit seiner palästinischen Umwelt und seiner späteren Gemeinde verbunden hat«. Der Nachteil ließe sich möglicherweise ausgleichen, indem man das auf diesem Wege »kritisch gesicherte Minimum«[81] auf verschiedene Weise auszuweiten versucht.

Zunächst steht dem jedoch die grundsätzliche Frage entgegen, ob hier wirklich von einem g e s i c h e r t e n Minimum gesprochen werden kann. Offenbar ist das nur unter ganz bestimmten zusätzlichen Voraussetzungen der Fall. Das dokumentiert Käsemann durch seine Präzisierung am Schluß, wonach judenchristliche Abmilderungen als das sicherste Merkmal für die Authentie der Tradition anzusehen sind[82]. Bei H. Conzelmann ist es im Unterschied dazu ein »unwiederholbares Situationsbewußtsein«, das die auf dem beschriebenen Wege ausgesonderten Logien speziell kennzeichnet[83]. Es scheint also, als ob zur

---

[77] Christusbotschaft S. 8. Vgl. dazu Fuchs, Aufs. II, 253: »Jesus denkt bei alledem über Gott nicht anders als die Frommen in Israel.«
[78] Vgl. Bultmann, Theologie S. 35.
[79] Vgl. Trad. S. 132 ff. 222.
[80] Aufs. I, 205; ähnlich Conzelmann, RGG.³ III, Sp. 623.
[81] Ausdruck von Dahl, Hist. Jesus S. 119.
[82] aaO. S. 206: »Die Unerhörtheit des Wortes bezeugt seine Echtheit.«
[83] Vgl. aaO.

endgültigen Echtheitsbestimmung immer noch weitere Kriterien erforderlich sind, so daß auch hier nur »ein — notwendiges — heuristisches Mittel neben andern«[84] vorliegt. Das zeigt sich auch daran, daß dieses Kriterium mit den anderen unter diesem Abschnitt angeführten an der gleichen Relativität teilhat. Auch darauf hat Käsemann selbst hingewiesen: »Doch ist uns gerade die älteste Phase, auf deren Abhebung gegenüber der Jesustradition alles ankäme, unverhältnismäßig dunkel, besonders in ihrer Soteriologie und Ekklesiologie ... Erschwert wird diese Lage noch durch den Umstand, daß wir zwischen palästinischem und hellenistischem Judenchristentum ebensowenig exakt zu unterscheiden vermögen, wie wir umgekehrt beides einfach identifizieren dürfen.«[85]

D. h. aber, wir kennen die älteste Urchristenheit, in der die Jesustradition zuerst geformt und überliefert worden ist, weder nach ihren Anschauungen noch nach ihren Gruppierungen gut genug, um die erforderliche Ausgrenzung der Anschauungen Jesu aus denen der Urgemeinde zuversichtlich zum Programm erheben zu können. Die noch immer vorhandene Breite möglicher Fehlentscheidungen ist besonders auch für die Erforschung des ältesten Urchristentums selbst von Nachteil. Denn nach dem gegenwärtigen Stand unseres Wissens würden Bildungen dieser ältesten Gemeinde aufgrund eines vorhandenen Gegensatzes zu späteren gängigen christlichen Anschauungen als echtes Jesusgut ausgegeben werden, die, wäre ihr wahrer Ursprung erkennbar, vielleicht ganz spezifische Nuancen für unsere Kenntnis der frühen Urgemeinde beisteuern könnten. Dabei ist besonders an die Christologie in ihren frühesten Stadien zu denken. Solange hier noch Unsicherheiten bestehen, muß auch das Axiom hinterfragbar bleiben, das sich in Käsemanns Hinweis auf Abmilderungen der Judenchristenheit äußert, daß nämlich der exponierteste Standpunkt eo ipso derjenige Jesu gewesen ist, während die Gemeinde seinem Höhenflug je länger je weniger zu folgen vermochte. Bislang ist die hypothetische Alternative als Möglichkeit noch nicht ausgeschaltet, daß ein apokalyptisch geprägtes Verständnis des Ostergeschehens in der frühen Urgemeinde der Wurzelboden für solche Überlieferungen gewesen ist, die heute gern wegen ihrer gesetzeswidrigen Haltung oder wegen eines eschatologischen Hochgefühls[86] Jesus selbst zugesprochen werden[87].

---

[84] Dahl, aaO.
[85] aaO. S. 205.
[86] Vgl. Bultmann, Trad. S. 110. 135.
[87] Käsemanns historische Analyse von Mc 2 23 ff. (S. 207) ist ja auch nur eine mögliche Interpretation. Ihr gegenüber kann zumindest auch mit der Möglichkeit gerechnet werden, daß die überliefernde Gemeinde gar keinen Gegensatz zwischen v. 27 und 28 empfand, vielmehr 28 als die notwendige christologische Zuspitzung ansah, die ihr durch 27 nicht ausreichend gewährleistet schien. Und eine Sicht Jesu, wie sie hinter

Zwei kritische Stimmen zur Sache haben dieselbe Relativität vor Augen. Dabei reflektiert O. Cullmann mehr auf die Methodik, W. Marxsen auf den historischen Sachverhalt selbst. Cullmann schreibt: »Wie wird dieser Kern, der von den Gemeindebildungen zu unterscheiden ist, nach dem Vorgehen der Bultmannschule festgestellt?« — »Alles, was in den Evangelien den zuvor bestimmten Tendenzen der tradierenden Urgemeinde widerspricht, kann auf Jesus zurückgeführt werden. Diesem ersten Satz ist durchaus zuzustimmen unter der Voraussetzung, daß die Bestimmung jener Tendenzen nicht schon von einem fertigen Jesusbild beeinflußt war.«[88] W. Marxsen spricht von »H. Conzelmanns methodischem Grundsatz«. (Meint er, daß sich gegen Käsemanns Formulierung desselben Grundsatzes nicht die gleichen Einwände erheben lassen, die er nennt?) — Gegen Conzelmanns Definition, »als echt ist anzusehen, was sich weder in das jüdische Denken einfügt, noch in die Anschauungen der späteren Gemeinde«, gibt Marxsen folgendes zu bedenken: »In diesen Bereich gehört aber doch alles das mit hinein, was (möglicherweise) in der frühesten Urgemeinde entstand oder formuliert wurde, vielleicht auf Grund der Ostererfahrung und in Verbindung mit der Naherwartung der Parusie. Das stand einerseits im Gegensatz zur jüdischen Auffassung, konnte andererseits aber auch in der späteren Gemeinde nicht mehr oder nicht mehr so gesagt werden. So haben wir bei diesem Grundsatz keineswegs ein sicheres positives Kriterium. Er liefert auch nur bedingt ein negatives; denn kann man wirklich ein Wort nur deswegen Jesus absprechen, weil es sich in jüdisches Denken einfügt? Wenn ein Wort freilich Vorstellungen enthält, die erst spät in der Gemeinde auftauchen, wird man es schwerlich auf Jesus zurückführen.«[89]

Unter der Voraussetzung, daß dieses Prinzip nur als heuristisches Mittel angewendet werden und nur im Zusammenklang mit anderen zum Erfolg führen kann, wird es trotz der vorgebrachten Bedenken und im Rahmen der ihm eignenden Relativität praktikabel sein. Gerade wenn man nicht jedes Wort, das in die jüdische Denkwelt paßt, nur aus diesem Grunde Jesus absprechen kann und will, wird man sich der Begrenztheit und Ergänzungsbedürftigkeit dieses Kriteriums bewußt sein. Das Gleiche gilt angesichts der Schwierigkeit bei sich deckenden Anschauungen Jesu und der Urgemeinde. Die von Dahl formulierte Aufgabe, »das Maximum der Überlieferung und das kritisch gesicherte Minimum soweit wie möglich einander anzunähern, um so dem historischen Jesus schrittweise näherzukommen«[90], bleibt bestehen und kann nur auf verschiedenen Wegen verwirklicht werden. Dabei ist gegen den Vorbehalt O. Cullmanns[91] nicht einzusehen, warum nicht — entsprechend den Prinzipien Schmiedels und Heitmüllers — jedes auf einem Wege gewonnene Minimum, jeder »gesicherte Kern« (Cullmann) selbst wiederum zum Krite-

---

v. 28 steht, hat mit Sicherheit formend auf die Überlieferung eingewirkt. — Alle diese relativierenden Faktoren hat E. Jüngel bei seiner rückhaltlos positiven Stellungnahme für dieses alleinige Kriterium unberücksichtigt gelassen (Paulus S. 85).
[88] aaO. S. 154.
[89] Anfangsprobleme S. 15.
[90] aaO. S. 120.
[91] aaO. S. 155.

rium werden können soll, von dem her über benachbartes Gut entschieden werden kann. Der Gefahr, daß ein »perspektivisch verkürztes Bild« (Cullmann) entsteht, wird ja gerade die Bemühung entgegengesetzt, unter dem Zusammenspiel möglichst vieler Kriterien die Grenzen immer mehr auszuweiten.

e) Die Gleichnisse als Kriterium

Die Gleichnisse Jesu stellen das wohl wertvollste Kriterium dar, denn sie bilden den am meisten gesicherten Grundbestand an echter Jesusüberlieferung und damit den »gegebenen Ausgangspunkt für die Rekonstruktion«[92]. Dieses Urteil ist heute zur *communis opinio* geworden[93]. Trotzdem wird es gut und einer methodischen Untersuchung angemessen sein, an einigen Zügen die Rekonstruktion dieses Kerns authentischer Jesusüberlieferung zu veranschaulichen. Denn ehe davon die Rede sein kann, in welcher Weise die Gleichnisse als Kriterien für die Erfassung der Worte Jesu fungieren, sind diejenigen Kriterien zu beleuchten, die zur Sicherung und allgemeinen Anerkennung dieses Grundbestandes geführt haben. Möglicherweise können sie auch in anderen Fällen Anwendung finden.

Da sind es vor allem die vergleichenden Arbeiten P. Fiebigs, die ganz besondere Klarheit geschaffen haben. Ihr Hauptverdienst ist, daß sie das rabbinische Material in möglichst wortgetreuer Übersetzung für jeden zum Vergleich und zur eigenen Urteilsbildung darbieten. Der Vergleich ergibt einen augenfälligen Unterschied zwischen den rabbinischen und den neutestamentlichen Gleichnissen, wobei die neutestamentlichen ihrerseits eine Anzahl unterscheidender Eigentümlichkeiten gemeinsam haben, die in sich schon ein starker Hinweis auf die Urheberschaft Jesu sind. Andererseits zeigt das spärliche Vorkommen dieser Gattung in der frühchristlichen Literatur nach der neutestamentlichen Zeit wiederum so charakteristische Abweichungen vom synoptischen Gleichnisbestand, daß der Fall der doppelten Ausgrenzung gegeben erscheint. Unter diesen Voraussetzungen gewinnt Heitmüllers zurückhaltend angewendeter Grundsatz, daß von den Gleichnissen »dasjenige als ursprünglich zu gelten habe, was individuell, markant und original erscheint«[94], an Gewicht. Ebenso natürlich Fiebigs eigenes, schon zitiertes Prinzip, denn der Vergleich stellt anschaulich vor Augen, wie stark Jesus dabei in seiner jüdischen Umwelt wurzelt: Er bedient sich der üblichen Form des Maschal,

---

[92] Conzelmann, aaO. Sp. 643.
[93] Vgl. Robinson, Kerygma S. 218; Dodd, Parables S. 11; nach J. Jeremias sind die Gleichnisse »ein Stück Urgestein der Überlieferung« (Gleichnisse S. 7).
[94] aaO. Sp. 361.

und er verwendet das gleiche oder verwandtes Anschauungsmaterial[95]. So formuliert Fiebig — in scharfer Antithetik zu Jülicher: »Die Originalität der Gleichnisse Jesu liegt nicht in der Form, sondern im Inhalt. Es wäre ebenso künstlich, anzunehmen, daß er absichtlich im Unterschiede zu den Juden seiner Zeit ›reine Allegorien‹ gebildet habe, als es künstlich ist, zu behaupten, er habe sich im Unterschied von ihnen vorgenommen — oder sei unwillkürlich dazu gelangt — ›reine Parabeln‹ zu bilden.«[96]

Zeigt sich eine Differenz im verarbeiteten Bildmaterial am relativen Zurücktreten der bei den Rabbinen fast konventionellen Königsgleichnisse[97], so liegt der die Bildhälften betreffende Hauptunterschied in der »natürliche(n) Frische und Anschaulichkeit«[98], der unmittelbaren Lebensnähe, durch die sich die Schilderungen der synoptischen Gleichnisse auszeichnen. Gegenüber den oft einflächigen Skizzen rabbinischer Gleichnisse zeigen die Gleichnisse Jesu perspektivische Bilder und zeichnen insbesondere »lebendige, individuelle Menschen, Charakterköpfe«[99].

Als spezielles Stilmittel Jesu hat N. A. Dahl[100] noch den häufig verwendeten Parallelismus und die Kontrastwirkung genannt, die auch J. Jeremias in seinem Gleichnisbuch besonders herausstellt[101]. Und H. Greeven hat als eine besondere Gruppe mit ganz eigenartiger Redeform, zu der es keine rabbinischen Parallelen gibt, die mit der Frage »wer unter euch?« beginnenden Gleichnisse zusammengestellt[102].

Der wesentliche Unterschied zwischen den synoptischen Gleichnissen und den rabbinischen, soweit diese nicht den Bereich des täglichen Lebens

---

[95] Vgl. Dahl, RGG³ II, Sp. 1617: »Stil und Bilderwert der Gleichnisse Jesu tragen die Merkmale ihres palästinischen Ursprungs.« — J. Weiß, RGG.¹ III, Sp. 2177: »Auf diesem Gebiet (sc. der Bildrede) ist Jesus groß, nicht weil er neue Formen geschaffen hätte, sondern weil er sich in herkömmlichen Formen frei und sicher, mit eigener Empfindung und Erfindung bewegt.«
[96] I, 162. Vgl. Hauck, ThW. V, S. 747: »An den Namen der Rabbinen, welche als Urheber angegeben sind, wird erkennbar, daß derartige Gleichnisse schon im neutestamentlichen Zeitalter eine festgeprägte Rede- und Lehrform waren.« S. auch Bultmann, Trad. S. 219 f. Dagegen sagt Jeremias, aaO. S. 8: »Jesu Gleichnisse sind zudem etwas völlig Neues.«
[97] In den synoptischen Gleichnissen spiegelt sich das Leben des palästinischen Landmannes oder Kleinstädters. Zu den Stoffen der Bildhälften vgl. Fiebig I, 85 f. und II, 261 f.
[98] Fiebig I, 90.
[99] Fiebig I, 87. Vgl. Dodd, Parables S. 16: »This concrete, pictorial mode of expression is thoroughly characteristic of the sayings of Jesus.«
[100] aaO. (Vgl. Anm. 95).
[101] aaO. S. 145 u. ö.
[102] Wort und Dienst 1952, bes. S. 99—101; aufgenommen von G. Bornkamm, Jesus S. 63.

betreffen[103], sondern religiöser Aussage dienstbar gemacht sind, besteht in der Unmittelbarkeit der religiösen Aussage, die bei Jesu Gleichnissen zur unmittelbaren Anrede wird. Die rabbinischen Gleichnisse stehen durchweg im Dienst des Studiums der Schrift und ihrer Auslegung. So vermitteln sie als exegetische Gleichnisse den Anspruch der Schrift, deren Aussage sie erläutern. Daraus erklärt sich die relative Künstlichkeit vieler von ihnen, denn sie wollen Maximen veranschaulichen. Im Munde Jesu dagegen sind die Gleichnisse Anrede und Anspruch selbst, sie dienen keiner anderen Autorität, die sie übertragend nahebringen wollen, ihre Aussage ist direkte Ansage der Wirklichkeit Gottes und des Menschen vor ihm. Botschaft und Sendung Jesu selbst treffen in ihnen den Hörer unmittelbar als Gerichts- und Entscheidungsruf, wie auch als Übermittlung göttlichen Erbarmens[104]. So dokumentiert sich denn der Unterschied an den Themen, die in den synoptischen Jesusgleichnissen angeschlagen werden, wie Fiebig richtig bemerkt: »Hier handelt es sich um ... Sünde und Gnade, um Gebet, um Barmherzigkeit und Liebe. Das ›Himmelreich‹ ist der Gegenstand der meisten Gleichnisse. In der ganzen weiten jüdischen Literatur habe ich kein einziges Himmelreichsgleichnis entdecken können.«[105] E. Lohmeyers schönes Wort faßt in etwas überspitzter Antithetik alles zusammen: »Wo aber bisher eine überlieferte Schulweisheit Gleichnisse als die pädagogischen Mittel der Einprägung benutzte, um von den Dingen zwischen Himmel und Erde nur das Vergönnte sich träumen zu lassen, da stehen jetzt eben diese letzten Dinge in und hinter allen einzelnen mahnenden und gebietenden Worten, da führen die bisherigen Mittel unmittelbar zum Ziel.«[106] Ist nun die Eigenart der Gleichnisse Jesu erkennbar und nachweisbar, dann sind an ihnen auch Maßstäbe für die Sichtung der übrigen Wortüberlieferung zu gewinnen. Als besonderer Vorzug stellen sich hier zum ersten Male positive Kriterien ein, weil man bei den Gleichnissen einen Einblick gewinnt in Jesu Gottesanschauung und andere zentrale Bestandteile seiner Botschaft; dazu gehören die Eschatologie[107], der Entscheidungscharakter und damit verbunden der Vollmachtsanspruch für sein Wort und Verhalten, die Zusage der Gotteskindschaft und darin der Zuspruch der Liebe und der vergebenden Gnade Gottes und, alles umgreifend, die Verkündigung von

---

[103] Zu den Anwendungsbereichen rabbinischer Gleichnisse im täglichen Leben s. Fiebig II, 240.
[104] Vgl. dazu Fiebig I, 105 f. 163; II, 270 f.; Greeven, aaO. S. 100; Bornkamm, aaO. S. 63.
[105] I, 105; vgl. auch II, 262 ff.
[106] Urchristliche Mystik S. 150 f.
[107] Die mit Namen wie Bultmann, Fuchs, Käsemann, Kümmel, Dodd, Strobel verbundenen Differenzen im Verständnis der Eschatologie Jesu müssen hier unberücksichtigt bleiben. Allerdings möchte man angesichts dieser Lage zögern, mit Bultmann (Trad. S. 110. 135) den eschatologischen Gehalt als Echtheitskriterium anzusehen.

der Gottesherrschaft selbst[108], die — darauf weist H. Schürmann hin[109] — in der nachösterlichen Verkündigung immer mehr in den Hintergrund tritt. Zu den Beobachtungen am Gleichnismaterial stimmt ferner »die konkrete Art der Makarismen Jesu, die nicht über ein Geschehen reflektieren, sondern selber im Geschehen stehen«[110]. Weiter wird man nun die Plastik des Ausdrucks, kontrastierende Überspitzungen und Paradoxien unter die Eigentümlichkeiten der Ausdrucksweise Jesu rechnen[111]. Wichtig ist freilich, daß es bei allen diesen äußeren Merkmalen wesentlich auf die inhaltlich-sachliche Ausprägung der spezifischen Anliegen Jesu ankommt, die damit jeweils verbunden sein muß. Das meint auch Bultmann, wenn er von dem individuellen Gehalt oder Geist spricht, der die echten Logien Jesu auszuzeichnen pflegt, so daß man sie daran erkennt[112].

f) Einzelindizien

Gibt es über das bisher Gesagte hinaus irgendwelche speziellen Kennzeichen, die Jesus als den Urheber synoptischen Spruchgutes ausweisen können? Lassen sich in der Überlieferung für den Sprachgebrauch, für die Verkündigung und die Haltung Jesu bezeichnende Begriffe, Redefiguren oder Redeformen aufspüren, die etwa neben die von H. Greeven identifizierte Gleichniseinleitung mit »wer unter euch?« zu stellen wären? Verschiedene Forscher haben solche Kennzeichen entdecken zu können gemeint.

1. »Abba«

Hier ist J. Jeremias der überzeugende Nachweis gelungen, daß Jesus tatsächlich als Gottesanrede »Abba« gebraucht hat. Jeremias kann seine Beweisführung auf zwei sehr gewichtige Fakten stützen: Einmal ist in der synoptischen Überlieferung »Abba« die ständige Gottesanrede im

---

[108] Dazu vgl. Bultmann, aaO. S. 222; Conzelmann, Methode S. 9 f.; Fiebig II, 264; Robinson, Kerygma S. 219. 229; Bornkamm, aaO. S. 58 ff.
[109] HJkC. S. 366. Dabei ist jedoch von Schürmann der mögliche Beitrag der ältesten palästinischen Urgemeinde nicht gesondert in Anschlag gebracht. Das häufige Vorkommen des Basileia-Gedankens bei Matthäus und in dessen Sondergut spricht aber für eine frühe judenchristliche Basileiaverkündigung; sie ist in der gesamten synoptischen Tradition aufweisbar.
[110] Fuchs, Aufs. II, 289. Diese treffende Formulierung ist, gerade auf dem Hintergrund der Gleichnisse betrachtet, generalisierbar und als Kriterium verwendbar.
[111] Vgl. J. Weiß, RGG.¹ III, Sp. 2176 f.; Käsemann, Aufs. I, 209.
[112] Trad. S. 106. 110. 135. Charakterisiert Bultmann Jesus dabei noch als Bußprediger, so daß zum individuellen Gehalt echter Jesusworte für ihn auch der Ernst des Bußrufs gehört, so bezweifelt Käsemann, daß Jesus »primär Gerichtsprediger« gewesen ist, wie es der Täufer war (Aufs. II, 60). In der Nähe der Gedanken Käsemanns bewegt sich Fuchs (s. Aufs. II, 395 f.), wenn auch in einem anderen Zusammenhang.

Munde Jesu, abgesehen vom Kreuzesruf Mc 15 34 par. Mt 27 46, der aber ein Zitat aus Ps 22 ist; demgegenüber findet sich bisher in der gesamten jüdischen Gebetsliteratur kein einziger Beleg für diese Anrede Gottes[113]. Zweitens hat sich diese außerchristlich nicht denkbare Anrede auf breiter Linie im ganzen frühen Christentum durchgesetzt, und zwar in nicht aramäischen Sprachen unter Beibehaltung des aramäischen Fremdwortes[114]. Möchte man also Jeremias dahingehend zustimmen, daß er hier ein *verbum ipsissimum* Jesu gefunden hat, so ist doch noch eine Besinnung darüber erforderlich, inwiefern und ob es sich auch um ein »völlig eindeutige(s) K e n n z e i c h e n der *ipsissima vox* Jesu«[115] handelt. Wie Jeremias selbst ausführt, begegnet die griechische Vateranrede, hinter deren vier verschiedenen Formen Jeremias jeweils das aramäische »Abba« sieht, nicht nur in der ältesten Überlieferungsschicht[116]. Aus dieser Sachlage konnte er zwar mit Recht dank der übrigen Indizien für den Vokativ selbst die Urheberschaft Jesu und die breite Übernahme durch die Urgemeinde folgern. Das bedeutet aber nicht, daß der Gebetsanruf nun seinerseits zum Erkennungszeichen für die Echtheit des Traditionsgutes wird, innerhalb dessen er begegnet. Jeremias ist selbst auch nicht dieser Meinung; er differenziert, indem er verschiedene Schichten unterscheidet und die Frage der Echtheit der einzelnen Gebete von der nach der »Abba«-Anrede abgrenzt[117]. Sein Augenmerk ist auf den Begriff selbst gerichtet, und mit einem Meisterstück historischer Rekonstruktion hat er seine Ursprünglichkeit nachgewiesen. Innerhalb einer Besinnung auf die Kriterien zur Erkenntnis ursprünglichen Jesusgutes in der Tradition mußte darauf jedoch ausdrücklich aufmerksam gemacht werden, weil der von Jeremias gebrauchte Ausdruck »Kennzeichen der *ipsissima vox* Jesu« mißverständlich ist und in einem Zusammenhang wie dem hiesigen zu Fehldeutungen Anlaß geben könnte. Darum: Mit dem authentischen Gebetsruf »Abba« ist die Authentie des Traditionsstücks, in dem er vorkommt, nicht gewährleistet. Das betreffende Gebet selbst ist seinerseits erst anhand von Kriterien auf seine Echtheit oder auf seinen Echtheitsgehalt zu untersuchen. Das Gleiche gilt von allen Worten im Munde Jesu, die Aussagen über den »Vater« machen.

Dennoch ist der Ertrag dieses Nachweises von Jeremias für den Gang dieser Untersuchung sehr bedeutsam, weil von hier aus die durch die Gleichnisse vermittelten Einsichten in Jesu Gottesverhältnis bestätigt

---

[113] Abba S. 33. 59. 145. 148.
[114] aaO. S. 57 f. Dabei weist Jeremias auf die vier Formen der Wiedergabe dieses Vokativs im Griechischen hin.
[115] aaO. S. 59 (Sperrung nicht bei J.).
[116] aaO. S. 56. Dabei soll hier einmal unberücksichtigt bleiben, ob der Jubelruf und das Gethsemanegebet wirklich neben der lukanischen Fassung des Vater-Unsers die älteste Schicht repräsentieren, wie Jeremias meint.
[117] aaO. S. 57.

und vertieft werden können. Auch auf den in Jesu Gleichnisrede erkennbaren Vollmachtsanspruch für sein Wort und Verhalten fällt noch ein besonderes Licht.

2. »Amen«[117a]

Die Ausführungen von Jeremias zum bekräftigend vorangestellten »Amen« überzeugen weniger. Zwar mag er damit recht haben, daß es ein für die Rede des historischen Jesus bezeichnender Ersatz für die Schwurformel oder für ein »so spricht der Herr« gewesen ist und dem Ausdruck seiner Vollmacht gedient hat[118]. Er will es aber darüber hinaus als Echtheitskennzeichen für die Jesusworte verwenden, die es einleitet. Zum Beweis führt er ins Feld, daß die synoptische Tradition eine Tendenz zum Auslassen, Ersetzen und Übersetzen von »Amen« zeige, weshalb es unwahrscheinlich sei, daß man es sekundär mit Logien verbunden habe[119]. Jedoch hat Ph. Vielhauer auf zwei sekundäre Eintragungen von »Amen« durch Matthäus in seine Markusvorlage hingewiesen und daran die Vermutung geknüpft, daß Matthäus bei seinen Q-Stoffen ähnlich verfahren ist[120]. Angesichts der von G. Bornkamm gezählten dreißig Beispiele für »Amen« allein bei Matthäus[121] dürfte diese Vermutung nur zu berechtigt sein, und man wird an dieser Stelle eher mit einer umgekehrten Tendenz zu rechnen haben[122]. Ersetzen und Übersetzen von »Amen« eignen nach der Konkordanz speziell Lukas.

3. »Ich aber sage euch«

Diese Formel wird gern als der charakteristischste und prägnanteste Ausdruck von Jesu Stellung zum Gesetz und seines Autoritätsanspruchs gegenüber der Autorität des Mose angesehen[123]. Das wird mit dem Hinweis auf die Antithesen der Bergpredigt illustriert, so daß dann die Aussagen etwa der ersten, zweiten und vierten Antithese das Recht zu dieser Interpretation erweisen sollen. Faktisch wird damit Jesu Anspruch aus einer Einführungsformel abgelesen, und es wird zugegeben, daß man den unerhörten Anspruch seiner Worte nicht ihrem Aussagegehalt entnimmt, sondern einer Einführungsformel, die möglicherweise aber doch auch redaktionell sein könnte; das legt die Häufung bei Mat-

---

[117a] Zu den Absätzen 2. und 3. auf dieser Seite vgl. den Nachtrag auf S. 205.
[118] aaO. S. 149; vgl. Käsemann, Aufs. II 209; Bornkamm, Jesus S. 91. Kümmels Zustimmung (ThR. 1965/6, S. 44) meint wohl auch nur diesen Aspekt.
[119] aaO. S. 149—151.
[120] Aufs. S. 65 f.
[121] aaO. S. 187 A. 7.
[122] Vgl. ähnlich Fuchs, Aufs. II, 306.
[123] Vgl. Kümmel, Heilsgesch. S. 32; Käsemann, Aufs. I, 206; Bornkamm, aaO. S. 91; Vielhauer, aaO. S. 89; Conzelmann, RGG.³ III, Sp. 633; Wilckens, OaG. S. 51 ff.

thäus für etliche Fälle ohnehin nahe. Bezeichnenderweise kann E. Käsemann dann das für Jesus Typische nicht in der gegebenen Auslegung der Gebote sehen, die so ist, »wie es ein den Schriftsinn interpretierender Rabbi auch tun könnte«. Das Entscheidende für ihn ist die also aus dem Wortlaut und Inhalt selbst nicht ablesbare, in der Einleitungsformel jedoch implizierte Antithetik zur Gesetzesautorität. Erst wegen dieser Formel sind Jesu Aussagen als revolutionär zu bezeichnen, und der aus ihr abgelesene Standpunkt Jesu läßt ihn dann als den erscheinen, der »mit einer unerhörten Souveränität am Wortlaut der Tora und der Autorität des Mose vorübergehen« konnte[124]. Aber wie geht er denn am Wortlaut der Thora vorbei, wenn er etwa äußert, was ein Rabbi auch als Schriftsinn herausfinden könnte? »Zerbrochen« haben ja auch die Rabbinen den Buchstaben des Gesetzes mit ihrer spezifischen Weise der Auslegung. Doch diente sie genauso dem Kundtun des Willens Gottes im Gesetz wie Jesu Auslegung auch, von der Käsemann sagt, daß sie mit der Frage nach dem Willen Gottes den Buchstaben des Gesetzes zerbricht[125]. Der Unterschied zwischen beiden liegt wahrscheinlich nicht einmal darin, daß Jesus es willkürlich oder willkürlicher getan hätte, sondern darin, an welcher Stelle er ansetzte und wie er zum Gotteswillen durchdrang — nicht auf schriftgelehrte, sondern auf prophetische Weise[126].

Diese Überfrachtung der Einleitungsformel, die an dem sachlichen Gehalt der Sprüche keinen Anhalt hat, weil es sich in ihnen höchstens um Thoraverschärfung im Sinne des ins Innere des Menschen verlegten Zaunes um das Gesetz handelt, aber nicht um Autoritätsbestreitung durch Überbietung oder Aufhebung des Wortlautes, muß zunächst beachtet werden. Entscheidend fällt dabei ins Gewicht, daß die genannte Interpretation des »Ich aber sage euch« den redaktionellen Standpunkt des Matthäus historisiert. Denn die drei Antithesen, die den Wortlaut der Thora wirklich überbieten, waren in Q Logien in einfacher Aussageform, wie der Lukasvergleich zeigt; erst ein Redaktor — wahrscheinlich Matthäus — hat sie in die Form der Antithese gegossen[127]. Hat damit erst der Redaktor den Gegensatz Jesu zum Gesetzeswort hergestellt, so will es scheinen, als ob auch bei den anderen Antithesen, die »dem Spätjuden-

---

[124] aaO. S. 208.
[125] »Zerbrechen« ist Käsemanns Ausdruck (aaO. S. 206). Das Verhältnis der rabbinischen Auslegung zum Buchstaben wird deutlich bei F. Maass, Ursprünge rabbinischer Schriftauslegung, ZThK. 52, 1955, S. 133. 136 ff. Vgl. A. Deißmanns Bemerkung zur geistesgeschichtlichen Funktion der Allegorese (Paulus S. 82): »Tatsächlich ist in einem Zeitalter mechanisch-buchstäblicher Inspirationsgesetzlichkeit die allegorische Exegese für alle prophetischen schöpferischen Geister das einzige Mittel gewesen, sich der Umklammerung durch den Buchstaben zu entziehen ...«
[126] Vgl. Käsemann, aaO. S. 209: Er verstand sich »zweifellos als inspiriert«.
[127] Vgl. H. Braun, Radikalismus II, S. 5 A. 2; 7 A. 2 (auf S. 9 unten); Harder, Antijudaismus S. 115.

tum gegenüber gar keine inhaltliche Verschärfung« bringen[128], das sachlich nicht gerechtfertigte antithetisch interpretierte »Ich aber sage euch« die Rede eines schon christologisch gesehenen Ichs ist[129]. H. Braun unterstreicht mit Recht, daß sich aus der vorhandenen Thoraverschärfung »keineswegs ein auch nur latenter Messiasanspruch« Jesu ableiten läßt[130]. Er konstatiert weiter: »Diese Verschärfung wird von Jesus nicht grundsätzlich proklamiert; der Gegensatz gegen die Tradition ist bei ihm kein durchgehend herrschender und nachweisbarer Gesichtspunkt«[131].

Der beobachtete Sachverhalt läßt es also nicht zu, die Formel »Ich aber sage euch« als Kennzeichen für echte Jesusworte oder als komprimierten Ausdruck der Haltung Jesu anzusehen[132].

4. Stilformen

J. M. Robinson hat ein Entsprechungsverhältnis zwischen der inhaltlichen Seite der Botschaft Jesu und der Ausdrucksform, in die sie gekleidet ist, herausgefunden: die »existentiale Dialektik«, die nach seinem Verständnis die Botschaft Jesu kennzeichnet, drückt sich in der ihr entsprechenden antithetischen Redeform aus. Zusammenfassend gibt Robinson die folgende Charakteristik: »Die eschatologische Botschaft Jesu, die religionsgeschichtlich betrachtet an die Zwei-Äonen-Lehre der jüdischen Apokalyptik anknüpft, deren Polarität zu einer zweigliedrigen Struktur mancher Jesus-Logien führt, wurde so konsequent auf die Gegenwart bezogen, daß sich innerhalb der formalen Struktur eine existentiale Dialektik abzeichnet, die Jesu Gegenwartsverständnis und dadurch inhaltlich seinem Existenzverständnis entspricht. Denn diese eschatologisch qualifizierte Gegenwart, dieses Zukommen Gottes, erscheint nun als das Woher der gläubigen Existenz.«[133] Als Beispiele dienen ihm dafür das Wort vom Retten und Verlieren des Lebens (Mc 8 35 parr.), das von der Selbsterhöhung (Mt 23 12 par.) und der Spruch von den Ersten und Letzten (Mc 10 31 parr.). Auch in den Makarismen und Weherufen (Lc 6 20 ff.) tritt nach Robinson die dialektische Spannung zutage, die in der Basileiaverkündigung Jesu zwischen der Gegenwart und der Zukunft besteht[134].

---

[128] Braun, aaO. S. 9.
[129] Auch hier müßte noch mehr über die Christologie der frühen judenchristlichen Gemeinden bekannt sein.
[130] aaO. S. 5.
[131] aaO. S. 7.
[132] Kritisch äußert sich auch E. Fuchs zur Kennzeichenfunktion der Formel, HJkC. S. 387; Aufs. II, 306.
[133] Kerygma S. 230 f.
[134] aaO. S. 228—230.

Diese Beobachtungen können als zutreffend bezeichnet werden, zumal sie mit dem zusammenstimmen, was sich an den Gleichnissen über die Verkündigung Jesu erkennen läßt. So entsprechen sie der noch zu behandelnden Voraussetzung, daß sich ein einzelnes Moment in den Gesamtrahmen der Botschaft Jesu einfügen lassen muß.

Anders liegen die Dinge bei C. F. Burneys Untersuchungen zum Gebrauch des Parallelismus membrorum, von Rhythmus und Reim bei Jesus. Sie sind viel zu unspezifiziert durchgeführt, um wirklich etwas für die Erkenntnis des Sprachgebrauchs Jesu auszutragen. Daß Jesus sich des Parallelismus membrorum, vornehmlich des antithetischen und synonymen, bedient hat, ist solange ein unbestreitbares Ergebnis, als man das synoptische Spruchgut (bzw. das evangelische überhaupt) auf seine Formeigenschaften untersucht und dabei eben ein beträchtliches Überwiegen dieser beiden Formen feststellen kann. Ob man damit aber wirklich ein Ergebnis erzielt hat, das der Verwendung der Stilformen durch Jesus entspricht, ist sehr fraglich. Allenfalls wird man sagen können, daß — da ja im evangelischen Spruchgut höchstwahrscheinlich echte Jesusworte enthalten sind — das Ergebnis der Untersuchung die Annahme der Verwendung der hier vorkommenden Stilformen durch Jesus nahelegt. Alle weitergehenden Schlüsse Burneys sind fragwürdig, weil er unkritisch vom vorhandenen Überlieferungsbestand ausgeht, der ihm dann mit dem Nachweis bestimmter Formen und Rhythmik zugleich für als authentisch erwiesen gilt[135]. Infolgedessen trägt auch das sachlich grundsätzlich richtige Urteil nichts aus, daß im antithetischen Parallelismus membrorum und in ähnlichen Ausdrücken der Antithetik die *ipsissima verba* Jesu besser bewahrt sind als in anderen Formen, weil diese fester im Gedächtnis haften[136]. Denn auch hier wird pauschal von der umfassenden Ursprünglichkeit der Überlieferung ausgegangen. Eine für Jesus allgemein oder gar für spezifische Lehrformen Jesu typische Stilform[137] läßt sich zwar, wie gesagt, bei einer Durchmusterung des gesamten Bestandes an Jesusworten wahrscheinlich machen, weil bei jeder gefundenen Kategorie auch echte Jesusworte dabei sein können. Wirklich zu verifizieren sind diese Erkenntnisse jedoch erst, wenn man mit anderen Kriterien bereits authentische Sprüche ausgesondert hat. Hier kann die Probe auf die verwendete Stilform oder den Rhythmus einen guten Dienst leisten bei dem Versuch, die ursprünglichste Gestalt des Logions herzustellen — gerade bei mehrfach und voneinander abweichend überlieferten Sprüchen. Für solche Untersuchungen sind Burneys Poesiestudien ein aus-

---

[135] So z. B. auch johanneische Logien und Reden (!) wegen der Häufung des antithetischen Parallelismus membrorum, vgl. Poetry S. 79-81. 84 f.
[136] aaO. S. 84.
[137] Etwa der »four-beat rhythm« bei esoterischer Unterweisung (aaO. S. 124), Kina-Rhythmus bei starker Emotion und erwünschter emotionaler Reaktion durch die Hörer (aaO. S. 137).

gezeichnetes Hilfsmittel. Doch sind auch dabei andererseits noch die Einschränkungen zu berücksichtigen, die M. Dibelius gegenüber Burney gemacht hat. Dibelius sagt: »Ganz abgesehen von der Unsicherheit jeder aramäischen Rekonstruktion ist aber dabei zu fragen, ob Jesu Worte, so gewiß sie nach möglichst schlagendem Ausdruck um der Wirkung willen strebten, auch immer die poetisch glatteste und korrekteste Form aufwiesen. Ob nicht z. B. die besser rhythmisierte Form des Vaterunsers in Mt ebenso gut dem kultischen Gebrauch entstammen kann wie dem Streben Jesu nach rhythmischer Form? Und ob nicht oft Durchbrechungen eines sich unbewußt einstellenden Rhythmus besser der volkstümlichen Art entsprechen, wie wir sie aus der Weisheitsliteratur vieler Völker kennen, als korrekte Bewahrung des Maßes«[138].

g) Der Gesamtrahmen der Botschaft Jesu in seiner Kriterienfunktion

Der bei Hirsch des öfteren angewandte Bewertungsmaßstab, daß ein Überlieferungsstück oder ein Motiv sich in den Gesamtrahmen der Anschauungen Jesu einfügen lassen muß, wenn es als echt bezeichnet werden soll, ist als solcher überzeugend. Er kann aber erst zum Zuge kommen, wenn es gelungen ist, diesen Rahmen zu erstellen; anderenfalls ist die Gefahr willkürlicher Ermessensentscheidungen zu groß. Mit den bisher zusammengestellten Kriterien müßte diese Voraussetzung zu erfüllen sein, so daß sich ein Rekonstruktionsversuch, der die hier aufgezeichneten Schritte vollzöge, jetzt wenigstens schon in der Situation befände, die J. M. Robinson so beschreibt: »(Denn) wir haben z. B. in den Gleichnissen, in den Antithesen der Bergpredigt, in den Logien über die Basileia, über die Dämonenaustreibungen und über Johannes den Täufer ausreichende Einblicksmöglichkeiten in Jesu Intentionen, um seinen geschichtlichen Handlungen begegnen zu können; genügend Einsicht auch in das Verständnis von Existenz, das seinen Intentionen zugrunde lag, um seinem Sosein zu begegnen.«[139]

Auf welch breitem Felde sich diese Begegnung schon für P. Wernle vollzog, entnimmt man folgender Beschreibung: »Es ist wundervoll, wie in allen diesen Punkten die großen Reden der Spruchsammlung uns dieselbe Antwort geben wie die Gesprächsworte bei Mc. und die Gleichnisse, die nur Lc. oder nur Mt. hat. Und immer sind es klare, bestimmte Antworten, einfach, ungesucht, aus der Tiefe des Gemüts, nicht der Verstandeslogik geschöpft.« Daran hat auch die christologische Konzeption der überliefernden Gemeinde nichts verändern können. Die weiterhin deutlich hervortretenden Anliegen Jesu sind nach Wernle »das Gottvertrauen, die Herzensreinheit, die Barmherzigkeit, die Demut, die Versöhnlichkeit, die Sehnsucht«[140].

---

[138] ThR. 1929, S. 212. Zum Gebrauch der Stilformen bei Jesus vgl. auch J. Weiß, RGG¹ III, Sp. 2176.
[139] Kerygma S. 139.
[140] Quellen des Lebens Jesu S. 85 f.

Der spezifische Unterschied zur heutigen Situation wird durch den Vergleich mit Robinson deutlich, ebenso wenn man Dahls Ausführungen hinzunimmt: »Querschnitte durch die Überlieferung lassen hervortreten, was z. B. für seine Verkündigung des Reiches Gottes, seine Stellung zum Gesetz oder seine Haltung gegenüber verschiedenen Gruppen von Menschen charakteristisch war. Worte und Berichte von verschiedener Form und Gattung, innerhalb verschiedener Schichten der Tradition überliefert, beleuchten einander gegenseitig und ergeben ein Gesamtbild, in dem etwas für Jesus Bezeichnendes hervortritt.«[141]

Prägnant formuliert liegt das in diesem Abschnitt behandelte Kriterium bei E. Fuchs vor, wenn er sagt, »doch der Sprachgebrauch entscheidet nicht, wenn die Sache da ist«[142].

Er verfährt auch entsprechend, wenn er das Gleichnis vom verlorenen Sohn mit der folgenden Begründung zur Veranschaulichung dessen heranzieht, »was Jesus selber über unsere ... Beziehung zu Gott gesagt hat«: » ... ein auf alle Fälle für Jesu Verkündigung bezeichnendes Gleichnis, das wir aus methodischen und inhaltlichen Gründen auch dann heranziehen dürfen, wenn es Jesus erst später in den Mund gelegt sein sollte«[143].

Erst mit der Akzentuierung, wie sie in dem eben zitierten Prinzip von Fuchs zum Ausdruck kommt, kann M. Dibelius' Äußerung in seinem Jesusbuch als einschlägig an dieser Stelle angeführt werden: »Eine Diskussion darüber, ob ein einzelner Spruch ›echt‹ sei, ist oft müßig, weil die Gründe für oder wider nicht schlagend sind. Im allgemeinen wird der Historiker gut tun, auf die Masse der Überlieferung zu sehen und nicht zuviel auf ein einzelnes Wort zu bauen, falls es von den übrigen Traditionen abweicht.«[144] Bei dem mißverständlichen Ausdruck »Masse der Überlieferung« hat Dibelius wahrscheinlich ohnehin nur an die älteste Schicht gedacht, die ja den Hauptbestand echter Jesusüberlieferung enthält. In diesem Sinne entspräche er dem Gesamtrahmen der Botschaft Jesu, wie er der ältesten Schicht entnommen werden kann.

Die Grenze des methodisch und sachlich Vertretbaren ist dagegen bei N. A. Dahl überschritten, wenn er befindet: »Ob die Historizität einzelner Worte und Episoden unsicher bleibt, ist ... von untergeordneter Bedeutung. Die Tatsache, daß das Wort oder das Geschehen innerhalb der Jesusüberlieferung einen Platz gefunden hat, beweist, daß es mit dem im Jüngerkreis lebenden Gesamtbilde zusammenstimmte.«[145] Das ganze Bemühen um Kriterien zur Erfassung historischer Jesusüberlieferung innerhalb der Evangelientradition wird nivelliert, wenn man in diesem Sinne

---

[141] Jesus S. 117.
[142] Aufs. II, 251.
[143] aaO. S. 152.
[144] aaO. S. 21. Vgl. die ähnlichen Bemerkungen von J. Weiß über die Auslegung einer aus sich heraus nicht klaren Stelle nach dem Standpunkt hin, den andere, unzweifelhaft klare Stellen erkennen lassen (Predigt S. 86 u. ö.).
[145] aaO. S. 117.

das von der Gemeinde tradierte Jesusbild, ja sogar das Jesusbild der tradierenden Gemeinde zum ausschlaggebenden Faktor macht. Die Identität dessen, was historische Forschung über Jesus in Erfahrung zu bringen vermöchte, mit dem »im Jüngerkreis lebenden Gesamtbilde« Jesu darf nicht von vornherein vorausgesetzt werden, zumal wenn man den Glauben der Urgemeinde — welcher Gestalt er auch gewesen sein mag — als das entscheidende Movens des Formens und Überlieferns anzusehen hat. Deshalb kann das Jesusbild der Urgemeinde kein Kriterium im Sinne des vorliegenden Abschnitts sein, selbst dann nicht, wenn es durch die Jünger Jesu mit konzipiert und darum von ihnen garantiert wäre. Keinesfalls darf auch die Tatsache, daß ein Überlieferungsstück in die Jesustradition Aufnahme gefunden hat, zugunsten der Verläßlichkeit seines Inhalts ausgewertet werden.

Schwer zu beurteilen ist ein Satz W. G. Kümmels, dessen methodischer Hintergrund in diesem Zusammenhang erörtert werden muß. Kümmel erhebt gegen den Grundsatz, daß die sicherste Echtheitsdiagnose dort zu stellen sei, wo Tradition weder in das jüdische Denken, noch in die Anschauungen der Gemeinde eingeordnet werden kann, den Einwand, er sei dann falsch, wenn er unter der Prämisse gehandhabt werde, daß heute nicht mehr die Unechtheit, sondern die Echtheit nachzuweisen ist. »Denn nicht schon die Übereinstimmung mit jüdischen oder christlichen Gedanken und Tendenzen macht die Zugehörigkeit eines Überlieferungsstückes zur ältesten Jesusüberlieferung fraglich«, sagt Kümmel[146], »sondern der Gegensatz eines derartigen Überlieferungsstückes zum Gesamtcharakter der als sicher alt erwiesenen Jesustradition.« Kümmel verbindet hier das Ausgrenzungskriterium mit einer Prämisse und spielt dann dagegen eine andere Prämisse aus. Das Kriterium ist aber selbst zunächst frei von dieser Prämisse und unabhängig von ihr anwendbar, wie Kümmel selbst zugibt. Trifft das zu, dann kann es auch dadurch nicht mehr falsch werden, daß der Forscher, der es verwendet, sich von der kritischen Einstellung leiten läßt, nach der es infolge der Ergebnisse der Form- und Traditionsgeschichte heute eher erforderlich ist, Argumente für die Echtheit als für die Unechtheit eines Stückes beizubringen. Selbst wenn diese Haltung der Sachlage nicht angemessen wäre, und das meint Kümmel in der Tat, wird dadurch die Suffizienz des Kriteriums nicht tangiert. Die Prämisse nun, die Kümmel seinerseits der anderen entgegensetzt, hat im Grunde ebenfalls mit der Wirkung des Kriteriums nichts zu tun. Nur würde es sich weitgehend erübrigen, wenn er im Recht wäre, weil er dann ein viel umfassenderes besäße. Und dieses gehört in die gegenwärtige Erörterung. Es lautet, positiv gewendet und dem anderen gegenübergestellt so: Nicht, was sich in den Gesamtrahmen der Botschaft Jesu einfügen läßt, kann als im Kern echte Überlieferung betrachtet werden, sondern nur, was dem Gesamtcharakter der

---
[146] ThR. 1965/6, S. 43

als sicher alt erwiesenen Jesustradition widerspricht, darf als fraglich angesehen werden.

Hier wird schon damit der Rahmen weiter gespannt, daß von der alten Jesustradition die Rede ist. Und dann besteht eben ein wesentlicher Unterschied darin, ob man nur das für unecht halten darf, was der Grundtendenz der ältesten Schicht zuwiderläuft, oder ob man nur dort auf Echtheit erkennen will, wo ein Überlieferungselement in den Rahmen der Verkündigung Jesu eingepaßt werden kann, den historisch-kritische Arbeit wiederhergestellt hat. Bei Kümmels Prinzip sind die Grenzen zu weit gesteckt. Die Gefahr, daß einzelne Züge des Bildes Jesu an den Stellen, wo seine Ansicht mit der der Gemeinde übereinstimmte, verwischt werden oder verlorengehen könnten, sollte mit einer umfassenden Anwendung der verschiedensten Kriterien gering zu halten sein. Sie wird jedenfalls aufgewogen durch den Vorteil, daß kritisch rekonstruierte Ausschnitte eine bessere Ausgangsbasis für haltbare Ergebnisse sind als eine mehr oder weniger pauschal als verläßlich bezeichnete Ganzheit.

Zum Gesamtcharakter seiner Botschaft gehört auch Jesu V e r h a l t e n [147]. Als die zwei Seiten seines in der Zuwendung zu den Menschen aktualisierten Gottesverhältnisses entsprechen beide einander und erläutern sich gegenseitig. Deshalb kann eins zum Kriterium des anderen werden. Mit W. Trilling mag man etwa bei Jesus folgende »durchgehende Linien in seinem Verhalten« feststellen: »Gleichbleibende Liebe zu den Sündern — Mitleid gegenüber allen Leidenden und Geknechteten — unerbittliche Härte gegen jede Art von Selbstgerechtigkeit — heiliger Zorn gegenüber Unwahrheit und Heuchelei. Und in und über alledem eine radikale Bezogenheit auf Gott, den unumschränkt waltenden Herrn und Vater.«[148] Diese Grundzüge des Verhaltens Jesu liefern einen Beurteilungsmaßstab für Gleichnis- und Logienüberlieferung, nach dem all das als echt bezeichnet werden kann, was ihnen entspricht. „Dabei sind wir keineswegs auf paradox formulierte Worte angewiesen", bemerkt E. Fuchs[149]. »Es genügt, wenn wir in Wort und Tat Jesu dieselbe Richtung finden.«

Andererseits nehmen auch Jesu Worte auf sein Verhalten Bezug, indem sie direkt oder indirekt darauf verweisen. Sie werden also

---

[147] E. Fuchs nennt Jesu Verhalten den »eigentliche(n) Rahmen seiner Verkündigung«, Aufs. II, 155.

[148] aaO. S. 45 f. Vgl. Fuchs, aaO. S. 156: »Dieses Verhalten ist aber weder das eines Propheten noch das eines Weisheitslehrers, sondern das Verhalten eines Menschen, der es wagt, an Gottes Stelle zu handeln, indem er . . . Sünder in seine Nähe zieht, die ohne ihn vor Gott fliehen müssen.«

[149] aaO. S. 155. Robinson begreift über das Kriterium des Verhaltens die Verkündigung Jesu »als eine Auslegung der eigenen Existenz«, weil »das Verhalten eines Menschen dessen Existenzverständnis spiegelt« und bei Jesus Verhalten und Verkündigung einander entsprechen, Kerygma S. 203.

zum Kriterium für sein Verhalten, und zwar in seiner zwiefachen Ausrichtung: den Menschen gegenüber, wobei es ein Bestandteil seiner Basileiaverkündigung, seiner Zusage des nahen Gottes ist, und gegenüber Gott, insofern er der Träger und der Partner eines spezifischen Gottesverhältnisses ist. Auch von dieser Seite her kann man mit Robinson Jesu Verkündigung als Auslegung seiner Existenz begreifen, weil man bei der Einheit von Haltung und Verkündigung aus dem, was Jesus von anderen fordert — bzw. was er anderen zuspricht —, auf das schließen kann, was er für sich selbst vollzieht[150].

In diesem versteckten Hinweis der Predigt Jesu auf ihn selbst, auf seine Verwirklichung des dort Gesagten, hat E. Fuchs sicher mit Recht ein besonderes Kriterium gesehen. Er sagt: »Das Besondere an Jesu lehrender Verkündigung ist die analogische Kraft, mit welcher Jesus unausgesprochen sich selbst, seinen Gehorsam zum Maßstab für die Besinnung seiner Jünger macht. Man wird ein Wort wie Mc 8 35 par (ohne den Zusatz ›um meinet-‹ oder ›des Evangeliums willen‹!) auf Jesus selbst anwenden müssen, weil er sich selbst davon eben nicht ausgeschlossen hat. Was nicht unter diesen Kanon fällt, scheidet, als Erzählung aus Jesu eigenem Munde, von vornherein aus ...«[151].

Läßt sich das alles noch für die historische Rekonstruktion auswerten, so führt E. Jüngels Satz, »Das Verhältnis des Verhaltens Jesu zu seiner Verkündigung dürfte ... das theologisch sachgemäße Kriterium für die Frage nach dem historischen Jesus sein«[152], in den Bereich theologischer Interpretation. Wollte man ihn historisch verstehen und handhaben, ergäbe sich daraus eine unzulässige Einengung des Blickwinkels auf die Stoffe, die einen Bezug auf das dem Historiker erkennbare Verhalten Jesu verraten. Ebenfalls im Bereich theologischer Interpretation befindet sich E. Fuchs selbst, wenn er die Gesamtheit des Wirkens Jesu unter dem Kriterium der Liebe begreift[153]. Er betrachtet diese Gesamtheit unter dem Aspekt der Frage nach dem Verhältnis von Glaube und Eschatologie, von Gegenwart und Zukunft in der Verkündigung Jesu[154], und er findet sie qualifiziert durch das Gekommensein der »Zeit der Liebe«, wie denn auch Jesu Wort »ein Wort der Liebe war«[155]. Eben dies ist nach Fuchs das »Echtheitszeichen« der Worte Jesu innerhalb der synoptischen Tradition, daß sie Worte der Liebe sind[156], die als solche Zeit schenken, wie die Liebe »Zeit schenkt, indem ihr Wort verspricht«[157]. Ein aus der Interpretation gewonnenes Kriterium, das sich aber vielleicht nur durch seine besondere Dichte von anderen unterscheidet, die auch ein bestimmtes Verständnis — etwa der eschatologischen Verkündigung Jesu — zum Maßstab für die Authentie machen.

---

[150] Ähnlich Fuchs, aaO. S. 157.
[151] Hermeneutik S. 228.
[152] aaO. S. 4; vgl. S. 270: »Die Forderung Jesu ist deshalb letztlich das Verständniskriterium ... seiner Verkündigung der Gottesherrschaft.«
[153] Aufs. II, 139.
[154] Vgl. aaO. S. 309. 318.
[155] aaO. S. 368.
[156] aaO. S. 369.
[157] aaO. S. 368.

h) Jesu Vollmachtsanspruch

Was mit dem Blick auf den Vollmachtsanspruch Jesu zutage tritt, wird sich gelegentlich mit früher Genanntem überschneiden. Weil aber die größere Zahl der zusammenwirkenden Gesichtspunkte bei der Rekonstruktion die Akribie vergrößert und ein präziseres Ergebnis erwarten läßt, empfiehlt sich eine spezielle Reflexion, zumal es sich um einen sehr bezeichnenden Zug der ganzen Erscheinung Jesu handelt.

> H. Windisch sah es so: »Der geschichtliche Jesus ist nur zu begreifen als ein von Gott ergriffener Mensch, der sich in Demut zum Messias erwählt weiß; diese religiösen Impulse machen sein Wesen und seine Geschichte verständlich.«[158] »Die Gottesergriffenheit Jesu, ein letztes unableitbares Faktum, hat eine neue Bewegung in die verweltlichte und verhärtete Frömmigkeit der Juden hineingetragen.«[159]

Wenn in dieser Untersuchung vom Vollmachtsanspruch Jesu die Rede ist, so wird damit der seither veränderten Forschungslage Rechnung getragen, wonach der Gebrauch messianischer Titel durch Jesus sehr fraglich erscheint und ein messianisches Bewußtsein Jesu wenigstens umstritten ist. Unbestreitbar lassen aber die Stücke, bei denen mit der Echtheit oder mit einem echten Kern zu rechnen ist, ein Vollmachtsbewußtsein oder einen Vollmachtsanspruch Jesu erkennen[160]. Kann dieser in einer bestimmten Richtung definiert werden, etwa hinsichtlich der Stellung Jesu zum Willen Gottes und zur Basileia — und das ist zweifellos der Fall —, dann liegt hier ein wertvolles Echtheitsindiz vor. Grundsätzlich ist zwar W. Marxsen zuzustimmen, wenn er auch für diesen Punkt unterstreicht, daß das Historische immer nur in und unter dem vom Glauben her Konzipierten und Tradierten begegnet[161]. Das wird vor allem für den im Zusammenhang mit der Vollmacht Jesu immer wieder gern zitierten Vers Mc 1 22 gelten. Und dennoch bestätigt das, was am echten Jesusgut abgelesen werden kann, die Aussage des Verses über Jesu »Lehre« in Vollmacht voll und ganz: »Er lehrte wie einer, der Vollmacht hatte, und nicht wie die Schriftgelehrten« in ihrer abgeleiteten Autorität.

Wie das aus der Überlieferung hervortritt, dazu äußert sich O. Michel: »Anekdotische Berichterstattung ist niemals lückenloser historischer Bericht, kann niemals ›biographisch‹ mißverstanden werden, aber es ist uns wichtig, wie immer wieder die ›Vollmacht Jesu‹ (nicht nur irgendeine Sitte oder Vorstellung der Gemeinde) in den verschiedenen Stoffen hervorbricht. Vergleicht man die Jesustradition mit den palästinischen Überlieferungen über die zeitgenössischen Tannaiten, wird man

---

[158] ThR. 1910, S. 218.
[159] aaO. S. 219.
[160] Vgl. auch E. Lohse, ThLZ. 87, Sp. 172.
[161] Anfangsprobleme S. 18: »So sind auch seine Vollmacht, seine Souveränität, Aussagen eines Glaubenden.«

erstaunt sein, in wie großem Umfang historisches Material innerhalb der christlichen Gemeinde gesammelt ist.«[162] In Gleichnissen, Dämonenaustreibungen und Logien tritt die Vollmacht Jesu ebenso als Anspruch hervor wie in seinem Verhalten, wenn er Gottlose und Geächtete um sich sammelt und ihnen durch die Tischgemeinschaft mit ihm die Teilhabe an der Basileia zusagt[163]. Die angesprochene Sachlage liegt so deutlich am Tage, daß z. B. für H. Conzelmann die nicht mehr zu übergehende »Frage nach Jesu Selbstbewußtsein an die Spitze der gesamten Rekonstruktion seiner Lehre« tritt[164]. Eine nähere Explikation kann hier auch für diesen Punkt nicht durchgeführt werden; nur eine bestimmte Eingrenzung, eine Verstehensrichtung, wie sie in einer Definition von E. Heitsch begegnet, soll noch angezeigt werden, weil sie erkenntniskritische Bedeutung erlangen kann.

Heitsch hält es für natürlich, wenn sich an den großartigen, originell formulierten Gedanken eines Menschen, die er — seine Umwelt provozierend — vorträgt, im Laufe der Auseinandersetzung sein Selbstbewußtsein entzündet. So ist es auch bei Jesus der Fall[165]. Dabei unterscheidet Heitsch scharf zwischen dem Selbstbewußtsein des Menschen, dessen Gedanken »primär um die eigene Person kreisen«, und dem desjenigen, bei dem »sich sein Wollen, Denken, Sprechen primär auf eine außer ihm liegende Sache richten«. Und er summiert: »Nun ist klar: Jesus lag eine bestimmte Sache am Herzen, und zwar stand diese ihm derartig im Vordergrund, daß wir heute auf Grund der Quellen zumindest bezweifeln müssen, ob er daneben ein Messiasbewußtsein überhaupt besaß.«[166] Dieser Gesichtspunkt ist für die Einschätzung der Basileiaverkündigung Jesu ebenso von Belang wie für die Frage nach der »impliziten Christologie«[167]. Wenn N. A. Dahl seinerseits die entschei-

---

[162] Gewißheitsproblem S. 360; vgl. auch S. 355: »Die Sammlung der Einzelsprüche, Anekdoten, Wunder Jesu gehen (!) doch von der Überraschung aus, die die Vollmacht Jesu auslöst (Mt 7 28—29), und diese Überraschung oder dies Entsetzen vor der Vollmacht Jesu ist eines der wichtigsten Momente in den Evangelien.«

[163] Vgl. Fuchs, aaO. S. 156: »Der Bezugspunkt der Verkündigung Jesu bei den Synoptikern ist Jesu Vollmacht, Gott im Zeichen der Gottesherrschaft ein Volk zu sammeln.« Jeremias spricht vom »Hoheitsanspruch« und wertet auch die Anrede »Abba« als Indiz dafür, Hist. Jesus S. 20 f.

[164] Methode S. 10. R. Otto spricht von »einem höchst bestimmten und einzigartigen Sendungsbewußtsein in Bezug auf das Gottesreich« (aaO. S. 75 f.). Obgleich er den apokalyptischen Anschauungshintergrund heraushebt, hält er Jesus nicht für einen Apokalyptiker (S. 31). U. Wilckens veranschaulicht dagegen das Selbstbewußtsein Jesu als das des Apokalyptikers (OaG. S. 53 ff.), und A. Strobel versteht Jesus ganz als Apokalyptiker.

[165] aaO. S. 206 f.

[166] aaO. S. 207.

[167] Vgl. Bultmann, GuV. I, S. 174. 204. 266, Christusbotschaft S. 16; Conzelmann, aaO. S. 12, spricht von »indirekte(r) Christologie«.

dende Bedeutung betont, die dem Kreuzestod Jesu für das Verständnis seiner Person und seiner Sendung zukommt, dann geschieht das ebenfalls in dem Bemühen um die richtige Erfassung des Vollmachtsanspruches Jesu. Dahl nimmt dabei den Weg vom Ende her auf und geht vom Kreuzestod als dem allergewissesten Faktum des Lebens Jesu aus, das als solches freilich einer verstehenden Interpretation bedarf und unterliegt. Sie muß einsichtig machen, »weshalb Hohepriester und Römer irgendein Interesse an der Hinrichtung dieses Mannes gehabt haben«[168]. Dieses Erfordernis erfüllt nach Dahl ein messianologisches Verständnis, denn nur die Annahme, daß man Jesus als einen vermeintlichen Messias getötet hat, kann eine befriedigende Erklärung anbieten. Hat man ihn jedoch als einen Messiasprätendenten betrachtet und als solchen gekreuzigt[169], dann muß sein Leben und Wirken noch heute solche Züge erkennen lassen, die den Zeitgenossen ihre Schlußfolgerung nahegelegt haben. Methodisch hält Dahl es für »Willkür, die Predigt und das Leben Jesu von seinem Tode als gekreuzigter Messias zu isolieren«[170]. »Eher wird man sagen müssen«, meint er, »daß man ein historisches Verständnis seiner Verkündigung nur dann erreichen kann, wenn man sie im Zusammenhang mit seinem Leben sieht, mit dem Leben nämlich, das am Kreuz endigte.«[171] Und so heißt es denn unter Vereinigung der zu einander in Beziehung gesetzten beiden Fixpunkte der Rekonstruktion: »Der Ausgang des Lebens Jesu ist dazu geeignet, den Blick für den herausfordernden Vollmachtsanspruch zu schärfen, mit dem er aufgetreten sein muß, und der z. B. auch in der Bergpredigt zum Vorschein kommt. Dasselbe hat man bei der Auslegung der Gleichnisse zu beachten; der eigentliche Sinn wird in manchen Fällen erst dann deutlich, wenn man darauf achtet, wie in ihnen in verhüllter Form die entscheidende Bedeutung zum Ausdruck kommt, die Jesus seiner eigenen Sendung beigelegt hat.«[172]

i) Einsatz beim Kerygma der Gemeinde

Alles bisher Angeführte verband der eine gemeinsame Zug, daß es auf irgendeine Weise den Blick an der tradierenden Gemeinde vorbei, durch ihre Anschauungen hindurch, auf die hinter ihrem Kerygma liegende Historie freimachen wollte. Unter diesem Gesichtspunkt wird für die Sammlung und Überlieferung des Traditionsstoffes das kerygmatische Interesse der Gemeinde als maßgeblich vorausgesetzt; ihm ist

---

[168] Hist. Jesus S. 121.
[169] Der gekreuzigte Messias, HJkC. S. 163.
[170] aaO. S. 168.
[171] Hist. Jesus S. 122.
[172] aaO. S. 121 f. Ähnlich urteilte schon R. Otto: Einer, der bekannte, der »Prätendent des Reiches« zu sein, mußte von der römischen Obrigkeit hingerichtet werden. Umgekehrt beweist die Tatsache dieser Hinrichtung, daß »er wirklich ein solcher Prätendent gewesen ist« (aaO. S. 41).

die Aufnahme historischen Materials ein- und untergeordnet. Durch die Anwendung bestimmter Kriterien kann dieses in gewissem Umfang ans Licht gebracht werden.

Einen davon völlig verschiedenen Weg beschreitet H. W. Bartsch in seiner Schrift »Das historische Problem des Lebens Jesu«. Er bestreitet die Legitimität der Anwendung von Kriterien, mit denen man hinter das Kerygma zurückfragt, und setzt bei der glaubenden und verkündigenden Gemeinde selbst ein. Für ihr Kerygma will er die Notwendigkeit eines historischen Interesses an Jesus nachweisen. Bartsch geht davon aus, daß das Kerygma die Identität des auferstandenen Christus und gegenwärtigen Kyrios der Gemeinde mit dem leidenden und sterbenden Jesus aussagt. Der Angelpunkt ist dabei die paränetische Relevanz dieses christologischen Sachverhaltes. Denn zum »Herr-Sein« Jesu Christi — und »die neutestamentlichen Aussagen über die Auferstehung (sind) ausschließlich als Zeugnis von dem Herr-Sein Jesu Christi zu verstehen«[173] — steht die Niedrigkeit Jesu in der gleichen Spannung, »wie das Leiden der Christen in dieser Welt«. Die im Kerygma an- und zugesagte Identität des leidenden und des herrschenden Jesus Christus überwindet diese Spannung auch für die Existenz der Glaubenden in der Welt, die, nun als Mitleiden mit Christus interpretiert, die Hoffnung auf die Teilhabe an seiner Herrlichkeit in sich birgt. »Damit stoßen wir aber auf eine Bedeutung des irdischen Jesus für den Glauben der Gemeinde und ihre Verkündigung«, sagt Bartsch, »die ein Interesse der Gemeinde am historischen Jesus bedingt«[174]; denn nun »gewinnt das irdische Leben Jesu ... paradigmatische Bedeutung« für den Christen[175]. Unter diesem Blickwinkel betrachtet, verraten dann »die Aussagen über die Niedrigkeit Jesu, über den der Verkündigung vorgegebenen Sachverhalt seines Weges zum Kreuz das Interesse an der Historie«. Daß man »damit für die historische Fragestellung auf die Leidensgeschichte gewiesen« ist, ergibt sich aus diesem Ansatz von selbst[176].

An dem Punkt wird freilich auch gerade die Begrenztheit eines solchen Zuganges zum historischen Jesus sichtbar[177]. So wünschenswert, und angesichts der Quellenlage auch notwendig, der Versuch ist, über das Kerygma der Gemeinde selbst an den historischen Jesus heranzukommen, so wird hier doch nur der einzelne Komplex der Leidensgeschichte erfaßt als der »der Verkündigung vorgegebene Sachverhalt«[178], der allenfalls wieder über Dahls Interpretation des Kreuzestodes für die Frage

---

[173] aaO. S. 19.
[174] Ebd.
[175] aaO. S. 20.
[176] Ebd.
[177] Die folgenden Erwägungen sind im Zusammenhang der Gesamterörterung des Kapitels zu sehen, die sich mit Bartschs Intentionen nicht deckt.
[178] Vgl. aaO. S. 22.

nach Jesu Verkündigung und Haltung nutzbar gemacht werden kann. Die vor den Evangelien liegende Sammlung und Tradition von Jesusworten läßt sich darunter schon nicht mehr subsumieren. Und schließlich ist ja mit der Annahme des historischen Interesses der Gemeinde aus Gründen der Paränese nichts über die Historizität der von ihr rezipierten und tradierten erzählenden Stoffe ausgesagt. Denn für paränetische Zwecke eignen sich z. B. »ideale Szenen« ausgezeichnet. Gerade das, was nach wie vor die dringlichste und komplizierteste Aufgabe ist, läßt sich auf einem Wege, wie Bartsch ihn beschreibt, nicht verwirklichen, nämlich der Versuch, den historischen Jesus auch dort zu Gesicht zu bekommen, wo sich seine Anschauungen mit denen der christlichen Gemeinde überschneiden.

Nach Bartschs Worten wird die Predigt Jesu dem Historiker dadurch nicht besser zugänglich, daß er die Kontinuität der urchristlichen Verkündigung zu ihr nachweist. Das ist insofern richtig, als Bartsch für die in der Überlieferung greifbare Predigt der Urchristenheit ohnehin nur die Kongruenz mit der Grundtendenz der Verkündigung Jesu konstatieren kann, sofern sie nämlich »Verkündigung der Heilstat Gottes und ... Bußruf« ist[179]. Die exegetischen Schritte, die Bartsch zu seinen Ergebnissen geführt haben, müßten eingehend geprüft werden, und das kann hier nicht nebenbei geschehen. Was aber die methodische Seite anlangt, so ist die Begründung sachlich nicht gerechtfertigt, mit der Bartsch den Verzicht auf eine Rekonstruktion der Verkündigung Jesu zum Postulat erhebt: »Ein solches Bemühen würde an der Interpretation der Historie durch die Gemeinde vorbeigehen und insofern unrealistisch sein, als wir die Predigt Jesu nur in dieser Interpretation haben.«[180] Die Interpretation der Historie durch die Urchristenheit kann für ein historisches Bild Jesu und seiner Verkündigung kein Maßstab sein. Um der historischen und theologiegeschichtlichen Fragen des Urchristentums willen ist ein solches aber ebenso erforderlich wie zur Erkenntnis des »Ursprungs des Evangeliums« (Mc 1 1). Die in diesem Kapitel zusammengestellten Forschungsprinzipien und Kriterien haben erkennen lassen, daß die Verkündigung Jesu an einer ganzen Reihe von Stellen auf die verschiedenste Weise von der Interpretation der Gemeinde abgehoben werden kann[181].

3. Schlußbemerkung

Der letzte Satz gibt das Ergebnis dieser Zusammenstellung wieder, denn das Kapitel legt kein spezielles weiterführendes Ergebnis vor. Seine Funktion im Rahmen der Untersuchung, wie auch der Frage nach dem

---

[179] aaO. S. 29. Voraussetzung dafür ist der Nachweis, daß die Darstellung der Verkündigung Jesu durch die Gemeinde in der Grundtendenz zutreffend ist.
[180] aaO. S. 30.
[181] Zur theologischen Notwendigkeit der Unterscheidung des historischen Jesus vom Kerygma, das auf ihn Bezug nimmt, vgl. Ebeling, Theologie S. 63 ff.

historischen Jesus selbst, besteht in der unternommenen Zusammenstellung und Abwägung der Kriterien als solcher und läßt sich so beschreiben:

1. Durch die Thematik war der Untersuchung eine Fragestellung vorgegeben, die von den Stichworten »Literarkritik« und »historischer Jesus« bestimmt war. Je mehr sich im Verlauf der Untersuchung die reine Literarkritik als für die Synoptikeranalyse unzureichend herausstellte, je mehr vor allem der Versuch, über eine literarische Primärquelle einen Zugang zum historischen Jesus zu gewinnen, als ein Irrweg offenbar wurde, desto nachdrücklicher legte sich die Wahl der form- und traditionsgeschichtlichen Methode für die Synoptikeranalyse nahe. So entstand ein Gefälle auf die neue Polarität von »Formgeschichte« und »Frage nach dem historischen Jesus« hin. Das hinsichtlich der literarkritischen Methode negative Untersuchungsergebnis bedurfte bei diesem Gefälle einer positiven Entsprechung, die zwangsläufig zur Ausweitung des Rahmens auf eine Besinnung über die Kriterien führte. Diese war ohnehin deswegen notwendig, weil der zugrunde liegende Entwurf von Hirsch selbst die Kriterienfrage aufwarf; er sonderte ja aus seinen Sekundärquellen authentisches Jesusgut aus.

2. Mit der neuen Korrespondenz von »Formgeschichte« und »Frage nach dem historischen Jesus« stellt sich die Kriterienfrage automatisch ein, denn die Formgeschichte ist — obwohl unabdingbare Grundlage — selbst keine Jesusforschung. Tritt sie in den Dienst der Jesusforschung, dann wird die Notwendigkeit von Kriterien offenbar, mit deren Hilfe Gemeindeüberlieferung und Jesusgut unterschieden werden können. Hier Kriterien aus einem größeren Abschnitt der Forschungsgeschichte zusammenzustellen und im Blick auf die gegenwärtige Forschungssituation zu erörtern, war darum eine im Gesamtrahmen der Fragestellung zu leistende Aufgabe. Eine der vordringlichsten Aufgaben für die heutige Jesusforschung ist mit der historischen und theologischen Frage nach dem Verhältnis des urchristlichen Christuskerygmas zum historischen Jesus gegeben. Sie ist nur auf der Basis eines Grundstocks rekonstruierter »echter« Jesusüberlieferung zu leisten, von dem die Interpretation ausgehen kann. Eine solche — im Zusammenspiel der Kriterien erweiterungsfähige — Basis dürfte mit Hilfe der zusammengestellten Kriterien zu gewinnen sein. Sofern der Frage nach dem historischen Jesus ein Aspekt historisch-kritischer Geschichtswissenschaft eignet, war eine Besinnung auf diese ihre methodischen Implikationen erforderlich.

Nachtrag zu S. 191 (Anm. 117a):
Während der Drucklegung dieser Arbeit erschien das Buch von V. Hasler, »Amen, redaktionsgeschichtliche Untersuchung zur Einleitungsformel der Herrenworte ›Wahrlich ich sage euch‹«, Zürich (1969). Ein weiterer Beitrag zu demselben Thema befindet sich als Beiheft zur ZNW im Druck: K. Berger, »Die Amen-Worte Jesu, eine Untersuchung zur Überlieferung von Logien im Munde Jesu«.

Literaturverzeichnis

Angeführt ist nur die in der Arbeit zitierte Literatur. Das abkürzende Zitationsverfahren nimmt auf dieses Verzeichnis Bezug.

Albertz, M., Die synoptischen Streitgespräche, 1921

Althaus, P., Das sogenannte Kerygma und der historische Jesus, 1958

Barth, G., Das Gesetzesverständnis des Matthäus. In: Überlieferung und Auslegung im Matthäusevangelium, Wissenschaftliche Monographien zum Alten und Neuen Testament I, 2. Aufl., 1961, S. 54—154

Barth, K., Ein Briefwechsel mit Adolf v. Harnack. In: Theologische Fragen und Antworten, Gesammelte Vorträge 3. Band, 1957, S. 7—31

Bartsch, H.-W., Das historische Problem des Lebens Jesu, Theologische Existenz heute, Heft 78, 1960

Bauer, W., Jesus der Galiläer. In: Aufsätze und kleine Schriften, hrsg. v. G. Strecker, 1967, S. 91—108

Baur, F. C., Das Christentum und die christliche Kirche in den ersten drei Jahrhunderten, 1853

Boobyer, G. H., The Redaction of Mark IV, 1—34, New Testament Studies 8, 1961/62, S. 59—70

Bornkamm, G., Jesus von Nazareth, 1956

—, Enderwartung und Kirche im Matthäusevangelium, WMzANT I, 2. Aufl. 1961, S. 13—47

—, Geschichte und Glaube im Neuen Testament, Evangelische Theologie 22, 1962, S. 1—15

Bousset, W., Jesus. Religionsgeschichtliche Volksbücher 1. Reihe, 1. Band 1904

Braun, H., Spätjüdisch-häretischer und frühchristlicher Radikalismus, 2 Bände 1957

—, Der Sinn der neutestamentlichen Christologie, Zeitschrift für Theologie und Kirche 54, 1957, S. 341—377 — Abgedruckt in: Ges. Studien z. NT und seiner Umwelt, 1962, S. 243—282

Bultmann, R., Die Bedeutung des geschichtlichen Jesus für die Theologie des Paulus, Glauben und Verstehen I, 2. Aufl. 1954, S. 188—213

—, Die Christologie des Neuen Testaments, GuV I, S. 245—267

—, Zur Frage der Christologie, GuV I, S. 85—113

—, Die Geschichte der synoptischen Tradition, 3. Aufl. 1957, mit Ergänzungsheft 1958

—, Jesus, 13.—18. Tausend, 1951

—, Kirche und Lehre im Neuen Testament, GuV I, S. 153—187

—, Der Lebensbegriff im NT, Theologisches Wörterbuch zum Neuen Testament, Band II, S. 862—874

—, Das Verhältnis der urchristlichen Christusbotschaft zum historischen Jesus, SAH, Phil.-hist. Klasse, 1962
Burney, C. F., The Poetry of our Lord, Oxford 1925
Bußmann, W., Synoptische Studien, Heft 1, Zur Geschichtsquelle, 1925
Conzelmann, H., Gegenwart und Zukunft in der synoptischen Tradition, ZThK 54, 1957, S. 277—296
—, Jesus Christus. In: Die Religion in Geschichte und Gegenwart, 3. Aufl., Bd. III, Sp. 619—651
—, Zur Lukasanalyse, ZThK 49, 1952, S. 16—33
—, Zur Methode der Leben-Jesu-Forschung, ZThK 56, 1959, Beiheft 1, S. 2-13
—, Die Mitte der Zeit, Studien zur Theologie des Lukas, 2. Aufl. 1957
Cullmann, O., Unzeitgemäße Bemerkungen zum »historischen Jesus« der Bultmannschule, Vorträge und Aufsätze 1925-1962, hrsg. von K. Fröhlich, 1966, S. 141-158
Dahl, N. A., Gleichnis und Parabel im NT, RGG³ II, Sp. 1617—1619
—, Der historische Jesus als geschichtswissenschaftliches und theologisches Problem, Kerygma und Dogma I, 1955, S. 104-132
—, Der gekreuzigte Messias. In: Der historische Jesus und der kerygmatische Christus, hrsg. v. H. Ristow und K. Matthiae, 1960, S. 149—169
—, The Parables of Growth, Studia Theologica 5, Lund 1952, S. 132-166
Deißmann, A., Paulus, 2. völlig neubearb. u. verm. Auflage 1925
Dibelius, M., Evangelienkritik und Christologie, Botschaft und Geschichte I, 1953, S. 292—358
—, Die Formgeschichte des Evangeliums, 3. Aufl. 1959
—, Zur Formgeschichte der Evangelien, Theologische Rundschau NF 1, 1929, S. 185—216
—, Jesus, 4. Aufl. mit einem Nachtrag von W. G. Kümmel, Sammlung Göschen Bd. 1130, 1966
Dodd, C. H., The Parables of the Kingdom, repr. 1953
Ebeling, G., Theologie und Verkündigung, 1962
Ebeling, H. J., Das Messiasgeheimnis und die Botschaft des Marcus-Evangelisten, 1939 (BZNW 19)
Feine, P., Jesus, 1930
Fiebig, P., Die Gleichnisreden Jesu im Lichte der rabbinischen Gleichnisse des neutestamentlichen Zeitalters, 1912 (Fiebig II)
—, Altjüdische Gleichnisse und die Gleichnisse Jesu, 1904 (Fiebig I)
Finegan, J., Die Überlieferung der Leidens- und Auferstehungsgeschichte Jesu, 1934 (BZNW 15)
Fuchs, E., Hermeneutik, 2. Aufl. mit Ergänzungsheft 1958
—, Das Problem des historischen Jesus, Ges. Aufsätze Bd. II, 2. Aufl. 1965 (Aufs. II)
—, Das urchristliche Sakramentsverständnis, Schriftenreihe der Kirchlich-Theologischen Sozietät in Württemberg 8, 1958
—, Die Verkündigung Jesu. Der Spruch von den Raben. HJkC, S. 385-388
Gerhardsson, B., Memory and Manuscript. Oral Tradition and Written Transmission in Rabbinic Judaism and Early Christianity, Acta Seminarii Neotestamentici Upsaliensis XXII, Uppsala 1961

Gräßer, E., Das Problem der Parusieverzögerung in den synoptischen Evangelien und in der Apostelgeschichte, 1957 (BZNW 22)

Greeven, H., »Wer unter euch . . .?«, Wort und Dienst, Jahrbuch der Theologischen Schule Bethel, 1952, S. 86—101

Grobel, K., Formgeschichte und synoptische Quellenanalyse, 1937

Grundmann, W., Δεῖ , ThW II, S. 21—25

—, Das Evangelium nach Lukas, Theol. Handkom. z. NT III, Nachdruck der 2. Aufl. EVA Berlin, o. J.

—, Das Evangelium nach Markus, Theol. Handkom. z. NT II, erweiterter Nachdruck der 2. Aufl. EVA Berlin, o. J.

Haenchen, E., Ein Augenzeugenbericht vom Leben Jesu? Deutsche Theologie 1942, S. 105-118

—, Der Weg Jesu. Eine Erklärung des Markus-Evangeliums und der kanonischen Parallelen, 1966

Harder, G., Das Gleichnis von der selbstwachsenden Saat, Theologia Viatorum 1948/49 (Jahrbuch der Kirchlichen Hochschule Berlin), S. 50—71

—, Jesus und das Gesetz (Matthäus 5, 17—20). In: Antijudaismus im Neuen Testament? Abhandl. z. christ.-jüd. Dialog, Bd. 1, hrsg. v. W. P. Eckart, N. P. Levinson und M. Stöhr, 1967, S. 105—118

Harnack, A. v., Sprüche und Reden Jesu, 1907

Hauck, F., Παραβολή, ThW V, S. 741—759

Hawkins, J. C., Horae Synopticae, Oxford 1899

Heinrici, G., Gleichnisse Jesu, Realencyclopädie für prot. Theol. und Kirche, 3. Aufl., Bd. 6, 1899, S. 688—703

Heitmüller, W., Jesus Christus, RGG[1] III, 1912, Sp. 343—404

Heitsch, E., Die Aporie des historischen Jesus als Problem theologischer Hermeneutik, ZThK 53, 1956, S. 192—210

—, Jesus von Nazareth als Christus, HJkC, S. 62—86

Helmbold, H., Vorsynoptische Evangelien, 1953

Hennecke, E., Neutestamentliche Apokryphen in deutscher Übersetzung, 3. völlig neu bearbeitete Aufl., hrsg. v. W. Schneemelcher, Bd. I: Evangelien, 1959

Hirsch, E., Die Auferstehungsgeschichten und der christliche Glaube, 1940

—, Fragen und Anliegen meiner Frühgeschichte des Evangeliums, Zeitschrift für Neutestamentliche Wissenschaft 41, 1942, S. 106 ff., abgedruckt in: Frühgeschichte des Evangeliums, 1. Buch, 2. Ausg. 1951, S. VII—XXIV

—, Frühgeschichte des Evangeliums. 1. Buch: Das Werden des Markusevangeliums. 2. verm. Ausg. 1951. 2. Buch: Die Vorlagen des Lukas und das Sondergut des Matthäus, 1941

—, Jesus Christus der Herr. Theologische Vorlesungen, 1926

Holtzmann, H.-J., Die Synoptiker, Hand-Commentar zum NT I, 1, 3. Aufl. 1901

Holtzmann, O., Christus, 2. Aufl. 1914

—, Leben Jesu, 1901

Iber, G., Zur Formgeschichte der Evangelien, ThR N.F. 24, 1957/58, S. 283—338

Jeremias, J., »Abba«. In: Abba, Studien zur neutestamentlichen Theologie und Zeitgeschichte, 1966, S. 15—67 (zitiert: Abba und Seitenzahl)
—, Die Gleichnisse Jesu, 6. neubearbeitete Aufl. 1962
—, Kennzeichen der ipsissima vox Jesu. In: Abba, S. 145—152
—, Das Problem des historischen Jesus, Calwer Hefte 32, 1960
—, Die Samaritaner im NT, ThW VII, S. 91—94
Josephus, Fl., Antiquitates Judaica, Flavii Josephi Opera ed. Benedictus Niese, Vol. IV, 1890
Jülicher, A., Die Gleichnisreden Jesu, 2 Teile in einem Band, Darmstadt 1963
Jüngel, E., Paulus und Jesus, 2. durchges. Aufl. 1964
Kähler, M., Der sogenannte historische Jesus und der geschichtliche, biblische Christus, 2. erw. Aufl., hrsg. v. Ernst Wolf, Theol. Bücherei Bd. 2, 1956
Käsemann, E., Die Anfänge christlicher Theologie. Exegetische Versuche und Besinnungen, Bd. II, 1964, S. 82—104 (zit.: Aufs. II)
—, Das Problem des historischen Jesus, EVB I, 1960, S. 187—214
—, Sackgassen im Streit um den historischen Jesus, EVB II, 1964, S. 31—68
Klein, G., Die Verleugnung des Petrus, ZThK 58, 1961, S. 285—328
Klostermann, E., Das Lukasevangelium, 2. völlig neu bearb. Aufl. 1929
—, Das Markusevangelium, 4. Aufl. 1950
—, Origenes Werke, 10. Bd., Origenes Matthäuserklärung, GCS 40, 2
Kümmel, W. G., Der persönliche Anspruch Jesu und der Christusglaube der Urgemeinde, Heilsgeschehen und Geschichte, ges. Aufs. 1933—64, 1965, S. 429—438
—, Jesus und der jüdische Traditionsgedanke, HuG, S. 15—35
—, Jesusforschung seit 1950, ThR NF 31, 1965/66, S. 15—46. 289—315
—, Das Problem des geschichtlichen Jesus in der gegenwärtigen Forschungslage, HuG, S. 392—406
—, Das Neue Testament. Geschichte der Erforschung seiner Probleme, 1958
—, Verheißung und Erfüllung. Untersuchungen zur eschatologischen Verkündigung Jesu, 3. Aufl. 1956
Linnemann, E., Gleichnisse Jesu, 2. Aufl. 1962
—, Die Verleugnung des Petrus, ZThK 63, 1966, S. 1—32
Lohmeyer, E., Das Evangelium des Markus, krit.-exeget. Kommentar über das NT XI, 2, 15. Aufl. m. Ergänzungsheft 1959
—, Das Evangelium des Matthäus, hrsg. v. W. Schmauch, krit.-exeget. Kommentar über das NT, Sonderband, 2. Aufl. 1958
—, Vom Sinn der Gleichnisse Jesu. In: Urchristliche Mystik, Neutestamentl. Studien, 2. Aufl. Darmstadt 1958, S. 123—157
Lohse, E., Die Frage nach dem historischen Jesus in der gegenwärtigen neutestamentlichen Forschung, Theologische Literaturzeitung 87, 1962, Sp. 161—174
Luciani Samosatensis Opera ex recognitione Caroli Jacobitz, Vol. III, Teubner, Leipzig 1913
Marxsen, W., Anfangsprobleme der Christologie, 3. Aufl. 1965
—, Der Evangelist Markus. Studien zur Redaktionsgeschichte des Evangeliums, 1956

—, Redaktionsgeschichtliche Erklärung der sogenannten Parabeltheorie des Markus, ZThK 52, 1955, S. 255—273

Maass, F., Von den Ursprüngen der rabbinischen Schriftauslegung, ZThK 52, 1955, S. 129—161

Meyer, E., Ursprung und Anfänge des Christentums, Bd. I, 4. u. 5. Aufl. 1924

Michaelis, W., Es ging ein Sämann aus, zu säen, 1938

Michel, O., Der »historische Jesus« und das theologische Gewißheitsproblem, ETh 15, 1955, S. 349—363

—, Jesus der Jude, HJkC, S. 310—316

Mußner, F., Der »historische« Jesus. In: Der historische Jesus und der Christus unseres Glaubens, hrsg. v. K. Schubert, 1962, S. 103—128

—, Der historische Jesus und der Christus des Glaubens, Biblische Zeitschrift NF 1, 1957, S. 224—252

Otto, R., Reich Gottes und Menschensohn. Ein religionsgeschichtlicher Versuch, 2. verb. Aufl. 1940

Perels, O., Die Wunderüberlieferung der Synoptiker in ihrem Verhältnis zur Wortüberlieferung, 1934

Rehkopf, F., Die lukanische Sonderquelle. Ihr Umfang und Sprachgebrauch, Wiss. Unters. z. NT., hrsg. v. J. Jeremias und O. Michel, 5, 1959

Riesenfeld, H., Tradition und Redaktion im Markusevangelium. In: Ntl. Studien für R. Bultmann, 2. Aufl. 1957, S. 157—164 (BZNW 21)

—, The Gospel Tradition and its Beginnings, Studia Evangelica 1, 1959 (TU 73), S. 43—65

Robinson, J. M., Kerygma und historischer Jesus, 2. Aufl. 1967

—, ΛΟΓΟΙ ΣΟΦΩΝ. Zur Gattung der Spruchquelle Q. In: Zeit und Geschichte, Dankesgabe an R. Bultmann zum 80. Geburtstag, 1964, S. 77—96

Schlatter, A., Der Evangelist Matthäus, 6. Aufl. 1963

Schmidt, K.-L., Jesus Christus, RGG² III, 1929, Sp. 110—151

—, Die Kirche des Urchristentums. In: Festgabe für A. Deissmann zum 60. Geburtstag, 1927, S. 258—319

—, Der Rahmen der Geschichte Jesu, Darmstadt 1964, unv. reprogr. Nachdr. der Ausg. Berlin 1919

Schmiedel, P. W., Gospels, Biblical Encyclopaedia II, 1901, Sp. 1761—1898

Schniewind, J., Das Evangelium nach Markus, NTD 1, 7. Aufl. 1956

—, Das Evangelium nach Matthäus, NTD 2, 11. Aufl. 1964

Schürmann, H., Jesu Abschiedsrede, Lk 22, 21—38. Quellenkritische Untersuchung des lukanischen Abendmahlsberichtes, Teil 3; ntl. Abhandl. XX, 5, 1957

—, Vorösterliche Anfänge der Logientradition. Versuch eines formgeschichtlichen Zugangs zum Leben Jesu, HJkC, S. 342—370

Schweitzer, A., Geschichte der Leben-Jesu-Forschung, 6. photomech. gedr. Aufl. 1951

—, Das Messianitäts- und Leidensgeheimnis. Eine Skizze des Lebens Jesu, 3. unv. Aufl. 1956

Schweizer, E., Anmerkungen zur Theologie des Markus, Neotestamentica, Deutsche und Englische Aufsätze, 1951—1963, 1963, S. 93—104

—, Das Evangelium nach Markus, NTD 1, 11. Aufl. 1967
Soden, H. v., Die synoptische Frage und der geschichtliche Jesus; Urchristentum und Geschichte, Ges. Aufs. und Vorträge Bd. 1, 1954, S. 159—213 (Aufs. I)
Strack, H.-L./Billerbeck, P., Kommentar zum Neuen Testament aus Talmud und Midrasch, Bd. I, 3. Aufl. 1961, Bd. II, 2. Aufl. 1956, Bd. IV, 2. Aufl. 1956
Streeter, B. H., The Four Gospels. A Study of Origins, repr. London 1964
Strobel, A., Die apokalyptische Sendung Jesu. Gedanken zur Neuorientierung der kerygmatischen Frage, 1962
Suhl, A., Die Funktion der alttestamentlichen Zitate im Markus-Evangelium, 1965
Taylor, V., Behind the Third Gospel, Oxford 1926
—, The Life and Ministry of Jesus, London 1954
Thiel, R., Drei Markusevangelien, Arbeiten zur Kirchengeschichte 26, 1938
Trilling, W., Fragen zur Geschichtlichkeit Jesu, 1966
Vielhauer, P., Gottesreich und Menschensohn in der Verkündigung Jesu, Aufs. zum Neuen Testament, 1965, S. 55—91
—, Jesus und der Menschensohn, Aufs. zum NT, S. 92—140
Vincent, J. J., The Parables of Jesus as Self-Revelation, Studia Evangelica 1, 1959, (TU 73), S. 79—99
Vögtle, A., Jesus Christus I, Lexikon für Theologie und Kirche, Bd. 5, 1960, Sp. 922 bis 932
Weinel, H., Jesus, 1912
—, Biblische Theologie des Neuen Testaments, 4. Aufl. 1928
(Baumgarten)/Weinel, Jesusbild der Gegenwart, RGG² III, 1929, Sp. 151—169
Weiß, J., Literaturgeschichte des NT, RGG¹ III, Sp. 2175—2215
—, Die Predigt Jesu vom Reiche Gottes, 2. völlig neu bearb. Aufl. 1900
Wellhausen, J., Einleitung in die drei ersten Evangelien, 2. Ausg. 1911
—, Das Evangelium Lucae, 1904
—, Das Evangelium Marci, 2. Ausg. 1909
Wendling, E., Die Entstehung des Markusevangeliums, 1908
Wernle, P., Die Quellen des Lebens Jesu, Religionsgeschichtliche Volksbücher 1/1, 1904
Wilckens, U., Das Offenbarungsverständnis in der Geschichte des Urchristentums. In: Offenbarung als Geschichte, 2. Aufl. 1963, S. 42—90
Windisch, H., Der geschichtliche Jesus, ThR 13, 1910, S. 163—182. 199—220
Winter, P., Vorsynoptische Evangelien. Bemerkungen zu einer Schrift von Heinrich Helmbold. Zeitschr. f. Religions- und Geistesgeschichte 6, 1954, S. 355—359
—, Markus 14 $_{53b. 55-64}$ ein Gebilde des Evangelisten, ZNW 53, 1962, S. 260—263
Wrede, W., Das Messiasgeheimnis in den Evangelien, 3. unveränderte Aufl. 1963
Zimmerli, W., Die Frage des Reichen nach dem ewigen Leben, ETh 19, 1959, S. 90—97

Abkürzungen

BuG	=	M. Dibelius, Botschaft und Geschichte, Ges. Aufsätze
BZ	=	Biblische Zeitschrift
BZNW	=	Beihefte zur Zeitschrift für die neutestamentliche Wissenschaft und die Kunde der älteren Kirche
DTh	=	Deutsche Theologie (Jahrgang 1942)
ETh	=	Evangelische Theologie
EVA	=	Evangelische Verlagsanstalt
Fiebig I	=	P. Fiebig, Altjüdische Gleichnisse und die Gleichnisse Jesu, 1904
Fiebig II	=	P. Fiebig, Die Gleichnisreden Jesu im Lichte der rabbinischen Gleichnisse des neutestamentlichen Zeitalters, 1912
GCS	=	Griechische christliche Schriftsteller
GuV	=	R. Bultmann, Glauben und Verstehen, Ges. Aufsätze
Hirsch I. II	=	E. Hirsch, Frühgeschichte des Evangeliums, 1. u. 2. Buch
HJCuG	=	Der historische Jesus und der Christus unseres Glaubens, hrsg. v. K. Schubert, 1962
HJkC	=	Der historische Jesus und der kerygmatische Christus, hrsg. von H. Ristow und K. Matthiae, Berlin 1960
HuG	=	W. G. Kümmel, Heilsgeschehen und Geschichte, Ges. Aufsätze 1933—1964, Marburg 1965
Jülicher I. II	=	A. Jülicher, Die Gleichnisreden Jesu, 1. u. 2. Teil
NTD	=	Das Neue Testament Deutsch, Neues Göttinger Bibelwerk
LThK	=	Lexikon für Theologie und Kirche
OaG	=	Offenbarung als Geschichte, Beiheft 1 zu Kerygma und Dogma
RE^3	=	Realencyclopädie für protestantische Theologie u. Kirche, 3. Aufl.
RGG$^{1. 2. 3.}$	=	Die Religion in Geschichte und Gegenwart, 1., 2., 3. Aufl.
SAH	=	Sitzungsberichte der Heidelberger Akademie der Wissenschaften
Theol. Viat.	=	Theologia Viatorum, Jahrbuch der Kirchlichen Hochschule Berlin
ThLZ	=	Theologische Literaturzeitung
ThR (NF)	=	Theologische Rundschau (Neue Folge)
ThW	=	Theologisches Wörterbuch zum Neuen Testament, hrsg. v. G. Kittel und G. Friedrich
Trad.	=	R. Bultmann, Die Geschichte der synoptischen Tradition
TU	=	Texte und Untersuchungen zur Geschichte der altchristlichen Literatur
WMzANT I	=	Wissenschaftliche Monographien zum Alten und Neuen Testament, hrsg. von G. Bornkamm und G. von Rad, Band 1: G. Bornkamm, G. Barth, H. J. Held, Überlieferung und Auslegung im Matthäusevangelium
ZNW	=	Zeitschrift für die neutestamentliche Wissenschaft und die Kunde der älteren Kirche
ZRGG	=	Zeitschrift für Religions- und Geistesgeschichte
ZThK	=	Zeitschrift für Theologie und Kirche

Stellenregister

1. Bibelstellen

Ex
20 10 92

Lev
13 f. 52
12f. 17 53
19 13 92

Num
27 8ff. 158

Dtn
21 27 158
24 14 92

II Sam
15 20f. 105

Ps
78 2 74

Prov
12 19 98
15 16f. 98
16 8. 19 98
17 12 98
21 1 98
19 98
25 24 98
28 6 98

Jes
6 10 86
53 12 148

Mt
3 7-10. 12 120
12 72
5 18f. 180
20 75
21-24 153
27-30 153
29 98
33-37 153
6 1-6 153
7f. 153
14f. 153
16-18 153
7 21-23 75

28-29 201
8 5-13 34
9 27-31 34
32-34 34
10 5 144
11 5 .....121, 175
12 ....66f.
19 72
23 122
12 22-24 34
24 98
39 72
13 10 76
12 76
24-30 ....62, 68f., 72 f., 83
29 70
30 ....70, 72
36-43 ....74f.
44-46 155
47-50 73
49f. 75
17 24-27 34
18 7 66
19 12 67
24 97
20 1-16 ....75, 153
21 19.20 109
28-32 154
22 11-14 75
23 2f. 180
12 193
32 65
24 27 98
25 31-46 94
27 46 190

Mc
1 1 204
16-20 .....59—61
21 61
22 200
23-28 ....35f.
29-31 36
32-34 ....35f., 44
35 61
36ff. 21
40-45 ...36f., 51f.
45 101
2 1-12 36
4 19
10 21

13 59
14-17 141
21 22
23ff. 184
23 101
25ff. 21
28 .....21, 185
3 1-5 ....36, 135
6 ....146—148
7-12 35
9 ....59f.
14ff. 22
23ff. 76
32 87
34 87
35 21
4 1-34 57
1 57, 59f., 88, 101
2 ..76, 78, 81, 88
3-9 76f., 81, 85, 88
9 78
10-20 81
10-12 ...86—88
10 ....57, 76
11-13 .....85f.
11f. ...62, 76
11 78
13-20 ...62, 76
13 78
21-32 86
21-25 ..76f., 81, 86
21-23 62
21 ...58, 78
24 78
26-32 ..62, 81, 135
26-29 62—64, 67f., 70, 73f., 76f., 80—83, 88
30-32 ..62, 76f.
30 83
33-34 ..58, 85, 87f.
33 ...76, 78, 81
35-42 ..34, 36, 44
35f. ...58, 88
35 ...57, 79
36 60
40 21
5 1-20 ...36f., 44
12 22
17.20 101
21-24. 35-43 ..36, 39
25-34 36

41 22
6 2 101
6-13 149
7ff. 22
7 101
14-16 148
16 147
20ff. 22, 193
34 101
36 22
45-52 35
52-56 ....35f., 44
52 21
56 22
7 6-13 135
14ff. 76
24-30 ...36, 38, 44
26 19
30 22
31-37 35
31 19
8 1-10 ...34, 36, 41
14-21 175
17f. 86
22-26 ....34, 36
27-33 136
31 ...21, 66, 100
32f. 21
34-38 94
34 ...87, 100
35 ..92, 100, 193, 199
9 2ff. 21
11 66
14-29 36
30 148
35 22
38 22
43-47 98
43ff. 94
50 122
10 1 ....143f.
12 94
17-31 ....90, 136
17-27 ....90f.
17-25 102
17-22 ....96f.
17f. 95
19-22 92
19 ....92, 96
20 96
21 .....21, 93f.

22 .... 95f.	15 22	41f. 142	35 .... 149f.
23-27 ... 96f., 99f.	18 101	41 104	36-38 151
23f. 95, 98	19 22	11 2-4 124	37 149
24 101	23 22	5-8 67	49f. 152
25 ...... 94, 98	34 190	36 .. 122, 130, 155	50f. 34
26.27 ..... 98, 101	16 6f. 22	12 1-59 126	52 151
28-31 . 92, 94, 100f.	6 107	13-21 157	54-62 106
28ff. 97	Lc	15 94	54-58 107
29f. 102		36 98	56-60 108
31 ..... 96, 193	4 18f. 29	39 .... 122, 130	58 109
32-45 94	25 108	49-53 128	61 .... 107, 109f.
32ff. 22	31 61	50 66	62 ..... 103, 109
32 101	34 107	13 1-9 29	66 106
33f. 21	38 61	10-17 34	23 27-30 28
35-40 100	42-43 61	18-35 122	30 29
36ff. 21	5 1-11 ..... 34, 60	18f. 62	33 151
38ff. 100	1-3 59	30 92	46 29
38 66	27 59	31-33 ... 146—148	24 19 107
41ff. 22	6 20-49 124	14 1-6 34	Joh
46-52 ..... 36, 49	20ff. 193	15-24 122	4 144
47 ..... 101, 107	31 98	26f. 128	
11 1-6 .... 36f.	46 26	34.35 122, 129, 155	Act
12-14 .... 36f.	7 1-10 34	15 11-32 ..... 139, 156	1 21-26 149
15 101	11-17 34	16 15 139	21f. 110
20-24 37	16f. 33	16 67	4 27 108
12 1-12 66	22f. 121	16f. 123, 130	10 34 108
1 101	24-35 125	17 98	38 45
14 22	36-50 ..... 139, 145	19-31 159	12 15 108
38 81	41-43 145	17 2 59	Rm
13 1-2 66	41f. 155	3f. 128	7 7 92
5 101	8 1-3 140	6 ... 59, 123, 130,	13 9 92
9-19 66	4 .... 59f., 77, 79	155	I Cor
31 22	5 85	7-10 130	
14 3-9 145	8 85	11-19 ..... 34, 144	1 18-31 127
12-16 35	9 77	21 ..... 123, 130	6 4f. .... 157f.
18ff. 22	15 77	22-37 123	II Cor
19 101	18 77	23-37 130	3 7.13 107
27-31 105	19-22 79	24 122f., 130, 155	
27f. 104	21 77	26.28-30 98	2. Außerbiblische
27 21	22.23 ..... 59f.	18 1-8 67	Stellen
29-31. 54. 66-72 . 112	33 59	9-14 ..... 139, 154	I Clem
30 109	9 1-6 149	57 107	
36 66	2 150	19 1-10 140	23 4 68
41ff. 21	51-56 .... 142—144	11-17 123	Josephus, ant.
46ff. 21	52ff. 71	11ff. .... 130f.	20, 118 144
47 .. 101, 107, 152	56.57 145	41-44 27	Lukian, adv. indoct.
53f. 106	60 ..... 121, 129	21 25 59	23 98
54 107	10 1-12 ..... 149f.	22 14 .... 149f.	Origenes, Mt. tom.
64 22	1 145	23 149	XV, 14 98
65 101	11-37 142	31-34 ... 103—106	Sifre Dtn
67 107	13-15 121	31f. 111	
69 ..... 101, 107	13 145	33f. 54-61 112	208 53
70 108	21-24 .... 126—128	34 .... 109f.	
71 101	25ff. 94	35-38 .... 111, 146,	
72 ..... 19, 110	29-37 .... 144, 153	148, 152	
15 8 101	38-42 141	35ff. 150	

Namen- und Sachregister (Auswahl)

Authentie, Authentizität, authentisch 5, 7, 48, 50, 64, 68, 70, 85, 113, 117, 121 f., 127, 129, 131, 135, 153, 159, 161, 165 f., 173, 177 f., 183, 190, 194, 199, 205

Echt, Echtheit 17, 33, 42, 62, 64, 71 f., 79, 83 f., 97, 99, 110, 113, 121—124, 126, 128—131, 133 f., 137—140, 144 f., 153, 155—160, 166—168, 170 bis 172, 174 f., 178—180, 182—186, 188—190, 193, 195, 197 f., 200, 205

Erinnerung 13, 17, 42, 48, 57, 123 f., 128, 138, 140, 153, 157, 160, 166, 171

Erlebnisbericht 13, 20, 34 f., 39, 43, 47, 81, 89, 95, 110, 112, 119, 124, 137, 160, 164 f.

Erster Erzähler 19, 21 f., 34, 38—40, 57, 117, 134

Formgeschichte, formgeschichtlich 3—8, 10, 12—15, 17, 41, 46, 50, 52, 110, 129, 158, 160—162, 165—173, 197, 205

Galiläa, Galiäer, galiläisch 14 f., 29, 45 f., 125, 127, 143 f., 146, 148, 154, 181 f.

Gemeinde 4—6, 12, 15, 20 f., 24, 50, 79, 87, 97, 121, 125—128, 130, 134, 149, 157—159, 168—173, 177, 179—184, 197, 202 f.

Geschichte Jesu 7, 9, 11—13, 17, 23, 30, 45, 51, 117 f., 137 f., 173, 200

Geschichtlich 5, 12, 30, 40, 47, 120, 124 bis 126, 138, 140 f., 145, 148, 169

Historisch 3—5, 7, 12 f., 15, 23, 41, 47, 112 f., 117, 121 f., 142, 144, 147, 160, 163—165, 167, 170—174, 190, 200 f., 203—205

Historischer Jesus 8, 12 f., 16 f., 89, 112, 120, 131, 138, 146, 157, 163, 165 f., 168 f., 171—173, 177, 185, 191, 199, 203—205

Historizität 33 f., 41, 45, 49 f., 155, 175, 177 f., 196, 204

Jerusalem 14 f., 23, 26—30, 45, 143 f., 148, 153—155, 181

Jesusbild 4, 13 f., 38, 40, 45, 48, 113, 121, 123—125, 129, 131, 133, 136 f., 146, 161, 166, 171 f., 175, 177, 181, 185, 197 f.

Jesusforschung 6—11, 16, 18, 159, 163, 169, 205

Jesusgut 5, 7, 117, 121, 130 f., 133 f., 140, 159, 168, 170, 178, 180—182, 184, 190, 200, 205

Jesusüberlieferung 13 f., 17, 113, 119, 135, 138, 161, 170—172, 178, 186, 196 f., 205

Jesuswort 97, 99, 121 f., 124, 126, 129 bis 131, 133, 153, 170, 182, 189, 193

Jude, Judentum, jüdisch, unjüdisch 21, 25 f., 28, 63, 123, 125, 130 f., 134, 136, 138, 142, 144, 149, 154, 159, 161 f., 178—183

Kleopas 28 f.

Kriterium 5, 7, 16—18, 40 f., 47, 62, 77, 94, 113, 121, 129 f., 133—137, 145 f., 153, 155—157, 159 f., 169—205 passim

Leben Jesu 3, 40 f., 47, 138, 140, 146, 148, 152, 164, 177 f., 202 f.

Literarkritik, literarkritisch 10, 13, 17, 33, 35, 40, 47, 54, 57, 110, 124, 131, 134—137, 147, 160, 163—166, 175, 205

Logienquelle (Q) 22, 24—29, 31, 34, 78 f., 98, 103, 109, 112 f., 117—137, 139, 149, 152, 155, 164 f.

Lukasvergleich 35, 58, 77, 95, 132

Methode, methodisch 4 f., 10, 12, 14, 16—18, 46 f., 49 f., 119, 142, 157 f., 160 f., 165, 167—169, 174, 180, 196 f., 202, 204 f.

Nazaräerevangelium 98 f.

Persönlichkeit 8, 13, 38, 45 f., 158, 174, 178

Petrus 14 f., 20, 24, 26, 35, 38—41, 43 f., 48, 87, 103—112, 119, 124, 143, 145, 160, 165

Prämisse 10, 12, 15 f., 66, 118 f., 135, 137, 163, 197

Quelle, Quellenschrift 3, 11, 14 f., 17,

19, 24, 27, 30 f., 48, 77, 112 f., 120, 126, 128, 132, 134—136, 139, 150, 160, 164 f., 201, 204
Quellenscheidung 14, 16 f., 41, 47, 51, 54, 58 f., 61, 80, 85, 88, 91, 93, 102, 106, 112, 132 f., 135—137, 163—165
Rom, römisch 22, 24, 27, 31, 143, 202
Sachkritik, sachkritisch 4, 33, 35, 47, 85, 88, 124, 160, 165—167, 169
Samarien, Samariter, samarit(an)isch 28 f., 31, 141—144, 153 f.
Schicht, älteste 5, 160, 163, 166—168, 173, 190, 196, 198
—, literarische 33, 47, 54, 112, 142
Sondergut, Sonderquelle 25, 27, 29, 103, 105—107, 110 f., 113, 138—140, 152 f., 165
Subjektivität 40 f., 43, 47, 136 f., 165

Synoptischer Vergleich 61, 63, 85, 88, 95, 132, 136
Thomasevangelium 77, 84 f., 129
Traditionsgeschichte, traditionsgeschichtlich 4, 50, 74, 110 f., 145, 151, 165, 197, 205
Verhalten Jesu 7, 9, 144—146, 157, 188, 191, 198 f.
Verkündigung (Predigt) Jesu 5, 64, 83, 112, 157, 160, 164, 173, 176, 179, 181, 183, 188, 196, 198 f., 202, 204
Wort Jesu 7, 9, 13, 30, 50 f., 112, 117, 120 f., 123 f., 137—139, 155, 166 bis 168, 173, 188, 191, 198
Zwei-Quellen-Theorie 3, 10, 13, 132, 163
Zwölferquelle (Zw) 14, 23, 25—28, 119, 125, 132

Autorenregister

Albertz, M.   93, 97
Althaus, P.   172, 174, 176 f.
Bahrdt, K. F.   39
Barth, G.   87
Barth, K.   8
Bartsch, H.-W.   170, 203 f.
Bauer, W.   144, 181
Baur, F. C.   10, 13, 51
Berger, K.   205
Boobyer, G. H.   76
Bornkamm, G.   50, 63, 66 f., 70 f., 79, 83, 87, 168, 172, 177, 187—189, 191
Bousset, W.   164, 174
Braun, H.   99 f., 168, 192 f.
Bultmann, R.,   6, 49, 59 f., 63, 68—70, 72, 77 f., 81—83, 87, 94, 96—99, 101, 104, 106, 121, 123, 127, 141, 143, 145, 147, 152, 155 f., 160 f., 166, 169, 174, 183 f., 187—189, 201
Burney, C. F.   194 f.
Bußmann, W.   74
Conzelmann, H.   18, 59 f., 70 f., 73, 140, 144, 148 f., 151 f., 183, 185 f., 189, 191, 201
Cullmann, O.   50, 168, 170, 173, 185 f.
Dahl, N. A. 63—66, 69, 72, 75, 78 f., 83, 171, 176, 178, 183—185, 187, 196, 201—203
Deissmann, A.   174, 192
Dibelius, M.   4—6, 15, 60, 69, 81, 84, 97, 104, 127, 141 f., 160 f., 166—169, 195 f.
Dodd, C. H.   69, 72 f., 186—188
Drews, A.   169, 182
Ebeling, G.   172, 204
Ebeling, H. J.   6, 87 f.
Feine, P.   168
Fiebig, P.   69, 155, 177, 182, 186—189
Finegan, J.   104, 106, 108 f., 151 f.
Fuchs, E.   66—70, 72, 74 f., 79 f., 83, 154, 170 f., 183, 188 f., 191, 193, 196, 198 f., 201
Gerhardsson, B.   160—162, 174
Gräßer, E. 64, 69—72, 74
Greeven, H.   187—189
Grobel, K.   17

Grundmann, W.   60, 73, 75, 77 f., 83 f., 87, 93 f., 99, 104, 106, 109, 141, 143, 147, 149, 151, 158
Haenchen, E.   19 f., 23, 41—43, 51—54, 72, 74, 76 f., 82
Harder, G.   63—65, 74, 83, 192
Harnack, A. v.   8, 108
Hasler, V.   205
Hauck, F.   187
Hawkins, J.   107—109
Heinrici, G.   69
Heitmüller, W.   45, 179, 185 f.
Heitsch, E.   18, 173, 201
Helmbold, H.   48, 111, 118, 133
Hennecke, E.   98
Hirsch, E.   7—160 passim, 163—165, 173 f., 178, 180, 195, 205
Holtzmann, H. J.   10, 13, 41, 52 f., 73, 174
Holtzmann, O.   8, 164, 174
Iber, G.   4, 6, 13, 15, 160
Jeremias, J.   63—67, 71 f., 74, 78 f., 82—86, 88, 131, 144 f., 186 f., 189—191, 201
Josephus, F.   144
Jülicher, A.   68 f., 83, 123, 145, 174, 187
Jüngel, E.   67, 69 f., 72—74, 79 f., 185, 199
Kähler, M.   146, 172, 176
Käsemann, E.   66, 101, 170 f., 174, 180, 183—185, 188 f., 191 f.
Klein, G.   104, 109, 111
Klostermann, E.   93, 98, 158
König, K.   174
Kümmel, W. G.   7, 63 f., 69, 71, 75, 78 f., 162, 170 f., 180, 188, 191, 197 f.
Linnemann, E.   83 f., 104 f., 108 f., 111
Lohmeyer, E.   68, 71, 74, 84, 93—96, 100 f., 143, 156, 188
Lohse, E.   200
Manson, T. W.   79
Marxsen, W.   23, 76, 78, 87, 185, 200
Maass, F.   192
Meyer, A.   174
Meyer, E.   14, 39, 44—46

Michaelis, W.   64, 71, 84 f.
Michel, O.   **146, 200**
Mußner, F.   171, 175 f.
Otto, R.   7, 174, 201 f.
Paulus, H. E. G.   39, 43, 52
Percy, E.   100
Perels, O.   49
Pfleiderer, O.   148
Rehkopf, F.   106, 110, **152**
Riesenfeld, H.   81, 87, 160 f., 174
Robinson, J. M.   129, 171, 186, 189, 193, 195 f., 198 f.
Schlatter, A.   53, 71
Schmidt, K. L.   6, 45, 143, 147 f., 166, 174
Schmiedel, P. W.   45, 174 f., 179, 185
Schniewind, J.   71, 76
Schürmann, H.   104 f., 107, 129, 146, 150—**152, 162, 168, 189**
Schweitzer, A.   3, 39, 43, 148, 164
Schweizer, E.   76, 81, 83, 86 f.
Soden, H. v.   50, 93 f., 179

Strack, H. L.—Billerbeck, P.   53, 79, 142, 144, 154, 156
Streeter, B. H.   63, 109, 152
Strobel, A.   188, 201
Suhl, A.   96
Taylor, V.   106, 109, 173
Thiel, R.   16
Trilling, W.   171, 176, 178, 198
Vielhauer, P.   191
Vincent, J. J.   69
Vögtle, A.   171
Weinel, H.   166, 169, 174, 180
Weiß, J.   64 f., 78, 83, 165, 187, 189, 195 f.
Wellhausen, J.   14 f., 19, 33, 37, 90 f., 96, 158
Wendling, E.   87 f.
Wernle, P.   45, 50, 164 f., 195
Wilckens, U.   191, 201
Windisch, H.   169 f., 200
Winter, P.   48, 106
Wrede, W.   6, 52
Zimmerli, W.   94

Beihefte zur Zeitschrift für die neutestamentliche Wissenschaft

Herausgegeben von WALTHER ELTESTER. Groß-Oktav.

Judentum, Urchristentum, Kirche. Festschrift für Joachim Jeremias. Herausgeben von W. ELTESTER. 2., vielfach berichtigte und ergänzte, um eine wissenschaftliche Würdigung und eine Bibliographie des Jubilars erweiterte Auflage. XXX, 259 Seiten mit 2 Tafeln. 1964. DM 34,— (26)

Studien zu den Pauluskommentaren Theodors von Mopsuestia als Beitrag zum Verständnis der antiochenischen Theologie. Von U. WICKERT. VI, 213 Seiten. 1962. DM 32,— (27)

Jesus und die Ehebrecherin. Untersuchungen zur Text- und Überlieferungsgeschichte von Joh. 7 35 — 8 11. Von U. BECKER. X, 203 Seiten. 1963. DM 28,— (28)

Das Verhältnis des Thomas-Evangeliums zur synoptischen Tradition und zu den koptischen Evangelienübersetzungen, zugleich ein Beitrag zur gnostischen Synoptikerdeutung. Von W. SCHRAGE. VIII, 213 Seiten. 1964. Ganzleinen DM 48,— (29)

Apophoreta. Festschrift für Ernst Haenchen zu seinem 70. Geburtstag am 10. 12. 1964. VIII, 299 Seiten. 1964. Ganzleinen DM 58,— (30)

Der ursprüngliche Sinn der Dogmatik des Origines. Von F.-H. KETTLER. X, 56 Seiten. 1966. Ganzleinen DM 18,— (31)

Dying and Rising with Christ. A Study in Pauline Theology. By R. C. TANNEHILL. VIII, 136 Seiten. 1967. Ganzleinen DM 32,— (32)

Das Verhältnis zwischen Diatessaron, christlicher Gnosis und „Western Text". Von W. HENSS. Erläutert an einer unkanonischen Version des Gleichnisses vom gnädigen Gläubiger. Materialien zur Geschichte der Perikope von der namenlosen Sünderin Lk. 7, 36—50. XII, 62 Seiten. 1967. Ganzleinen DM 22,— (33)

Nachfolge und Charisma. Eine exegetisch-religionsgeschichtliche Studie zu Mt. 8, 21 f. und Jesu Ruf in die Nachfolge. Von M. HENGEL. VI, 116 Seiten. 1968. Ganzleinen DM 36,— (34)

Passa und Ostern. Untersuchungen zur Osterfeier der alten Kirche. Von W. HUBER. XII, 255 Seiten. 1969. Ganzleinen DM 48,— (35)

Studien zu den Testamenten der zwölf Patriarchen. Von CHR. BURCHARD - J. JERVELL - J. THOMAS. VIII, 158 Seiten. 1969. Ganzleinen DM 44,— (36)

Christentum und Gnosis. Aufsätze, herausgegeben von W. ELTESTER. VIII, 143 Seiten. 1969. Ganzleinen DM 38—, (37)

Die Amen-Worte Jesu. Eine Untersuchung zum Problem der Legitimation in apokalyptischer Rede. Von K. BERGER. Etwa 122 Seiten. 1970. Ganzleinen etwa DM 28,— (39)

WALTER DE GRUYTER & CO · BERLIN 30

BERNHARD KLAUS
Massenmedien im Dienst der Kirche
Theologie und Praxis
Oktav. VIII, 215 Seiten. 1969. Laminiert DM 9,80
(Theologische Bibliothek Töpelmann, Heft 21)

ULRICH BROWARZIK
Glauben und Denken
Dogmatische Forschung zwischen der Offenbarungstheologie Karl Barths und der Transzendentaltheologie Karl Rahners
Oktav. Etwa 244 Seiten. 1970. Ganzleinen etwa DM 38,—
(Theologische Bibliothek Töpelmann, Band 20)

KLAUS KRÜGER
Der Gottesbegriff der spekulativen Theologie
Oktav. Etwa 180 Seiten. 1970. Ganzleinen etwa DM 40,—
(Theologische Bibliothek Töpelmann, Band 19)

HELMUTH KITTEL
Evangelische Religionspädagogik
Oktav. XXVIII, 489 Seiten. 1970. Gebunden DM 32,—
(de Gruyter Lehrbuch)

LEONHARD FENDT
Homiletik
Theologie und Technik der Predigt
2. Auflage, neu bearbeitet von BERNHARD KLAUS.
Oktav. Etwa 120 Seiten. 1970. Etwa DM 12,—
(de Gruyter Lehrbuch)

EMANUEL HIRSCH
Betrachtungen zu Wort und Geschichte Jesu
Oktav. VIII, 241 Seiten. 1969. Ganzleinen DM 19,80

ERNST HAENCHEN
Der Weg Jesu
Eine Erklärung des Markus-Evangeliums und der kanonischen Parallelen.
2., durchgesehene und verbesserte Auflage. Oktav. XVI, 594 Seiten. 1968. Gebunden DM 32,—
(de Gruyter Lehrbuch)

WALTER DE GRUYTER & CO · BERLIN 30